Widerstand und Wirtschaftsordnung

Die wirtschaftspolitischen Konzepte der Widerstandsbewegung gegen das NS-Regime und ihr Einfluß auf die Soziale Marktwirtschaft

D1677742

Europäische Hochschulschriften

Publications Universitaires Européennes
European University Studies

Reihe III

Geschichte und ihre Hilfswissenschaften

Série III   Series III

Histoire, sciences auxiliaires de l'histoire
History and Allied Studies

Bd./Vol. 365

PETER LANG

Frankfurt am Main · Bern · New York · Paris

Elmar Müller

Widerstand und Wirtschaftsordnung

Die wirtschaftspolitischen
Konzepte der Widerstandsbewegung
gegen das NS-Regime
und ihr Einfluß auf die
Soziale Marktwirtschaft

PETER LANG
Frankfurt am Main · Bern · New York · Paris

CIP-Titelaufnahme der Deutschen Bibliothek

Müller, Elmar:

Widerstand und Wirtschaftsordnung : d. wirtschaftspolit.
Konzepte d. Widerstandsbewegung gegen d. NS-Regime u. ihr
Einfluss auf die soziale Marktwirtschaft / Elmar Müller. -
Frankfurt am Main ; Bern ; New York ; Paris : Lang, 1988
  (Europäische Hochschulschriften : Reihe 3, Geschichte und
  ihre Hilfswissenschaften ; Bd. 365)
  ISBN 3-8204-1282-4

NE: Europäische Hochschulschriften / 03

D 30
ISSN 0531-7320
ISBN 3-8204-1282-4

© Verlag Peter Lang GmbH, Frankfurt am Main 1988.

INHALT

1.
WIDERSTAND UND WIRTSCHAFTSORDNUNG - EINE VERNACHLÄSSIGTE FORSCHUNGSFRAGE

Im Juli 1984, 40 Jahre nach dem gescheiterten Attentat des 20. Juli 1944, zog die Historische Kommission zu Berlin eine Bilanz der Forschungsarbeiten zum Thema 'Die deutsche Gesellschaft und der Widerstand gegen Hitler'. Bei dieser Gelegenheit machte Wilhelm Treue, der Nestor der deutschen Wirtschaftsgeschichtsschreibung, eine gewichtige Forschungslücke aus: "Der Widerstand gegen Hitler", so schrieb er, "ist (...) in erster Linie für die Bereiche des sozialistischen Arbeitertums, der Diplomaten und der Offiziere, schon weniger für die der Geistlichen und der höheren Beamtenschaft wissenschaftlich untersucht worden, dagegen praktisch überhaupt nicht für den Bereich der Wirtschaft, im besonderen der Wirtschafts- politik und -verwaltung, der Banken, der Industrie und der Landwirt- schaft."(1) Treue nennt stichhaltige Gründe dafür, daß der 'Wider- stand von Unternehmern und Nationalökonomen', so der Titel seines Beitrags, bisher weitgehend im Dunklen blieb: ökonomisches Desinter- esse bei den Historikern, die sich der Widerstandsbewegung annahmen, und das verbreitete Vorurteil über 'die' Wirtschaft, die Hitler in den Sattel geholfen habe. Ein weiterer Grund sei hier hinzugefügt: Die Widerstandsbewegung des 20. Juli 1944 wurde bisher von der For- schung noch nicht als Bewegung angesehen, die sich konzeptionell auch gegen die nationalsozialistische Wirtschaftsauffassung und Wirtschaftspolitik richtete, - und dies, obwohl sich viele ihrer Mitglieder von Ausbildung und Beruf her mit volkswirtschaftlichen Fragen befaßten. Die vorliegende Untersuchung will dies ändern und die wirtschaftspolitischen Konzepte der Widerstandsbewegung näher betrachten.

Die Widerstandsbewegung des 20. Juli 1944 hat dessen ungeachtet in der zeitgeschichtlichen Literatur breite Resonanz gefunden; sie dient, wie Martin Broszat treffend festgestellt hat, als "(...) Ausdruck des gleichsam metapolitischen Gewissensprotestes aller An- ständigen (...) im Hauptstrom unserer geschichtlichen Überliefe- rung."(2) Ihre weltanschauliche Breite - in ihr waren von den Ultra- konservativen bis hin zu den Sozialisten alle politischen Lager ver- treten - und ihr harter Kern, der aus nationalkonservativen Politi- kern und Militärs bestand, braucht hier nicht eigens beschrieben zu werden. Der Tagungsband zu der eingangs genannten Konferenz, den Jürgen Schmädecke und Peter Steinbach unter dem Titel 'Der Wider- stand gegen den Nationalsozialismus' herausgaben, dokumentiert den gegenwärtigen Stand der Forschung.(3) Auch das Leben der Hauptakteure ist mittlerweile hinreichend erforscht. Stellvertretend für viele Einzelbiographien genannt sei hier die geglückte, weil biographische Daten mit den Bedingungen und Motiven des Widerstands-Widerstandshandelns verknüpfende Zusammenstellung der Portraits von 20 führenden Protagonisten des 20. Juli 1944, die Rudolf Lill und Heinrich Oberreuther herausgegeben haben.(4) Auf der Spur der wirtschaftspolitischen Konzepte der Widerstandsbewegung wird die vorliegende Untersuchung darauf zurückgreifen, wenn sie sich mit denjenigen Personen und Gruppen näher befaßt, die zu Fragen der Wirtschaftsordnung Stellung bezogen haben.

Die militärische Kerngruppe der Verschwörung um Generaloberst Ludwig Beck hat dies nicht getan. Sie zählt deswegen im folgenden ebenso wenig zum Untersuchungsgegenstand wie der Widerstand, der beispielsweise in der Abwehr oder in kirchlichen Kreisen geleistet wurde und mit den Namen Hans Oster, Hans von Dohnanyi und Dietrich Bonhoeffer verknüpft ist.(5) Drei Gruppen stehen im Mittelpunkt des Interesses: der Widerstandskreis um Carl Goerdeler, der Kreisauer Kreis um die Grafen Moltke und Yorck und der Freiburger Kreis um die Professoren Eucken und Böhm. Konspirative Arbeit im Sinne aktiver politischer Umsturzvorbereitung wurde vor allem im Goerdeler-Kreis geleistet, mit Abstrichen auch im Kreisauer Kreis.(6) Um den ehemaligen Leipziger Oberbürgermeister Goerdeler, der mindestens bis Ende 1943 als Führer der zivilen Fraktion der Widerstandsbewegung gelten konnte, hatte sich eine Koalition politischer Pragmatiker gebildet, die von Nationalkonservativen wie Johannes Popitz bis zu Sozialisten wie Wilhelm Leuschner reichte. Dementsprechend kontrovers waren auch die ordnungspolitischen Konzepte, die dort ausgearbeitet und diskutiert wurden. Von der gemeinsamen Gegnerschaft zum Nationalsozialismus im ganzen und zu seiner Wirtschaftspolitik im besonderen ging aber eine große integrative Kraft aus. In so mancher 'grundsätzlichen' Frage zur Wirtschaft der Nach-Hitler-Zeit erreichten die Politiker der Widerstandsbewegung tragfähige Kompromisse. Im Kreisauer Kreis wurde die konzeptionelle Arbeit sehr viel systematischer betrieben. Mehrere Zusammenkünfte in den Jahren nach 1940 dienten dort der Abstimmung der Wirtschaftsordnungskonzeption, die schließlich eine bemerkenswerte Kombination aus personalistischem, sozialistischem und - bezogen auf die materiale Wirtschaftspolitik - keynesianischem Gedankengut darstellte. Im Freiburger Kreis, der akademischer Herkunft war, ging es überwiegend um die ordnungspolitische Untermauerung der künftigen Wirtschaftspolitik. Hier entstand das marktwirtschaftliche Programm des Ordoliberalismus, das die Wirtschaftsdebatte in der Widerstandsbewegung entscheidend beeinflußte.

1.1 Die Widerstandsbewegung, ihr Gesellschaftsbild und die Vorstellungen von der Wirtschaftsordnung

Oberstes Ziel der Konspiration, zu deren Ablauf es seit Peter Hoffmanns Werk 'Widerstand, Staatsstreich, Attentat'(7) nicht mehr viel Neues zu berichten gibt, war der Umsturz der alten national-sozialistischen und die Schaffung einer neuen Gesellschaftsordnung. Das 'Dritte Reich' durfte in dem Sinne als ein totalitärer Staat gelten, als es ideologisch alle Lebensbereiche und zwischenmenschlichen Beziehungen erfassen wollte. Gestützt auf eine Massenbewegung, suchte die totalitäre Parteidiktatur "(...) alle Sphären des gesellschaftlichen und geistigen Lebens zu durchdringen (...)"(8), wie der Berliner Politologe Richard Löwenthal als Wesenszug herausgestellt hat. Karl Dietrich Bracher hat vier Merkmale eines totalitären politischen Systems genannt: die Ausschließlichkeit der offiziellen Ideologie, das Fundament einer zentralistisch gelenkten Massenbewegung, die Instrumentalisierung der Medien zur Indoktrination und die Kontrolle der sozialen Beziehungen und der Wirtschaft. Den Gegensatz zur Demokratie macht Bracher an den Freiheitsgraden der Gesellschaftsordnung fest: "Diktatur der Monopolpartei und ideologisch-doktrinäre Unterdrückung der Menschenrechte beweisen, daß die demokratischen Prinzipien der Toleranz, der freien Entfaltung der Person, der Autonomie verschiedener Bereiche des Lebens und der Kultur für totalitäre Systeme eine contradictio in adjecto bedeuten."(9)

Daß mit der Bezeichnung der NS-Diktatur als totalitärem Regime nicht die Vorstellung einer monolithischen Herrschaftsstruktur verbunden sein darf, darauf hat der Bochumer Zeitgeschichtler Hans Mommsen zu Recht hingewiesen.(10) In der Tat kennzeichnete die Willensbildung im Nationalsozialismus ein polykratisches Chaos: Partei- und Staatsstellen rangelten untereinander und gegeneinander um politische Kompetenzen, und Hitler nutzte geschickt das Herrschaftsprinzip des divide et impera. Die 'Gleichschaltung' war deswegen auch nicht total. Für die geistige Opposition gab es unkontrollierte Freiräume neben der offiziellen Ideologie, die ihre Ausschließlichkeit zwar behauptete, aber nicht durchsetzen konnte. Vor diesem Hintergrund hat Mommsen, dessen Arbeiten für diese Untersuchung von besonderem Gewicht sind, bereits 1966 seine damals wegweisende Analyse zu 'Gesellschaftsbild und Verfassungsplänen des deutschen Widerstands' (11) eingeordnet: "Die besondere geschichtliche Ausgangslage des deutschen Widerstands", so hielt er treffend fest, "kommt (...) gerade darin zum Ausdruck, daß alle ihm zuzurechnenden Gruppen in zunehmendem Maß über die Änderung des Regierungssystems hinaus umfassende gesellschaftspolitische Reformen für notwendig hielten."(12) Ein wesentlicher Bestandteil einer Gesellschaft ist ihre Wirtschaft, und auch deswegen will die vorliegende Untersuchung eine bislang fehlende Synopse der Wirtschaftsordnungskonzepte leisten, die in der Widerstandsbewegung erarbeitet wurden.

Die Widerstandsbewegung des 20. Juli 1944 strebte eine grundsätzliche Neuordnung an. Sie sah in ihren Gesellschaftsentwürfen deshalb keine Utopien, sondern politische Programme. Für Helmuth Graf von Moltke zum Beispiel, den führenden Kopf des Kreisauer Kreises, bot das Kriegsende eine "(...) Chance zur Neugestaltung der Welt, wie die Menschheit sie seit dem Zerfall der mittelalterlichen Kirche noch nicht gehabt hat."(13) In der Ablehnung der 'Vermassung', der jegliches gesellschaftliche Leben im Nationalsozialismus ausgesetzt war, findet sich, dies hat Mommsen in seiner erwähnten Studie deutlich gemacht, das wichtigste Kennzeichen für das politische Denken der Widerstandsbewegung.(14) Die hier vorgelegte Untersuchung wird an dieser Feststellung anknüpfen und aufzeigen, daß der Personalismus, den der Widerstand dem Nationalsozialismus entgegensetzte, auch die Wirtschaftsordnungskonzepte charakterisiert und dort dazu beigetragen hat, daß eine marktwirtschaftliche Alternative zur nationalsozialistischen Wirtschaftspolitik formuliert wurde.

Die Widerstandsbewegung deutete den Aufstieg des Nationalsozialismus als notwendige Folge der fehlerhaften Weimarer Parteiendemokratie. Die Republik, die für die Diktatur verantwortlich gemacht wurde, war in den Augen vieler Widerstandskämpfer als politisches Organisationskonzept diskreditiert; jeder Verfassungsplan "(...) atmete das Bestreben, Parteien möglichst überflüssig zu machen."(15) Gegen Parteien und Interessenkonflikte setzte die Opposition das Modell eines harmonischen, korporatistischen Staatsaufbaus, ein Gesellschaftsbild, das, wie Mommsen resümierte, "(...) auf der Ablehnung der plebiszitären und egalitären Tendenzen der modernen Gesellschaft (beruhte) und auf dem Versuch, den Pluralismus politischer Interessen und sozialer Kräfte in einer organischen Gemeinschaftsordnung abzufangen."(16) Auch die nationalsozialistische 'Volksgemeinschaft' war ein Modell, das eine konfliktfreie Gesellschaft postulierte, und insofern hat Mommsen recht, wenn er auf Gemeinsamkeiten hinweist. Hinter dieser oberflächlichen Parallelität aber, und dies wird an den Wirtschaftsordnungskonzepten besonders deutlich, verbargen sich fundamental andere Prinzipien der gesellschaftlichen Steuerung. Der nationalsozialistischen Willkür setzte der Widerstand das Wirken einer sozialverpflichteten Elite entgegen, und in der Wirtschaft zusätzlich den neutralen Mechanismus Wettbewerb.

Weil das Politikverständnis der Widerstandsbewegung technokratisch war, weil ihre führenden Vertreter vorgeblich ahistorisch dachten und glaubten, nach dem Untergang des Nationalsozialismus eine faktisch voraussetzungsfreie Ausgangslage vorzufinden, und weil die Widerstandsbewegung, getragen vom Glauben an die unmittelbare Durchsetzbarkeit ihrer fundamentalen Reformvorhaben, letztlich von gesinnungsethischem Charakter gewesen sei, hält es Mommsen für erwiesen, daß das verfassungspolitische Denken der Widerstandsbewegung utopisch war.(17) Es gibt auch überzeugend wirkende Anhaltspunkte dafür, der Widerstandsbewegung die Politikfähigkeit abzusprechen. Neben der - unten noch einmal aufgegriffenen - Tatsache, daß den Verfassungsentwürfen des Widerstands nach Kriegsende kaum ein politischer Erfolg beschieden war, spricht dafür das mit der elitären Sozialstruktur der Bewegung korrespondierende Selbstverständnis, stellvertretend für das Gemeinwohl zu handeln. In der Tat: parallel zum Bemühen, eine ideelle Elite zu sein, war der Widerstand ein 'Widerstand ohne Volk', eine 'Revolution von oben'.(18) Dies gilt gerade dann, wenn man die politischen Verfassungsentwürfe an den Grundsätzen einer parlamentarischen Demokratie mißt. Zudem finden sich triftige Gründe dafür, warum die Verschwörung unter den Bedingungen der Konspiration elitär sein mußte. Ian Kershaw zum Beispiel verweist mit Recht auf die hohe Popularität, die das Nazi-Regime bis weit in die Kriegsjahre hinein genoß; Klaus Tenfelde und Richard Löwenthal erinnern daran, daß der Verzicht auf die Einbeziehung des 'Volkes' im Überwachungsstaat eine Erfolgsbedingung für die Konspiration war.(19)

Doch: Auch wenn der Widerstand notwendig von einer kleinen Minderheit getragen wurde, so läßt sich daraus nicht folgern, daß die Widerstandsbewegung nach dem erfolgreichen Staatsstreich in der Minderheit bleiben wollte. An erster Stelle bemühten sich die mitwirkenden Sozialdemokraten und Gewerkschafter um eine plebiszitäre Legitimation für den Umsturz. Der Versuch von Carlo Mierendorff und Theo Haubach, eine überparteiliche Volksbewegung namens 'Sozialistische Aktion' zu begründen, steht dafür ebenso wie das kontinuierliche Bestreben von Wilhelm Leuschner und Jakob Kaiser, im Untergrund der Einheitsgewerkschaft den Boden zu bereiten.(20) Von wenigen Ausnahmen abgesehen vertrauten im übrigen auch die Verfassungsentwürfe des Widerstands auf eine außergewöhnlich hohe Bereitschaft der Bevölkerung zur politischen Partizipation.(21) Gegen den nationalsozialistischen Obrigkeitsstaat setzte die Widerstandsbewegung die Idee der Subsidiarität in der politischen Entscheidungsfindung, die Selbstverwaltung in 'kleinen Gemeinschaften'.(22) Die vorliegende Untersuchung wird zeigen, daß dieses Subsidiaritätsprinzip auch im Mittelpunkt der Wirtschaftsordnungskonzepte stand. Dort führte es freilich zu einer marktwirtschaftlichen Ordnungsvorstellung und damit zu weit weniger elitären und utopischen Konsequenzen wie in der Politik. Weil sich in den Wirtschaftsordnungskonzepten bereits wichtige Grundlagen der Sozialen Marktwirtschaft finden, wird die Frage nach der Politikfähigkeit der Widerstandsbewegung neu zu stellen sein.

1.2 Begriff, Motive und Ergebnis des Widerstands

In der zeitgeschichtlichen Forschung wurde die Vorstellung vom 'Widerstand ohne Volk' aus ganz anderen Gründen schon längst revidiert. Der Widerstand gegen den Nationalsozialismus beschränkte sich bekanntlich bei weitem nicht auf die Verschwörer des 20. Juli 1944. Die Erforschung des lokalen, in den Anfangsjahren des 'Dritten Reiches' meist von Arbeitern getragenen Widerstandes hat gezeigt, daß das Regime sich mit zahlreichen oppositionellen Strömungen konfrontiert sah. 1933/34 handelte es sich dabei um die Fortsetzung der zum Teil bürgerkriegsähnlichen Auseinandersetzungen, die Kommunisten und Sozialisten den Nationalsozialisten vor der 'Machtergreifung' geliefert hatten, nun allerdings, nachdem die Machtfrage entschieden war. Der Breite der Beteiligung aus der Arbeiterschaft - einiges spricht dafür, daß hier bisher nur die "Spitze eines Eisbergs"(23) sichtbar wurde - entsprach die Zahl der politisch Verfolgten und Opfer willkürlicher Hochverratsprozesse. Ausschlaggebend für die Beteiligung an diesem Arbeiterwiderstand war weniger das Kommando einer zentralen Parteiorganisation aus dem Untergrund oder dem Exil, sondern, auch das hat die Erforschung des lokalen Widerstands gezeigt, die Erfahrung der Diskriminierung und Verfolgung durch den Nationalsozialismus.(24) Der totale Machtanspruch des NS-Regimes machte, wie Detlev Peukert festgestellt hat, das Alltagsverhalten zum abweichenden Verhalten.(25) Die Arbeiteropposition war milieugebunden, sie war in der Regel Protest im Arbeitsalltag.

Wenn man, wie umfassend geschehen in dem vom Münchner Institut für Zeitgeschichte herausgegebenen Werk 'Bayern in der NS-Zeit',(26) die Perspektive auf das abweichende Verhalten im Alltag ausweitet, dann wird deutlich, welch großes Ausmaß dieser Volkswiderstand im Laufe der 30er Jahre erreichte. Nicht nur die Arbeiter zeigten ein Verhalten, für das Martin Broszat den Begriff der 'Resistenz' geprägt hat. Er versteht darunter "(...) alle jene Formen der Verweigerung, des individuellen oder kollektiven Protests bzw. der Dissidenz oder Nonkonformität, die sich gegen bestimmte zwanghafte weltanschauliche, disziplinäre oder organisatorische Maßnahmen und Zumutungen des NS-Regimes richteten."(27) Heinrich Muth hat deutlich gemacht, daß auch die 'Jugendopposition im Dritten Reich', so der Titel seines Überblicks über das resistente Verhalten von Jugendlichen im Nationalsozialismus, im wesentlichen eine Folge von kohorten- und gruppenspezifischen Handlungsnormen war, die zur Nonkonformität gegenüber der herrschenden Ideologie führten.(28) Zum resistenten Verhalten zählen auch die verschiedenen Formen kirchlichen Widerstandes oder der 'inneren Emigration' im Bereich der Kulturarbeit, um weitere Erscheinungsformen zu nennen.

Hier stellt sich die Frage, ob es nützlich ist, unter 'Widerstand' alle Formen abweichenden Verhaltens zu fassen, und unter diesem Oberbegriff dann, etwa mit Richard Löwenthal, nach der bewußten politischen Opposition, die auf den Umsturz des Machtmonopols der Diktatur zielte, und nach der weltanschaulichen Dissidenz, der gesellschaftlichen Verweigerung gegenüber bestimmten Erscheinungsformen des Regimes, zu unterscheiden.(29) Unter einem funktionalen Aspekt spricht manches dafür, daß Widerstand nicht politisch intendiert sein muß. Es kommt auf die Wirkung an, auf die Untergrabung der Legitimation des Regimes. Auch hat Martin Broszat Recht, wenn er mit seinem weiten Begriff der Resistenz gegen die 'Monumentalisierung' des Widerstandes vorgehen will, besonders in dem werturteilbehafteten Umfeld der Widerstandsforschung.(30) Schließlich spricht für einen weitgespannten Gebrauch des Widerstandsbegriffs die von Klaus Tenfelde festgehaltene Tatsache, daß "(...) aus der Sicht des Risikos Resistenz im Kriege zum Widerstand wurde."(31)

Nun entspricht der Formel 'Widerstand gegen ...' die Relation 'Herrschaft über ...' ; Widerstand, darauf hat Peter Hüttenberger hingewiesen, ist also eine bestimmte Form der Auseinandersetzung innerhalb eines Herrschaftssystems um die Macht.(32) Weil es deswegen entscheidend auf die Wirkung ankommt, wird im folgenden unter Widerstand nur eine Einstellung und Handlungsweise verstanden, die dem NS-Regime grundsätzlich die Legitimität absprach, die Loyalität verweigerte und das Regime durch eine rechtmäßige Staatsordnung ersetzen wollte.(33) Wenn der Widerstandsbegriff auf solche Verhaltensweisen beschränkt wird, mit denen das NS-Regime als Ganzes abgelehnt wurde, dann ist damit keine Antithese aufgestellt zum 'kleinen Widerstand' im Alltag.(34) Auch wird mit dieser Begriffswahl nicht die bedeutende Rolle bestritten, die das dissidente Verhalten in den verschiedenen gesellschaftlichen Milieus als Vorstufe zum Widerstand hatte, in der Arbeiterschaft wie auch im Großbürgertum, das die Bewegung des 20. Juli 1944 trug.(35) Die Trennschärfe, die ein enger Widerstandsbegriff bietet, hilft bei der Orientierung in dem vieldeutigen Konglomerat von Verhaltensmustern, das die Opposition im Nationalsozialismus kennzeichnet. Unter den Verschwörern gab es Nazis wie den Grafen Helldorf, und Kollaboranten aus ehrenwerten Motiven wie Ernst von Weizsäcker, den Staatssekretär im Reichsaußenministerium. Die Dissidenz oder Resistenz gegenüber dem Nationalsozialismus richtete sich im Regelfall auf einzelne Aspekte des Regimes, sie war eine Mischung aus Zustimmung und Distanzierung, aus Anpassung und Verweigerung, aus Teilwiderstand und Teilkooperation. (36) Die Nationalsozialisten hatten in vielen Gebieten der Politik, auch in der Wirtschaftspolitik, mit dem Dissens der Bevölkerung zu leben, doch blieben die meisten Unmutsäußerungen folgenlos.(37) Solange die abweichende Meinung verträglich war mit der grundsätzlichen Akzeptanz der nationalsozialistischen Politik und kompensiert wurde durch Zustimmung an anderer Stelle, wurde die Dissidenz der Diktatur nicht gefährlich.

Schon um die Wirkung auf das Regime zu erfassen, ist also ein enger Widerstandsbegriff geboten, anders als Mommsen meint, der wegen der vermeintlich fließenden Grenzen zwischen der Kritik am Nationalsozialismus und dem offenen Aktivismus sogar eine graduelle Unterscheidung für überflüssig hält.(38) Eberhard Bethge, der verdienstvolle Biograph des Widerstandskämpfers Dietrich Bonhoeffer, hat demgegenüber bereits frühzeitig festgehalten, daß zum Verständnis des Widerstandes im Nationalsozialismus eine weitere begriffliche Differenzierung erforderlich ist. Er unterscheidet fünf Stadien, vom einfachen passiven Widerstand über den offenen ideologischen Widerstand und die Mitwisserschaft an Umsturzvorbereitungen hin zur aktiven Vorbereitung für die Zeit nach dem Staatsstreich und schließlich zur aktiven Konspiration.(39) Die Mitglieder des Goerdeler-, des Kreisauer und des Freiburger Kreises, deren ökonomische Planung im folgenden im Mittelpunkt steht, sind ausnahmslos auf den beiden letztgenannten Stufen einzuordnen, und dementsprechend wird der Widerstandsbegriff gebraucht.

Dem Widerstand im definierten Sinne einer Handlung oder handlungsorientierten Einstellung gingen bestimmte Motive voraus, und er zeitigte bestimmte Ergebnisse. Es ist daher durchaus angebracht, die Mitglieder der Widerstandsbewegung an beidem zu messen, an den Motiven und an den Ergebnissen, die ihr Handeln hatte. Wenn dies geschieht, dann zerfällt die Widerstandsforschung bisweilen in zwei Lager, überspitzt gesagt in Bewunderer und Kritiker. Ekkehard Klausa stellte treffend fest: "Die einen, man könnte sie die soziologische Schule nennen, betonen mehr die ideologisch-politische Kurzsichtigkeit der Konservativen (der Bewegung des 20. Juli 1944, Anm. d.Verf.). Die anderen, nennen wir sie die ethische Schule, verweisen auf den moralischen Mut des einsamen Widerständlers inmitten eines verblendeten Volkes."(40) Die vorliegende Untersuchung will einen Beitrag dazu leisten, diese verkürzende Dichotomie zu überwinden, zunächst indem sie am Beispiel der Auseinandersetzung der Widerstandsbewegung mit der NS-Wirtschaft zeigt, daß zur ethischen Motivation für den Widerstand auch eine politische kam. Die nationalsozialistische Zwangs- und Kriegswirtschaft, so lautet die These, gab für die ökonomisch geschulten Mitglieder der Widerstandsbewegung ein veritables Widerstandsmotiv ab, und der Kampf dagegen war ein Teil des Versuches, die Menschen- und Bürgerrechte gegen die Diktatur wiederherzustellen.(41) Ebenso unzureichend wie die ausschließliche Beurteilung des Widerstands nach moralischen Gesichtspunkten bliebe allerdings eine Beschränkung auf die politischen Motive.

Ernst Wolf hat das Verhältnis von politischen und moralischen Motiven zum Widerstand herausgearbeitet und auf die zentrale Rolle des christlichen Glaubens hingewiesen, zu dem sich die meisten Angehörigen der Widerstandsbewegung bekannten.(42) Das Christentum war dabei handlungsanleitend vor allem im humanistisch-ethischen Sinne, und deswegen wiederum in hohem Grade politisch, beispielsweise was die Haltung zu den Verfolgten und den Opfern des Nazi-Regimes betraf. (43) Mehr oder minder offen machte sich der christliche Glaube auch in den Wirtschaftsordnungskonzepten bemerkbar, vor allem in dem personalistischen Gedankengut, das der Widerstand dem Nationalsozialismus entgegenstellte.

Die genannte Dichotomie in der Widerstandsforschung soll zum zweiten überwunden werden, indem die Frage nach dem 'Erfolg' der Widerstandsbewegung neu aufgerollt wird - wohlgemerkt ohne daran die moralische Qualität einer Konspiration zu messen, die im Bewußtsein der geringen Erfolgschancen unternommen wurde. Auch geht es nicht darum, dem Widerstand im Nachhinein zusätzliche Legitimation zu verschaffen - die 'Gerechtigkeit' einer Sache stellt sich erst in der Geschichte heraus und kann ex ante nur beansprucht werden.(44) Das Ziel besteht vielmehr darin, die in der Literatur verbreiteten Urteile über das ideelle Scheitern der Widerstandsbewegung einer kritischen Revision zu unterziehen. Fällt die Bilanz des Widerstandes im politischen Sinne wirklich 'eindeutig negativ' aus, wie Franciszek Ryszka meint?(45) Gilt, was Hans Mommsen bereits 1966 als Fazit seiner Ausführungen zum 'Gesellschaftsbild' des deutschen Widerstandes festgehalten hat, daß dessen Verfassungsdenken "(...) sich bei der Wiederentstehung einer deutschen Staatlichkeit in allen grundsätzlichen Fragen nicht durchgesetzt" hat?(46) Der gleiche Autor, der als meinungsbildend gelten darf in der Auseinandersetzung mit den Verfassungskonzepten des Widerstandes, stellt auch knapp 20 Jahre später noch fest, daß von der Verschwörung des 20. Juli 1944 "(...) praktische politische Einflüsse auf die Demokratiegründung in Westdeutschland nicht ausgegangen" sind.(47) Die Widerstandsbewegung hat, folgt man Mommsen, die Bedingungen einer fortgeschrittenen Industriegesellschaft 'weitgehend verkannt'; einige ihrer führenden Ökonomen hätten sozialpolitische Positionen vertreten, die denen des Regimes 'zum Verwechseln ähnlich' waren, andere wiederum hätten dazu tendiert, "(...) sich an den systemkonformen Planungen zur Nachkriegswirtschaft zu beteiligen (...)", die im nationalsozialistischen Reichswirtschaftsministerium angestellt wurden.(48) Alle diese Urteile wurden getroffen, ohne daß die wirtschaftskonzeptionelle Arbeit der Widerstandsbewegung bisher umfassend untersucht worden wäre. Auch der Zusammenhang, den die führenden zivilen Vertreter des Widerstandes zwischen den Freiheitsgraden der Staatsordnung und denen der Wirtschaftsordnung sahen, wurde dabei nicht berücksichtigt.

Die vorliegende Untersuchung stellt sich der Frage, ob und in welcher Weise auf wirtschaftspolitischem Gebiet von einer historischen Kontinuität zwischen der Widerstandsbewegung und der Bundesrepublik Deutschland gesprochen werden kann. Zum Begriff der Kontinuität hat Thomas Nipperdey ausgeführt: "Es wäre naiver Realismus, zu meinen, die Kontinuität liege simpel in den Dingen. Kontinuität ist eine Kategorie des historischen Bewußtseins (... und) bleibt eine Kategorie des nachgeborenen Beobachters."(49) Und an anderer Stelle: "Daraus folgt, daß es bei der Frage Kontinuität nicht darum gehen kann, eine Art deterministischer Notwendigkeit aufzuweisen (...). Worum es gehen kann, ist allein der Aufweis von Wahrscheinlichkeiten, von Voraussetzungen, die erklären, warum in singulären, nicht vorausbestimmten Konstellationen gerade diese Konsequenzen eintraten."(50) Schon weil die historische Kontinuität nicht eindimensional ist, wäre es an dieser Stelle vermessen zu behaupten, der Widerstand habe die spätere Wirtschaftsordnung entscheidend beeinflußt. Die Forschungsfrage lautet vielmehr: Hat die Widerstandsbewegung die kommende Wirtschaftsordnung vorausgedacht?

Daß die Staatsgründung der Bundesrepublik in der Kontinuität des Widerstandes gegen den Nationalsozialismus erfolgte, wird auch von denen nicht bestritten, die auf die Irrelevanz der politischen Verfassungsentwürfe verweisen, die in der Widerstandsbewegung erarbeitet wurden. Als 'Vermächtnis des Widerstandes' wird in aller Regel der Konsens der Demokraten beschworen, der beim institutionellen Aufbau in der zweiten Hälfte der 40er Jahre zu beobachten war.(51) Martin Broszat hat zu Recht angemerkt, daß dieser Beitrag zum Wiederaufbau nicht von den wenigen Angehörigen des aktiven Widerstandes geleistet wurde, von denen zudem die meisten das 'Dritte Reich' nicht überlebten, sondern von den vielen Sozialdemokraten, christlichen Sozialisten und bürgerlichen Demokraten, die mit ihren Verhaltensformen der Resistenz 'Bastionen der Immunisierung' gegen den Nationalsozialismus geschaffen hatten.(52) Um so mehr gilt es im folgenden, sich darauf zu besinnen, daß Kontinuität vor allem eine ideelle Größe ist. Die Nachwirkung, die von den Wirtschaftsordnungskonzepten der Widerstandsbewegung ausging, läßt sich nur ermessen, wenn berücksichtigt wird, daß das Verhalten der Widerstandsbewegung auch als Fundamentalresistenz gelten darf. Zum einen geht es im folgenden also um die Frage, welchen Beitrag die Wirtschaftsordnungskonzepte bei dem Versuch der Widerstandsbewegung leisteten, die Legitimation des NS-Staates zu untergraben und gleichzeitig den Umsturz politisch zu legitimieren. Zum anderen geht es auch um die historische und politische Legitimation, die die Soziale Marktwirtschaft der Nachkriegszeit aus dem Widerstand gegen den Nationalsozialismus schöpfen darf.

1.3 Zum Aufbau der Untersuchung

Die eingangs zitierte, von Wilhelm Treue ausgemachte Forschungslücke zum Thema Widerstand und Wirtschaft betrifft in einem engeren Sinne auch den Widerstand von Nationalökonomen, der, wie Treue ebenfalls feststellt, "(...) bisher überhaupt nicht zusammenfassend untersucht worden" ist.(53) Zwei Monographien finden sich dennoch, in denen die beiden nationalökonomischen Richtungen beschrieben werden, die für die Widerstandbewegung kennzeichnend waren. Günther Schmölders veröffentlichte 1969 seinen Überblick über die Wirtschaftsordnungskonzeption des Kreisauer Kreises, dessen 'personalistischen Sozialismus' er in der Zeit des Nationalsozialismus als Wirtschaftsexperte dieser Widerstandsgruppe entscheidend mitbestimmte.(54) Seiner kompetenten Darstellung kann an ökonomischen Inhalten nur wenig hinzugefügt werden. Die Ergänzungen betreffen in erster Linie die Einbindung dieser Konzeptionsarbeit in den Widerstand (Kapitel 4 der vorliegenden Untersuchung) und den Niederschlag, den dieser keynesianisch inspirierte Ansatz in der Debatte um die Wirtschaftsordnung der Nachkriegszeit fand (Kapitel 6). Christine Blumenberg-Lampe hat sich das Verdienst erworben, die wirtschaftspolitische Programmatik des Freiburger Kreises, dem ihr Vater Adolf Lampe an führender Stelle angehörte, zusammengestellt und auf deren Einbindung in den Widerstand hingewiesen zu haben.(55) Im Rahmen dieser Untersuchung wird es in der Fortführung dieser Vorarbeit zunächst darum gehen, beide Aspekte weiterzuverfolgen, zum einen den Freiburger Ordoliberalismus, wie er unter dem Nationalsozialismus entstand, genauer zu beschreiben, und zum anderen die Verbindung des Freiburger Kreises mit anderen Widerstandsgruppen konkreter darzustellen (Kapitel 5). Im 6. Abschnitt stellt sich dann auch hier die Aufgabe, die Folgen der Freiburger Konzepte für die Institutionalisierung der Sozialen Marktwirtschaft in der Nachkriegszeit zu benennen.

Die intellektuellen Vorarbeiten des Freiburger und des Kreisauer Kreises beeinflußten die Vorstellungen von der Wirtschaftsordnung, die in der zivilen Sektion der Bewegung des 20. Juli 1944 diskutiert wurden, im Widerstandskreis um Carl Goerdeler (Kapitel 3). Schon Gerhard Ritter hat in seiner bedeutenden Goerdeler-Biographie (56) erkennen lassen, welchen besonderen Stellenwert volkswirtschaftliche Fragen in der Gedankenwelt des ehemaligen Leipziger Oberbürgermeisters einnahmen. Die vielen, mittlerweile fast ausnahmslos publizierten Denkschriften Goerdelers aus dem Widerstand weisen ihn als einen liberalen, streng marktwirtschaftlich denkenden Ordnungspolitiker aus, der für ordoliberales Gedankengut, für die staatliche Aufgabe der Veranstaltung von Wettbewerb, durchaus empfänglich war. Das Spektrum der ordnungspolitischen Überzeugungen

im Goerdeler-Kreis war breit. Neben der etatistischen Position des
Bürokraten Johannes Popitz standen die marktwirtschaftliche Ausrichtung des Nationalökonomen Jens Jessen und die Sozialstaatspostulate
der Gewerkschafter Leuschner und Kaiser. Die Vorstellungen von der
Wirtschaftsordnung, die im Goerdeler-Kreis diskutiert wurden, er-
schließen sich aus einer Fülle von Material, das verstreut und
häufig bruchstückhaft in publizierten Quellen, Biographien und Monographien zu den Widerstandsaktivitäten zur Verfügung steht.(57) In
Kapitel 3 der vorliegenden Untersuchung werden daraus die einzelnen
ordnungspolitischen Positionen rekonstruiert und einander gegenüber-
gestellt. Dieser Vergleich zeigt, daß theoretische Differenzen in
diesem Kreis von Pragmatikern bei der wirtschaftspolitischen Konkretisierung nicht mehr so schwer wogen. Goerdelers unermüdliche Ab-
stimmungstätigkeit trug Früchte. In Umrissen entstand ein Konzept,
in dessen wirtschafts- und ordnungspolitischen Vorhaben die Grundzüge der späteren Marktwirtschaft bereits erkennbar waren.

Der Widerstand gegen den Nationalsozialismus war dort, wo er von
ökonomisch geschulten Politikern und Wissenschaftlern getragen
wurde, immer auch ein Widerstand gegen die nationalsozialistische
Wirtschaftspolitik. Welcher Art die wirtschaftspolitische Auseinandersetzung war, die in den Widerstand führte, läßt sich - am Ende
des zweiten Abschnitts - am Beispiel von Hjalmar Schacht nachvoll-
ziehen. Schacht war in den ersten Jahren des 'Dritten Reiches'
Reichsbankpräsident und Reichswirtschaftsminister und schloß sich
zur Jahreswende 1937/38 der ersten militärischen Konspiration gegen
Hitler an. Seine vorangegangene Entmachtung war ein Symbol für den
mittlerweile 'byzantinischen' (58) Führer-Absolutismus, der eine
Mitwirkung oder gar eine Kontrolle, die nationalkonservative Politiker anfänglich über Hitler ausüben wollten, unmöglich gemacht
hatte. Hinter Schachts Entscheidung, aktiv den Staatsstreich zu
planen, stand die Erkenntnis, daß das Hitler-Regime die Wirtschaftspolitik nahezu ausschließlich am Ziel eines neuen Krieges ausrich-
tete. Dies war auch für die anderen Mitglieder der Widerstandsbewegung das wichtigste ökonomische Motiv zum Umsturzversuch. Dennoch
war die Wirtschaftsordnung und die Wirtschaftspolitik des Nationalsozialismus aus der Sicht der Widerstandsbewegung vor allem ein Objekt der geistigen Abgrenzung gegenüber der Diktatur. Deswegen wird
sich der folgende Abschnitt zunächst mit dem nationalsozialistischen
Wirtschaftsverständnis befassen und dann den zielstrebig beschritte-
nen Weg in die Kriegswirtschaft nachzeichnen.

2.
WIRTSCHAFTSORDNUNG UND WIRTSCHAFTSPOLITIK IM NATIONAL-
SOZIALISMUS: DAS OBJEKT DES WIDERSTANDS

Schon die Zeitgenossen der 'Machtergreifung' maßen der wirtschaftlichen Lage zu Beginn der dreißiger Jahre eine große Bedeutung für
den Aufstieg des Nationalsozialismus zu. Die Wirtschaftskrise, die
ein in Deutschland bis dahin ungekanntes Ausmaß erreichte, und die
Notverordnungen, mit denen die Regierung Brüning ihre Deflationspolitik zur Verteidigung der Währung betrieb, lieferten der NS-Bewegung mannigfaltige Argumente und schwächten deren Gegner.(1) Die
Wirtschaftsentwicklung in den ersten Jahren des 'Dritten Reiches'
überraschte dann vor allem im Tempo der wirtschaftlichen Erholung.
Das nationalsozialistische Wirtschaftswunder, eine Überlagerung von
zyklischem Aufschwung und Staatskonjunktur, hatte ohne Zweifel wer-
bende Effekte für das Regime in der Phase seiner Konsolidierung. Der
auffälligste Wandel gegenüber der Wirtschaftspolitik der Brüning-,
Papen- und Schleicher-Ära lag in den großvolumigen Arbeitsbeschaf-
fungsprogrammen, in der Verknüpfung von Arbeitsbeschaffung und Aufrüstung und in der expansiven Kreditschöpfungspolitik.

Dennoch wäre es verfehlt, den Aufstieg des Nationalsozialismus
allein unter dem Primat der Ökonomie zu betrachten. Zum einen kam
wohl der politischen Komponente, dem Nationalismus, die eigentlich
entscheidende Rolle zu.(2) Zum anderen kennzeichnete - nach klassischen Maßstäben der Ökonomie - ein wirtschaftspolitischer Dilletan-
tismus die NS-Bewegung, der augenfällig mit der Aura der Unfehlbar-
keit kontrastierte, die Hitler nach der Überwindung der Arbeitslosigkeit auch auf wirtschaftlichem Gebiet für sich beanspruchte.(3)
Auf den ersten Blick schien die NS-Bewegung orientierungslos: Die zu
Anfang gewollte ständische Wirtschaftsform wurde nicht in die Tat
umgesetzt; die ab 1936 im Vierjahresplan angestrebte Planwirtschaft
war letztlich eine Wirtschaftsform des planlosen Planes und der
Ineffizienz.(4) Das Führerprinzip sorgte auch in der Wirtschaftspolitik für konkurrierende Entscheidungsinstanzen und für Kompetenzwirrwarr. Die Tatsache, daß die Anfangserfolge der Wirtschaftspolitik weitgehend der Kollaboration nationalkonservativer Experten
unter Führung des Reichsbankpräsidenten und Wirtschaftsministers
Hjalmar Schacht zu verdanken waren, spricht ebenso für die Konzeptionslosigkeit der Nationalsozialisten wie Hitlers mehrfache Er-
klärungen, daß es keine nationalsozialistische Wirtschaftstheorie
gebe.(5)

Für die Ziele der NS-Bewegung waren traditionelle ökonomische Kriterien ohne Belang. Die Aufgabe der 'völkischen' Wirtschaft lag nicht in der effizienten Allokation der Ressourcen oder in der Herstellung von Verteilungsgerechtigkeit, sondern in der Erweiterung des Lebensraumes für das deutsche Volk.(6) Das 'Blut- und Boden'-Denken war getragen von der Absicht, mit allen Mitteln die Ernährungsbasis für die vorgeblich anderen Völkern rassisch überlegenen 'Arier' zu erweitern. Die kontinentale Expansion im Osten zielte auf eine 'Großraumwirtschaft', die mit einem großen Binnenmarkt für Massenproduktion sorgen und weitgehende Autarkie bei der Rohstoffversorgung garantieren sollte. Von Anfang an blieb die Wirtschaftspolitik dieser machtpolitischen Zielsetzung untergeordnet; das Rüstungsziel prägte durchgängig sowohl die Wirtschaftsordnungs- wie die materiale Wirtschaftspolitik.(7)

Dies ändert zwar nichts daran, daß wegen der fehlenden wirtschaftlichen Systematik und des ganzen Konglomerats konfuser Ideen, die einzelne Nationalsozialisten zu Wirtschaftsfragen zusammentrugen, der Mangel an einer konsistenten Theorie von der Wirtschaft zu konstatieren bleibt. Aber der 'Lebensraumimperialismus' und der in erster Linie antisemitische Rassismus machen deutlich, daß es durchaus eine nationalsozialistische Wirtschaftsauffassung gab. Ihren Kern beschrieb der NS-Politiker Reinhardt, als Staatssekretär im Reichsarbeitsministerium ab 1933 für die Arbeitsbeschaffungsmaßnahmen zuständig, treffend wie folgt: "Nach nationalsozialistischer Weltanschauung ist, kurz gesagt, alles richtig, was dem Volksganzen nützt, und alles falsch, was dem Volksganzen abträglich ist."(8) Adaptiert wurde, was für die Rüstungs- und Rassenpolitik opportun erschien; der Spielraum war groß für den politischen Pragmatismus.

Ganz im Gegensatz dazu arbeitete die Widerstandsbewegung, von deren Existenz man ab dem Jahr 1938 sprechen kann, an einer umfassenden und systematischen Konzeption der Wirtschaftsverfassung für die Zeit nach dem Nationalsozialismus. Die einzelne wirtschaftspolitische Maßnahme sollte aus einem breitgefächerten Entwurf von Wirtschaft und Gesellschaft abgeleitet und die beabsichtigte Wirtschaftspolitik so konkret wie möglich vorformuliert werden. Schon von der Methode her war die nationalsozialistische Wirtschaftspolitik also ein Objekt des Widerstands. Für den Inhalt, der im folgenden dargestellt werden soll, galt dies noch viel mehr, sowohl was die Programmatik betraf wie deren Umsetzung. Die fundamentale Kritik, die alle Gruppen des Widerstands übten, bezog sich in erster Linie auf die Unterdrückung der wirtschaftlichen Freiheit.

2.1 Die Wirtschaftsprogrammatik des Nationalsozialismus und ihre Quellen

Die beliebige Auslegbarkeit, die nationalsozialistischen Aussagen zur Wirtschaftspolitik eigen war, zeigte schon das Programm der NSDAP vom Februar 1920. Dessen wirtschaftliche Bestandteile, beispielsweise die Forderungen nach 'Abschaffung des arbeits- und mühelosen Einkommens', 'Brechung der Zinsknechtschaft', 'Verstaatlichung bereits vergesellschafteter Betriebe', 'Gewinnbeteiligung an Großbetrieben', 'Schaffung eines gesunden Mittelstandes' oder nach einer 'unseren nationalen Bedürfnissen angepaßten Bodenreform', schienen zunächst sozialistischer Provenienz zu sein bzw. waren zumindest antikapitalistisch gegen Großindustrie und Bankenmacht gerichtet. Später aber, als es darum ging, sich bürgerlichen Kreisen als gemäßigt darzustellen, wurden sie als Versuch interpretiert, den Klassenkampf durch die Förderung der 'Volksgemeinschaft' zu überwinden.(9) Gegenüber dem Bürgertum betonte man die nationale, gegenüber der Arbeiterschaft die soziale Komponente der Programmatik. Die gewollte Unschärfe des Konzeptes sicherte die Bandbreite der Bewegung und vermied Angriffspunkte.

Die überwiegend von Gottfried Feder formulierte Wirtschaftslehre des jungen Nationalsozialismus litt zudem an interner Begriffsverwirrung. Die Lehre Feders, den der Wirtschaftshistoriker Henry Turner zu Recht einen 'radikalen Wirtschaftsphantasten' nannte und in dessen 1923 erschienenem Buch 'Der deutsche Staat auf nationaler und sozialer Grundlage' Hitler den 'Katechismus der NSDAP' erblickte,(10) kulminierte in der erwähnten 'Brechung der Zinsknechtschaft', der Forderung nach Abschaffung sämtlicher Zinszahlungen. Die vor dem Hintergrund der Inflation getroffene Unterscheidung zwischen dem 'raffenden' (unproduktiven) Finanzkapital, das den einzelnen der Zinsknechtschaft unterwarf, und dem 'schaffenden' Produktivkapital ließ sich leicht für die Rassenlehre umdeuten: 'Deutsches' Kapital wurde vorgeblich nur produktiv, 'jüdisches' Finanzkapital zu Ausbeutungszwecken genutzt. Die wirtschaftliche Rolle des Geldkapitals nahm Feder nicht zur Kenntnis, wie seine geldpolitischen Pläne zeigen: Wohnungsbauten und andere öffentliche Investitionen wollte er über die Notenpresse finanzieren, wobei er im festen Glauben war, keine Inflation zu verursachen, weil der Gegenwert solcher Bauten vorgeblich Deckung für sein 'Federgeld' bot.(11) Trotz des offenkundigen ökonomischen Widersinns blieben diese Gedanken in der späteren Wirtschaftspolitik der Nationalsozialisten nicht folgenlos. Die geplante Abschaffung der Zinszahlungen ging zwar zugunsten anderer dirigistischer Eingriffe in den Kapitalmarkt unter. Doch die Geldschöpfungspläne hatten durchaus Ähnlichkeit mit der Art der Rüstungsfinanzierung, die im übrigen zum wichtigsten ökonomischen Widerstandsmotiv werden sollte.

Die dienende Rolle, die führende Nationalsozialisten der Volkswirtschaft für die politischen Ziele zumaßen, schrieb Konstantin Hierl,
der Leiter der Organisationsabteilung II der NSDAP, in einem Arbeitspapier vom 5.3.1931 fest, das den Titel 'Wirtschaftspolitische
Grundanschauungen und Ziele der NSDAP' trug. Die Volkswirtschaft
wurde darin als 'Äußerung des organischen Volkswillens' definiert
und erhielt die Aufgabe, "(...) der Erhaltung und Höherentwicklung
des Volkstums in biologischer und kultureller Beziehung zu dienen."
(12) Die passende Wirtschaftsordnung dafür schien den Wirtschafts-
theoretikern in der Reichsleitung der NSDAP eine ständische zu sein,
gepaart mit einem spezifisch nationalsozialistischen Sozialismusbegriff, der noch genauer zu erläutern sein wird. Die Ideen dazu formulierten im wesentlichen Otto Wagener, der Leiter der wirtschaftspolitischen Abteilung in den Jahren 1931 bis 1932, und sein Mitarbeiter Adrian von Renteln.(13)

Die wirtschaftspolitische Abteilung der Reichsleitung entwickelte
zum einen die vorliegenden programmatischen Aussagen der Partei
weiter. Dabei kam sie in der Regel zu ebenso kuriosen wie überraschenden Erkenntnissen, beispielsweise bei den Planungen zur
Geldpolitik, die zu einem 'Schwundgeld' führten, das kontinuierlich
einen Teil seines Wertes verlieren sollte, oder bei der Forderung
nach Gewinnbeteiligung (Punkt 14 des Parteiprogramms von 1920), für
die eine Politik der niedrigen Preise als die beste Form erkannt
wurde.(14) Zum anderen entstanden in der wirtschaftspolitischen Abteilung die Pläne für den ständischen Aufbau der Wirtschaftsverbände, vor allem das ursprüngliche Konzept der 'Deutschen Arbeitsfront'. Dieser Plan, der später an der politischen Realität scheiterte, sah eine Organisation vor, die alle Verbände der Arbeiter,
Angestellten, Unternehmer, Gewerbetreibenden und Freiberufler umfassen, damit den Klassengegensatz überwinden und der Vorbereitung
einer neuen Sozialordnung dienen sollte.(15) Ständische Ideen wie
diese wurden von den politischen Machthabern der NSDAP, zu denen
damals neben Hitler insbesondere der Reichsorganisationsleiter
Gregor Strasser zählte, je nach politischer Opportunität gehandhabt:
verworfen wurde beispielsweise die ständeideologische Konsequenz,
Sozialversicherungslasten allein den Arbeitnehmern aufzuerlegen,
umgesetzt wurde später im 'Gesetz zur Ordnung der nationalen Arbeit'
das Vorhaben, die Lohn- und Tarifvertragspolitik in die staatliche
Verantwortung zu übernehmen.(16) Dabei war die Vorstellung einer
ständischen Wirtschaft zur damaligen Zeit keineswegs eine bloß
nationalsozialistische Angelegenheit. Auch in den Wirtschaftsordnungskonzepten, die zehn Jahre später in der Widerstandsbewegung
entstanden, spielten die Stände eine wichtige Rolle. Nur ging es
dort um die Institutionalisierung einer handlungsfähigen Selbstverwaltung der Wirtschaft, nicht um ihre Unterwerfung.

Als Führer der 'sozialistischen' Bewegung in der NSDAP und ihrer Reichstagsfraktion stand Gregor Strasser im Mittelpunkt der Auseinandersetzung mit den anderen Parteien über die Bekämpfung der Wirtschaftskrise. Der fundamentale Kapitalismuskritiker kooperierte häufig mit der parlamentarischen Linken und dort mit der KPD, beispielsweise bei der Ablehnung von indirekten Steuern wegen deren regressiver Verteilungswirkung, der Reform der Arbeitslosenversicherung wegen vorgeblich zu geringer Berücksichtigung der Arbeitnehmerinteressen oder bei der Forderung nach Steuerbefreiung für niedrige Einkommen.(17) Entgegen der parteiüblichen Garantie des Privateigentums kannte er keine Grenze für den Staatseingriff; insbesondere forderte er die staatliche Verwaltung von Monopolen und Kartellen und, lange vor der Bankenkrise im Mai 1931, ein staatliches Interventionsrecht in das Bankenwesen. Auf dem Gebiet der Sozialpolitik trat er ein für die Gewinnbeteiligung der Arbeiter, für den Ausbau der Sozialversicherung und für die Garantie des Rechts auf Arbeit. (18) Gerade dieses war 1932, als die Arbeitslosenziffer die 6-Millionen-Grenze überstieg, soweit wie nie zuvor in der Geschichte von der Realisierung entfernt. Strasser bot dies am 10.5.1932 den Anlaß, in einer vielbeachteten Reichstagsrede sein 'Wirtschaftliches Sofortprogramm' vorzutragen. Dieses pragmatischste aller Wirtschaftskonzepte aus den Reihen der NSDAP forderte, in Konfrontation zur Brüningschen Deflationspolitik, die aktive Arbeitsbeschaffung mit Arbeiten zur Bodenmelioration, zum Wohnungsbau und zur Verbesserung der Infrastruktur, begleitet von Arbeitszeitverkürzungen mit Lohnausgleich, den Strasser im Sinne der Kaufkrafttheorie für erforderlich hielt. Die Finanzierung gründete auf eingesparter Arbeitslosenunterstützung, einem höheren Aufkommen an Steuern und Sozialversicherungsbeiträgen, auf Bezahlung von den Nutznießern der Arbeiten und zu einem knappen Drittel auf der Kreditschöpfung der öffentlichen Haushalte.(19) In Ergänzung dieser Expansionspolitik wollte Strasser, ganz im Sinne einer 'beggar-my-neighbour-policy', über die Lösung vom Goldstandard die Abwertung der Reichsmark betreiben, damit den Export fördern und gleichzeitig die Importabhängigkeit bei landwirtschaftlichen Erzeugnissen und Rohstoffen verringern.

Das Sofortprogramm hatte mit seinen populären Forderungen eine große Propagandawirkung für die NSDAP und markierte gleichzeitig den Beginn der pragmatischen Wirtschaftspolitik der Nationalsozialisten. Nach der 'Machtergreifung' fanden alle wesentlichen Bestandteile Eingang in die neue Wirtschaftspolitik: die Arbeitsbeschaffung in die 'Reinhardt-Pläne' vom Juni und September 1933, die Investitionslenkung in das 'Zwangskartellgesetz' vom Juli 1933, die Verstaatlichung des Bankenwesens in das 'Reichsgesetz über das Kreditwesen' vom Dezember 1933 und die Bilateralisierung des Außenhandels in den

'Neuen Plan' vom September 1934.(20) An allen diesen Interventionen kritisierten die späteren Wirtschaftsordnungskonzepte des Widerstands weniger die Tatsache der Intervention selbst; das Marktversagen im keynesianischen Sinne wurde auch dort durchaus akzeptiert und programmatisch umgesetzt. Die Auseinandersetzung ging vielmehr um die dahinterstehende ordnungspolitische Idee: der Widerstand lehnte die Zwangswirtschaft ab, die mit diesen Maßnahmen vorgezeichnet war.

Gregor Strasser hat diesen Weg in die Zwangswirtschaft nicht mehr erlebt; er fiel Ende Juli 1934 Hitlers Mordaktionen rund um den vorgeblichen Röhm-Putsch zum Opfer. Der Führer hatte sich von ihm und auch von Feder bereits seit dem Sommer 1931 distanziert, parallel zum Versuch, die Kontakte zur Großindustrie zu verbessern. Daß die Sozialrevolutionäre in der NSDAP letztlich eine Minderheit ohne Deckung in der Parteispitze waren, zeigte dann die Berufung des parteilosen Allianz-Generaldirektors Schmitt zum ersten Wirtschaftsminister des Regimes. Die Nichtberücksichtigung des Strasser-Schützlings Wagener galt als Schlag gegen die 'sozialistische' NSDAP-Fraktion und wurde als Bekenntnis Hitlers zu Privateigentum und Unternehmerinitiative gewertet.(21) Die Hinwendung zur Großindustrie hing mit dem Rüstungsziel zusammen, in dessen Dienst Hitler umgehend nach seiner Berufung zum Reichskanzler die Wirtschaft stellte. Schon vier Tage nach diesem 30.1.1933 unterrichtete er die Generalität der Reichswehr vom Vorhaben der 'Lebensraumausweitung', und am 8.2.1933 wies er das Reichskabinett auf den Vorrang der Rüstung hin. Im Vordergrund sollte die Arbeitsbeschaffung stehen, deren Bindung an Aufrüstungsmaßnahmen vorerst geheim zu halten war.(22)

So wie die nationalsozialistische Wirtschaftspolitik damit von Anfang an unter dem Vorzeichen der Kriegsrüstung stand, so unzweifelhaft war Hitler auch ihre letzte Entscheidungsinstanz in programmatischen Fragen. Der Programmatiker galt ihm als 'Leitstern' der Politik, und dem Politiker kam die Aufgabe zu, die pragmatische Annäherung an solchermaßen gesetzte Ziele zu betreiben.(23) Hitler, der sich in diesem Sinne selbst für einen idealen Politiker und Programmatiker hielt, vermied in der Wirtschaftspolitik weitgehend die persönliche Festlegung, war er sich doch bewußt, welche Gefahren daraus für die NSDAP mit ihrer heterogenen Gefolgschaft erwachsen wären. Um die Diskussion über die richtige nationalsozialistische Wirtschaftspolitik zu unterdrücken, erklärte er das Parteiprogramm von 1920 für unabänderlich. Wo die Orientierung nach Bedarf möglich war, galt faktisch, was der Nazi-Gefolgsmann Adalbert Volck schon 1924 formuliert hatte: "Unser Programm lautet mit zwei Worten: 'Adolf Hitler'!"(24) Der pragmatische Programmverzicht Hitlers war natürlich nicht gleichzusetzen mit Konzeptionslosigkeit. Vielmehr unterlegte Hitler allen seinen wirtschaftspolitischen Aktivitäten sein rasse- und raumpolitisch festumrissenes Gesellschaftsverständnis, das grundverschieden war vom klassischen ökonomischen Denken. Wilhelm Treue brachte dies in seinem Kommentar zu Hitlers Denkschrift über die Aufgaben des Vierjahresplanes von 1936 auf folgenden Nenner: "Hitler hatte die Grenzen wirtschaftlicher Leistungsfähigkeit noch nicht erreicht und noch nicht erkannt. Bisweilen lebte er im Lande der unbegrenzten Möglichkeiten."(25) Hitler nahm das Kriterium der Knappheit gar nicht zur Kenntnis; für ihn stand die Volkswirtschaft im Dienst des Kampfes der Nationen ums Überleben, im Kampf um 'Blut und Boden'. Aus den Axiomen des menschlichen Fortpflanzungs- und Nahrungstriebes, die er malthusianisch übersteigerte, leitete er sein Lebensraum-Denken ab: "Jedes Volk braucht zur Entfaltung seines eigenen Ichs den nötigen Raum auf dieser Welt. (...) Damit ist in höchstem Sinne genommen die Politik die Aufgabe, den Lebenskampf einer Nation zu ermöglichen durch die laufende Anpassung der Ernährungsgrundlage an die Volkszahl",(26) schrieb Hitler 1927 in einer geheimen Broschüre an die Adresse der Großindustrie. Weil der 'Lebensraum' nur durch Krieg gewonnen werden konnte, war Aufrüstung das Gebot der Stunde.

Nun trat diese kriegerische Zielsetzung der Hitlerschen Programmatik nicht so offen zu Tage, wie es hier den Anschein hat. Auch die späteren Widerstandskämpfer brauchten zumeist lange Zeit, bevor sie hinter der Wirtschaftspolitik den kriegerischen Zweck erkannten, und diese Erkenntnis war dann oft das eigentliche Motiv für den Eintritt in die Konspiration. Wer wollte, konnte zwar alles ausführlich in Hitlers 'Mein Kampf' nachlesen, doch handelte es sich hierbei wohl um den 'am wenigsten gelesenen Bestseller' aller Zeiten.(27) In den seltenen wirtschaftspolitischen Äußerungen, beispielsweise in der bekannt gewordenen Rede vor dem Düsseldorfer Industrieclub vom 26.1.1932, ging Hitler nicht auf die geplante Lösung der Lebensraumfrage ein, auch nicht auf die Judenfrage oder das Parteiprogramm von 1920.(28) Die sonst übliche Radikalität fehlte bei solchen Gelegenheiten; vielmehr versuchte Hitler, dann den Kompetenzbeweis in wirtschaftspolitischen Fragen anzutreten.

Für Hitler galt der Wettbewerb allein als sinnvolles Ausleseinstrument im sozialdarwinistischen Sinne. Er bekannte sich in der Konsequenz zum Institut des Privateigentums und rechtfertigte dessen ungleiche Verteilung mit den unterschiedlichen individuellen Fähigkeiten. Den Marxismus sollte die 'Volksgemeinschaft' überwinden, wie überhaupt klassenkämpferische Organisationen, insbesondere die traditionellen Gewerkschaften, nationalpolitischen Einrichtungen zu weichen hatten.(29) Außenhandel war mit diesem völkischen Gedankengut kaum zu vereinbaren. Hitler hegte die Vision von sich verengenden Märkten für deutsche Industrieprodukte bei zunehmender Industrialisierung des Auslands, und er beschwor, im Angesicht der negativen Handelsbilanz Ende der zwanziger Jahre, den Ausverkauf der deutschen Wirtschaft "(...) in die unpersönlichen Hände des überstaatlichen Finanzkapitals."(30) Wie sehr ihm die Vorstellung von der Dynamik wirtschaftlicher Prozesse fehlte, zeigen auch die geldpolitischen Ansichten, die den Einfluß Feders und Wageners widerspiegeln: "Geld ist Papier", meinte er einmal, "das kann ich drucken lassen, soviel ich will (...)." Kurzum: Hitler begriff die Volkswirtschaft als Bedarfsdeckungswirtschaft, nicht als Marktwirtschaft. In alledem widersprachen ihm die späteren Wirtschaftsordnungskonzepte des Widerstands grundsätzlich. Dort war der Wettbewerb Allokations- und Distributionsmechanismus, hatte die Gewerkschaft Arbeitnehmerinteressen zu vertreten, war freier Außenhandel aus Effizienzgründen unverzichtbar und galt die Währungsstabilität als Fundament der Marktwirtschaft.

2.2 Markt und Plan in der NS-Wirtschaft

Der Marktmechanismus spielte in allen nationalsozialistischen Wirtschaftskonzepten eine sehr untergeordnete Rolle. Wirtschaftspolitisch waren die Nationalsozialisten keine Liberalen; die Wirtschaft mußte sich für die völkischen Ziele instrumentalisieren lassen. Auf der anderen Seite aber durfte der Primat der Politik das darwinistische freie Spiel der Kräfte nicht über Gebühr beeinträchtigen. Es galt die vorgeblich Leistungsfähigen zu fördern und eine 'organische Wirtschaftsführung' (32) zu etablieren, die den Ausleseprozeß vorantrieb: "Grundsätzlich wird die Regierung die Wahrnehmung der Interessen des deutschen Volkes nicht auf dem Umweg einer staatlich zu organisierenden Wirtschaftsbürokratie betreiben, sondern durch stärkste Förderung der Privatinitiative und durch die Anerkennung des Eigentums",(33) hieß es deswegen in der Regierungserklärung zum 'Ermächtigungsgesetz' vom 23.3.1933. Die Eingriffe in den Wirtschaftsablauf, die dann die tatsächliche nationalsozialistische Wirtschaftspolitik zunehmend prägten, waren in der Regel nicht ordnungs-, sondern rasse- und kriegspolitisch motiviert. Die Wirtschaftsordnungsvorstellung, die entschieden antiliberal war, konnte daher sehr wohl kapitalistisch sein.(34)

Auch der nationalsozialistische 'Sozialismus' stand nicht im Widerspruch zu dieser kapitalistischen Orientierung. Der Sozialismusbegriff beschränkte sich wirtschaftlich auf das Ziel eines sozialen Interventionsstaates und "(...) zielte nicht auf konkrete Sozialisierung oder Enteignung, sondern auf eine Änderung des sozialen Bewußtseins, auf bedingungslose Kooperation mit dem politischen Regime und ein stets präsentes Eingriffs- und Lenkungsrecht der Führung. (...) in diesem Sinne sollten 'nationaler Sozialismus' und 'guter' Kapitalismus nicht nur vereinbar, sondern geradezu identisch sein." (35) Mit dem radikalen Sozialismus, den einige norddeutsche Nationalsozialisten um Goebbels in der Frühphase der Bewegung vertraten, hatte dies nichts mehr zu tun. Es entsprach vielmehr der Linie, die Alfred Rosenberg schon 1923 in seinem Buch 'Wesen, Grundsätze und Ziele der Nationalsozialistischen Deutschen Arbeiterpartei' entworfen hatte: Sozialismus hieß hier lediglich die Feindschaft gegen das 'jüdische Finanzkapital' und war im übrigen gleichbedeutend mit freier Bahn für das Unternehmertum.(36) Diese Garantie gegen Verstaatlichung galt deswegen nur im Rahmen der 'Verantwortung gegenüber Volk und Rasse'; Privateigentum mußte mithin 'deutsches Eigentum' sein. Hitler zufolge hatte die NS-Bewegung Nationalismus und Sozialismus verbunden, "(...) indem sie feststellt, daß höchster Nationalismus wesensgleich ist mit höchster Volkssorge und höchster Sozialismus gleich ist mit höchster Volks- und Vaterlandsliebe und mithin beides die verantwortliche Erfüllung ein und derselben völkischen Pflicht darstellt."(37) Der nationale Sozialismus war kein wirtschaftlicher, wie Hitler selbst bekannte: "Was haben wir das nötig: Sozialisierung der Banken und der Fabriken. Wir sozialisieren die Menschen."(38) Der Kreisauer Kreis der Widerstandsbewegung formulierte später sein Wirtschaftsordnungskonzept in striktem Gegensatz zu dieser Sozialisierung von Menschen im Rahmen anonymer Massenorganisationen: hier standen die elementaren, im Nationalsozialismus nie gewährleisteten Rechte der Wirtschaftssubjekte auf Wahlfreiheit im Mittelpunkt.(39)

Die prokapitalistische Ausrichtung der nationalsozialistischen Wirtschaftsideologie zielte zunächst in erster Linie auf das Kleinunternehmertum. Schon in der Frühzeit nutzte die NS-Bewegung, die nur freundliche Worte für den Mittelstand fand, dessen Präferenzen für eine ständische Wirtschaftsordnung und schuf sich hier ein gewichtiges Unterstützungspotential.(40) Im Gegensatz zur Mittelstandsphraseologie der Verlautbarungen bevorzugte die praktische Politik aber die großen Kapitalgesellschaften. Die eigentlich nicht programmkonforme Aktiengesellschaft erwies sich als die effizienteste Unternehmensform für die Aufrüstung.(41) Allerdings hegte die Großindustrie mannigfaltige Vorbehalte gegen den Nationalsozialismus. (42) Um dem entgegenzuwirken, förderte die Wirtschaftsordnungspolitik die Unternehmenskonzentration noch weit stärker als zu Zeiten der Weimarer Republik. Schon seit 1923 orientierte sich das Kartellrecht statt am Verbots- am bloßen Machtmißbrauchsprinzip, was einer grundsätzlichen Anerkennung der wirtschaftlichen Konzentration gleichkam und dazu führte, daß Ende 1931 etwa 2500 Kartelle im

Deutschen Reich bestanden.(43) Doch konnte immerhin noch jedes Kartellmitglied zu jeder Zeit vom Kartellvertrag zurücktreten, wenn es seine Handlungsfreiheit eingeschränkt sah. Das von den Nationalsozialisten bereits am 15.7.1933 verkündete 'Gesetz über die Errichtung von Zwangskartellen' zwang dagegen sogar die Außenseiter zum Anschluß. Konkurrierende Verbände konnten nun vereinigt, neue Zusammenschlüsse angeordnet, Unternehmensgründungen verboten, Investitionen, Produktionsverfahren und Kapazitätsauslastung vorgeschrieben werden.(44)

Die Kartellierungswelle, die im Zeichen des ständischen Wirtschaftsaufbaus erfolgte, beschränkte sich in der Regel zunächst auf Kalkulationskartelle mit Meldezwang bei größeren Aufträgen und mit Richtpreisen für Normalleistungen. Erst ihre preispolitische Begleitung, die mit der 'Verordnung gegen Preissteigerungen' vom 16.5.1934 begann und in der Preisstopp-Verordnung vom 26.11.1936 zu einer Höchstpreisregelung ausgebaut wurde, legte dann den Mechanismus der marktwirtschaftlichen Steuerung endgültig lahm. Zwar war bis zum Jahr 1941, als die völlige Durchkartellierung der Volkswirtschaft erreicht war, die Zahl der Kartelle auf 2200 gesunken, doch zeigt sich gerade daran der fortgeschrittene Konzentrationsprozeß: Klein-Kartelle gab es nur noch in wenigen Wirtschaftsbereichen, in Schwerindustrie und Massenproduktion herrschten nun wenige große Syndikate. Alle Fraktionen der Widerstandsbewegung sahen in dieser Ballung der wirtschaftlichen Macht das wesentliche Merkmal der Wirtschaftsordnung unter dem Nationalsozialismus, und dementsprechend stand auch in allen ihren Konzepten zur Wirtschaftsordnung der Nach-Hitler-Ära die Sicherung des Wettbewerbs im Mittelpunkt der Überlegungen.

Dieses Bild, das sich der Widerstand von der nationalsozialistischen Wirtschaftsordnung machte, traf noch mehr zu, wenn die Machtkonzentration mitberücksichtigt wird, die sich parallel zur Privatwirtschaft in der staatlichen Wirtschaftsadministration vollzog. Der permanente Devisenmangel des Reiches und die Lücken in der Versorgung mit kriegswichtigen Rohstoffen, die erstmals in der Treibstoffkrise 1935 offen zu Tage traten, veranlaßten Hitler zur Bündelung der Verantwortlichkeiten in der Rüstungs- und damit auch der Wirtschaftspolitik. Er verfuhr dabei nach der bewährten Methode, neue Entscheidungsinstanzen zu schaffen, die alten fortbestehen zu lassen und einen Kompetenzstreit mit vorbestimmtem Ausgang in die Wege zu leiten. Die Opfer des am 9. September 1936 verkündeten Vierjahresplanes und seines Amtes unter Hermann Göring wurden zunächst das für den zivilen Bereich der Volkswirtschaft zuständige Reichswirtschaftsministerium unter Schacht und später das für die Rüstungsindustrie zuständige Wirtschafts- und Rüstungsamt der Wehrmacht unter General Thomas.(45)

Die Entmachtung der konservativen Kollaboranden des Regimes, die mit dem Vierjahresplan ihren Anfang nahm, trug sicherlich entscheidend zum Aufbau der Widerstandsbewegung bei. Dabei war es vor allem die dieser Entmachtung folgende Erkenntnis von der Unabänderlichkeit des Kriegsziels, die den Entschluß zur Konspiration leitete.(46) Der Vierjahresplan, die zweite Phase der nationalsozialistischen Wirtschaftspolitik, war ja nicht der Beginn, sondern die Verschärfung der Rüstung und der politischen Intervention für das Autarkieziel. Die wichtigsten Einzelziele lagen in der Verbreiterung der Eisenerzbasis, in der Produktion von synthetischem Kautschuk und Fett und in der Sicherung des Treibstoffvorrats.(47) Knapp zwei Jahre später, dies dokumentiert das 'Hoßbach-Protokoll' vom 5.11.1937, war die Autarkiepolitik schon wieder am Ende; das Regime war immer weniger dazu bereit, für solche Unabhängigkeit den Preis eines sinkenden Lebensstandards der Bevölkerung zu bezahlen.(48) Als Ausweg rückte erneut die Schaffung von 'Lebensraum' in den Blickpunkt, und mit ihr der Angriffskrieg.

Zum Vierjahresplan zählten neben der Rohstoffplanung auch die ersten Versuche zur Investitionssteuerung, Preissetzung und Arbeitskräftelenkung. Dennoch war dieser Plan, sowohl in der Zeit der Kriegsvorbereitung wie auch in seiner 'Anwendungsphase' nach dem Kriegsausbruch am 1.9.1939, nur ein Paradigma für die Improvisationsfähigkeit des NS-Regimes. Seine Unvollkommenheit karikierte streckenweise das ökonomische Steuerungspotential einer Planwirtschaft und gab für die späteren Ordnungskonzepte des Widerstands viel Anschauungsmaterial ab, um die Überlegenheit wettbewerblich geregelter Wirtschaftssteuerung zu demonstrieren.(49) Der Vierjahresplan, der die Kontrolle des Regimes über die Wirtschaft stärken sollte, förderte tatsächlich die weitgehende Paralyse des Entscheidungsapparats. Das Labyrinth der Zuständigkeiten von Instanzen der Partei und des Staates wurde um eine weitere Behörde erweitert. Der Wirtschaftshistoriker Alan Milward hat deswegen mit Recht die Wirtschaftspolitik als Erkenntnisobjekt dafür genannt, um die Vorstellung vom nationalsozialistischen Deutschland als einer monolithischen Diktatur zu revidieren.(50) Der andere Grund für die Ineffizienz des Vierjahresplanes war ein wirtschaftlicher. Der Rüstungsboom hatte auch einen prosperierenden zivilen Sektor geschaffen, der massenweise Ressourcen absorbierte.(51) Weil eine tragfähige Abstimmung zwischen zivilen und militärischem Bedarf unvermeidlich zu Konflikten geführt hätte, beschränkte sich die 'Planung' im Vierjahresplan auf die bloße Zusammenstellung eines Wunschkataloges.(52) Demgegenüber war die Knappheit der Ressourcen die Grundlage der Wirtschaftskonzepte des Widerstands.

Die Aussicht auf die territoriale Expansion entband das Regime davon, Prioritäten zu Lasten der Konsumgüterversorgung zu setzen. Deswegen konnte die Wirtschaft, wie Reichsorganisationsleiter Ley betonte, auch zu Kriegsbeginn weitgehend 'normal' weiterarbeiten. (53) Die Versorgung mit Rohstoffen, Rüstungs- und Konsumgütern ließ sich mit dem Ressourcengewinn aus unterjochten Gebieten weitgehend aufrecht erhalten, und als Planungsaufgabe fiel lediglich die Umstellung des Rüstungsschwerpunktes von einem Feldzug zum anderen an. Die improvisierende Wirtschaftspolitik ließ sich fortsetzen, bis die Erfolge der 'Blitzkrieg'-Strategie ausblieben. Am 17.3.1940 war unter der Leitung des vormaligen Autobahn-Planers und Westwall-Erbauers Todt das Ministerium für 'Bewaffnung und Munition' gegründet worden, zu dessen Gunsten Görings Amt für den Vierjahresplan rasch an Gewicht verlor.(54) Mit Albert Speer an der Spitze, der das Ministerium nach Todts Unfalltod im Februar 1942 übernahm, begann dann die Planwirtschaft im Kriege, die dritte Phase der nationalsozialistischen Wirtschaftspolitik.

Die Techniken der Massenproduktion, die Speer in die Rüstungswirtschaft einführte, bewirkten bedeutende Leistungssteigerungen. Nachdem schon Todt damit begonnen hatte, die Kartelle und Verbände der Rüstungswirtschaft in die Planung einzubinden, schuf Speer mehrere Selbstverwaltungs-Ausschüsse, in denen die Industrie mitwirken konnte, sowohl bei der Auftragsverteilung an die einzelnen Produktionsstätten, die nach der Kapazität erfolgte, wie bei der Zuteilung der benötigten Rohstoffe.(55) Das Ministerium Speer entwickelte sich dabei zur zentralen Kontrollinstanz der Kriegswirtschaft. Vom 2.9.1943 datiert der 'Erlaß des Führers über die Konzentration der Kriegswirtschaft', der Speer und seinem nunmehr für 'Rüstung und Kriegsproduktion' zuständigen Ministerium auch die Verantwortung für den zivilen Sektor der Volkswirtschaft übertrug. Zur Machtvollkommenheit fehlte Speer nur die Kontrolle über das Wirtschaftsimperium der SS und die Zuständigkeit für den Arbeitseinsatz.(56) Auf Seiten der Widerstandsbewegung förderte diese Machtkonzentration allerdings nur die Hartnäckigkeit, mit der eine Dezentralisierung der wirtschaftlichen Entscheidungen gefordert wurde. Trotz des Fortschritts, den die Kriegswirtschaft in Sachen Leistungsfähigkeit mit der Speerschen Planung gemacht hatte, bestimmten nach wie vor Effizienzprobleme den Alltag. Der Widerstand setzte demzufolge konsequent auf den Wettbewerb als Allokationsmechanismus.

Auch die Parteiorganisation der NSDAP unter Martin Bormann opponierte nach Kräften gegen die Speersche Kriegswirtschaftspolitik, wenn auch aus ganz anderen Gründen. Sie fürchtete die Folgen des 'totalen Krieges' für die Güterversorgung und die Stimmung der Bevölkerung vor Ort. Zudem hatte sich Speers Ministerium zu einem Machtzentrum entwickelt, das stark genug war, um sogar die von Hitler ab September 1944 im Angesicht des verlorenen Krieges angeordnete Taktik der 'verbrannten Erde' zu unterlaufen.(57) Ein weiterer Konflikt entzündete sich schließlich mit dem nunmehr für konzeptionelle Fragen zuständigen Wirtschaftsministerium über die nationalsozialistische Nachkriegsordnung der Wirtschaft. Der Chef des Speerschen Planungsamtes Kehrl verfocht die staatliche Rahmenplanung des Wirtschaftsablaufes, während Otto Ohlendorf, als Unterstaatssekretär der führende Kopf des Wirtschaftsministeriums, mit dem Hinweis auf die Leistungsfähigkeit der Wirtschaft für eine Wettbewerbsordnung eintrat.(58) In diese Auseinandersetzung Ohlendorfs eingebunden sind auch die Befragungen zu sehen, denen führende Widerstandskämpfer wie Goerdeler und Popitz nach dem 20. Juli 1944 in der Haft vom Reichssicherheitshauptamt, dem Ohlendorf als Leiter des SD-Inland angehörte, unterzogen wurden und in denen sie ihre Ansichten zur Nachkriegsordnung der Wirtschaft zu Protokoll zu geben hatten. Gleiches gilt für die Zusammenarbeit, die Ohlendorf mit einem Industriellen-Kreis um Rudolf Stahl suchte und der eine Denkschrift Ludwig Erhards zugrunde lag.(59)

Diese späten, im Angesicht des wirtschaftlichen und militärischen Zusammenbruchs unternommenen Versuche, die nationalsozialistische Wirtschaftspolitik zu liberalisieren, sollten nicht überbewertet werden.(60) Zum einen war Ohlendorfs Meinung selbst in der Endphase des 'Dritten Reiches' nicht repräsentativ für die NSDAP, wie schon die Haltung seines Wirtschaftsministers Funk zeigt, der zu den Vorkriegsmethoden der Wirtschaftssteuerung zurückkehren wollte.(61) Zum anderen läßt sich aus der Entwicklung der Wirtschaftsordnung unter dem Nationalsozialismus ablesen, wie wenig Gewicht wirtschaftsprogrammatische Überlegungen in dieser Bewegung hatten. Angetreten war sie mit einer ständischen, merkantilistischen Konzeption, aus der sich im Laufe der Zeit unter wachsender Monopolisierung eine staatliche Kommandowirtschaft entwickelte.(62) Die Wirtschaftsordnung, die eigentlich mit einem Minimum an Bürokratie auskommen wollte, wuchs heran zu einer Planwirtschaft, wenn auch zu einer, in der es den Plänen lange Zeit an Abstimmung fehlte und die deshalb diesen Namen erst in den letzten Kriegsjahren verdiente. Die marktwirtschaftlichen Mechanismen wurden mehr und mehr außer Kraft gesetzt, begleitet von einem durchgängigen Abbau der Autonomie der Wirtschaftssubjekte. All dies waren die Ansatzpunkte für die ordnungspolitischen Entwürfe, die dann auf der Seite des Widerstands entstanden.

2.3 Der wachsende Interventionismus in der Wirtschaftspolitik

Die nationalsozialistische Abkehr von der Marktwirtschaft zeigte sich schon frühzeitig im Außenhandel. Die Weltwirtschaft galt als 'Volkswirtschaft des jüdischen Volkes', von der die Abkoppelung schon aus rassepolitischen Gründen geboten war. Hitler akzeptierte den Außenhandel nur unter der Bedingung, daß er dem Reich 'politisch und wirtschaftlich in die Lage der Selbsterhaltung' verhalf.(63) Von Anfang an dem Rüstungsziel untergeordnet, betrieben ihn die Nationalsozialisten als eine machtpolitisch fundierte Einfuhrsicherung, (64) die mit ihrem gewalttätigen Handlungsmuster im schroffen Gegensatz zum friedlichen und freien Außenhandel stand, den die Widerstandsbewegung wollte. Die nationalsozialistische Außenwirtschaftspolitik war bestrebt, die Handelsbeziehungen zu bilateralisieren. Diese Politik, deren Motor der chronische Devisenmangel des Reiches war, hatte bereits 1931 begonnen, noch unter der Regierung Brüning. Die damalige Änderung des Handelsvertragsnetzes geschah in der Absicht, den Außenwert der Reichsmark zu stützen. Das neuerliche Programm von bilateralen Verrechnungsverträgen, das Reichswirtschaftsminister und Reichsbankpräsident Hjalmar Schacht im Herbst 1934 auf dem Höhepunkt der Devisen- und Rohstoffkrise des Reiches vorlegte, war den Nationalsozialisten demgegenüber willkommen, weil die Bilateralisierung auch die Chance zur forcierten Importsubstitution und zur Aufrüstung bot.(65)

Dieser 'Neue Plan' umschrieb ein staatliches Außenhandelsmonopol, das die Steuerung des Außenhandels im Sinne einer rüstungsorientierten Devisenbewirtschaftung betrieb. Die Handelsbilanz mit jedem Handelspartner sollte wertmäßig ausgeglichen sein, und eventuelle Negativsalden waren der Anlaß für zusätzliche Ausfuhren. Die Einfuhren unterlagen einem ausgeklügelten System von Zollpräferenzen und Mengenkontingenten, die nach der rüstungs- und versorgungspolitischen Dringlichkeit gestaffelt waren. Nach Bedarf fixierte Wechselkurse und Exportsubventionen dienten der Ausfuhrförderung. Um soviel Devisen wie nur möglich zu sparen, waren auch Kompensationsgeschäfte sehr beliebt. In einigen Verrechnungsabkommen, besonders dann in den Kriegsjahren, zwang das Regime schließlich die abhängigen Gebiete zu Wechselkursen, die einer drastischen Überbewertung der Reichsmark gleichkamen.(66) Devisenbewirtschaftung hieß, daß sämtliche Geld- und Devisenbestände, die es im Reichsgebiet gab, bei der Reichsbank abgeliefert und der Schuldendienst für Auslandsverbindlichkeiten auf Sperrkonten geleistet werden mußte. Auf diese Weise entstand ein zweiter Devisenmarkt für 'Sperrmark' mit beschränkter Verwendungsfähigkeit, beispielsweise zur Kapitalanlage oder für Reisen im Reichsgebiet.(67)

Der Wille des Regimes zur Exportsteigerung nahm streckenweise einen derart 'traumatischen Charakter' (68) an, daß es zur Devisenbeschaffung sogar Kriegsgerät exportierte. Noch in einer Reichstagsrede vom 30.1.1937 rechtfertigte Hitler die beabsichtigte Großraumwirtschaft und geplante Kolonienbeschaffung mit dem dann erzielbaren Exportzuwachs.(69) Allen Anstrengungen zum Trotz waren aber die deutschen Ausfuhren, parallel zum Welthandel, einem Volumensrückgang ausgesetzt, der die Beschaffung von Devisen behinderte. Der Neue Plan hatte letztlich nur bei der Versorgung mit den wichtigsten Rohstoffen Erfolg. Das ursprüngliche Ziel der gesamtwirtschaftlichen Autarkie mußte zunächst auf die Unabhängigkeit der kriegswirtschaftlichen Versorgung, schließlich auf die Vorratsbildung bei kriegswichtigen Rohstoffen zurückgenommen werden.(70) Auf der anderen Seite erleichterte die Knappheit der Rohstoffe dem Regime das Vorhaben, im Rahmen des Vierjahresplans die Bestrebungen nach einem blockadesicheren Wirtschaftsraum fortzusetzen und bei Vorratshaltung und synthetischen Produktionen die Vorbereitungen für die Kriegswirtschaft zu verstärken. Zur Jahreswende 1937/38 erreichte die nationalsozialistische Außenwirtschaftspolitik dann ihre letzte Phase: die Schaffung des 'Lebensraums'.(71) Dies begann noch 'friedlich' mit ausbeuterischen Wirtschaftsverträgen, beispielsweise denen vom März 1939 mit der Tschechoslowakei und mit Rumänien, und endete im Raub der 'Blitzkriege', der mit Außenhandel nichts mehr gemeinsam hatte. Was die Widerstandsbewegung betrifft, so wäre es müßig, auf ihre Gegnerschaft zu solcher Tyrannei zu verweisen. Die ökonomische Auseinandersetzung mit dem nationalsozialistischen Verständnis von Außenwirtschaft begann, wie im Verlauf dieser Untersuchung noch deutlich werden wird, schon sehr viel früher: im engeren Sinne beim Beharren auf den Effizienzvorteilen der internationalen Arbeitsteilung, im weiteren ordnungspolitischen Sinne bei der Verteidigung des Rechts auf wirtschaftliche Autonomie.

Der Abbau wirtschaftlicher Autonomie kennzeichnete auch die Arbeitsmarktpolitik der Nationalsozialisten, die in mehreren Etappen zur Lenkung des Arbeitseinsatzes führte. Eine wichtige Vorbedingung dafür hatte das Regime bereits 1933 mit der 'Gleichschaltung' der Wirtschaftsverbände geschaffen. Nur in den wenigsten Fällen geschah die Unterwerfung ähnlich gewalttätig wie die der freien Gewerkschaften, deren Häuser SA und SS am 2. Mai 1933 besetzten. Die Ausschaltung der Opposition erfolgte im Regelfall mittels personeller Unterwanderung oder gegenseitigem Ausspielen einzelner Verbände.(72) Dementsprechend "(...) lautlos vollzog sich die Angleichung der berufsständischen Organisationen in solchen Bereichen, in die das Gedankengut des Nationalsozialismus bereits vor 1933 eingeschleust worden war (...)."(73) Das ständepolitische Ziel der Nationalsozialisten macht die ursprüngliche Konzeption der 'Deutschen Arbeitsfront'

(DAF) besonders deutlich. Die DAF sollte, um zur Überwindung des Klassengegensatzes, zur Abkehr vom Marxismus und zu einer neuen Sozialordnung beizutragen, die Verbände sämtlicher Erwerbstätiger, der Arbeiter, Angestellten, Gewerbetreibenden, Freiberufler und Unternehmer, unter einem Dach versammeln. Die Gemeinschaftsorganisation von Arbeitgebern und -nehmern scheiterte an der Gegenwehr aus dem Unternehmerlager. Die Mittelständler wollten, angeführt vom 'NS-Kampfbund für den gewerblichen Mittelstand', ihr eigenes Kammerwesen; die Industrie, die sich gegen die gewerkschaftlichen Tendenzen in der DAF und gegen die Mittelstandskampfbünde stellte, schuf sich im 'Reichsstand der deutschen Industrie', der Vereinigung von Industrie- und Arbeitgeberverbänden, ihre eigene Organisation.(74) Die DAF mußte also ohne die Unternehmer auskommen.

Mit der Entlassung Otto Wageners aus der Reichsleitung der NSDAP im Juli 1933 fiel die ständeumfassende Ideologie der DAF, die in dieser Eigenschaft im konservativen Lager der späteren Widerstandsbewegung durchaus Anhänger gefunden hatte. Am 27.11.1933 gab Robert Ley, von Hitler zum Führer der DAF ernannt, den Umbau zum Arbeitnehmerverband bekannt. Obwohl offiziell nur eine 'angegliederte' Parteiorganisation, wuchs die DAF wegen der faktischen Zwangsmitgliedschaft zu einem Staatsorgan heran. Es war in das vorgebliche Ermessen der Unternehmen gestellt, nur DAF-Mitglieder zu beschäftigen, und Sozialleistungen waren weitgehend an die Mitgliedschaft gebunden. (75) Die Entrechtung der Arbeitnehmerschaft bestand zunächst darin, daß die Einzelmitgliedschaft mit keinerlei Mitbestimmungsrechten verbunden war, nachdem auch hier konsequent das Führerprinzip galt. Die DAF wollte kein Interessenverband ihrer Mitglieder sein, sie diente der politischen Mobilisierung der Arbeitnehmer für den Nationalsozialismus.(76) Alte sozialpolitische Anliegen der Gewerkschaften wurden für die völkische Ideologie instrumentalisiert. Die berufliche Bildung und die Kulturarbeit dienten der 'Erziehungsaufgabe' der NSDAP, der verbesserte Arbeitsschutz und der Ausbau der Sozialleistungen dem für das nationale Wohl erforderlichen Wachstum der Arbeitsleistung. Tayloristische Bestrebungen zur Produktivitätssteigerung wurden ergänzt durch den Versuch, mit der Aktion 'Kraft durch Freude' auch die Freizeit, verstanden als Zeit zur Regeneration der Leistungsfähigkeit, noch im völkischen Sinne zu gestalten. (77) Wenn die DAF auf diesem Gebiet auch durchaus Erfolge errang und die Akzeptanz des Regimes verbessern konnte, so scheiterte doch das Vorhaben, die politische Interessenartikulation der Arbeitnehmer völlig zu unterdrücken. Aus der Gewerkschaftsbewegung rekrutierte sich ein Gutteil des Widerstands, der konspirativ gegen das Hitler-Regime betrieben wurde. Im Laufe der Jahre entstand hier, aber auch in anderen Kreisen der Widerstandsbewegung, in der Auseinandersetzung mit der DAF das Konzept einer starken, auf die Vertretung von Arbeitnehmerinteressen ausgerichteten Einheitsgewerkschaft.

Die faktischen Kompetenzen in der Lohn- und Sozialpolitik hatte die DAF bereits am 15.9.1933 an die 'Treuhänder der Arbeit' verloren, wie die der Dienstaufsicht des Reichsarbeitministers unterstehenden Beamten hießen, denen die Überwachung der Tarifverträge, des Arbeitsrechts und die 'Erhaltung des Arbeitsfriedens' in der nationalsozialistischen 'Betriebsgemeinschaft' zukam.(78) Das Gewicht der Arbeitsmarktpolitik lag zunächst auf der Arbeitsbeschaffung. Hitler hatte 'Arbeit und Brot'(79) versprochen, und die Instrumente dafür waren die beiden nach dem Staatssekretär im Arbeitsministerium benannten 'Reinhardt-Pläne' vom 1.6. und 21.9.1933. Sie bestanden, in Fortführung der von Gregor Strasser geforderten und noch von der Regierung Papen im Juni 1932 eingeleiteten Politik, aus fiskalpolitischen Maßnahmen zur Ankurbelung des Konsums und aus öffentlichen Meliorations- und Infrastrukturarbeiten, von denen besonders der Bau von Autobahnen bekannt wurde.(80) Das Regime bekämpfte die Arbeitslosigkeit zudem kosmetisch, und dies nicht nur mit plumpen Manipulationen an der Statistik wie beispielsweise der Ausgliederung von unregelmäßig beschäftigten, nur marginal entlohnten Landhelfern und Notstandsarbeitern. Die Arbeitslosigkeit wurde auch hinter der verbreiteten Kurzarbeit versteckt, wobei die Arbeitswochen oft nur drei Tage hatten. Produktivitätsüberlegungen spielten ohnehin keine Rolle, wie die Maschinenstürmer-Mentalität zeigt, die den Ausführungsbestimmungen des Reinhardt-Plans eigen war: um keine Arbeitsplätze zu gefährden, mußten alte und ersetzte Maschinen in jedem Fall verschrottet und durften in einzelnen Branchen keine neuen eingesetzt werden.(81) Im Gewicht, das der allokativen Effizienz für die Steuerung der Volkswirtschaft zugemessen wurde, findet sich denn auch der entscheidende Unterschied zu den späteren Ordnungskonzepten der Widerstandsbewegung, weniger in der Arbeitsbeschaffung selbst, die auch hier häufig für sinnvoll und notwendig erachtet wurde.

Diese Zustimmung erstreckte sich aber nicht auf die Methode der Arbeitsbeschaffung, in der die Zuteilung von Arbeitsplätzen nach den Verdiensten um die Bewegung erfolgte. Begünstigt wurden 'Alte Kämpfer' aus SA und Stahlhelm, NSDAP-Funktionäre und -Mitglieder mit einer Parteinummer, die niedriger war als 300000. Hier deutete sich bereits die Vorstellung vom 'Arbeitsheer' an, die im völligen Gegensatz zum Prinzip der Wahlfreiheit stand, das die Widerstandsbewegung für die Arbeitsplatzentscheidung garantieren wollte.(82) Die Einführung der Arbeitsbuchpflicht im Frühjahr 1935 bereitete die direkte Lenkung des Arbeitseinsatzes vor, der Befestigungsbau im Westen gab im Juni 1938 erstmals den Anlaß für eine Dienstpflichtverordnung, und ab dem 13. Februar 1939 galt dann die unbefristete Dienstverpflichtung der Arbeitnehmer, die in der Kriegswirtschaftsverordnung vom 4.9.1939 in einigen Punkten noch verschärft wurde.(83) Die nationalsozialistische 'Menschenbewirtschaftung' war nicht nur unpopulär, sie war im Sinne des Rüstungsziels zumeist auch ineffektiv. Die Umschichtung von Arbeitskräften aus dem Zivil- in den Rüstungsbereich fand kaum statt, weil es Versorgungsengpässe zu vermeiden galt, und Arbeitskräfteressourcen, wie sie bei Aktivierung der Frauenerwerbstätigkeit zur Verfügung gestanden hätten, wurden aus ideologischen Gründen nicht genutzt. Auch mitten im Krieg war dies kaum anders, denn das Regime wählte dann die unter den Gesichtspunkten von Rasse und Lebensraum näherliegende Option der Zwangsarbeit. Was als vorgebliche 'Betriebsgemeinschaft' begonnen hatte, endete in den Betrieben der Konzentrationslager.(84)

Kontinuierlich wachsender Interventionismus war auch das Merkmal der Lohnpolitik. Die 'Treuhänder der Arbeit' hatten strikt auf die Einhaltung der Tarifverträge zu achten, deren Lohnsätze schon bald nach der 'Machtergreifung' festgeschrieben wurden. Die Lohndiskrepanzen, die nach den Notverordnungen des Kabinetts Brüning entstanden waren, wurden auf diese Weise perpetuiert. Seit der 'Gleichschaltung' der Arbeitnehmerverbände gab es ohnehin keine organisierten Lohnforderungen mehr. Die nachfolgende DAF beschränkte sich auf verbesserte Sozialleistungen im betrieblichen Rahmen.(85) In den vom Rüstungsboom profitierenden Sektoren wurden übertarifliche Löhne gezahlt; außerhalb dagegen nahmen die realen Einkommen zum Teil drastisch ab. Die Lohndifferenzierung verstärkte sich durch die wachsenden Abzüge zugunsten der diversen neuen Massenorganisationen, der Sozialversicherung und auch der Staatskasse, die das Regime bewußt zur Beschneidung der verfügbaren Einkommen und zur Geldwertstabilisierung einsetzte.(86) Auch die Verordnung über die Lohngestaltung vom 25.6.1938 konnte die außertariflichen Lohnsteigerungen nicht entscheidend eindämmen; obwohl nunmehr verboten, nahmen sie im Jahr darauf, der Knappheit an Arbeitskräften gehorchend, noch stärker zu. Gegen den Markt kam auch die Kriegswirtschaftsverordnung vom 4.9.1939 nicht an, deren Vorschriften zum Abbau von Löhnen und zur Streichung von Zuschlägen die Übernachfrage am Arbeitsmarkt ebenfalls nicht beseitigten.(87)

Mißt man die Preispolitik an der Leistung, die Geldillusion, d. h. den Glauben der Bevölkerung an eine stabile Währung bis weit in den Krieg hinein aufrecht zu erhalten, dann hatte sie mehr Erfolg als diese Versuche der Lohnkontrolle. Doch auch nur dann: Begonnen hatte die Preispolitik mit der Überwachung, die der Reichspreiskommissar Carl Goerdeler in den Jahren 1934 und 1935 zumeist mit Appellen an die Preisdisziplin und deswegen mit beschränktem Erfolg betrieb. Viele Preise, insbesondere für Lebensmittel, stiegen zwischen 1933 und 1935 erheblich, allerdings ohne daß dies den Preisindex berührt hätte. Die Verordnung gegen Preissteigerungen, die am 16.5.1934 für 'lebenswichtige Güter des täglichen Bedarfs' erlassen und am

11.12.1934 um eine Verordnung über Preisbindungen ergänzt worden war, verbot auch nur die Festlegung von Mindestpreisen.(88) Die zweite Phase der Preispolitik markierte dann die Preisstopp-Verordnung vom 26.11.1936 unter Preiskommissar Wagner: nun war die Erhöhung der tatsächlich erzielten Marktpreise verboten. Doch auch dies war nicht sonderlich wirksam, wie sich an der nochmaligen Verschärfung der Preisbildungsvorschriften im § 22 der Kriegswirtschaftsverordnung zeigte, in denen die Unternehmen zum Verzicht auf festgesetzte Höchstpreise und zur 'volkswirtschaftlich gerechtfertigten' Preisbildung angehalten wurden.(89) Auch wenn der Druck auf die Preise seit der Deflationspolitik der Regierung Brüning ein vertrautes Element der deutschen Wirtschaftspolitik war, so setzte sich demgegenüber in der späteren Wirtschaftsordnungsdeabtte der Widerstandbewegung dennoch die Erkenntnis durch, daß die Preisflexibilität als Grundlage der allokativen Effizienz und der Marktwirtschaft zu gelten hatte.

Insofern war die Preispolitik Teil der fundamentalen Kritik, die der Widerstand an der nationalsozialistischen Wirtschaftspolitik übte. Noch viel mehr galt dies für die geld- und fiskalpolitischen Ursachen, die eine Preiskontrolle erst nötig erscheinen ließen. Das Hitler-Regime kannte keine Zurückhaltung, als es um die Indienststellung der Geld- und Fiskalpolitik für die Aufrüstung und die Rassenpolitik ging. Die ab dem 16. Oktober 1934 in die Tat umgesetzte Steuerreform verfolgte ein völkisches und ein fiskalisches Ziel; sie führte dazu nicht nur rassische Prinzipien in Steuertarife und Sonderabzüge ein, sie öffnete über das Rechtsinstitut des 'gesunden Volksempfindens' bei der Steuerfestsetzung auch der Willkür Tür und Tor im Steuerrecht.(90) Die Verbindung von Rassismus und Steuerergiebigkeit erreichte ihren traurigen Höhepunkt mit der Sondersteuer über eine Milliarde Reichsmark, die den Juden nach dem Pogrom der 'Reichskristallnacht' vom 9. und 10.11.1938 auferlegt wurde. Zuvor schon hatte die Steuerreform des Jahres 1936, die insbesondere die Realsteuern betraf, die Haushaltsbefugnisse der Länder und die Verwaltungshoheit der Gemeinden drastisch beschnitten und das Reichsfinanzministerium zum Hauptbuchhalter der Nation degradiert. Der Reichstag durfte die Haushaltspolitik bereits seit dem Ermächtigungsgesetz vom 24.3.1933 nicht mehr kontrollieren, und seit dem 15.12.1933 beanspruchte das Regime auch das Recht, sich selbst zu entlasten.(91) Alle diese Maßnahmen dienten der Aufrüstung, für die bis 1939 etwa 65 Mrd. Reichsmark ausgegeben wurden und deren Anteil am Etat von 8,2 Prozent 1932/33 auf 61 Prozent 1938/39 stieg.(92)

Für die Gesamtfinanzierung der Rüstung allerdings reichte die Elastizität des Steueraufkommens bei weitem nicht aus. Das Reich mußte

in die Verschuldung ausweichen, was aber nach der Inflationserfah-
rung auf dem Weg über offene Kapitalmarktanleihen politisch nicht
opportun und über die Reichsbank nicht möglich war: Die völkerrecht-
lichen Reparationsregeln verboten der Reichsbank, dem Staat in
nennenswertem Umfang Kredit zu gewähren. Aus Staatspapieren mußten
mithin private werden, mit denen eine solche Beleihung prinzipiell
möglich war. Die im Mai 1933 von den Rüstungsfirmen Krupp, Siemens,
Gutehoffnungs-Hütte und Rheinmetall gegründete 'Metallurgische For-
schungsgesellschaft' (Mefo) erfüllte die Voraussetzungen, um von der
Reichsbank diskontierbare Wechsel zu begeben. Die Wechsel, die
Rüstungslieferanten auf die 'Mefo' zogen und die von dieser akzeptiert wurden, erweiterten den Geldumlauf um die Liquidität der
Lieferanten. Die Erhöhung der schwebenden Staatsschuld im Gesamtum-
fang von 12 Mrd. Reichsmark schlug sich in keinem Haushaltsplan
nieder.(93)

Obwohl die Reichsbank gesetzlich dazu verpflichtet war, Wechsel mit
einer Laufzeit von mehr als drei Monaten zurückzuweisen, ließen sich
die Mefo-Wechsel, die formal dieser Dreimonatsfrist genügten, bis zu
fünf Jahren prolongieren. Ihre Begebung, die zu einer merklichen
Austrocknung der privaten Nachfrage auf den Finanzmärkten führte,
sollte ursprünglich im Fiskaljahr 1937/38 abgebrochen und der Gegenwert entweder zurückbezahlt oder in langfristige Reichsschulden umgewandelt werden. Die Einstellung konnte Hjalmar Schacht, als
Reichsbankpräsident der Erfinder dieser Wechsel, noch erreichen, die
Rückzahlung oder Konsolidierung jedoch nicht: die Prolongation ging
weiter. Hitler hatte damit seinen Willen offengelegt, die Inflationierung der Währung zuzulassen. Dies war für viele Mitglieder der
Widerstandsbewegung das wichtigste ökonomische Widerstandsmotiv,
auch für den Betroffenen Schacht, dessen damit verbundener Schritt
in die Konspiration im folgenden Abschnitt nachgezeichnet wird.

Die Entmachtung Schachts Anfang 1939 markierte das Ende der formalen
Reichsbankautonomie, das dann das 'Gesetz über die Deutsche Reichsbank' vom 15.6.1939 mit dem Weisungsrecht des Führers noch festschrieb. Tatsächlich begonnen hatte der Abbau der Reichsbankautonomie bereits am 27.10.1933, als Hitler sich das gesetzliche Recht
zur Ernennung des Direktoriums sicherte, und vollzogen wurde er
praktisch bereits am 30.1.1937, als sich das Direktorium dem 'Führer
und Reichskanzler' zu unterstellen hatte.(94) Diese Maßnahmen gegen
die Reichsbank waren nur ein Ausschnitt aus dem Spektrum administra-
tiver Eingriffe in den Geld- und Kapitalmarkt. Besondere Erwähnung
verdienen das 'Kapitalanlagegesetz' vom 29.3.1934 und das 'Anleihe-
stockgesetz' vom 4.12.1934, die Dividendenbeschränkungen, Höchst-
zinssätze und eine geringe Zahl von Emissionsgenehmigungen für Wert-
papiere zur Folge hatten.(95) Das besagte 'Gesetz über die Deutsche

Reichsbank' vom Juni 1939 beseitigte schließlich alle die Geldschöpfung einschränkenden Vorschriften und gestattete dem Reich, bei der Notenbank frei über Wechsel und Kassenkredite zu bestimmen. Von dieser Möglichkeit wurde reger Gebrauch gemacht. Nur ein Drittel der Ausgaben von 1939 bis 1945 stammte aus ordentlichen Einnahmen, 12 Prozent wurden im Ausland und 55 Prozent auf dem inländischen Kapitalmarkt beschafft.(96) Mit dem Erlöschen der Geldillusion lief dann auch die Notenpresse immer schneller: im Dezember 1944 wurden 36 Prozent der Staatsausgaben mit neu gedruckten Banknoten bestritten. (97) Von den 683 Mrd. Reichsmark, die der Krieg nach Schätzung des Finanzministers Schwerin von Krosigk gekostet hatte, blieb am Kriegsende eine Reichsschuld von 390 Mrd. Reichsmark zurück.(98)

2.4 Kollaboration und Widerstand: Das Beispiel Hjalmar Schacht

Die Wirtschaftspolitik des Nationalsozialismus, an deren Ende diese Zerrüttung der Währung stand, wurde in den Vorkriegsjahren entscheidend mitbestimmt von Hjalmar Schacht, dem Reichsbankpräsidenten und Wirtschaftsminister in Personalunion - von einem Mann, der nach eigenem Bekenntnis nie Nationalsozialist war und an dessen Beispiel, weil seine politische Laufbahn vom Minister zum Widerstandskämpfer führte, sich die Bedeutung ökonomischer Motive für den Schritt in die Konspiration gut studieren läßt.(99) Auch hat die Entmachtung Schachts, die sich von 1937 bis 1939 in Stufen vollzog, den Charakter eines Paradigmas für den Umgang der Nationalsozialisten mit ihren einstigen Steigbügelhaltern bei der 'Machtergreifung'. Glaubt man Schachts Rechtfertigungsschriften nach dem Kriegsende - die keineswegs unumstritten sind -, dann war seine Kollaboration von Anfang an der Versuch einer Opposition 'von innen'. Seine Chance dazu meinte er "(...) in der Tatsache zu sehen, daß die NSDAP kein praktisches Wirtschaftsprogramm entwickelt hatte, so daß er geglaubt habe, die maßgebenden Bestimmungen dafür werde man ihm überlassen."(100)

Unabhängig davon, ob dies zutrifft - in jedem Fall war Schacht mit diesem Vorhaben im nationalkonservativen Lager in guter Gesellschaft: Die Aussicht, Hitler für die eigenen Ziele einzuspannen, war in diesem Teil des politischen Spektrums, auch bei späteren Mitkämpfern des 20. Juli 1944, das wohl ausschlaggebende Motiv für die Unterstützung der Nationalsozialisten. Für Schachts Selbstvertrauen spricht auch seine Berühmtheit als 'Finanzmagier', die er sich zu Zeiten der Weimarer Republik erwarb. Sein Ruf gründete zum einen auf dem Stabilisierungserfolg der Rentenmark-Reform von 1923, zum anderen auf seinem Kampf gegen die Versailler Reparationsverpflichtungen und gegen die Auslandsverschuldung. Seine Forderung nach Sparsamkeit der öffentlichen Haushalte war sprichwörtlich.(101) Seit dem gemeinsamen Auftritt mit Hitler in der 'Harzburger Front' im Oktober 1931 verschaffte Schacht der nationalen Opposition ökonomische Kompetenz. Auch wenn er dabei deutliche Kritik an deren bisheriger Wirtschaftskonzeption übte, so machte er, der 'Retter der Mark', doch den Nationalsozialismus für breitere Schichten wählbar. Dabei war es nicht nötig, das Wort unmittelbar für die NSDAP zu ergreifen, was Schacht nach seiner Selbstdarstellung auch bis zu den Wahlen Ende Juli 1932 nicht getan haben will.(102)

Die aktive Mitgestaltung der NS-Wirtschaftspolitik begann, als Schacht Mitte März 1933 das Amt des Reichsbankpräsidenten zum zweiten Mal nach 1923 antrat. Anfang August 1934, nach der Niederlage des sozialistischen Flügels der NSDAP im 'Röhm-Putsch', wurde er zusätzlich zum kommissarischen Reichswirtschaftsminister ernannt. Selbst wenn er eine Opposition 'von innen' beabsichtigte, so war doch eine Unterordnung unter die wesentlichen Ziele des Nationalsozialismus, die Arbeitsbeschaffung und die 'Wehrhaftmachung', unvermeidbar.(103) Schacht betrieb eine im Sinne des Regimes erfolgreiche Politik. Mit den erwähnten Mefo-Wechseln finanzierte er den nicht von Steuern oder langfristigen Anleihen gedeckten Teil der Staatsausgaben, indem er die schwebende Staatsschuld erhöhte und die bei den Staatslieferanten vorhandene Liquidität einsetzte.(104) Auch wenn sich die Originalität der Methode, die in der Finanzierung ohne Inflationsförderung bestehen sollte, bestreiten läßt, weil es letztlich auch eine Form der Geldschöpfung war, handelte es sich um das erste große Beispiel einer erfolgreichen Offenmarktpolitik.

Die fehlende Kompetenzklärung zwischen Regierungs- und Parteiinstanzen führte zu häufigen Auseinandersetzungen zwischen Schacht und der NSDAP. Bei seinem Amtsantritt im Wirtschaftsministerium hatte Schacht die NSDAP noch zu schwächen vermocht, als er ihren führenden Wirtschaftsprogrammatiker und Staatssekretär Feder entließ, und knapp zwei Jahre später unterband er jeglichen dienstlichen Kontakt mit Keppler, dem persönlichen Wirtschaftsberater Hitlers. Als er dann 1935 in einer Denkschrift an Hitler das 'Nebeneinander und Gegeneinander zahlloser Staats- und Parteistellen' beklagte, wurde er im Gegenzug noch zum 'Generalbevollmächtigten für die Kriegswirtschaft' ernannt und schien auf dem Höhepunkt seiner Macht. Dennoch erschöpfte sich diese Beförderung schon im Titel, denn mehr Kompetenzen gegenüber den Parteistellen waren mit ihr nicht verbunden.(105) Mit der Annäherung an die Vollbeschäftigung hatten sich die wirtschaftlichen Ziele Hitlers geändert. Schachts politischer Handlungsspielraum wurde eingeschränkt: Die Reichsbank mußte 1936 die Devisen- und Rohstoffkontrolle an das neue 'Amt für den Vierjahresplan' und seinen Leiter Göring übertragen, 1937 wurde sie der Reichshoheit unterstellt. Schacht wollte zur Vermeidung einer Inflation und wohl auch zur Behinderung der nun offenkundigen Kriegsrüstung die Staatsausgaben beschneiden, sein Gegenspieler Göring plante dagegen deren Ausweitung im Interesse der Kriegswirtschaft. (106) Nachdem Hitler die Kompetenzen nicht klärte, suchte Schacht um seine Entlassung als Wirtschaftsminister nach, der Ende November 1937 auch stattgegeben wurde.

Der Konflikt mit Hitler erreichte seinen Höhepunkt, als die Konsolidierung der kurzfristigen Reichsschulden anstand. Schacht glaubte, mit der bei den Mefo-Wechseln bestehenden Einlösungspflicht des Staates nach fünf Jahren Laufzeit die Rüstung abbremsen und die Geldmenge verengen zu können.(107) Doch er hatte seinen Einfluß überschätzt: Mit der Rücktrittsdrohung vom Reichsbankpräsidentenamt setzte er zwar für 1938 einen Ausgabestopp für neue Wechsel durch, aber die alten Wechsel wurden nie zurückbezahlt. Das Finanzministerium erreichte hier im März 1938 eine Prolongation um 17 Jahre.(108) Vor diesem Hintergrund verweigerte Schacht im Januar 1939 dem Finanzministerium einen Sonderkredit und verlangte die Bankrotterklärung des Staates. Parallel dazu griff das Reichsbankdirektorium unter Schachts Führung in einem mutigen Brief an Hitler die Reichsregierung mit scharfen Worten an:
"In entscheidendem Masse aber wird die Währung von der hemmungslosen Ausgabenwirtschaft der öffentlichen Hand bedroht. Das unbegrenzte Anschwellen der Staatsausgaben sprengt jeden Versuch eines geordneten Etats, bringt trotz ungeheurer Anspannung der Steuerschraube die Staatsfinanzen an den Rand des Zusammenbruchs und zerrüttet von hier aus die Notenbank und die Währung. (...) Keine Notenbank ist imstande, die Währung aufrechtzuerhalten gegen eine inflationistische Ausgabenpolitik des Staates."(109)
Der Brief schloß mit vier Forderungen:
"1. Das Reich wie auch alle anderen öffentlichen Stellen dürfen keine Ausgaben und auch keine Garantien und Verpflichtungen mehr übernehmen, die nicht aus Steuern oder durch diejenigen Beträge gedeckt werden, die ohne Störung des langfristigen Kapitalmarktes im Anleiheweg aufgebracht werden können.
2. Zur wirksamen Durchführung dieser Maßnahmen muss der Reichsfinanzminister wieder die volle Finanzkontrolle über alle öffentlichen Ausgaben erhalten.
3. Die Preis- und Lohnkontrolle muss wirksam gestaltet werden. Die eingerissenen Zustände müssen wieder beseitigt werden.
4. Die Inanspruchnahme des Geld- und Kapitalmarktes muss der Entscheidung der Reichsbank allein unterstellt werden."(110)
Am 20. Januar bestellte Hitler daraufhin Schacht in die Reichskanzlei und teilte ihm seine Entlassung als Reichsbankpräsident mit.

Der Mut zur Kritik, der in dieser Denkschrift zum Ausdruck kommt, war im inneren Bereich der Führung des 'Dritten Reiches' einzigartig; jedenfalls ist kein vergleichbares Schreiben einer anderen obersten Reichsbehörde bekannt. Zu dieser Zeit war Schacht bereits vom Kritiker einzelner Aspekte zum Verschwörer geworden. Während der Fritsch-Krise vom Februar 1938 war ihm an der Abschiebung gemäßigter Militärs bewußt geworden, "(...) daß Hitler Krieg wollte (...)." (111) Seit dem Winter 1937/38 kannte Schacht den Chef des Generalstabes Halder, der oppositionellen Argumenten zugänglich war; und Beziehungen zu dessen Vorgänger Beck, dem späteren Anführer des militärischen Widerstands, unterhielt er bereits seit 1935. Ende August 1938 vermittelte Oberst Oster, ein enger Mitarbeiter des Abwehrchefs Canaris, dann den konspirativen Kontakt zu Halder, der Schacht kurz darauf um eine Regierungsbeteiligung nach einem Putsch anging.(112) Schacht stimmte zu, arbeitete am Plan für den Staatsstreich mit, kümmerte sich um Unterstützung bei Truppenkommandeuren und versorgte Halder mit außenpolitischen Informationen. Halder, der zögerlich veranlagt war, sah die Kriegserklärung Hitlers an die Tschechoslowakei als Vorbedingung für den Staatsstreich, anderenfalls meinte er zuwenig Unterstützung in der Öffentlichkeit zu finden.(113) Am 28.9.1938, nachdem die Putschvorbereitungen abgeschlossen waren, erhielten die Verschwörer überraschend die Nachricht von der für den folgenden Tag vorgesehenen Münchener Konferenz. Die Westmächte standen Hitler seine Territorialansprüche zu, die Kriegsgefahr war vorerst gebannt. Die aus heutiger Sicht wohl am besten vorbereitete und aussichtsreichste Aktion gegen Hitler fand nicht statt.

Schacht, der für die außenpolitischen Belange zuständig gewesen war, verlor bei der Generalität an Ansehen und zog sich - nach einem letzten Konspirationsversuch kurz vor Kriegsausbruch - aus der Widerstandsbewegung weitgehend zurück; an der Vorbereitung des 20. Juli 1944 war er kaum mehr beteiligt.(114) Seiner Selbstdarstellung zufolge tat er dies freiwillig, weil er die Konspiration durch die Publizität gefährdet sah, die ihr andere Aktivisten in vielerlei Treffen angedeihen ließen.(115) Die konzeptionelle Arbeit, die nunmehr zur wichtigsten Tätigkeit der Widerstandsbewegung wurde, hielt er solange nicht für sinnvoll, wie der Putsch nicht geglückt war. Tatsächlich war der Rückzug Schachts wohl weniger freiwillig als erzwungen. Zu den Planungen für die Zeit nach Hitler hatte der Pragmatiker Schacht, der für viele als Kollaborant mit dem NS-Regime diskreditiert war, nichts beizutragen.(116) Auch wandelte sich das Erscheinungsbild des Widerstands hin zu einer Bewegung, die vor allem von Zivilisten getragen wurde. Die Führungsrolle kam demjenigen zu, der auch Gewerkschaftern und Sozialdemokraten vermittelbar war, die allein den Rückhalt für den Staatsstreich in der Bevölkerung sichern konnten. Diese Person war lange Zeit Carl Goerdeler, den Schacht seit 1926 aus dessen Zeit als Bürgermeister von Königsberg kannte. Die freundschaftliche Beziehung hatte sich im gemeinsamen Widerstand rund um den Putsch-Plan Halders und in der Folgezeit nicht gerade verfestigt: Schacht, ausgerüstet mit einem talleyrandschen Machtinstinkt, sah in Goerdeler bereits frühzeitig den kommenden, ihn aus der Führungsrolle verdrängenden Führer der zivilen Widerstandsbewegung.(117)

Auch wenn Schacht aus dem aktiven Widerstand ausschied, so darf dies doch nicht darüber hinwegtäuschen, daß er sich früh am aussichtsreichen militärischen Widerstand gegen das NS-Regime beteiligte. Im Sinne dieser Untersuchung ist bemerkenswert, daß er dafür in erster Linie ökonomische Gründe hatte.(118) Seine wichtigsten Motive dabei waren, wie der Brief des Reichsbank-Direktoriums an Hitler vom Januar 1939 zeigte, die drohende Inflationierung der Währung, die zerrüttete Finanzwirtschaft und die Entmachtung der Reichsbank als Hüterin des Geld- und Kapitalmarktes. Gegen die anderen Aspekte der nationalsozialistischen Kommandowirtschaft, beispielsweise gegen die Preis- und Lohnkontrollen, die Steuerung der Außenwirtschaft und die Devisenbewirtschaftung, überhaupt gegen die Wirtschaftslenkung durch Pläne, hatte Schacht nichts einzuwenden. Als geistiger Vater des Neuen Plans und Generalbevollmächtigter für die Kriegswirtschaft trug er sogar wesentlich dazu bei, marktwirtschaftliche Lösungen zurückzudrängen. Dies unterscheidet Schacht von den Widerstandskämpfern, deren Wirtschaftskonzepte, zunächst diejenigen des Kreises um Carl Goerdeler (Kapitel 3), dann des Kreisauer Kreises (Kapitel 4) und des Freiburger Kreises (Kapitel 5) im folgenden näher untersucht werden sollen. Die nationalsozialistische Wirtschaftspolitik wurde hier - über die Währungsfrage hinaus - vor allem deswegen zu einem Objekt des Widerstandes, weil sie sich, von den ersten Interventionen über den Vierjahresplan bis hin zur Planwirtschaft im Kriege, immer weiter von der Wettbewerbswirtschaft entfernte.

3.
DER WIDERSTANDSKREIS UM CARL GOERDELER UND SEINE WIRTSCHAFTSPOLITISCHEN KONZEPTE

Im Zentrum der Widerstandsbewegung gegen das Hitler-Regime, deren Aktivitäten schließlich im Putschversuch des 20. Juli 1944 kulminierten, stand Carl Goerdeler. Der ehemalige Reichspreiskommissar und Leipziger Oberbürgermeister war der 'Motor' einer breiten und weitverzweigten Untergrundopposition; er war der politische Führer einer Koalition, die vom nationalkonservativen bis hin zum sozialdemokratischen Lager und zu den Gewerkschaften reichte. Von den genannten Gruppierungen hatte das konservative Lager, dem auch Goerdeler zuzurechnen war, den weitesten Weg zur tätigen Konspiration zurückzulegen. Die politischen Exponenten des bürgerlichen 'Honoratiorentums'(1) hatten die nationale Erweckung häufig nicht nur begrüßt; sie waren anfänglich auch zur Unterstützung des NS-Regimes bereit, und ohne diese Mithilfe hätte die Hitlersche 'Machtergreifung' wohl nicht in ihrer bekannten Form stattgefunden. Zur verbreiteten Unzufriedenheit mit der Weimarer Republik hatte das Scheitern der Wirtschaftspolitik in der Weltwirtschaftskrise ein Gutteil beigetragen. Auch für den späteren Entschluß zum Widerstand lassen sich, wie die folgenden Abschnitte zeigen werden, bei nicht wenigen Angehörigen der Widerstandsbewegung ökonomische Motive ausmachen.

Den offenkundigen Wendepunkt in der Unterstützungsbereitschaft von konservativer Seite markiert der Hitlersche Vierjahresplan von 1936: aus ihm war für Eingeweihte die wirtschaftliche Vorbereitung des Krieges klar herauszulesen, und mit der Durchführung des Planes ging auch die faktische Entmachtung der wirtschaftspolitischen Entscheidungsträger nationalkonservativer Provenienz einher. Für den sozialdemokratisch-gewerkschaftlichen Flügel des Widerstandskreises um Carl Goerdeler stellte sich die Situation grundsätzlich anders dar: hier fanden sich prinzipielle Gegner des Nationalsozialismus von Anfang an. Über die unüberwindbaren weltanschaulichen Differenzen hinaus waren die Vertreter dieser Fraktion auch Opfer der gewaltsamen 'Gleichschaltung' und Unterdrückung ihrer Organisationen, der SPD und der Gewerkschaften. Die gewerkschaftliche Einbindung dieses Widerstands macht deutlich, daß auch hier in einem weiteren Sinne ökonomische Kriterien für die Widerstandsentscheidung maßgeblich waren.

Damit soll, dies sei nochmals betont, nicht behauptet werden, daß Entscheidungen für Kollaboration oder Widerstand allein oder überwiegend von solchen Motiven abhingen. Andere Politikbereiche und die dortigen Aktivitäten des Regimes hatten wohl eine ähnliche Motivationskraft, und abgesehen davon haben grundsätzliche moralische, ethisch-religiöse Motive der deutschen Widerstandsbewegung insgesamt vermutlich noch wesentlich mehr Tatkraft vermittelt. Dennoch: die wirtschaftspolitischen Konzepte der Opposition sind in der geistigen Auseinandersetzung mit der Wirtschaftspolitik vor und während der Diktatur entstanden. Von daher liegt es nahe, die Untersuchung auf die Mitglieder der Widerstandsbewegung zu konzentrieren, die sich mit dem Nationalsozialismus besonders auf der ökonomischen Ebene auseinandergesetzt haben. Bei den konservativen Honoratioren waren dies neben Carl Goerdeler der preußische Finanzminister Johannes Popitz und der Nationalökonom Jens Jessen, aus den Reihen der Sozialdemokraten und Gewerkschafter Wilhelm Leuschner, Jakob Kaiser und der vormalige Reichstagsabgeordnete Julius Leber.

Die nationalkonservative Fraktion, zu der an hervorgehobener Stelle auch der Führer der Militäropposition und zeitweilige Generalstabschef Ludwig Beck und der Ex-Botschafter Ulrich von Hassell zählten, verband die Überzeugung von der Notwendigkeit eines handlungsfähigen, tendenziell autoritären Rechtsstaates. Ihre Mitglieder entstammten der Oberschicht und Machtelite der Weimarer Republik. Die soziale Homogenität verschaffte den Honoratioren, wie einem Großteil der übrigen Widerstandsbewegung, in mehrfacher Hinsicht die Grundlage für die konspirative Tätigkeit: Aus den familiären, freundschaftlichen und positionellen Kontakten erwuchs ein stabiles Netz der informellen Kommunikation, und selbst nach dem Verlust öffentlicher Ämter blieb ein nennenswerter, wenn auch unberechenbarer Einfluß auf die amtierenden Entscheidungsträger erhalten. Die materielle Unabhängigkeit machte die konspirative Tätigkeit leichter, und das geistige Klima in der gesellschaftlichen Oberschicht erwies sich als weitgehend resistent gegenüber der nationalsozialistischen Beeinflussung.

Auf der anderen Seite prägte die soziale Homogenität aber auch das Erscheinungsbild der konservativen Hitler-Opposition: als Widerstandsbewegung ohne Volk, als Versuch einer Revolution 'von oben'. Zum Teil war dies programmatisch so gewollt: Die Frage nach einer plebiszitären Legitimation stellte sich für solche Widerständler nur am Rande, die kraft sozialer Herkunft den Führungsanspruch und kraft moralischer Überzeugung die Richtigkeit des eigenen Handelns für sich beanspruchten. Die Stabilisierung des neuen Staates nach dem gelungenen Putsch wäre dennoch unvorstellbar gewesen ohne eine handlungsfähige, demokratische Massenorganisation. Die Gewerkschaftsführer, die ihre Widerstandsarbeit in den Dienst des Aufbaus einer Einheitsgewerkschaft im Untergrund stellten, konnten diese einbrin-

gen. Vom Zweckbündnis mit den konservativen Opponenten verspra-
chen sich die Gewerkschafter wiederum die Vermeidung einer neuen
'Dolchstoß-Legende', mit der sie den zukünftigen Staat nicht vorbe-
lasten wollten, und den Kontakt zur Militäropposition, ohne die der
Staatsstreich nicht durchzuführen war.(2)

Die Programmatik der konservativen Opposition ist, ihrem Selbstverständnis entsprechend, in den verfassungspolitischen Teilen von
vielen autoritären Gedanken durchdrungen. Darauf gründet sich das
schnelle und verbreitete Urteil, die Widerstandsbewegung könne mit
ihren Plänen nicht als Vorläufer der Nachkriegsordnung gelten. Beschränkt man sich auf die ökonomisch relevanten Aussagen, so lassen
sich bei der konservativen wie auch bei der gewerkschaftlichen Fraktion, wie im folgenden gezeigt werden wird, vielerlei Gedanken finden, die später in der Wirtschaftsordnung der jungen Bundesrepublik
zu praktischer Bedeutung gelangten. Die wirtschaftspolitischen Pläne
zeigen nur dort ein unverkennbares Maß an Realitätsferne, wo die
jeweilige ordnungspolitische Position unkritisch erhöhte wurde.(3)
So erhob Carl Goerdeler, ein Anhänger der klassisch-liberalen Nationalökonomie, beispielsweise den Allokationsmechanismus Wettbewerb
zu einer Naturgesetzlichkeit. Johannes Popitz verkörperte dagegen
einen betont etatistischen Standpunkt: ihm garantierte allein der
Staat den reibungslosen Ablauf des Wirtschaftslebens. Leber neigte
zur Sozialstaatsutopie, und die Gewerkschafter hingen bisweilen
idealisierenden Vorstellungen von der Wirtschaftsdemokratie nach.
Aber dies war die Ausnahme, nicht die Regel. Alle Fraktionen des
Goerdeler-Kreises trafen sich im politischen Pragmatismus.

3.1 Das liberale Wirtschaftskonzept des Carl Goerdeler

Carl Goerdeler, von 1930 bis 1936 Oberbürgermeister von Leipzig,
1931/32 und 1934/35 Reichskommissar für Preisbildung, war ein engagierter Gegner der nationalsozialistischen Wirtschaftspolitik.(4)
Die Ausweitung der Staatsausgaben, die Geldschöpfung und die Neuver-
schuldung hielt er für unproduktiv. Sein Rezept gegen die Arbeitslosigkeit forderte eine wachsende Arbeitsproduktivität, sinkende
Güterpreise und eine Ausweitung der gesamtwirtschaftlichen Nachfrage. Außerhalb der materialen Wirtschaftspolitk verband ihn allerdings mit Schacht, dem Exponenten der Antithese, die paternali-
stische Ordnungsvorstellung von Staat und Wirtschaft. Auch Goerdeler
sah in der Diktatur die Chance, die politische Ineffizienz der
Weimarer Demokratie zu überwinden und dem politischen Sachverstand
zum Durchbruch zu verhelfen. Restaurationsabsichten zugunsten von
privilegierten Schichten lagen ihm dabei fern. Um den Dienst der

Leistungseliten am Gemeinwohl zu fördern, war ihm die NS-Diktatur willkommen, als eine Art Notstandsregierung. Ähnlich wie Schacht überschätzte Goerdeler den eigenen Einfluß und glaubte, "(...) die positiven nationalen und sozialen Tendenzen des Nationalsozialismus (...) entfalten helfen zu können."(5) Aus der Arbeit für den Deutschen Städtetag meinte Goerdeler, Hitler als einen Politiker zu kennen, der Sachargumenten zugänglich war. Die ersten Auswüchse der nationalsozialistischen Politik betrachtete er deswegen als Exzesse einzelner, und den verbrecherischen Charakter des Regimes erkannte er erst im Laufe der Zeit. Auch dann hielt Goerdeler noch die Mitarbeit an führender Position für sinnvoll, im Sinne der Opposition 'von innen'.(6)

Gerade in Fragen der Wirtschaftspolitik drückte Goerdeler der Widerstandsbewegung seinen Stempel auf. Neben seiner ausgeprägten Neigung zur programmatischen Arbeit lag dies daran, daß sich Hitler für die Schachtsche Expansionsstrategie und gegen die strikte Konsolidierungspolitik entschieden hatte, die Brüning als Reichskanzler mit Unterstützung des Preiskommissars Goerdeler in die Wege geleitet hatte. Goerdeler - der von Brüning gerne als Nachfolger im Kanzleramt gesehen worden wäre(7) - galt als personifizierte Alternative zur Wirtschaftspolitik des Dritten Reiches, und dies umso mehr, als ab 1937 Schacht die Kontrolle über die nun offenkundige Kriegswirtschaft verlor. Ein zweiter Grund dafür lag in dem Umstand, der Goerdeler von seiner Person her zum 'Motor' des Widerstands werden ließ: seine Umtriebigkeit und persönliche Suggestivkraft, sein unabänderlicher Glaube an die Durchsetzung der Vernunft und damit an den letztendlichen Erfolg der Opposition.

Goerdeler, der Mitglied der Deutschnationalen Volkspartei (DNVP) war und dort zeitweise dem Vorstand angehörte, trat parteipolitisch nie sonderlich hervor. Formell verließ er die Partei 1931 wegen seiner Zusammenarbeit als Preiskommissar mit dem Zentrums-Kanzler Brüning. Inhaltlich war ihm, der durchaus national gesinnt war, wohl damals schon das 'Alldeutschtum' des Parteivorsitzenden Hugenberg zuwider. (8) In jedem Falle lag ihm an dieser Mitgliedschaft weniger als an der Chance, zusammen mit Brüning seine wirtschaftspolitische Konzeption in die Tat umzusetzen. Als die eine Säule der Wirtschaftsprogrammatik, die Goerdeler später im Widerstand formulierte, finden sich denn auch die Grundzüge dieser Deflationspolitik wieder. (9) Die andere Säule war das eindeutige Plädoyer, das Goerdeler für Dezentralisierung und Selbstverwaltung hielt, wenn es um den institutionellen Aufbau der Wirtschaftsorganisationen ging, von den Gewerkschaften bis hin zum Kammerwesen. Hier machte sich Goerdelers kommunalpolitischer Hintergrund bemerkbar, auch bei seiner Präferenz für kleine überschaubare Verwaltungseinheiten, die ihm die geeignete Wirkungsstätte für den Sachverstand von Funktionseliten

schienen. Die administrative Einmischung von Seiten zentraler Instanzen hatte die Ausnahme zu bleiben, konnte doch die Zweckmäßigkeit des Verwaltungshandelns von den vor Ort Tätigen wesentlich zu-
treffender beurteilt werden als von fernen Ministerialbeamten. Ver-
antwortliches und effizientes Handeln setzte nach Goerdelers Verständnis die Übergabe und Übernahme von Risiko voraus.(10)

Der Glaube an die Leistung und Leistungsbereitschaft des Individuums
bestimmte Goerdelers wirtschaftliches Denken. Im Wettbewerb hatte
sich diese Leistung im freien Spiel der Kräfte zu bewähren. Das
Wirtschaften war deswegen grundsätzlich Sache des Privatunterneh-
mers. Als Ausnahme ließ Goerdeler öffentliche Wirtschaftsbetriebe
nur dort gelten, wo 'der Natur der Sache nach'(11) die wirtschaftliche Aufgabe so besser zu lösen war. Wo es also um die Bereitstel-
lung von Kollektivgütern ging, hatte die öffentliche Hand wenn schon
nicht rentabel, so doch nach streng ökonomischen Kriterien zu wirtschaften, unter gewählten Repräsentanten der Kommunen, denen die Er-
folgsverantwortung übertragen war. Generell hatte die öffentliche
Finanzverwaltung das ihr anvertraute Geld zum 'allgemeinen Besten'
zu verwenden, weil von solcher Solidität der Leistungswille der Bürger und ihr Vertrauen in den Staat nach Goerdelers Überzeugung in
entscheidendem Maße abhing.

In seiner eigenen politischen Praxis entsprach Goerdeler dieser
Forderung nach Solidität der Finanzwirtschaft in besonderer Weise.
Der Oberbürgermeister von Leipzig war, als er den Kommunalhaushalt
konsolidierte, für seine eiserne Sparsamkeit weit über die Grenzen
seiner Stadt hinaus bekannt geworden, und er genoß deswegen in den
national gesinnten Bürgerkreisen hohes Ansehen.(12) Er erschien
deswegen sowohl 1931 dem Reichskanzler Brüning als auch knapp drei
Jahre später Adolf Hitler als der geeignete Mann für das Amt des
Preiskommissars. Weil gegen die beabsichtigten Preissenkungen Gegenwehr von Seiten der Wirtschaft zu erwarten war, galt die Aufgabe
selbst als unpopulär. Goerdeler hatte eher grundsätzliche als wirtschaftspolitische Bedenken: Als Gralshüter der privatwirtschaftlichen Ordnungsvorstellung hielt er Zwangsmaßnahmen für untragbar,
auch die Notverordnung vom 8.12.1933, mit der alle gebundenen Preise
um zehn Prozent gesenkt werden sollten. Auf der anderen Seite wollte
auch Goerdeler die Arbeitslosigkeit bekämpfen, wofür er in der
Brechung des inflatorischen Trends, in der Wiederherstellung der
Preisflexibilität nach unten und damit der marktwirtschaftlichen
Allokation eine gute Chance sah, die gleichzeitig eine Alternative
zur fortgesetzten Ausdehnung der umlaufenden Geldmenge bot. Das
Schlagwort 'Deflation' dürfe niemanden schrecken, meinte er: "(...)
der richtige preußisch-deutsche Begriff dafür ist Sparsamkeit."(13)
Mit gewohntem administrativem Geschick, etwa als er die Preissenkun-

gen auf lebenswichtige Güter des täglichen Bedarfs beschränkte, und persönlichem gutem Beispiel, wenn er sich mit einem kleinen Verwaltungsapparat begnügte, führte Goerdeler die Notverordnung binnen vier Monaten zum Erfolg.

Das zweite Preiskommissariat, in das Goerdeler von Hitler am 5. November 1934 berufen wurde, unterschied sich vom ersten weniger in der Aufgabe als in den Bedingungen, unter denen es auszuführen war. Nicht der deflatorische Kurs hatte sich durchgesetzt, sondern im Gefolge der nationalsozialistischen 'Machtergreifung' die Schachtsche Politik der Kreditexpansion. Unter diesem Vorzeichen sah es Goerdeler als Aufgabe seines Kommissariats an, "(...) Preisüberhöhungen entgegenzuwirken, um die belebenden Wirkungen der neuen Mittel für Arbeitsbeschaffung nicht abschwächen zu lassen und um 'Mengenkonjunktur' (durch Massenabsatz) zu sichern."(14) Die Bereitschaft des Preiskommissars Goerdeler zur Mitarbeit an der nationalsozialistischen Wirtschaftspolitik hielt sich allerdings in Grenzen. Zunächst weigerte er sich entschieden, ausführende Funktionen seines Amtes - wie schon am zweiten Tag nach seiner Berufung von 'Reichsorganisationsleiter' Ley gefordert - auf Instanzen der NSDAP zu übertragen; Preisfestsetzungen sollten auf administrativem Wege und nicht über von Ley angedrohte Terrorakte durchgesetzt werden. Zum zweiten nutzte Goerdeler sein Amt zu offener Werbung für seine liberale Idee und zur Kritik an den planwirtschaftlichen Tendenzen im Reich. Sein Motto 'Preisdisziplin statt Preisdiktat' fand großen Widerhall in den Medien.(15) Drittens bot das Amt Goerdeler ein Forum, der Wirtschafts- und Finanzpolitik des amtierenden Reichsbankpräsidenten und Wirtschaftsministers Schacht mit Aussicht auf Resonanz im NS-Regime zu widersprechen. Beispielsweise traf er sich Ende Juni 1934 mit Schacht bei Hitler, um letzterem die konträren ökonomischen Argumente vorzuführen: Warnungen vor der drohenden Inflation einerseits und Zusagen weiterer Kreditfinanzierung andererseits. Hitler erklärte sich zwar außerstande, als wirtschaftlicher Laie zwischen zwei hochrangigen Experten zu entscheiden,(16) tat es aber dann de facto doch: Goerdelers Preiskommissariat lief aus, die geforderten administrativen Vollmachten für eine weitere Amtszeit wurden ihm nicht gewährt. Schacht dagegen stieg vorläufig auf zum Höhepunkt seiner politischen Karriere in der NS-Diktatur.

Hitler hatte sich für die Politik entschieden, die ihm die forcierte Aufrüstung erlaubte. Wie stark das Rüstungsziel die Hitlersche Vorstellung von Wirtschaftspolitik dominierte, war Goerdeler Mitte des Jahres 1935 wohl noch nicht bewußt. Anderenfalls hätte er kaum in dem Gutachten, das er als Ausgleich für den Verlust seines Kommissariats erstatten durfte, so engagiert plädiert "(...) gegen jede Form der Plan- und Zwangswirtschaft, gegen das Übermaß an Abgaben, Orga-

nisationen, Gängelung des Wirtschaftslebens, für freie Selbstver-
antwortung des gewerblichen Unternehmers und Landwirts, für die Er-
öffnung freien Zugangs zu den Weltmärkten, für eine Politik des
Rechts, des Anstands, der Sparsamkeit, des friedlichen Völkeraus-
gleichs statt der Selbstisolierung."(17) Begonnen hatte Goerdeler
seine Serie innenpolitischer Denkschriften im April 1932, während
seines ersten Preiskommissariats. Die wirtschaftspolitischen Teile
des Memorandums an Reichspräsident Hindenburg handelten, den Umständen der Zeit entsprechend, von Wegen zur Beseitigung der Arbeitslosigkeit. Goerdeler empfahl dazu die Senkung von Löhnen und
Preisen, die Einrichtung eines Arbeitsdienstes für die Jugend und
ein Beschäftigungsprogramm für die 500000 Dauerarbeitslosen, die
schon längere Zeit Unterstützungsleistungen bezogen. Auch finden
sich hier schon Ansätze von Goerdelers späteren Vorstellungen zur
Umgestaltung der Arbeitslosenversicherung, die im wesentlichen
darauf hinausliefen, 'die Einzelverantwortlichkeit des einzelnen
Menschen oder seiner Berufsvertretung'(18) für den Arbeitslosen-
status wieder zu stärken.

Die zweite Denkschrift Goerdelers vom Spätsommer 1934 richtete sich
dann schon, so ihr Titel, 'An den Reichskanzler Adolf Hitler'.(19)
Ihr zentrales Thema war ein anderes, statt um die Arbeitslosigkeit
ging es um die Rohstoff- und Devisenknappheit, das aktuelle Problem
der Volkswirtschaft. Doch änderte dies nichts an Goerdelers grund-
sätzlicher Sicht der Dinge: die Ursache der Notlage sah er in einem
Konglomerat von planwirtschaftlichen Maßnahmen, die wie die Preis-
und Lohnbindungen oder die Regulierung des Außenhandels die Wirtschaft daran hinderten, die im Weltmarktvergleich zu teuren deutschen Produkte konkurrenzfähig anzubieten. Weil die zu hohe Abgaben-
last das ihre dazu beitrug, war erneut Sparsamkeit für den Staat das
Gebot der Stunde. Mit dem Hinweis, Exportzuwachs sei undenkbar ohne
das Vertrauen des Auslands in die deutsche Politik, schlug Goerdeler
auch den Bogen zur Rassen- und Kirchenpolitik des Regimes. Die
letzte offizielle und legale Denkschrift,(20) die Goerdeler 1936 im
Auftrag Görings zum Vierjahresplan verfaßte, stellte den Zusammenhang zwischen der Außenwirtschafts- und der nationalsozialistischen
Gesamtpolitik noch deutlicher heraus und sparte auch die Aufrüstung
nicht von der Kritik aus. Der wirtschaftspolitische Kurs der Reichsregierung mißachte die 'wirtschaftlichen Naturgesetze', ohne Mark-
abwertung und ausgeglichenen Reichshaushalt sei weder ein ausreichender Devisenvorrat zu beschaffen noch die Inflation weiter
aufzuhalten. Die künstliche Kreditschöpfung müsse ein Ende haben,
zur Einsparung staatlicher Ausgaben sei der forcierten Kriegsrüstung
Einhalt zu gebieten. Kein Volk Europas wolle den Krieg, auch
Deutschlands politisches Ziel habe die Sicherung des Weltfriedens zu
sein. Weil Goerdeler die Unterordnung des Rüstungsziels unter die

Fragen der Rohstoff- und Devisenbeschaffung forderte, beurteilte Auftraggeber Göring diese Äußerungen als vollständig unbrauchbar'. Göring stand damit nicht allein: Auch Hitler verlangte in seiner Auseinandersetzung mit dem Memorandum die gänzliche Umpolung der Prioritäten zugunsten der Aufrüstung.(21) In Antwort auf Goerdeler stellte er in seiner eigenen Denkschrift zum Vierjahresplan dann das Hauptziel klar: "I. Die deutsche Armee muß in vier Jahren einsatzfähig sein. II. Die deutsche Wirtschaft muß in vier Jahren kriegsfähig sein."(22)

In dem Maße, in dem Hitlers Kriegsrüstung offenkundig wurde, begann Goerdeler den tatsächlichen Charakter des NS-Regimes zu erkennen und zwischen Staats- und Parteiinteressen zu unterscheiden. Seine Einschätzung der nationalsozialistischen Bewegung wandelte sich grundlegend: Hatte er bisher "(...) mit der NSDAP vollkommen vertrauensvoll zusammengearbeitet",(23) so urteilte er jetzt über die NS-Bewegung völlig anders: unter Mißbrauch diktatorischer Macht zerstöre sie "(...) die natürlichen Wurzeln und die moralischen Grundlagen menschlichen Zusammenlebens."(24) Nachdem er ostentativ sein Amt als Oberbürgermeister von Leipzig niedergelegt hatte, war Carl Goerdeler zu Beginn des Jahres 1937 frei zur Übernahme neuer Aufgaben in der sich konstituierenden Widerstandsbewegung.(25) Als Finanzberater des Stuttgarter Unternehmers Robert Bosch, der selbst ein engagierter Gegner des Regimes war, fand er eine hervorragende Tarnung für seine nunmehr überwiegend oppositionellen Aktivitäten. Er konnte Reisen nahezu in die ganze Welt unternehmen, zu führenden Unternehmern und Politikern im Ausland Kontakt aufnehmen und die Existenz eines anderen Deutschlands als dem der Hitler-Gefolgschaft demonstrieren.(26) Von der Suche nach Unterstützung für die Widerstandspläne sind vor allem die vielen Englandkontakte bedeutsam geworden; von hier hoffte die Widerstandsbewegung auf Hilfe für den geplanten Staatsstreich. Die Berichte, die Goerdeler regelmäßig von seinen Reisen nach Deutschland sandte, gingen u. a. an die Generale Fritsch, Beck und Halder und bereiteten dort den Boden für eine gemeinsame Einschätzung der Lage.

Auch aus diesen Auslandsberichten läßt sich die Intensität von Goerdelers wirtschaftspolitischem Engagement erkennen. Nach der Überlieferung des britischen Industriellen Young, der als enger Vertrauter des Außenministers Eden für Goerdeler den Kontakt zu führenden Vertretern des dortigen Außenministeriums ermöglichte, betonte Goerdeler immer wieder die Notwendigkeit eines harten englischen Kurses gegen Hitler. Weil seine Stellungnahmen als 'alarmist' (schwarzseherisch) und 'overdrawn' (überzeichnet) eingeschätzt wurden, hatte er damit aber keinen Erfolg.(27) Anlaß dazu gab Goerdeler mit seiner Überbetonung der wirtschaftlichen Schwierigkeiten des

Deutschen Reiches, beispielsweise in einer Unterhaltung im Juni 1937 im britischen Foreign Office, von der der dortige Wirtschaftsreferent Ashton-Gwatkin berichtete: "He (gemeint ist Goerdeler) said Germany would remain in a mess so long as there was an unbalanced budget; I said that she must also have a peaceful policy, as without that the budget was likely to remain unbalanced."(28) Bei der Vertretung seiner Wirtschaftsprinzipien kannte Goerdeler bisweilen auch keine diplomatischen Rücksichten. Davon zeugt die Episode anläßlich seines Vortrages über 'Wirtschaft und öffentliche Verwaltung', den er auf Einladung der London School of Economics Mitte März 1938 hielt.(29) Goerdeler kritisierte dabei die britische, von Keynes' Ideen wesentlich geprägte Wirtschaftspolitik mit solcher Polemik, daß das Publikum sich von seinen Ausführungen stark verstimmt zeigte. Auch wenn diese Kritik, ebenso wie die an der Rooseveltschen Politik des 'New Deal',(30) wohl indirekt auf den Staatseinfluß in der Wirtschaftspolitik des Dritten Reiches gemünzt war, so kostete Goerdelers ordnungspolitische Rigidität dem deutschen Widerstand manche Sympathie. Sie trug schließlich ein Gutteil zu dem vernichtenden Urteil bei, das abschließend über Goerdeler im britischen Außenamt gefällt wurde.(31) Damit taten die Briten Goerdeler Unrecht; denn spätestens seit Anfang 1937 lehnte er das NS-Regime grundsätzlich ab. Die persönliche Wandlung hin zum aktiven Konspirator stand zwar erst am Anfang, und bei der Formierung des Widerstandes vor dem Münchner Abkommen war er noch nicht am Putsch-Plan beteiligt. Mitte 1941 dann aber, etwa mit Beginn des Rußland-Feldzuges, hatte Goerdeler in der Widerstandsbewegung eine führende Stellung erreicht und wurde im Schattenkabinett als Reichskanzler geführt. Seine Führungsrolle gründete sich nicht zuletzt auf sein Gewicht als Programmatiker des Widerstandes, auch auf sein ökonomisches Programm.

Die Denkschriften, die Goerdeler dann in der Konspiration verfaßte, sollten Verbündete für die Sache des Widerstandes gewinnen. Die Widerstandsbewegung, die in erster Linie auf freundschaftlichen und verwandtschaftlichen Verbindungen, gesellschaftlichen Kontakten und beruflichen Beziehungen aufbaute und nur informelle Gespräche, aber keine institutionalisierte Form der Willensbildung kannte, wäre ohne diese Konzepte wohl schwerlich zu einem tragfähigen Programm für die Zeit nach der Diktatur gekommen.(32) Gerade auch die Diskussion zwischen den einzelnen Widerstandsgruppen wurde auf diese Weise geführt. Die konspirativen Denkschriften Goerdelers unterschieden sich von den legal abgefaßten deswegen in der Intention und in der Zielgruppe. Wollten die früheren Memoranden noch an die Machthaber appellieren, so ging es in den 'illegalen' Schriften, über die Meinungsbildung innerhalb der Opposition hinaus, auch schon um die Dokumentation der Widerstands für die Nachwelt. Die Beck-Goerdeler-

Verschwörung sah sich als ideelle Protestbewegung: Jede Denkschrift hatte, unabhängig vom politischen Erfolg, ihren Sinn als Ausdruck des geistigen Widerstandes.(33) Schon aus diesem Selbstverständnis heraus war der Staatsstreich die ultima ratio - zuvor mußten sich alle anderen Möglichkeiten der politischen Einflußnahme als wirkungslos erweisen. Im Juli 1940, nach Hitlers Sieg über Frankreich, formulierte Goerdeler erstmals diesen Handlungszwang: Weil Hitler den Krieg 'gewollt und bewußt heraufbeschworen' habe, weil das System 'von finanziellem Wahnsinn, von wirtschaftlichem Zwang, von politischem Terror, von Rechtlosigkeit und Unmoral' lebe, müsse der Widerstand unternommen werden.(34)

Die Gegenüberstellung von Diktatur und Rechtsstaat beherrschte auch die weiteren Denkschriften, das 'Politische Testament' von 1937, die Planung für den Neuaufbau Deutschlands und Europas aus dem Jahr 1941, die den Titel 'Das Ziel' trägt, und den 1944 niedergeschriebenen Rückblick auf die deutsche Entwicklung 'Der Weg'.(35) Goerdeler stand, mit seinem Engagement für individuelle Freiheit und Achtung der Menschenwürde, zwar in der Tradition der Weimarer Verfassung, war dessen ungeachtet aber ein Gegner der Parteiendemokratie. Weil ihm die Weimarer Republik nicht handlungsfähig genug war, verlangte er nach einem autoritären Staat mit starker Exekutive. Demokratische Kontrolle sollte der Reichsaufbau 'von unten nach oben' gewährleisten: ein mehrstufiges System der indirekten parlamentarischen Repräsentation.(36) Auch die Volkswirtschaft sollte, in grundsätzlichem Unterschied zur nationalsozialistischen Planwirtschaft, dezentral und selbstverwaltet geordnet werden. Die erste Maßnahme nach der Machtübernahme - so Goerdeler in seiner Denkschrift 'Das Ziel' (37) - wäre die Übergabe der Wirtschaftsorganisationen, vom 'Reichsnährstand' bis hin zu den Innungen, in die Selbstverwaltung gewesen. Typisch nationalsozialistische Gebilde wie die 'Deutsche Arbeitsfront' oder die Wirtschaftskammern, die im Zuge der 'Gleichschaltung' entstanden waren, sollten aufgelöst werden. Zur klaren Kompetenz- und Interessenabgrenzung plädierte Goerdeler für eine strikte Trennung in Industrie- und Handelskammern, Handwerkskammern, Landwirtschafts- und Energiewirtschaftskammern.

Die Einheitsgewerkschaft, die von der gewerkschaftlich sozialdemokratischen Fraktion im Goerdeler-Kreis gefordert wurde, unterstützte Carl Goerdeler deswegen nicht nur aus taktischen Überlegungen.(38) Die im Gegensatz zu den Weimarer Richtungsgewerkschaften weltanschaulich neutrale Organisation sollte sich auf die Vertretung der Arbeitnehmerinteressen konzentrieren und mit ihrer straffen Führung für die effektive Ausübung der Gewerkschaftsaufgaben sorgen, insbesondere die Mitbestimmungsrechte im Rahmen der Wirtschaftsdemokratie wahrnehmen. Gewerkschaftsvertreter wären entsandt worden in die Vorstände von größeren Kapitalgesellschaften, in alle Aufsichtsräte und in die 'Vertrauensräte' aller Wirtschaftsbetriebe, womit die seit dem 'Arbeitsordnungsgesetz' von 1934 abgeschafften Betriebsräte gemeint waren. Dem Dezentralisierungsgedanken, auf den Goerdeler auch hier nicht verzichtete, hätte die künftige Gewerkschaftsorganisation Rechnung getragen: Die berufliche Gliederung in zehn verschiedene Industriebereiche und eine Angestelltengruppe wäre um eine regionale Aufteilung ergänzt worden, um mit korrespondierend gegliederten Unternehmerverbänden Tarifverträge abschließen und Arbeitnehmerinteressen in den Kammern der wirtschaftlichen Selbstverwaltung vertreten zu können. Zur betrieblichen und überbetrieblichen Mitbestimmung wäre ein allgemeinpolitischer Einfluß gekommen, den diese 'Deutsche Gewerkschaft' im Reichsständehaus, das weitgehend paritätisch von Unternehmer- und Arbeitnehmervertretern besetzt werden sollte, hätte geltend machen können.

Goerdeler gestand natürlich auch der Einheitsgewerkschaft das Recht auf Selbstverwaltung zu. Solange damit das Recht auf die selbständige Wahl der eigenen Organe und auf die Mitwirkung in den ständischen Organisationen der Wirtschaft gemeint war, entsprach dies auch den Vorstellungen der 'Illegalen Reichsleitung' der Untergrund-Gewerkschaften um Leuschner und Kaiser. Mit Goerdelers weitergehenden Plänen, insbesondere der Absicht, der Gewerkschaft als der für Lohnforderungen verantwortlichen Tarifvertragspartei die Verantwortung für die Arbeitslosen und die Zuständigkeit für die Arbeitslosenversicherung zu übertragen, waren die Gewerkschafter schon nicht mehr einverstanden; sie verwahrten sich dagegen, die Folgen einer Beschäftigungskrise, die ja durchaus auch strukturelle Ursachen haben konnte, alleine bewältigen zu müssen. Auch war bei Goerdeler vom Streikrecht, der wichtigsten gewerkschaftlichen Waffe, nicht die Rede. Im Bestreben, die zukünftige Volkswirtschaft vor Ineffizienz zu bewahren, wollte Goerdeler die Gewerkschaft auf das Gemeinwohl verpflichten. Diese Absicht, aus der auch die Vorstellung von einer Zwangsmitgliedschaft in der 'Deutschen Gewerkschaft' entsprang, kam einer teilweisen Fortführung der Aufgaben der 'Deutschen Arbeitsfront' gleich und wurde deswegen von den Gewerkschaftern energisch bekämpft.

Die Koalition mit Sozialdemokraten und Gewerkschaftern war für Goerdeler ein Zweckbündnis auf Zeit zur Beseitigung der Diktatur. Sozialistische Vorstellungen finden sich nicht in seiner Wirtschaftskonzeption. Von einer Sozialisierung der Produktionsmittel erwartete er keinen wirtschaftlichen Nutzen. Allenfalls war er dazu bereit, Sektoren wie die Grundstoffindustrien oder die Verkehrs- und Versorgungsbetriebe nach gemeinwirtschaftlichen Prinzipien betreiben zu lassen, dies aber bei streng wirtschaftlicher Betriebsführung und

soweit möglich unter der Bedingung des freien Wettbewerbs.(39) Kurz
vor seiner Hinrichtung, in der Gestapo-Haft im September 1944, zeigte er sich scheinbar kompromißbereiter, als er in seinen 'Gedanken
eines zum Tode Verurteilten' niederschrieb: "Was die Sozialisierung
betrifft, so ändert sie am Lose der Arbeiter nichts. Auch ein Koh-
lenbergwerk des Staates ist dem Wettbewerb zumindest des Auslands
ausgesetzt, dieser bestimmt die Preise, der Arbeiteranteil am Er-
trage kann nur durch Leistung und Wirtschaftlichkeit gesteigert werden. Aber die Sozialisierung der Bodenschätze und der der ganzen
Wirtschaft dienenden Monopolbetriebe (Eisenbahn, Post, Elektrizitätsversorgung, Gas, Wasser) (...) entspricht den Forderungen nach
sozialer Gerechtigkeit."(40)

Sozialisierung war mithin nur als besondere distributive Maßnahme
angezeigt. Allokative Effizienz garantierte nur der privatwirtschaftliche Wettbewerb. Planwirtschaftliche Methoden kritisierte
Goerdeler, vor allem im Zusammenhang mit der nationalsozialistischen
Wirtschaftspolitik, scharf als 'Störungen des natürlichen Wirt-
schaftsablaufs'.(41) Aus der Denkschrift 'Der Weg' läßt sich entnehmen, daß die Wirtschaftsordnung des Kaiserreichs vor 1914 als Vorbild diente, was den Wettbewerb anging: dieser sei damals mit Ausnahme von Zöllen noch frei gewesen, jedoch nicht 'zügellos', und der
Staat habe sich darauf beschränkt, "(...) die Rechtsordnung zu führen, heimische Grundlagen der Wirtschaft zu schützen und dadurch dem
einzelnen wirtschaftenden Menschen klare Dispositionen über längere
Zeiträume und lange Entfernungen hinweg zu ermöglichen."(42) Eine
solche Berechenbarkeit der Wirtschaftspolitik sorgte dafür, daß dem
einzelnen Wirtschaftssubjekt das Ergebnis seiner Tätigkeit auch zukam. Von der Symmetrie zwischen Leistung und Verteilung hing ohnehin
die Leistungsbereitschaft ab: "Nur wenn der Faule den Mißerfolg, der
Fleißige den Erfolg als Gestalter seines Lebens empfindet (...),
wird höchste Leistung geboren."(43)

Ein liberalistischer 'Nachtwächterstaat' sollte es dennoch nicht
sein. Die Wirtschaftspolitik hatte den Rahmen für den Wettbewerb zu
setzen, und sie mußte dafür sorgen, daß jedes Wirtschaftssubjekt
darauf vorbereitet war, sich diesem Wettbewerb zu stellen. Zur Wirtschaftsordnung gehörte daher die ökonomische Bildung der Bevölkerung. Die als 'Naturgesetze'(44) erkannten Zusammenhänge zwischen
Leistungsbereitschaft und wirtschaftlichem Erfolg sollten "(...) wie
das kleine Einmaleins auf allen Schulen und in allen Berufen (...)"
gelehrt werden.(45) Seinem Ideal ökonomischer Volksbildung folgend
schrieb Goerdeler in den Jahren 1943/44 eine 'Wirtschaftsfibel', ein
populäres Lehrbuch, das seine wirtschaftspolitischen Ansichten
summarisch darstellte und die Grundlage abgeben sollte für einen ab
dem 15. Lebensjahr allgemein verbindlichen Wirtschaftskunde-Unter-

richt.(46) In der universitären Ökonomie sollte das Alleinstudium der Volkswirtschaftlehre entfallen, weil Wirtschaftskunde zur Allgemeinbildung für alle Studierenden gehörte. Nach Goerdeler mußte eigentlich jeder Mensch Volkswirt sein, "(...) denn jeder (war) ja schöpfend und ausführend der Volkswirtschaft durch seine Arbeit (...)"(47) verbunden.

Abgesehen von solcher Bildungseuphorie war Goerdeler zu Recht davon überzeugt, daß es gerade die wirtschaftlichen Versprechungen waren, die der NS-Bewegung zu ihrer großen Anhängerschaft verholfen hatten. 1937 schrieb er dazu: "Finanziell und wirtschaftlich sind irgendwelche Wunderleistungen nicht vollbracht worden. (...) Wenn heute Deutschland kaum noch Arbeitslose aufweist, so nur deswegen, weil der Nationalsozialismus und die zu ihm übergelaufenen Renegaten allen Lehren der Geschichte zum Trotz die Schulden des deutschen Reiches jährlich um mehrere Milliarden vermehren. Jeder Hausnarr kann Menschen beschäftigen, wenn er jemanden findet, der ihm das Geld dafür zur Verfügung stellt, oder wenn er die Macht besitzt, seine Schulden anderen aufzuzwingen."(48) Und auch 1944, als er schon inhaftiert war, beklagte Goerdeler noch die verbreitete Desinformation über die volkswirtschaftlichen Zusammenhänge: "Jetzt ist in allen Ländern der ganzen Welt die Über- und Einsicht verloren gegangen und daher eine Pest bequemer Illusionen über Wirtschaft, Währung, Geld, Schulden verbreitet, die Unmögliches von den Regierungen verlangen und die öffentliche Meinung verwirren. Ihnen können nur festes Wissen und Aufklärung entgegenwirken."(49) Dies zu tun, war Goerdelers ureigenes Anliegen.

Die 'Naturgesetzlichkeit' der Wirtschaftsordnung sah Carl Goerdeler im Ablauf des privatkapitalistischen Leistungswettbewerbs. Den Wettbewerb zu schaffen und zu garantieren, dies war das gemeinsame Ziel aller Einzelmaßnahmen, die er zu den materialen Bereichen der Wirtschaftspolitik plante, von der Fiskal- über die Geld-, Währungs-, Außenhandels- hin zur Beschäftigungspolitik. In der Auseinandersetzung mit der nationalsozialistischen Wirtschaftspolitik und der kreditfinanzierten Rüstungsproduktion hatte die Konsolidierung der öffentlichen Finanzen besonderes Gewicht. Unmißverständlich hieß es zum Beispiel im vorbereiteten Regierungsprogramm des Jahres 1944: "Grundvoraussetzung gesunder Wirtschaft ist die Ordnung der öffentlichen Haushalte."(50) Mit 'Ordnung' meinte Goerdeler dabei die völlige Deckung der Ausgaben durch die Einnahmen, wobei er sich bewußt war, daß der Haushaltsausgleich bei der zu übernehmenden Schuldenlast des Reiches als sehr langfristiges Ziel zu gelten hatte. Voraussichtlich hätte trotz der Sparmaßnahmen und Steuererhöhungen, die Goerdeler umgehend in Kraft setzen wollte, der anstehende Schuldendienst nicht in vollem Umfang geleistet werden können. Goerdeler wollte deswegen die Reichsgläubiger aus dem Aufkommen einer 'Bankrottabwendungsteuer' entschädigen, deren Last die Nicht-Gläubiger tragen sollten.(51) Zu den Sofortmaßnahmen zählte auch eine Finanzreform mit dem Ziel, der unteren Gebietskörperschaftsebene mehr finanzielle Autonomie vom Reich zu verschaffen.

Ließ sich dahinter unschwer der Kommunalpolitiker Goerdeler erkennen, so kam auch der ehemalige Preiskommissar zu seinem Recht: Die Rückführung der Staatsausgaben und die Erhöhung der Steuern sollte auch einen deflatorischen Effekt haben. Weil das NS-Regime mit seiner Verschuldungspolitik die Inflation in die Zukunft verschoben und "(...) statt der Geldinflation des Weimarer Systems (...) die sehr viel kompliziertere, aber auch sehr viel gefährlichere Kapitalinflation (...)"(52) gewählt hatte, stand der Geldwertverfall unweigerlich bevor, wenn die Preisbildungen aufgehoben wurden. Zur Wiedergewinnung der Preisstabilität waren Einsparungen in den öffentlichen Haushalten geboten, im übrigen auch die Wiederherstellung der Autonomie der Reichsbank und die Begrenzung ihres Auftrags auf die Geldwertsicherung. Die Währungsfrage zählte Goerdeler zu den existentiellen Problemen, weil die Devisenknappheit den Import unverzichtbarer Rohstoffe gefährdete.(53) Übergangsweise sollte deswegen die Devisenbewirtschaftung weitergehen, zumindest solange, bis die Zahlungsfähigkeit des Reiches wieder hergestellt war. Weil Goerdeler sich ohne eine goldgedeckte Währung kein Gleichgewicht im internationalen Währungssystem vorstellen konnte, hoffte er darauf, daß das Ausland dem Reich eine Goldanleihe zur Deckung der Währung zur Verfügung stellen würde.

Ohne ein solches berechenbares Währungssystem gab es wiederum nach Goerdelers Überzeugung auf die Dauer keinen freien Außenhandel. Dabei war die möglichst uneingeschränkte internationale Arbeitsteilung nicht nur ordnungspolitisch wünschenswert, sondern gerade für das rohstoffarme Deutschland existentiell notwendig. Die nationalsozialistische Autarkievorstellung nannte Goerdeler angesichts "(...) der Tatsache, daß wir uns aus unserem Boden allein nicht ernähren können (...)", einen "(...) feige(n) Verzicht auf die Möglichkeit, an den Gütern und Leistungen der ganzen Welt durch Leistungsaustausch teilzunehmen."(54) Zwar konnte Goerdeler, wie so mancher Liberaler, mit seinem Ideal des freien Welthandels durchaus die Vorstellung von Schutzzöllen für bedrohte Wirtschaftszweige in Einklang bringen, wie seine zustimmende Schilderung der Außenwirtschaftspolitik des Kaiserreiches in der Denkschrift 'Der Weg' schließen läßt.(55) Dennoch sollten Außenhandels-Ungleichgewichte im Regelfall offensiv über Exportausweitung und international konkurrenzfähige Preise angegangen werden.

Auch in der Beschäftigungspolitik trat Goerdeler ein für die Preisflexibilität. Arbeitslosigkeit ließ sich nur beseitigen durch höhere
Arbeitsleistung bei gleichen Arbeitskosten oder billigeren Lohnko-
sten bei gleicher Leistung. In beiden Fällen konnten die Güterpreise
sinken und, im Gefolge dieser Deflation, die wachsende Nachfrage
positive Beschäftigungseffekte zeitigen. Die ökonomische Alternative
zum Nationalsozialismus war hier am deutlichsten. Arbeitsbeschaffungsmaßnahmen, wie sie ab 1933 in großem Umfange durchgeführt wurden, galten Goerdeler als 'letztes und sehr rohes Hilfsmittel'; die
'feine' Maßnahme war immer diejenige, "(...) die Hemmnisse und
Krankheiten im Güteraustausch beseitigt."(56) Der Staat sollte sich
antizyklisch verhalten, in guten Zeiten aus den Steuereinnahmen
Rücklagen bilden und bei großer Arbeitslosigkeit daraus öffentliche
Arbeiten finanzieren. Im übrigen tat der Staat sein Bestes für die
dauerhafte Beschäftigung, wenn er seinen Haushalt in Ordnung brachte
und sich nicht an einer Fehlallokation von Ressourcen beteiligte,
wie die Hitlersche Rüstungspolitik eine war.

Wie die Bekämpfung, so war auch die Vorsorge für die Folgen der
Arbeitslosigkeit keine ureigene staatliche Aufgabe, sondern lag, dem
marktwirtschaftlichen Prinzip folgend, bei den Wirtschaftssubjekten
selbst. Die ursprüngliche Vorstellung, der Gewerkschaft als Trägerin
der Lohnforderung die Arbeitslosenversicherung zu übertragen, mußte
Goerdeler zwar in der Auseinandersetzung mit den Gewerkschaftern
Leuschner und Kaiser aufgeben.(57) Doch auch die anschließende Idee,
die Arbeitslosenversicherung in das kommunale Sparkassenwesen einzubinden, änderte nichts an dem Versuch, das im Nationalsozialismus
untergegangene Äquivalenzprinzip wiederherzustellen, auch bei der
Renten-, Kranken- und Unfallversicherung: "Die Leistungen der Sozialversicherung richten sich nicht mehr nach demagogischen
Wünschen, sondern nach dem, was die Leistungsfähigkeit der Ver-
sicherten und des Volkes für solche Zwecke erübrigen kann."(58),
hieß es in der Denkschrift 'Das Ziel'. Der Leistungsgedanke, der die
Vorstellung von der sozialen Sicherung durchzog, zeigte sich auch
daran, daß nur die unverschuldet sozial Schwachen solidarisch abge-
sichert sein sollten. Es ging nicht darum, "(...) dem ringenden
Menschen alle Risiken abzunehmen. (...) Wenn nur jeder die Folgen
seines Tuns selbst zu tragen hat und hierüber Klarheit für alle besteht"(59) - mit solchen und ähnlichen Vokabeln beschwor Goerdeler
bisweilen den Kampf-Charakter des Lebens im allgemeinen und des
Wirtschaftens im besonderen. Wenn dabei auch frühkapitalistische Be-
trachtungsweisen die Oberhand gewonnen haben, so blieb der Liberale
Goerdeler doch noch weit von der sozialdarwinistischen Auslese-Ideo-
logie eines Hitler entfernt.(60)

In diesem Unterschied findet sich wohl eines der fundamentalen, eben auch ökonomischen Motive für Goerdelers Widerstand gegen den Nationalsozialismus. Ein zweites ergibt sich aus der Wirtschaftspolitik des Regimes selbst, die konträr war zu Goerdelers ordnungspolitischen Grundsätzen. Während das Regime zunehmend auf planwirtschaftliche Intervention setzte, wollte Goerdeler eine Wettbewerbsordnung; während das Regime alle Einzelbereiche der Wirtschaftspolitik, von der Währung über den Außenhandel bis zur Beschäftigung, in den Dienst der Rüstung stellte, orientierte sich Goerdeler an den klassischen liberalen Zielsetzungen der Geldwertstabilität, der Freiheit im Außenhandel und der Beschäftigungssicherung durch Lohnflexibilität. In der praktischen Politik bedeutete dies radikale Alternativen: Geldschöpfung oder Deflation, Handelskontrolle und Devisenbewirtschaftung oder Anpassung an den Weltmarkt, Arbeitsbeschaffung ohne Rücksicht auf die Produktivität oder den marktwirtschaftlichen Ausgleich von Angebot und Nachfrage. Ein drittes Widerstandsmotiv war für Goerdeler noch bedeutsamer: die Erkenntnis, daß der Diktatur und ihrer Wirtschaftspolitik "(...) der Krieg nicht nur als letztes Hilfsmittel, sondern als **Ziel** vorschwebte."(61) In fast allen Denkschriften aus dem Widerstand, von den ersten Memoranden an die britische Regierung bis zur letzten großen Ausarbeitung 'Der Weg', stellte Goerdeler diesen Zusammenhang her zwischen der desolaten Wirtschafts- und Finanzpolitik des Nationalsozialismus und zunächst der Gefahr für den Frieden, dann dem ausgebrochenen Weltkrieg.(62)

In der deutschen Widerstandsbewegung nahm Goerdeler von 1940 bis 1944 die führende politische Stellung ein. Seit 1941, nachdem er zum Staatsstreich gegen Hitler und zum Aufbau eines neuen Staates entschlossen war, widmete er sich verstärkt der Koordination ihrer verschiedenen Gruppen, zunächst im Umfeld von Reichswehr und konservativen Politikern. Ende 1941 bezog er dann die Gewerkschaftergruppe um Leuschner und Kaiser ein, dann auch den Kreisauer Kreis um Moltke und Yorck schließlich ab 1942 den volkswirtschaftlich orientierten Freiburger Kreis um Eucken und Lampe. Wenn im folgenden die wirtschaftspolitischen Konzepte dieser Gruppen genauer untersucht werden, dann wird sich zwar zeigen, daß aus diesen konspirativen Kontakten kein ganz einheitliches Programm für die Zukunft der Volkswirtschaft erwachsen ist. Dennoch war es schon ein großer Erfolg Goerdelers, daß sich eine auch wirtschaftsprogrammatisch tragfähige Koalition zur Beseitigung des Hitler-Regimes zusammenfand. Was das Spektrum der Ordnungskonzepte angeht, so vertrat Goerdeler mit seiner liberalen Position eine Flügelmeinung. Die Antipode dazu - die im folgenden Abschnitt vorgestellt wird - verkörperte Johannes Popitz mit seinem etatistischen Ansatz. Sein Mitstreiter im konspirativen Zirkel der 'Mittwochsgesellschaft', der Nationalökonom Jens Jessen, war zwar wie Goerdeler ein Marktwirtschaftler, doch betonte er, im ordoliberalen Sinne, viel stärker die Verpflichtung des

Staates, den Wettbewerb zu schaffen und zu sichern. Die ordnungspolitischen Vorstellungen, die in der konservativen Fraktion des Goerdeler-Kreises vertreten wurden, geben also einen ersten Eindruck von dem Spannungs-Dreieck zwischen Markt, Plan und Staatsintervention, das für das Wirtschaftsordnungskonzept der gesamten Widerstandsbewegung kennzeichnend war.

3.2 Die konservative Fraktion: Johannes Popitz, Jens Jessen und die Mittwochsgesellschaft

Wenn auch die meisten Mitstreiter im Widerstandskreis um Carl Goerdeler, überwiegend auch die am 20. Juli 1944 beteiligten Militärs, konservativer politischer Herkunft waren, so haben doch nur Johannes Popitz und Jens Jessen Beiträge zur Wirtschaftsordnungsdebatte geleistet. Die anderen hatten andere Themen, so zum Beispiel der Führer der Militäropposition, der ehemalige Generalstabschef Ludwig Beck, der sich mit der Verfassungspolitik des künftigen Deutschland befaßte, oder der vormalige Botschafter in Italien Ulrich von Hassell, den der Wiederaufbau Europas nach dem Kriege beschäftigte. Zwar hatte bei beiden die kriegswirtschaftliche Verstrickung des 'Dritten Reiches' in Verschuldung, Inflation und Autarkie ein bemerkenswertes Gewicht für die Motivation zum Widerstand, doch man wollte es - so Hassell - "(...) berufeneren Federn überlassen, die Fehler des nationalsozialistischen Regimes auf dem wirtschaftlichen Gebiet kritisch zu untersuchen."(63)

Das geistige Zentrum der programmatischen Arbeit, die Popitz und Jessen im Widerstand leisteten, war die Berliner 'Mittwochsgesellschaft'.(64) 1863 als 'freie Gesellschaft für wissenschaftliche Unterhaltung' gegründet, hatte sie 16 Mitglieder, die diese Zahl durch Zuwahl bekannter Vertreter von Wissenschaft, Kulturbetrieb, Wirtschaft und Politik ergänzten. Popitz war 1932 als der wohl beste Kenner der deutschen Finanzverfassung hinzugewählt worden, Jessen 1939 in seiner Eigenschaft als Leiter des Kieler Instituts für Weltwirtschaft. Die Themen der allwöchentlichen Vorträge reichten von geistes- über naturwissenschaftliche Problemstellungen bis hin zu Fragen von Wirtschaft und Staat. Nach der 'Machtergreifung' häuften sich die politischen und ökonomischen Themen - ein Zeichen dafür, daß Popitz "(...) aus der Mittwochsgesellschaft langsam und vorsichtig eine unauffällige Zelle des Widerstands (...)" machte. (65) Die Gesellschaft bot mit ihren regelmäßigen Kolloquien eine gute Gelegenheit, die für die Konspiration so wichtigen persönlichen Beziehungen aufzubauen. Dem nicht widerlegbaren Charakter eines akademischen Zirkels war es auch zu verdanken, daß nach dem 20. Juli 1944 kein Mitglied - trotz des Verdachtes auf Konspiration, den die

Gestapo hegte - allein wegen der Mitgliedschaft verhaftet wurde. Für einen Verschwörerclub war allerdings auch die Mitgliederstruktur zu heterogen. Allein Beck, Hassell, Jessen und Popitz bildeten einen konspirativen 'Kreis im Kreis', dem die Treffen der Mittwochsgesellschaft als Tarnung dienten.(66)

Der Jurist Johannes Popitz erreichte den Höhepunkt seines politischen Wirkens als Staatssekretär unter häufig wechselnden Finanzministern in den Jahren 1925 - 1930, die als die 'Ära Popitz' in die deutsche Finanzgeschichte eingingen. Sein Hauptwerk, die Steuerreform von 1925, erwies sich als von bleibender Bedeutung; in den Grundzügen bestehen die meisten Steuergesetze bis heute fort.(67) Ende 1932 als Reichsminister in das Kabinett Papen eingetreten, nahm Popitz die zweite Funktion wahr bis zu seiner Verhaftung nach dem Attentat vom 20. Juli 1944, als einzig verbliebener Minister unter dem preußischen Ministerpräsidenten Göring. Der Nationalsozialismus, so begründete Popitz kurz nach der 'Machtergreifung' seine Beteiligung in einem Vortrag vor der Mittwochsgesellschaft, böte die Chance zum 'Neuaufbau des Staates auf nationaler und autoritärer Grundlage'; eine Chance, deren Scheitern "(...) das Chaos in Staat und Wirtschaft zur Folge haben müßte."(68) Wie Goerdeler und Schacht sah auch Popitz Hitlers Verdienst darin, die Entscheidungsschwäche der Weimarer Republik überwunden zu haben; wie andere Konservative auch nahm Popitz für sich in Anspruch, die Alleinherrschaft der Nationalsozialisten verhindern zu wollen. Unabhängig davon bemerkte er aber, daß die 'Machtergreifung' in 'rücksichtsloser Ausnutzung der Aufhebung aller Freiheitsrechte' erfolgt sei. Das politische Programm der NSDAP im übrigen lehnte er ab; und er fürchtete auch den Verwaltungsdilettantismus der Nationalsozialisten.(69)

Wenn je für einen Widerstandskämpfer der Vergleich mit dem Wandel vom Saulus zum Paulus paßte, dann für den Nationalökonomen Jens Jessen. 1933, in einem Artikel zum Thema 'Nationalsozialismus' für das Wörterbuch der Volkswirtschaft, hatte Jessen die neue Bewegung noch euphorisch begrüßt (70); später dann war er einer der entschiedensten Anhänger des Attentatsplanes und vermittelte über Verbindungen aus seiner Militärzeit den Kontakt zwischen der nationalen Opposition und der Kerngruppe des 20. Juli um Graf Stauffenberg. Das anfängliche Bekenntnis galt allerdings nur der NS-Bewegung; die Wirtschaftslehre der Partei, insbesondere in der Version von Feder, lehnte Jessen von Anfang an ab. Zum Widerstand fand Jessen über sein Bestreben, die Nationalökonomie von Propaganda und rassisch-völkischer Ideologie freizuhalten.(71) Die Auseinandersetzung mit dem nationalsozialistischen Dozentenbund führte Jessen zunächst literarisch als Herausgeber des 'Weltwirtschaftlichen Archivs' und von 'Schmollers Jahrbuch'. Ende der 30er Jahre versammelte er dann

Fachkollegen, deren Abneigung gegen die nationalsozialistische Pseudowissenschaft bekannt war, in der 'Klasse Wirtschaftswissenschaft' der Akademie für Deutsches Recht. Jessen schuf damit das Zentrum der nationalökonomischen Opposition gegen das Hitler-Regime, in dem wesentliche Teile der Kreisauer und Freiburger Wirtschaftsordnungskonzeption entstanden, wie die Abschnitte 4 und 5 dieser Untersuchung noch zeigen werden. Jens Jessen, der die 'Klasse Wirtschaftswissenschaft' leitete, darf als der Organisator des geistigen Widerstands seines Faches gelten.(72)

Jessens Kritik am Nationalsozialismus verdeutlichen seine Vorträge, die er vor der Mittwochsgesellschaft hielt.(73) Kurz nach seiner Aufnahme im November 1940 sprach er - folgt man dem Protokollbuch der Mittwochsgesellschaft - über 'Währungspolitik und Preispolitik'. Dabei machte er unmißverständlich die rüstungsinduzierte Ausweitung der öffentlichen Ausgaben für das Wachstum der Kaufkraft und für die Preissteigerungen verantwortlich, und er zeigte auch auf, wie Preiskontrolle und Devisenbewirtschaftung eine veritable Untergrundwirtschaft hatten entstehen lassen. Ein Jahr später referierte Jessen scheinbar unverfänglich zum 'Wirtschaftlichen Niedergang des römischen Reiches', dessen Ursachen er sah im Verlust der Preisflexibilität, im stockenden Güterabsatz und in fehlenden Leistungsanreizen. Dennoch war die Zielrichtung seines Vortrags den Zuhörers klar: "Immer stand im Hintergrund die Gegenwart und erfuhr am Bild der Geschichte wie der abstrakten Theorie die schärfste, bis zum absoluten Nein geklärte Kritik,"(74) notierte Paul Fechter, ein Mitglied der Mittwochsgesellschaft. Und auch seinen dritten und letzten Vortrag zu Adolph Wagners 'Gesetz von der wachsenden Ausdehnung des Staatsbedarfes' machte Jessen zu einer Abrechnung mit dem NS-Regime, als er den empirischen Zusammenhang zwischen dem stufenweisen Wachstum der Staatsquote und dem Auftreten von Spannungen und Kriegen in den Mittelpunkt seiner Ausführungen stellte.

Für das geistige Klima in der Mittwochsgesellschaft stehen ebensogut die Vorträge von Johannes Popitz. Die erhaltenen Niederschriften lassen die Kritik an der Hitler-Diktatur nicht auf den ersten Blick erkennen; dafür war das auch fremden Lesern zugängliche Protokollbuch nicht der richtige Ort. In diesem Sinne zu interpretieren ist beispielsweise die Niederschrift des Referats über die 'Wirtschaftswissenschaftlichen Probleme, die mit Aufrüstung und Vierjahresplan zusammenhängen', das Popitz Ende 1936 hielt. Scheinbar mit 'naiver Technizität',(75) ohne den Sinn und die Folgen der Rüstungspolitik zu thematisieren, setzte er sich hier mit den Hindernissen auseinander, die es auf dem Weg zum nationalsozialistischen Rüstungsziel zu beseitigen galt. Tatsächlich aber machte die Schilderung der komplexen Probleme und der unzureichenden Lösungsmöglichkeiten den volkswirtschaftlichen Aberwitz des Vorhabens deutlich. Auch stellte Popitz den Zusammenhang her zwischen der wirtschaftlichen Entwicklung und dem fortschreitendem Totalitarismus: So konnte eine offene Inflation nur durch Preiskontrolle vermieden werden, die wiederum einer immer umfassenderen Reglementierung des Wirtschaftslebens bedurfte, wie sie nur ein starkes, in alle Lebensbereiche eindringendes Regime leisten konnte.(76)

Vergleichbares Anschauungsmaterial für die Kritik am NS-Staat bietet der Vortrag vom 8.12.1937, in dem Popitz sich mit den 'Allgemeinen Grundsätzen der Besteuerung' befaßte, scheinbar nur in Form einer Zusammenfassung von historischen und modernen Steuerregeln, unbeeinflußt von der aktuellen Lage. Dabei war die Beschäftigung mit Steuerwiderständen, Steuerwirkungen, Wegen der Steuerüberwälzung und den Möglichkeiten einer antizyklischen Steuerpolitik bei der konjunkturpolitischen Stabilisierung (77) nur das Umfeld für die implizite Kritik am Nationalsozialismus, der alle diese Regeln nicht beachtete. Dies galt auch für Popitz' Hauptanliegen in diesem Vortrag, "(...) die Forderung, daß der politischen Macht auch die finanzielle Verantwortung entsprechen (...)" mußte, zu der er noch hinzufügte, daß dies auch "(...) in einem auf der Zustimmung des ganzen Volkes beruhenden Führerstaat (...) nicht anders sein" könne.(78) Daß zudem dieser 'Führerstaat' nicht die Zustimmung des ganzen Volkes hatte, darüber war sich Popitz mit seinen Zuhörern einig.

Die Ursache der desolaten Finanzpolitik, die exorbitanten Rüstungskosten, waren deswegen auch für Popitz ein wichtiges Widerstandsmotiv.(79) Läßt man die ethische Dimension des Krieges außer acht, die Jessen und Popitz gleichermaßen betroffen machte, und beschränkt sich auf die ökonomischen Konsequenzen, dann sah Popitz von der ausufernden Rüstung die staatliche Verwaltungsaufgabe für die Wirtschaft bedroht, die - wie dem Protokollbuch der Mittwochsgesellschaft über seinen Vortrag vom 2.5.1935 zu entnehmen ist - 'Voraussetzung für die Entwicklung der Produktivkraft des Volkes' war.(80) Wie sich Popitz das Verhältnis von Staat und Wirtschaft in der Zeit seiner Widerstandtätigkeit vorstellte, läßt sich nicht mehr feststellen, weil er seine zuvor rege Publikationstätigkeit abrupt einstellte. Auch die Schriften, die in der Endphase der Weimarer Republik entstanden, befaßten sich allein mit finanzpolitischen Themen. Immerhin zeigt ihr durchgängiges Plädoyer für eine Steuerentlastung der Unternehmen und für eine Umschichtung der Steuerlast auf den Konsum, daß Popitz für eine Förderung der privaten Kapitalbildung eintrat und, solange es um rentabilitätsorientierte Produktionen und um die Deckung des privaten Bedarfs ging, auf die Initiative privater Unternehmer baute.(81) Umgekehrt hatte er sich auf dem

Felde des Staatsaufbaus die Idee von einer entscheidungsstarken Zentralinstanz zu eigen gemacht.(82) Dahinter verbarg sich sein streng etatistisches Denken, der Wunsch nach effizientem Staatshandeln, der auch vermuten läßt, daß Popitz staatlichen Eingriffen in den Wirtschaftsablauf längst nicht so abweisend gegenüberstand wie Goerdeler. Das Effizienzkriterium übertrug Popitz jedenfalls auch auf die Wirtschaft. Weil er gravierende Störungen der Produktion befürchtete, lehnte er die Gewerkschaftspläne von Goerdeler entschieden ab, erst recht diejenigen der Sozialdemokraten und Gewerkschafter im Goerdeler-Kreis.

Vor diesem Hintergrund verwundert der Vortrag vom 2.6.1943, der letzte von sozialökonomischer Relevanz, den Popitz vor der Mittwochsgesellschaft hielt und den er der 'Künftigen Gestaltung der Sozialordnung' widmete.(83) Dort stimmte er zwar nicht den Gewerkschaftsplänen zu, beschrieb aber immerhin die Mehrheit des Volkes als knapp am Existenzminimum lebend und forderte eine merkliche Verbesserung der "(...) Lebensverhältnisse der Menschen, die ihre Arbeitskraft (...) an den im Privateigentum (...) der Unternehmer stehenden Produktionsmitteln einsetzen."(84) Die bisherige Sozialpolitik habe "(...) eine Befriedigung der großen Massen nicht erreicht".(85) Dies war keine bloße Kritik am Nationalsozialismus. Wirtschaftspolitische Lösungen waren angeblich generell zum Scheitern verurteilt, weil Preisüberwälzungen immer wieder die Nominallohnerhöhungen hinfällig machten. Außerdem fördere der technische Fortschritt die wirtschaftliche Konzentration, was das Kleingewerbe vernichte und die Gefahr eines Klassenkampfes verstärke.

Anschließend berichtete Popitz von dem 'an ihn herangetragenen Lösungsversuch', die Soziallage mit einer Gewinnbeteiligung für Arbeitnehmer zu verbessern. Der Hinweis, "(...) daß auch die Arbeitskraft des Arbeiters ein Kapital darstelle, für dessen Regeneration genauso systematisch Vorsorge getroffen werden müsse, wie es in der Ertragsrechnung des Unternehmens mit dem eingesetzten Sachkapital geschehe",(86) legt die Vermutung nahe, daß Popitz hier einen Grundgedanken der sozialpolitischen Konzeption des Kreisauer Kreises wiedergab. Wahrscheinlich datierte das 'Herantragen' vom 22.1.1943, als in einer Aussprache die konzeptionellen Divergenzen zwischen den Kreisauern auf der einen und Goerdeler, Popitz und Hassell auf der anderen Seite beigelegt werden sollten.(87) Popitz, der in der Widerstandsbewegung als Vertreter einer 'extremen Rechten' galt und den Eindruck der Kollaboration nie ganz verwischen konnte, hatte für diese Annäherung an den sozialistischen Flügel der Widerstandsbewegung genügend praktisch-politische Gründe. Diese Fraktion, der er als unvermittelbar galt, gewann zusehends an Gewicht, weil sie in der Untergrund-Gewerkschaft über die einzig handlungsfähige Massenorganisation verfügte. Die Anpassung kam aber in jedem Fall zu spät. Ab Mitte 1943 verschwand Popitz von den Kabinettslisten des Widerstands, auf denen er zuvor abwechselnd als Kultus- und Finanzminister geführt worden war.(88) An den Umsturzplänen blieb er jedoch weiter beteiligt, über Ulrich von Hassell und Jens Jessen.

Der Wissenschaftler Jessen war von solchen machtpolitischen Erwägungen frei. Auch ordnungspolitisch verkörperte er den Gegensatz zum Finanzpolitiker Popitz: Er wollte, wo immer in der Volkswirtschaft möglich, dem Wettbewerb zum Durchbruch verhelfen. Worauf sein Plädoyer für den Wettbewerb zielte, zeigte der Titel, den er - wenn auch zu Tarnzwecken im nationalsozialistisch verbrämter Diktion - einer Tagung der 'Klasse Wirtschaftswissenschaft' im Jahre 1942 gab: 'Der Wettbewerb als Mittel volkswirtschaftlicher Leistungssteigerung und Leistungsauslese'. Eine Diskussion über die Berechtigung des Wettbewerbs erübrigte sich für Jessen: "Der Wettbewerb und als seine Grundkomponente und Ergebnis zugleich die Leistung sind die Ausbildungs- und Bewährungsmöglichkeit der Persönlichkeit", schrieb er in seinem eigenen Beitrag zum besagten Tagungsband.(89) Die ordnungspolitische Aufgabe des Staates bestand in der Veranstaltung des Wettbewerbs, im Abbau allokativ ineffizienter, verteilungspolitisch ungerechter und von Machtkonzentration durchdrungener unvollkommener Marktformen. Dabei ging es nicht um die Durchsetzung des theoretischen Konstrukts der vollkommenen Konkurrenz auf allen Märkten. Der Wettbewerb in der Volkswirtschaft hatte keine 'allgemeine und abstrakte Form', sondern sollte "(...) der Vielgestaltigkeit der Ausgangsbedingungen des Kampfes des einzelnen in der Volkswirtschaft und des Vollzugs dieser Auslese" entsprechen.(90)

Korrespondierend zur Forderung nach einem 'echtem Wettbewerb' warnte Jessen vor jeder Form der Planwirtschaft, die nicht mit seiner Vorstellung von einer 'planvollen' Wirtschaft in Einklang zu bringen war. Im Hinblick auf die Nachkriegswirtschaft hielt er "(...) die Auffassung für irrig, daß Zwangsorganisationen der Kriegswirtschaft sich von selbst auflösen werden."(91) Die Verstaatlichung von Produktionsmitteln galt ihm nur als eine sehr abstrakte 'Möglichkeit im Bereich des Einzelfalls'. Preis- und Verbrauchsvorschriften, hohe Steuerbelastungen, Devisenkontrollen und ähnliches mehr schränkten die wirtschaftliche Dispositionsfreiheit ein, was nach Jessen einem Zerfall des Steuerungsinstruments Wettbewerb gleichkam. Im Sinne der allokativen und distributorischen Effizienz betonte er in einer Publikation aus dem Jahre 1940 den 'Handel als volkswirtschaftliche Aufgabe', der kein bloßes Zuteilungssystem nach Bedarfs- und Verfügbarkeitskriterien sein durfte.(92) Und auch die Geld- und Finanzpolitik des Staates beurteilte er in erster Linie nach den Folgen für die Wirtschaftsverfassung; eine stabile Recheneinheit und ein wertbeständiges Tauschmittel, garantiert mit einer soliden Finanzwirtschaft, galten ihm als Voraussetzung einer dauerhaften Wettbewerbsordnung. Die vom NS-Regime im Sinne des Rüstungsziels forcierte Ausweitung der öffentlichen Verschuldung sah Jessen im Staatsbankrott münden, dessen Hinauszögern wiederum den Weg in die Zwangswirtschaft gewiesen hätte.(93)

Jessen verlangte von der Wirtschaftspolitik den Verzicht auf die Wirtschaftslenkung, forderte sie aber auf, den Rahmen der Wettbewerbsordnung aktiv zu setzen. Zu dieser Richtliniensetzung gehörte die konjunkturpolitische Stabilisierung. Trotz der Entscheidungs- und Wirkungsverzögerungen, die finanzwirtschaftlichen Instrumenten der Konjunkturpolitik eigen ist und auf die Jessen auch hinwies, betonte er die Chancen, die ein antizyklischer Einsatz von Steuervariationen und auch einer moderaten öffentlichen Verschuldung für die Verstetigungspolitik bot. Zielpunkt solcher diskretionärer Wirtschaftspolitik hatte vor allem die Beschäftigung zu sein, denn: "Arbeit ist der Lebensinhalt der Mehrzahl aller Deutschen."(94) Verglichen mit dem etatistischen Ordnungsmodell von Popitz und dem liberalen von Goerdeler vertrat Jessen mithin eine Mittelposition, die den Markt als Steuerungsinstrument wollte, seine Funktionsfähigkeit aber zu einer staatlichen Aufgabe erklärte. Jessen bezog sich damit auf die - hier im 5. Kapitel vorgestellte - Wettbewerbskonzeption des Freiburger Kreises, mit dessen führenden Vertretern Walter Eucken und Franz Böhm er engen Gedankenaustausch pflegte. Was die beschäftigungspolitische Intention anging, so traf er sich darin naheliegenderweise auch mit den Vertretern der sozialdemokratischgewerkschaftlichen Fraktion im Goerdeler-Kreis.

3.3 Der gewerkschaftliche und sozialdemokratische Widerstand im Goerdeler-Kreis

Bei den liberalen Ansichten, die Carl Goerdeler vertrat, mag es überraschen, daß Gewerkschafter und Sozialdemokraten eng mit ihm im Widerstand zusammenarbeiteten - Vertreter einer sozialen Bewegung, in der Bekenntnisse zum orthodoxen Marxismus zur Weimarer Zeit durchaus noch an der Tagesordnung waren. Die Einsicht des notwendig geschlossenen Widerstands hielt diese Koalition aufrecht. Sie entsprang keinem gemeinsamen Fundament (wirtschafts-)politischer Überzeugungen, selbst wenn sich bei einzelnen Themen, vor allem in der Gewerkschaftsfrage, unübersehbare Annäherungen ergaben. Goerdeler und auch die meisten seiner konservativen Mitverschwörer waren davon überzeugt, daß der Neuaufbau von Staat und Wirtschaft nur mit Beteiligung der Arbeitnehmer gelingen konnte. Für diese und die militärische Fraktion in der Opposition, nicht zu Unrecht als 'Widerstand ohne Volk' apostrophiert, bot die Einbindung der gewerkschaftlichen Untergrundorganisation die Chance, den Staat nach dem Staatsstreich zu stabilisieren. Umgekehrt suchten die in der Bewegung des 20. Juli 1944 führenden Mitglieder des sozialdemokratischen und gewerkschaftlichen Widerstands, insbesondere Wilhelm Leuschner, Jakob Kaiser und Julius Leber, über Goerdeler als Kanzler der Übergangsregierung den Kontakt zur Generalität, von der allein ein erfolgreicher Staatsstreich ausgehen konnte. Zudem galt es eine neue 'Dolchstoß-Legende' zu verhindern, um den neuen Staat nicht ähnlich der Weimarer Republik vorzubelasten.(95)

Das Zweckbündnis zwischen Goerdeler und den Arbeiterführern begann Ende 1941 auf Initiative Jakob Kaisers.(96) Schon kurz nach der 'Machtergreifung' 1933 hatten Kaiser für die Christlichen Gewerkschaften und Leuschner für den Allgemeinen Deutschen Gewerkschaftsbund (ADGB) Gespräche mit dem Ziel aufgenommen, die Weimarer Richtungsgewerkschaften zu vereinigen. Daraus ging dann, nach der Zerschlagung der freien Gewerkschaftsbewegung durch SS und SA am 2. Mai 1933, die 'Illegale Reichsleitung' hervor, die Spitzenorganisation der Gewerkschaften im Untergrund. Mitte 1935 stieß Max Habermann hinzu, vormals ein führendes Mitglied des Deutschnationalen Handlungsgehilfenverbandes, dessen Mitarbeit die gewerkschaftliche Basis der Opposition weiter verbreiterte.(97) Weitere zwei Jahre später knüpfte Leuschner dann, vermittelt über seinen Berater Ludwig Schwamb, den Kontakt zu dem gerade aus der NS-Haft entlassenen ehemaligen sozialdemokratischen Reichstagsabgeordneten und Lübecker Arbeiterführer Julius Leber, woraus sich ebenfalls regelmäßige Treffen entwickelten. Die Beziehung zwischen Leber und Goerdeler schließlich schuf Leuschner im Herbst 1943. Leber und Leuschner, letzterer über seinen Mitarbeiter Hermann Maass, waren über den Goerdeler-Kreis hinaus auch im Kreisauer Kreis engagiert. Zu beiden Kreisen war das Verhältnis, was die wirtschaftsprogrammatischen Position betraf, nicht spannungsfrei. Leber, der das Urteil der Kreisauer vom 'Reaktionär Goerdeler' teilte, gingen dessen Zugeständnisse in der Gewerkschaftsfrage nicht weit genug, wie er ohnehin Goerdelers prinzipielles Festhalten an einer kapitalistischen Wirtschaftsordnung kritisierte.(98) Auch mit den Kreisauer Gedanken zur Neuordnung von Staat und Wirtschaft soll er, seiner Biographin Dorothea Beck zufolge, nicht einverstanden gewesen sein, weil diese der sozialen Gerechtigkeit, für Leber die 'Aufgabe des 20. Jahrhunderts' schlechthin, nicht genügend Gewicht beimaßen.(99) Leuschner und Kaiser sahen in der Kreisauer Wirtschaftskonzeption, die nur Betriebsgewerkschaften zulassen wollte, ihre Forderung nach einer starken, zentral organisierten Einheitsgewerkschaft nicht ausreichend repräsentiert. Auf Goerdeler konnten sie in dieser Frage zwar einen spürbaren Einfluß ausüben, doch blieben auch hier Differenzen bestehen.

Wenn die Frage nach den ökonomischen Konzepten der sozialdemokratisch-gewerkschaftlichen Fraktion der Widerstandsbewegung hier trotzdem im Abschnitt über den 'Goerdeler-Kreis' aufgeworfen wird, dann also nicht aus Gründen der inhaltlichen Konvergenz. Die Gemeinsamkeiten zwischen Goerdeler und seinen nationalkonservativen Mitstreitern auf der einen und den Arbeiterführern auf der anderen Seite lagen in den praktisch-politischen Erfahrungen aus der Weimarer Republik, in der dort mühsam errungenen beiderseitigen Fähigkeit, ideologische Differenzen im Sinne des gemeinsamen Ziels der Beseitigung des Hitler-Regimes hintanzustellen. Die Machtgewichte im Schattenkabinett der Opposition verschoben sich dabei im Zeitablauf zunehmend in Richtung auf die beteiligten Sozialdemokraten, war es doch "(...) unbestreitbar, daß die Gewerkschaftsführer auf ziviler Seite überhaupt die solideste Grundlage für den revolutionären Übergang zu bieten hatten."(100) Bei der Kabinettsliste, die Leuschner als Vizekanzler und Leber als Innenminister für Schlüsselpositionen vorsah, setzten sich die Gewerkschafter, die eine handlungsfähige Massenorganisation aufgebaut hatten, gegenüber der konservativen Fraktion des Goerdeler-Kreises eindeutig durch. Deren Vertreter, beispielsweise Popitz oder auch Schacht, spielten bei den personellen Planungen keine Rolle mehr.(101)

Dabei war die Ausgangslage für den sozialdemokratischen Widerstand alles andere als günstig gewesen. Die Zerschlagung von Gewerkschaften und SPD, die Massenverhaftung und -emigration von Funktionären, die Neigung, auf das baldige Scheitern des Hitler-Regimes zu warten, aber auch die Absetzbewegung von Ungeduldigen, die umgehend aktiven Widerstand leisten wollten, bewirkten eine Zersplitterung der Sozialdemokratie in kleine, autonome und oft konkurrierende Oppositionsgruppen.(102) Zuvor schon hatte die hohe Arbeitslosigkeit zu einem drastischen Rückgang der organisierten Arbeiterschaft geführt, und die Gewerkschaftsbewegung war ohnehin schon organisatorisch in Berufs- und Richtungsgwerkschaften gespalten.(103) Hinzu kam die politische Isolation, in der sich die herkömmlichen Vertreter der Arbeiterinteressen während der 'nationalen Erhebung' befanden. SPD und Gewerkschaften verfolgten deswegen in der Auseinandersetzung mit dem jungen NS-Staat einen konsequent legalistischen Kurs, der bisweilen sogar, zum Beispiel im Falle der ADGB-Führung um Theodor Leipart, in die Nähe einer Anpassungsstrategie geriet.(104) Während der vermeintlich kurzen Dauer der Diktatur sollte das Überleben der Organisation gesichert werden, und statt auf die Gegenwehr mit Generalstreik und 'Eiserner Front', der bereitstehenden Arbeiter-Kampforganisation, vertraute die Gewerkschaftsführung auf die Schaffung der lange erstrebten Einheitsgewerkschaft.

Die Initiative dazu ging von den kleineren Christlichen Gewerkschaften aus. Am 28. April 1933 einigten sich unter anderen Kaiser und Leuschner auf den 'Führerkreis der Vereinigten Gewerkschaften', der als Zusammenschluß aus ADGB und Christlichen Gewerkschaften mit dem Verband Deutscher Gewerkvereine die erste Einheitsgewerkschaft im Deutschen Reich repräsentierte. Diese Einigung, die kurz vor der Zerschlagung der freien Gewerkschaften durch die Nationalsozialisten am 2. Mai 1933 erfolgte, kam nach Meinung des Gewerkschaftshistorikers Gerhard Beier einer 'freiwilligen Gleichschaltung und limitierten Unterwerfung' unter das NS-Regime nahe.(105) Diese Bemerkung geht zu weit, auch wenn man die ständischen Überlegungen berücksichtigt, denen die Arbeitnehmer-Repräsentanten damals anhingen. Die Vorgeschichte der Einigung und die grundsätzliche Gegnerschaft der Verhandlungsführer Kaiser und Leuschner zum Nationalsozialismus legen vielmehr die Einschätzung nahe, daß die Anpassung nur eine verbale war.(106) Noch zwei Wochen vor der Einigung, am 13. April 1933, hatten Leipart und Leuschner die Verhandlungen des ADGB mit der 'Nationalsozialistischen Betriebszellenorganisation' (NSBO) scheitern lassen, die eine 'freiwillige' Gleichschaltung zum Inhalt hatten.(107) Den zeitweiligen Anpassungskurs von Leipart, der sich in der Unterordnung des ADGB unter das Regime am 21.3., in der Lösung von der SPD am 29.3. und im Bruch mit dem Internationalen Gewerkschaftsbund am 2.4.1933 manifestierte, hat Leuschner inhaltlich sicher nicht mitgetragen. Zum einen war er erst Anfang 1933 in den Bundesvorstand des ADGB berufen worden, zum anderen galt er, seit er Ende 1931 als hessischer Innenminister die 'Boxheimer Dokumente' veröffentlicht und die nach der Machtübernahme von den Nationalsozialisten geplanten Terrormaßnahmen bekanntgemacht hatte, als exponierter Gegner der NS-Bewegung.(108) Noch in seiner letzten freien Rede am 19.2.1933 in Darmstadt rief Leuschner offen zum Widerstand gegen das NS-Regime auf, und auch sein beharrliches Bemühen, die Einheitsgewerkschaft ohne Beteiligung einer Nazi-Organisation zu realisieren, steht der Behauptung entgegen, eine freiwillige Gleichschaltung unterstützt zu haben. Auch vom christlichen Gewerkschafter Kaiser darf nicht behauptet werden, daß er zu einer wie auch immer gearteten Anpassung an den Nationalsozialismus bereit war. Als einziges Vorstandsmitglied der Christlichen Gewerkschaften verweigerte er beispielsweise im Mai 1933 die Unterschrift unter das Dokument, mit dem sich seine Organisation dem 'Führer und Reichskanzler' unterstellte.(109)

Völlig unhaltbar wird die These, die Gewerkschaftsvereinigung sei ein Akt der Anpassung an den Nationalsozialismus gewesen, wenn berücksichtigt wird, daß in diesem 'Vereinigten Führerkreis' der gewerkschaftliche Widerstand seinen Anfang nahm.(110) Umgehend nach der Unterjochung der freien Gewerkschaften und der Verhaftung ihrer Führer begründeten Leuschner und Kaiser am 5. Mai 1933, unter Bezugnahme auf die Einigung, die gemeinsame Widerstandstätigkeit. Diese Keimzelle wuchs heran zur erwähnten Illegalen Reichsleitung der Gewerkschaften, die sich im Laufe der Zeit auf fast alle früheren Berufs- und Industrieverbände erstreckte.(111) Das Ziel lag im Aufbau von Gewerkschaftszellen in allen Regionen des Reiches. Von einem 'Leuschner-Kreis' zu sprechen, wird deswegen dieser Opposition nicht gerecht: sie war kein konspirativer Zirkel, sondern eine 'latente Organisation der Massen',(112) sie war nicht der gewerkschaftliche Widerstand, sondern seine Spitze. Die Aufbauarbeit wurde bis ins Jahr 1944 fortgesetzt, mit dem Erfolg, daß die Untergrund-Gewerkschaft umgehend nach dem gelungenen Putsch handlungsfähig gewesen wäre.(113)

Es ist hier nicht der Ort, um auf die zahlreichen Widerstandshandlungen von Gewerkschaftern und Sozialdemokraten einzugehen, auch nicht auf die überlieferten Aktivitäten der hier herausgehobenen Exponenten Leuschner, Kaiser und Leber, die von deren großer Einsatz- und Risikobereitschaft zeugen. Zum einen sind diese bereits umfassend dokumentiert.(114) Zum anderen geht es um die wirtschafts- und sozialpolitischen Konzepte - keine leichte Aufgabe, denn Leuschner beispielsweise vermied bewußt das Risiko schriftlicher Aufzeichnungen, kannte er doch als ehemaliger hessischer Innenminister zu gut die Methoden der politischen Polizei. Er 'entschriftete' seinen Widerstand völlig.(115) Auch Julius Leber hinterließ aus der Konspiration keinerlei Niederschriften über seine Vorstellung von der künftigen politischen und wirtschaftlichen Ordnung.(116) Zum konspirativ bedingten Verzicht auf Schrifttum kommt der politische Pragmatismus. Leber beurteilte die Festlegung auf ein politisches Programm für die Zeit nach Hitler als unzweckmäßig. Personen waren ihm in der Politik wichtiger als Programme: "Programmpunkte sind Worte, erst der Wille verbürgt die Tat", meinte er einmal.(117) Um der Einheit der Widerstandsbewegung willen war man zu vielerei Kompromissen bereit, was wohl keine andere Entscheidung mehr verdeutlicht als die Zustimmung des überzeugten Republikaners Leuschner zu den Monarchieplänen Goerdelers.(118) Im Gegensatz zum Exil-Parteivorstand und dem linken Flügel der SPD hatten die Angehörigen des 20. Juli 1944 "(...) gewisse ideologische Erstarrungen überwunden und zeigten auch gegenüber Hitler-Gegnern aus dem christlichen, dem bürgerlichen und konservativen Lager Offenheit und Gesprächsbereitschaft."(119)

Dennoch darf dieser politische Pragmatismus nicht mit Theorieverzicht verwechselt werden. Der Vorwurf der Programmlosigkeit, gerade auf wirtschaftspolitischem Gebiet, galt vielmehr dem Nationalsozialismus: "Die ganze nationalsozialistische Bewegung hat eigentlich nur einen Programmpunkt: den Namen Hitler", hielt Leber 1929 in einem Artikel für den 'Lübecker Volksboten' fest.(120) Sich selbst sahen die am Widerstand beteiligten Sozialdemokraten und Gewerkschaftsführer in die lange programmatische Tradition der Arbeiterbewegung eingebunden. Deren materialistisches Weltbild, das gut marxistisch dem geistigen 'Überbau' nur wenig Gewicht beimaß, hat vermutlich auch noch dazu beigetragen, daß sie, trotz bisweilen abweichender Vorstellungen, nicht mit einer eigenständigen Programmarbeit hervortraten.(121) Vor allem aber waren die Beteiligten vom Scheitern des Nationalsozialismus binnen kurzer Zeit überzeugt. Bei der Konzentration der Widerstandstätigkeit auf die Organisation der Bewegung ging es um die Rettung der gewerkschaftlichen und sozialdemokratischen Idee über das '1000-jährige' Reich hinaus.(122)

Das 'zähe Festhalten an der organisatorischen Verbindung' entsprach der jahrzehntelangen Widerstandtradition der Gewerkschaften und ihrem Selbstverständnis als einem 'Bollwerk der Demokratie'.(123) Jakob Kaiser beschrieb 1946 den 'Wesenskern der Einsichten' des gewerkschaftlichen Widerstands wie folgt: "Es bestand Klarheit zwischen uns, daß die einheitliche Gewerkschaftsbewegung nichts anderes sein konnte und durfte als die wirtschaftliche und soziale Interessenvertretung der Arbeiterschaft, unberührt von Parteipolitik und weltanschaulichen Festlegungen."(124) Der Versuch, die alten Richtungsgewerkschaften zu überwinden und die Lebenslage der abhängig Beschäftigten zu verbessern, war allerdings nur die inhaltliche Dimension des damaligen Verständnisses vom Wesen einer Einheitsgewerkschaft, diejenige, die später dann auch zum tragenden Element des Deutschen Gewerkschaftsbundes wurde. Zum Zeitpunkt der Einigung 1933 und im Widerstand wurde die Einheitsgewerkschaft auch administrativ und ständisch verstanden: als zwar regional, nach Berufsgruppen und Wirtschaftszweigen differenzierte, aber zentral geleitete Organisation und als Instrument zur direkten politischen Einflußnahme ohne den Umweg über einzelne weltanschaulich gebundene Parteien.

Das bereits erwähnte Dokument über den 'Führerkreis der vereinigten Gewerkschaften' vom 28.4.1933 ist Teil der damals weit verbreiteten ständischen Überlegungen. Die Gewerkschaftsbewegung sollte keineswegs politisch abstinent sein, sondern mit der organisatorischen Vereinheitlichung ihre politische Durchschlagskraft stärken.(125) Die Vereinbarung betonte denn auch diese ständische Absicht:
"Der Führerkreis hat folgende Aufgaben: (...)
4. die praktischen Zielsetzungen der Einheitsgewerkschaften festzulegen. Dabei ist zu beachten, daß

74

a) die Gewerkschaften die berufenen Vereinigungen zur Vertretung der sozialen und wirtschaftlichen Interessen der Arbeiter und Arbeiterinnen sind;
b) das höchste Ziel ihrer Arbeit die Förderung eines gesunden Staates und Volkes als Voraussetzung zur Sicherung der sittlichen, kulturellen, staatlichen und wirtschaftlich-sozialen Lebensrechte des deutschen Arbeiterstandes ist;
c) die religiösen Grundkräfte in ihrer staats- und gesellschaftsaufbauenden Bedeutung geachtet und anerkannt werden;
d) die Gewerkschaften parteipolitisch völlig ungebunden sein müssen.
5. Die Verhandlungen mit der Regierung und sonstigen verantwortlichen Stellen zu führen; (...)."(126)

Der Status des Einigungspapiers, mit dem sich, nach der Anfang Mai 1933 erfolgten Verhaftung der führenden Gewerkschafter, kein offizielles Entscheidungsgremium mehr befassen konnte, ist umstritten. Inhaltlich, in der Betonung von Religion und Nation, kommt wohl hauptsächlich die Meinung des christlichen Gewerkschafters Kaiser zum Ausdruck; Leuschners Rolle als ADGB-Vertreter bei der Verabschiedung des Programms war eher passiv.(127) In jedem Fall vernachlässigte diese einheitsgewerkschaftliche Konzeption eine wesentliche Bezugsgröße gewerkschaftlichen Handelns: den Kampf für Republik und Demokratie. Ob diese bereits erwähnte, sich im Wandel von einer republikanischen zu einer nationalen Gewerkschaft manifestierende Anpassung an den Zeitgeist später revidiert wurde, läßt sich nicht mehr feststellen.(128) Ein ausformuliertes Programm der Einheitsgewerkschaft, das auf Anregung von Kaiser, Leuschner und Habermann in den Jahren 1935/36 der Marburger Professor Gerhard Albrecht niederschrieb, wurde nach dem 20. Juli 1944 aus Sicherheitsgründen verbrannt. Der Kaiser-Biographin Elisabeth Nebgen zufolge entsprach es in seinem materialen Gehalt den zitierten Grundsätzen von 1933.(129) Der Auftrag schließlich, den Ludwig Reichhold im Januar 1943 von Leuschner, Kaiser und anderen für einen 'programmatischen Leitfaden' der künftigen deutschen Gewerkschaftsbewegung erhielt, blieb aus Kriegsgründen unerledigt.(130)

Immerhin sah auch Jakob Kaiser eine Hauptaufgabe der Gewerkschaften darin, 'Hüter der Demokratie' zu sein - einer Demokratie, die sich auch auf die wirtschaftlichen Machtverhältnisse zu erstrecken hatte: "Daher galt es jedem einzelnen von ihnen (den Gewerkschaftsführern im Widerstand, Anm. d. Verf.) als Gesetz, sich für die Mitbestimmung in der Wirtschaft einzusetzen. Wenn man darüber auch keine Einzelheiten festlegte, wie die Mitbestimmung auszusehen habe, so wurde sie doch als Leitsatz einer echten Demokratie anerkannt und gefordert (...)", meint Nebgen.(131) Im großen und ganzen folgte Kaiser wohl der vom ADGB vertretenen Position zur Wirtschaftsdemokratie,

die Fritz Naphtali 1928 niedergelegt hatte.(132) Jedenfalls hatte
eine vergleichbare Mitbestimmungsregelung im Aufgabenspektrum der
von Goerdeler skizzierten 'Deutschen Gewerkschaft' einen großen
Stellenwert, und diese Einheitsgewerkschaft war die Folge von Zuge-
ständnissen an die gewerkschaftlichen Mitopponenten. Zwar kam keine
Einigung über das ganze Konzept zustande, weil der vorgesehene Bei-
trittszwang, die Einbindung in das Kammersystem der Selbstverwaltung
und die damit vorgezeichnete Gemeinwohlverpflichtung die Gewerkschafter zu sehr an die 'Deutsche Arbeitsfront' erinnerten. Auch zur
alleinigen Übernahme der Arbeitslosenversicherung waren die Gewerkschaftsführer nicht bereit.(133) Einigkeit herrschte demgegenüber in
den Organisationsfragen, in der Aufgabenbestimmung als wirtschaftliche Interessenvertretung der Arbeiter und im standespolitischen
Auftrag, der sich im geplanten Ausbau der beruflichen Bildung und in
der Mitwirkung am gesellschaftlichen Neuaufbau niederschlug. Das gemeinsame Vorhaben umriß Leuschner wie folgt: "Die Frage des Volks-
wohlstandes, die Frage nach den wirtschaftlichen Grundlagen unseres
Staates geht die Arbeiterschaft an. Wir haben Wirtschaftspolitik zu
treiben, die Arbeiterschaft muß wirtschaftspolitisch denken."(134)

Die Idee der Selbstverwaltung war das Fundament für den demokratischen Aufbau von Wirtschaft und Gesellschaft, gemeinsam getragen von
allen Widerstandskreisen. Leuschner zum Beispiel hatte sich während
seiner KZ-Haft, die vom 23.6.1933 bis zum 10.6.1935 dauerte, mit dem
Werk des Freiherrn von Stein auseinandergesetzt und betonte seither
die Bedeutung der unmittelbaren persönlichen Partizipation für die
Durchsetzbarkeit und Akzeptanz von Entscheidungen, auch für die individuelle Leistungsbereitschaft.(135) Die radikalen Konsequenzen
allerdings, die der Kreisauer Kreis für den Staats- und Wirtschaftsaufbau zog und die auch die gewerkschaftliche Organisationsform betrafen, lehnten die Gewerkschafter ab. Die Kreisauer hatten - wie in
Kapitel 4 noch ausführlich gezeigt wird - ein Modell von Betriebsgewerkschaften entwickelt, in denen zum einen Arbeitnehmer wie Arbeitgeber vertreten sein und zum anderen Mitbestimmungs-, Lohnfin-
dungs- und andere tarifpolitische Entscheidungen getroffen werden
sollten. Hermann Maass, Leuschners Vertreter in Kreisau, erreichte
dort mit seinem Widerspruch das Zugeständnis, bis zur Umsetzung des
gesamten Ordnungskonzeptes eine einheitsgewerkschaftliche 'Deutsche
Gewerkschaft' zu akzeptieren. Die Gewerkschafter waren damit zufrieden, denn ob sich der Kreisauer 'Personalistische Sozialismus' je
hätte realisieren lassen, das hat Leuschner wohl mit Recht bezwei-
felt.(136)

Die gewerkschaftliche und sozialdemokratische Fraktion im Goerdeler-
Kreis war zu sehr von den politischen Erfahrungen aus der Weimarer
Zeit geprägt, um utopisch anmutenden Konzepten Glauben zu schenken.

Recht deutlich macht dies auch die Abkehr vom Marxismus, die Julius
Leber zugunsten eines realpolitischen Ansatzes vollzog. Hatte Leber
noch 1921, in Stellungnahmen zum Görlitzer Parteitag der SPD, den
Rückzug von der Idee des proletarischen Klassenkampfes als 'halb-
sozialistische Kompromißpolitik' gegeißelt, so betonte er seit dem
Berliner Parteitag der SPD von 1933, im Gegensatz zur marxistischen
Verelendungstheorie, die Notwendigkeit einer reformistischen Sozialpolitik. Auch in seiner im gleichen Jahr, nun schon in der NS-Haft
verfaßten Schrift 'Die Todesursachen des deutschen Sozialdemokratie', die mit der Führungsschwäche der damaligen SPD-Spitze abrech-
nete, kritisierte Leber den historischen Determinismus des Marxismus
und sah darin eine wichtige Ursache für die Schwäche der politischen
Linken.(137) Auch für die Gewerkschafter Leuschner und Kaiser hatte
der Sozialismus nicht viel mit dem Marxismus zu tun. Sie bejahten
grundsätzlich die Entscheidungsfreiheit der Wirtschaftssubjekte samt
dem Privateigentum an den Produktionsmitteln, und sie wollten
sozialpolitische Reformen: Die Verbesserung der Soziallage für die
Arbeiter sollte erreicht werden über niedrigere Preise und Mieten,
eine stabile Währung, ein funktionsfähiges System der sozialen
Sicherung und geregelte Arbeitsverhältnisse.(138) Die Kritik an der
Wirtschafts- und Sozialpolitik des Nationalsozialismus läßt sich
denn auch zu dem Vorwurf destillieren, allein die Gesinnung der
Menschen, nicht aber die materiellen Verhältnisse ändern zu wollen.(139)

Unter den Begriff 'Sozialismus' faßte Leber alle Maßnahmen im 'Kampf
der Arbeiterklasse um ihren Aufstieg'.(140) Um die Arbeiterschaft,
wie Leuschner dies gefordert hatte, in die Lage zu versetzen, selbst
wirtschaftspolitisch zu denken und zu handeln, war es mit der Neu-
organisation und der ideologischen Entrümpelung der Gewerkschaftsbewegung nicht getan. Wie einige in Auftrag gegebene Gutachten und
die Auseinandersetzungen mit Goerdeler um dessen Denkschriften zeigen, verspürten die Arbeiterführer schon den Bedarf nach einem wirtschaftspolitischen Programm, auch wenn sie eine zu deutliche Festlegung für unzweckmäßig hielten. Entsprechende Pläne lassen sich daher nur aus verstreuten Andeutungen und Nebenbemerkungen rekonstruieren, wobei das Bild unvollständig bleibt. In jedem Fall sollte
die Wirtschaftspolitik nicht dogmatisch, sondern situationsgebunden
betrieben werden; weswegen insbesondere Leuschner der empirischen
Wirtschaftsbeobachtung einen hohen Stellenwert zumaß.(141) Schon der
sozialpolitische Ansatz gebot den Einsatz für die Geldwertstabilität. Leber zum Beispiel brandmarkte die Verteilungswirkungen der Inflation von 1923, die vermögende Sachwertbesitzer eindeutig bevorzugt habe.(142) Auch die Wertbeständigkeit der Löhne stand auf dem
Spiel. Weil die Gewerkschaften auf stabile Reallöhne hofften, oppo-
nierten sie zunächst nicht gegen die Deflationspolitik des Reichs-

kanzlers Brüning. Die Kaufkraftargumentation fand erst mitten in der Weltwirtschaftskrise größere Verbreitung, nachdem die Möglichkeit der Arbeitsplatzbeschaffung durch öffentliche Kreditschöpfung schon längere Zeit bekannt war.(143)

Doch auch bei diesem ersten Schritt in Richtung auf eine moderne Konjunkturpolitik blieb das Instrument der öffentlichen Verschuldung suspekt - ganz im Gegensatz zu der dann von Schacht betriebenen Arbeitsbeschaffungspolitik in den ersten Jahren des NS-Regimes. Zwar sah auch Leber, daß die Deflationspolitik und der von den Lohnsenkungen ausgehende "(...) verhängnisvolle Kreislauf (...) die Wirtschaft (erdrosselte), indem er den Arbeitsanteil am Gesamteinkommen immer mehr schmälerte",(144) doch war sein Ausweg ein steuerpolitischer: der Haushaltsausgleich sollte über verstärkte Besteuerung von inflationsbegünstigten Sachwerten erfolgen. Präferenzen bestanden auch für eine progressive Einkommen- und Vermögensteuer, wie überhaupt direkte Steuern den für verteilungspolitisch regressiv erachteten indirekten Steuern vorgezogen wurden.(145) Ein ausgeglichener Haushalt beugte zudem ausufernden Rüstungsausgaben vor: Leber, der Rüstungsexperte der SPD im Reichstag der Weimarer Republik, hatte sich schon 1921 gegen die Kriegsfinanzierung mit der Notenpreisse ausgesprochen und in seiner Stellungnahme zum Wehrprogramm der SPD von 1929 seine Partei auf das Ziel einer allgemeinen, allseitigen Abrüstung verpflichtet.(146) Der Ablehnung des Krieges als Mittel der Politik entsprach das Bekenntnis zur wirtschaftlichen Einigung Europas. Ganz im Gegensatz zur nationalsozialistischen Autarkiepolitik sollten der Außenhandel ausgeweitet und dazu Handelshemmnisse abgebaut werden: Leber sah im Deutschland der Zukunft eine 'Veredelungsfabrik' der Weltwirtschaft.(147)

Als wesentlicher Mangel der Kriegswirtschaft galt den Arbeitervertretern die immanente Förderung der wirtschaftlichen Konzentration. Das Engagement für den Wettbewerb war kein Verzicht auf die sozialistische Umgestaltung der Wirtschaft. So forderte Leber beispielsweise am 16.6.1944 in einer Unterredung mit Goerdeler und Kaiser die Verstaatlichung der Grundstoffindustrien.(148) Und Leuschner setzte, ebenfalls gegen Goerdeler, im Programm der 'Deutschen Gewerkschaft' die Forderung nach der Verstaatlichung der Schlüsselindustrien durch.(149) Die Wettbewerbsvorstellung der Arbeitervertreter im Goerdeler-Kreis entsprach damit wohl derjenigen, die Sozialdemokraten im Kreisauer Kreis vertraten: Dort versuchten sie, wie im 5. Kapitel dieser Untersuchung noch gezeigt wird, das marktwirtschaftliche Modell des Leistungswettbewerbs um einen Wirtschaftssektor unter staatlicher Aufsicht zu ergänzen, der Branchen mit besonderer Relevanz für die Grundversorgung der Volkswirtschaft umfassen sollte. Hier wie dort ging es um die Durchsetzung des elementaren sozialdemokratischen wie gewerkschaftlichen Anliegens, den Arbeiter und die Arbeit in den Mittelpunkt der Wirtschaftspolitik zu stellen.(150) Das ordnungspolitische Ziel, das die Bezeichnung Sozialismus verdiente, bestand darin, die Arbeiter zum Träger des Staates im Nachkriegsdeutschland zu machen, zum Träger einer pluralistischen Mehrschichtengesellschaft mit primär marktwirtschaftlicher Wirtschaftsordnung.(151)

3.4 Die wirtschaftspolitische Konzeption des Goerdeler-Kreises – eine Zusammenfassung

Die Umsetzung der ordnungspolitischen Ziele mußten Leber, Leuschner und Kaiser, aber auch Goerdeler, Popitz und Jessen anderen überlassen. Die Hinrichtungswelle im Gefolge des 20. Juli 1944, die von der gesamten deutschen Widerstandsbewegung einen hohen Blutzoll forderte, bedeutete für das sozialdemokratische wie für das konservative Lager des Goerdeler-Kreises eine einschneidende Zäsur: kaum einer der eng an der Konspiration Beteiligten überlebte das 'Dritte Reich'. Von den hier genannten konnte nur Jakob Kaiser, der sich der Gestapo-Verfolgung in einem Versteck entzog, am Wiederaufbau des 'anderen Deutschland' mitwirken. Hinweise darauf, ob eine Kontinuität zwischen den wirtschaftspolitischen Plänen des Goerdeler-Kreises und der kommenden Wirtschaftsordnung bestanden hat, gibt deswegen nur ein inhaltlicher Vergleich dieser Konzepte mit den ordnungspolitischen Gedanken, die bei der Institutionalisierung der Sozialen Marktwirtschaft dann in die Tat umgesetzt wurden. Die folgende Synopse der wirtschaftspolitischen Konzeption des Goerdeler-Kreises soll für einen solchen Vergleich die Grundlage bilden, auch für eine Gegenüberstellung mit den Wirtschaftskonzepten, die im Kreisauer und im Freiburger Kreis erarbeitet wurden.

Worin bestand die gemeinsame ökonomische Position des Goerdeler-Kreises? Gab es sie überhaupt jenseits des liberalen Denkens von Goerdeler, dem etatistischen Ansatz von Popitz, der Wettbewerbs-Position von Jessen, dem gewerkschaftlichen Standpunkt von Leuschner und den Sozialstaatsvorstellungen von Leber? Die Parallelen finden sich sowohl bei den Zielvorstellungen wie bei den für gut befundenen Methoden, sowohl bei der grundsätzlichen Frage nach der Gestaltung der Wirtschaftsordnung wie bei der Geld-, Beschäftigungs- und Sozialpolitik. Goerdelers Konzeption, die am umfassendsten ausgearbeitet war, kann dabei als Leitfaden dienen, zum Beispiel in der Außenwirtschaftspolitik. Dort vertrat Goerdeler eine entschieden freihändlerische Position. Er hielt am Ideal eines freien Welthandels fest, ganz ricardianisch im Sinne einer Optimierung der nationalen und weltweiten Wohlfahrt. Auf dieser prinzipiellen Ebene gab es keine Meinungsunterschiede, weder mit der konservativen noch mit der gewerkschaftlichen Fraktion, die beide im Grundsatz von den Vorteilen eines freien Welthandels überzeugt waren und auch die wirtschaftliche Einigung Europas vorantreiben wollten. Dies galt umso mehr, weil Goerdeler dazu bereit war, in der praktischen Politik vom Ideal abzuweichen. Schutzzölle für bedrohte Wirtschaftszweige sah er als sinnvoll an, und auch einen freien Devisenverkehr wollte er nach einer Machtübernahme der Opposition nicht sofort zulassen. Der Autarkie-Ideologie des NS-Staates stellte der Goerdeler-Kreis also eine 'second-best'-Lösung auf Freihandelsgrundlage gegenüber: Freihandel soweit wie möglich, Handelsbeschränkungen soweit aus aktuellem Anlaß nötig.

Je weiter die Volkswirtschaft auf dem Weg zur Kriegswirtschaft fortschritt, umso mehr entwickelte sich die Bedrohung der Geldwertstabilität durch die Rüstung zum Widerstandsmotiv. Goerdeler sah in der Inflationsvermeidung das entscheidende Ziel, dem er die übrige Wirtschaftspolitik unterordnete. Popitz lehnte die Rüstungspolitik ab, ebenfalls mit eindeutigem Bezug auf ihre Preiswirkungen. Leber schließlich wandte sich gegen die Rüstungsfinanzierung mit der Notenpresse und brandmarkte die Verteilungswirkungen der Inflation. Gegen die kreditfinanzierte Expansion der öffentlichen Haushalte, die Schacht in den ersten Jahren des 'Dritten Reiches' betrieb, forderte Goerdeler ein Festhalten an deflatorischen Maßnahmen. Die Gewerkschafter - getragen von ihrem sozialpolitischen Auftrag - befürworteten anfänglich die deflatorische Absicht zur Reallohnstabilisierung, später dann eine moderate öffentliche Verschuldung zur Arbeitsbeschaffung. Die zweite Gemeinsamkeit des Goerdeler-Kreises über alle Fraktionen hinweg galt also der Ablehnung einer unkontrollierten Geldmengenexpansion und parallel dazu der Befürwortung einer soliden Haushaltspolitik.

Meinungsunterschiede bestanden allerdings dort, wo es im Zielkonflikt zwischen Beschäftigungsförderung und Preisstabilisierung um die Durchführung von Arbeitsbeschaffungsmaßnahmen und deren Finanzierung ging. Für Goerdeler war die Bekämpfung der Arbeitslosigkeit keine staatliche Aufgabe; die Zuständigkeit dafür lag bei den Arbeitsmarktparteien. Gegen die Übernahme des gesamten Beschäftigungsrisikos wehrten sich wiederum die Gewerkschafter. Weil Goerdeler immerhin noch dazu bereit war, der Arbeitsbeschaffung eine Berechtigung als Notmaßnahme in Beschäftigungskrisen zuzugestehen, und weil er auch bei der Frage der Arbeitslosenversicherung Kompromißbereitschaft zeigte, läßt sich vermuten, daß die Opposition hier noch zu einer gemeinsamen Linie gefunden hätte. Wie sehr die Verteilung der politischen Macht innerhalb des Goerdeler-Kreises ideologische Differenzen in den Hintergrund zu drängen vermochte, zeigen die Gewerkschaftspläne, denen Popitz ablehnend gegenüberstand, der in einer starken Einheitsgewerkschaft einen potentiellen Störenfried vermutete. Die weitgehende Übereinstimmung stellten die Gewerkschafter nicht durch Überzeugungsarbeit her, sondern mit dem politischen Gewicht ihrer Massenorganisation im Rücken.

In der Gewerkschaftsbewegung hätte die Verschwörung des 20. Juli 1944 ihre Verankerung im Volk besessen, und deren politische Homogenität wäre ein wichtiger Erfolgsfaktor für die Neuordnung von Staat und Gesellschaft gewesen. Die Organisationsleistung, die Leuschner und Kaiser vollbrachten, überdauerte das Scheitern des Staatsstreichs. Wie Abschnitt 6.1 zeigen wird, stand die Gewerkschaftsbewegung der jungen Bundesrepublik in enger organisatorischer und programmatischer Kontinuität zu dieser Untergrund-Gewerkschaft. (152) Was allerdings die Umsetzung der Programmatik in Politik anging, sollte diese Einheitsgewerkschaft nicht gerade erfolgreich sein. Die Umstrittenheit ihrer sozialpolitischen Forderungen deutete sich bereits im Widerstand an. Goerdelers Sozialpolitik folgte liberalen Grundsätzen und sollte nur die unverschuldet in Not Geratenen solidarisch absichern. Das System der sozialen Sicherung gründete auf der unmittelbaren Selbstverantwortlichkeit und Autonomie des einzelnen und war vom Äquivalenzprinzip zwischen Leistung und Gegenleistung getragen. Wie das Wort von der 'Ausgleichspolitik' deutlich macht, betrachtete Goerdeler die Sozialpolitik als "(...) sittlich geforderten 'Härteausgleich', nicht als bewußte Neuordnung des Verhältnisses von Kapital und Arbeit".(153) Auch Popitz trug zum Meinungskonflikt bei, als er - im Gegensatz dazu - die ausgleichende Sozialpolitik für gescheitert erklärte und eine Umgestaltung der Wirtschaftsordnung mit dem Ziel forderte, die Sozialpolitik über ein neues Verständnis des Faktors Arbeit überflüssig zu machen. Er dürfte sich dabei mit dem Sozialdemokraten Leber getroffen haben, der zwar seine Vorstellungen vom Sozialstaat nie präzisierte, aber auch die Arbeit und den Arbeiter in den 'Mittelpunkt der Gesellschaft, des Volkes und der Nation' stellen wollte. Hier deuten sich die ordnungspolitischen Gedanken an, die im Kreisauer Kreis formuliert wurden.

Popitz' etatistisches Denken, die hohen Erwartungen, die er an die regulierende Kraft staatlicher Eingriffe in das Wirtschaftsleben stellte, mündeten angesichts der nationalsozialistischen Politik in Enttäuschung. Goerdeler dagegen maß dem Staat keine derartige beschäftigungs- und sozialpolitische Verantwortung zu, sondern forderte von ihm, dem Bürger möglichst viele Risiken - und Chancen - zu belassen. Während Popitz den Staat in der Rolle des Garanten der gesamten Wirtschaftsordnung sah, forderte Goerdeler von ihm nur die

Garantie des Wettbewerbs. So betrachtet war die Diskrepanz zwischen Goerdeler und Popitz nur eine graduelle: Das Ausmaß der für den Bestand der Wirtschaftsordnung notwendigen Staatsgarantien wurde unterschiedlich gesehen, und die ordnungspolitischen Gemeinsamkeiten überwogen, wenn beide die privatkapitalistische für die einzig effiziente Wirtschaftsform und den Wettbewerb für den elementaren volkswirtschaftlichen Allokationsmechanismus hielten. Das marktwirtschaftliche Bekenntnis war auch in der sozialdemokratisch-gewerkschaftlichen Fraktion unbestritten, die dem Staat ebenfalls die Rolle eines Veranstalters von Wettbewerb zumaß, auch wenn sie solche Allokation um eine Verteilungspolitik ergänzt wissen wollte, die Bedarfskriterien genügte. Das theoretische Fundament lieferte in jedem Falle die von Jens Jessen wesentlich mitbestimmte und dann im Freiburger Kreis ausgearbeitete Wettbewerbstheorie.

Schon an dieser Stelle läßt sich damit festhalten, daß die Wirtschaftskonzeption des Goerdeler-Kreises bereits wichtige ordnungspolitische Grundlagen der späteren Sozialen Marktwirtschaft enthielt. Das Dilemma zwischen Wahlfreiheit und Intervention, Markt und Plan, Leistungs- und Bedarfsgerechtigkeit kennzeichnet auch die Ordnungskonzepte des Kreisauer und des Freiburger Kreises, die im folgenden vorgestellt werden sollen. Der rege Gedankenaustausch in der Widerstandsbewegung machte sich in einer ausgeprägten wechselseitigen Beeinflussung bemerkbar. Die Freiburger Lehre, die diese Bezeichnung schon deswegen verdient, weil sie aus der universitären Nationalökonomie entstand, entwickelte dabei den marktlichen Aspekt weiter, die Kreisauer Lehre den interventionistischen. Um den Kreisauer Kreis soll es zunächst gehen, weil er in die konspirative Arbeit der Widerstandsbewegung stärker eingebunden war. Bei der Auseinandersetzung über die wirtschafts- und sozialpolitische Konzeption für die gesamte Widerstandsbewegung kam es zwischen Goerdeler und den Kreisauern zu bisweilen heftigen Auseinandersetzungen. Zum Paradigma des Konfliktes geriet eine Anfang 1943 angesetzte Aussprache, die ohne Einigung endete. Worin die Meinungsunterschiede bestanden, zeigt der folgende Abschnitt.

4.
DAS WIRTSCHAFTSKONZEPT DES KREISAUER KREISES: ZWISCHEN MARKTWIRTSCHAFT UND INTERVENTION

Am 8. Januar 1943 trafen Goerdeler, Hassell, Popitz und Jessen als Vertreter der nationalkonservativen Opposition im Hause des Grafen Yorck von Wartenburg mit Mitgliedern des Kreisauer Kreises zusammen. Unter der Leiter des Generalobersten Beck sollten programmatische Differenzen bei politischen und ökonomischen Grundsatzfragen ausgeräumt werden. Doch gelang dies in nur sehr beschränktem Maße: die Übereinkunft erstreckte sich im wesentlichen auf die Notwendigkeit des Staatsstreiches gegen Hitler; gerade die Aussagen zur Wirtschaftsordnung des künftigen Deutschland blieben umstritten.(1) Die Kreisauer, deren Programmatik im folgenden das Hauptaugenmerk gelten soll, waren zum einen nicht mit Goerdelers Versuchen einverstanden, die bestehenden inhaltlichen Differenzen nur um einer oberflächlichen Einigung willen zu bagatellisieren und für die Zeit nach dem Staatsstreich zurückzustellen, sondern sie beanstanden auf einer grundsätzlichen Klärung der Staats- und Wirtschaftsordnung. Zum anderen ging es den Kreisauern um die Inhalte dieser Ordnung: politisch um ein Staatswesen, das sowohl den Totalitätsanspruch des 'Dritten Reiches' als auch die strukturelle Entscheidungsschwäche der Weimarer Republik vermied; ökonomisch um eine Wirtschaftsordnung, die über die Weimarer Konzentrationswirtschaft und die nationalsozialistische Kommandowirtschaft hinauswies, in der die individuelle Freiheit wieder hergestellt war, die aber auch dem Gemeinwohl verpflichtet sein sollte. Im politischen Stil wie im politischen Inhalt unterschieden sich die Kreisauer mithin von der nationalkonservativen Gruppe um Goerdeler, die im wesentlichen für den Staat eine Restauration der Weimarer Demokratie und für die Volkswirtschaft eine sozialstaatlich eingebundene Marktordnung forderte.

Es greift mit Sicherheit zu kurz, die Erklärung für solche Differenzen allein im Generationenunterschied suchen zu wollen, der die jüngeren Kreisauer von den älteren Nationalkonservativen trennte, oder auch im Vorsprung an praktisch-politischer Erfahrung, den die Goerdeler-Gruppe gegenüber den Kreisauern hatte. Ger van Roon, dem wir das Standardwerk über den Kreisauer Kreis verdanken, stellt mit Recht fest, daß die demographischen Unterschiede eigentlich gar nicht sonderlich ausgeprägt waren, und daß in den Jahren des Krieges und der Konspiration alle Widerstandskämpfer letztlich Theoretiker blieben.(2) Eugen Gerstenmaier zufolge, der zu den wenigen überlebenden Mitgliedern des Kreisauer Kreises zählte, war das Lebensalter insofern von Bedeutung für die Staatsvorstellung, als für die jüngeren Kreisauer der Zusammenbruch des Weimarer Parlamentarismus das prägende politische Ereignis gewesen war, wohin sie unter keinen Umständen zurückwollten.(3) Günter Schmölders, der als Wirtschafts- berater der Kreisauer fungierte und die Wirtschaftskonzeption des Kreises entscheidend beeinflußte, verweist darauf, daß der Goerde- ler-Kreis - weil er keine Notwendigkeit zur weiteren Klärung der Grundlagen von Staat und Wirtschaft sah, sich verstärkt mit Fragen der materialen Politik nach dem Kriege befassen konnte, während sich die Kreisauer "(...) von vornherein um die großen theoretischen Grundfragen und Grundlagen des öffentlichen Lebens nach einer Wiederherstellung des Rechtsstaates in Deutschland"(4) bemühten. Gerade auch auf wirtschaftlichem Gebiet wollten sich die Kreisauer weniger mit dem Übergang von der Kriegs- auf die Friedenswirtschaft, mehr mit der zukünftigen Dauerordnung befassen.

4.1 Der Kreisauer Kreis als Gruppe der deutschen Widerstandsbewegung

Das Interesse an ökonomischen Grundsatzfragen teilten fast alle Mit- glieder des Kreisauer Kreises. Die meisten der 19 von Roon zum Kreis gezählten Personen - wobei bei manchen die Intensität der Mitarbeit und, mangels einer formalen Mitgliedschaft, in Einzelfällen auch die Zugehörigkeit umstritten ist - waren beruflich oder von ihrer Aus- bildung her mit volkswirtschaftlichen Problemstellungen befaßt. (5) Eindeutig benennen lassen sich jedenfalls die Namen derer, die We- sentliches zur Formulierung des sozio-ökonomischen Programms bei- getragen haben: Helmuth James Graf von Moltke, Peter Graf Yorck von Wartenburg, Horst von Einsiedel, Carl Dietrich von Trotha, Carlo Mierendorff und Günter Schmölders. Moltke und Yorck waren die Grün- der und Initiatoren des Kreises, Mierendorff gehörte als Vertreter des sozialistischen Flügels zur Kerngruppe. Einsiedel, Trotha und Schmölders verfaßten als Wirtschaftsexperten die Denkschriften, die für die ökonomische Willensbildung des Kreises grundlegende Bedeu- tung hatten.

Die Grafen Moltke und Yorck waren beide Nachfahren von Generalfeld- marschällen gleichen Namens, Gutsherren in Schlesien und Juristen. (6) Seit Kriegsbeginn arbeitete Moltke, der zuvor als Rechtsanwalt und Gutsverwalter tätig gewesen war, im Amt 'Ausland-Abwehr' des Oberkommandos der Wehrmacht (OKW), das von Admiral Canaris geleitet und zu einer der Keimzellen der späteren Widerstandsbewegung wurde. In diesem Amt war Moltke zuständig für die gutachterliche Bearbei- tung völkerrechtlicher Fragen, insbesondere zur Handhabung des Kriegsführungsrecht und zur Behandlung von Kriegsgefangenen.(7)

Yorck, der zunächst in die Provinzialverwaltung Schlesiens eingetreten war, folgte 1937 der Berufung seines Verwaltungspräsidenten Wagner zum Reichspreiskommissar und Nachfolger Goerdelers. Als Leiter des dortigen Grundsatzreferats war er unter anderem mit der Ausarbeitung der 'Kriegswirtschaftsverordnung' von 1939 befaßt und hatte ganz allgemein einen Posten, der "(...) ihn die Nachteile der nationalsozialistischen Zwangswirtschaft erkennen"(8) ließ. Der Volkswirt Carlo Mierendorff trat in die SPD ein, war dort von 1926-28 Sekretär der Reichstagsfraktion und ab 1930 Reichstagsabgeordneter.(9) Zwischenzeitlich hatte ihn Wilhelm Leuschner, der damalige hessische Innenminster, zu seinem Pressesprecher gemacht. Obwohl von 1933-38 in verschiedenen Konzentrationslagern inhaftiert, nahm Mierendorff nach seiner Entlassung umgehend wieder Kontakte zur Opposition auf. Sein vorzeitiger Tod bei einem Bombenangriff führte zu einer wesentlichen Verschlechterung der Beziehungen zwischen dem Kreisauer Kreis und der Gewerkschaftsbewegung.

Der Jurist und Volkswirt Horst von Einsiedel, beruflich zunächst im Statistischen Reichsamt und später in der Reichsstelle für Chemie tätig, war von Moltke frühzeitig, schon in der Vorbereitungsphase des Kreisauer Kreises als Sachverständiger für Wirtschaftsfragen hinzugezogen worden. Zusammen mit Carl Dietrich von Trotha, der ebenfalls Jurist und Volkswirt war und an verschiedenen Stellen der Wirtschaftsverwaltung des 'Dritten Reiches' Einblick in den Alltag der Wirtschaftspolitik gewonnen hatte, gehörte Einsiedel zu den Aktivisten der Jugendbewegung in der Weimarer Republik. Beide zählten zu den Begründern der 'Löwenberger Arbeitslager', in denen junge Leute jeglicher beruflicher und gesellschaftlicher Provenienz mit oft hochrangigen Experten über Fragen von Wirtschaft und Staat diskutierten - nach Roon 'eine Art Vorphase der späteren Kreisauer Arbeit'.(10) Günther Schmölders schließlich war seit 1931 Professor für wirtschaftliche Staatswissenschaften an der Universität Breslau. Als Leiter der Untergruppe 'Preis' in der Gruppe Wirtschaftswissenschaft der 'Akademie für Deutsches Recht' stand er nicht nur in engem Kontakt mit deren Leiter Jens Jessen, sondern auch mit führenden Nationalökonomen des Freiburger Kreises.(11) Weil Schmölders als Gutachter die Wirtschaftskonzeption des Kreisauer Kreises entscheidend mitbeeinflußt hat, verdient er aus der besonderen Perspektive dieser Untersuchung heraus zum Kern der Widerstandsgruppe gerechnet zu werden, auch wenn er an der Konspiration im klassischen Sinne nicht beteiligt war.

Von Konspiration gegen das NS-Regime, von aktiver Beteiligung an der Planung von Staatsstreich und Attentat, war lange Zeit nicht die Rede, wenn es um die Mitarbeit des Kreisauer Kreises in der deutschen Widerstandsbewegung ging. Das prozessuale Argument: der

Kreisauer Kreis 'habe nur gedacht' (12), das Moltke vor dem Volksgerichtshof als Schutzbehauptung gegenüber dem Vorwurf des Hochverra-
tes gebraucht hatte, trug viel zu dem Mißverständnis bei, die Aktivitäten der Kreisauer hätten sich allein auf die Konzeptionsarbeit
beschränkt. Tatsächlich standen die Mitglieder des Kreises im engen
Kontakt zu den anderen Widerstandsgruppen, und einige von ihnen
waren zudem führend an der Staatsstreichplanung der Militäropposition beteiligt. Auch wenn man sich nicht darüber einigen konnte, ob
das Attentat auf Hitler legitim und politisch sinnvoll war (zu den
moralischen Bedenken kam die Angst vor einer neuen 'Dolchstoß-
Legende'),(13) auch wenn man die eigene Aufgabe darin sah, die geistigen Grundlagen des zukünftigen Staates zu schaffen - gleichsam
als Symbol für die Einbindung in den Widerstand befanden sich am
20. Juli 1944 mit Yorck und Gerstenmaier auch zwei Kreisauer in der
Kommandozentrale von Beck und Stauffenberg. Besonders der sozialistische Flügel des Kreises war nach den Worten Gerstenmaiers "(...)
immer und jederzeit vor allem an der Beseitigung Hitlers interes-
siert".(14)

Immerhin war an Moltkes Schutzbehauptung richtig, daß keine andere
Gruppe der aktiven Widerstandsbewegung - sieht man vom Wirken Goerdelers ab, dessen Denkschriften allerdings mehr die praktische Politik betrafen - derart viel Konzeptionsarbeit geleistet hat wie der
Kreisauer Kreis. Schon in seiner Vorgeschichte findet sich die Auseinandersetzung mit Staat und Wirtschaft. Die 'Löwenberger Arbeitskreise' wurden bereits erwähnt, und auch Yorck hatte in Berlin einen
Gesprächskreis geschaffen, um eine neue Reichsverfassung zu disku-
tieren. Der Gründungsimpuls für den Kreisauer Kreis datiert vom Juli
1940, als Moltke und Yorck erstmals ihre Gedanken zum deutschen
Staat unter und nach Hitler austauschten. Zwei Sätze aus dem an-
schließenden Briefwechsel stehen für die wesentlichen Aspekte.
Moltke schrieb an Yorck: "Die letzte Bestimmung des Staates ist es
(...), der Hüter der Freiheit des Einzelmenschen zu sein"; und Yorck
antwortete: "Ich wollte (...) die Freiheit für sich selbst umwerten
zu der Freiheit für die Anderen, die nach meinem Dafürhalten nur die
Grundlage staatlichen Lebens sein kann."(15) Beide Feststellungen
dokumentieren nicht nur die fundamentale Kritik am NS-Staat, sie
waren in der kombinierten Betonung der Rechte von Individuum und
Kollektiv auch Programm für den Kreisauer Kreis.

Im August 1940 fand diese Vorphase ihren Abschluß mit dem ersten Gespräch über den Aufbau des Kreises, zu dem Moltke auf sein Gut
Kreisau geladen hatte und an dem auch Yorck und Einsiedel teilnah-
men.(16) Von nun an wurde das Kontaktnetz konsequent ausgebaut. Bis
Ende 1941 waren Repräsentanten der Sozialisten, der Gewerkschaften,
der katholischen und der evangelischen Kirche im Kreisauer Kreis

engagiert - also Vertreter aller Strömungen der Widerstandsbewegung, mit Ausnahme der Nationalkonservativen und der Wehrmacht. Die Breite der konspirativen Beziehungen verlangte nach einer besonderen Organisationsform. Die Mitglieder wurden Fachkreisen zugeteilt, ohne von anderen Arbeitsgruppen zu wissen, weder von den dort tätigen Personen noch von den Inhalten. Um den einzelnen Arbeitskreis herum gruppierten sich einige Fachexperten, die wiederum nur ausgewählte Mitglieder der Arbeitskreise kannten. Allein Moltke und Yorck - die selbst nicht von allen Inhalten der Arbeit in den Untergruppen Kenntnis hatten - waren über die Verästelung des Kreises informiert und dienten als Koordinationsstelle.

Der programmatischen Abstimmung galten die drei großen Treffen, zu denen Vertreter verschiedener Arbeitskreise auf Moltkes Gut Kreisau in den Jahren 1942/43 zusammen kamen, und die, nebenbei bemerkt, später des Reichsicherheitshauptamt der SS in seinen Untersuchungen zum 20. Juli 1944 veranlaßten, die Widerstandsgruppe um Moltke und Yorck 'Kreisauer Kreis' zu nennen.(17) Der kooperative Führungsstil und der dezentrale Aufbau hatten ihre Wurzel nicht allein in der konspirativen Zielsetzung, auch wenn die Geheimhaltung, im Gegensatz etwa zu den Aktivitäten eines Carl Goerdeler, als Handlungsanweisung strikt befolgt wurde. Die Organisation entsprach auch dem Prozeß der Entscheidungsfindung, den sich die Kreisauer für Staat und Wirtschaft vorstellten: Beschlußfassung zunächst in kleinen, dann in größeren Gemeinschaften, Willensbildung von 'unten'. Für Gerstenmaier war es "(...) die Führung eines Teams, das aus selbständigen Köpfen bestand, von denen jeder wußte, was er wollte (...). Es gab nicht einmal Mehrheitsbeschlüsse, sondern nur freie Übereinkünfte. Was dabei herauskam, war nicht perfekt, es schuf jedoch eine breite Basis für alle."(18)

Arbeitskreise wurden zu den Themen Staat, Kultur, Wirtschaft, Sozialpolitik, Agrarwirtschaft und Außenpolitik eingerichtet.(19) Die Planungen zur Wirtschaftsordnung stammen im wesentlichen aus dem Arbeitskreis Wirtschaft, der mit seinen Mitgliedern Einsiedel und Trotha als Keimzelle des ganzen Kreises gelten darf und immer ein Schwerpunkt des 'Moltke-Flügels' blieb. Parallel zu seinem Briefwechsel mit Yorck über die Grundlagen des Staates korrespondierte Moltke schon im Juni 1940 mit Einsiedel über die Organisation und Planung der Volkswirtschaft. Im Mittelpunkt stand schon die Frage nach der Verteilungsgerechtigkeit, die fast alle späteren Ausarbeitungen zur Wirtschaft wie ein roter Faden durchziehen sollte. Über Yorck gelang zu Beginn des Jahres 1941 der Kontakt zum Bankier Abs, der dem Kreis als Währungsexperte diente, dessen Mitarbeit aus heutiger Sicht aber schwer einzuschätzen ist, weil die überlieferten Dokumente zur geplanten Geld- und Währungspolitik nur wenig aussagen.(20) Im Jahresverlauf stießen dann die Sozialisten hinzu, zunächst Mierendorff und über ihn Leber und andere.

Im Mai 1942 kam es dann, wiederum auf Vermittlung von Mierendorff, zum Treffen zwischen Moltke und Leuschner, der an der Sammlung der künftigen Einheitsgewerkschaft arbeitete. Weil die Kreisauer an deren Stelle Betriebsgewerkschaften forderten, blieben die programmatischen Positionen unversöhnlich. Leuschner hielt dennoch den Kontakt aufrecht; sein Mitarbeiter Hermann Maass wurde zum ständigen Teilnehmer an der Wirtschaftsordnungsdebatte. Nach dem Tod Mierendorffs, der zwischen der Kreisauer und der gewerkschaftlichen Position vermittelt hatte, wohl auch mit fortschreitender Ausarbeitung der Kreisauer Konzeption vom Sommer 1942 bis zur Mitte 1943, brachen die Divergenzen erneut auf. Als Verbindungsmann zu den Gewerkschaften trat nun Leber auf, ohne daß er allerdings noch wesentlichen Einfluß auf das Kreisauer Programm gehabt hätte.(21)

Die programmatische Phase in der Kreisauer Wirtschaftsdebatte begann im Sommer des Jahres 1941, als sich Moltke und Yorck erstmals mit Schmölders trafen, der zum wichtigsten Wirtschaftsfachmann des Kreises werden sollte. Auch im Juli und August 1942 fanden Tagungen des Arbeitskreises Wirtschaft statt. Die entscheidende Abstimmung geschah allerdings im Verlauf zweier der drei großen Kreisauer Treffen. Ging es auf dem ersten vom 22.-25. Mai 1942 noch um kirchen- und kulturpolitische Fragen, so befaßte sich die zweite Runde vom 16.-18.10.1942 mit den Grundlagen der Wirtschaftsordnung und der Staatsverfassung. Die dritte Tagung vom 12.-14. Juni 1943 führte die Diskussion über den Wirtschaftsaufbau im Binnenbereich fort und ergänzte dies, parallel zu ihrem zweiten Schwerpunktthema Außenpolitik, um die Thematik der Außenwirtschaft.(22) Das Ergebnis dieser Besprechungen wurde in den wenigen überlieferten Kreisauer Dokumenten festgehalten. Für die Wirtschaftskonzeption sind von diesen die Protokolle über den Staatsaufbau und die Wirtschaft der 2. Kreisauer Tagung vom 18.10.1942, die 'Fragestellung zur Wirtschaftspolitik in ihrer Beziehung der Außenpolitik' vom 14.6.1943, die 'Grundsätze für die Neuordnung' und die 'Erste Weisung an die Landesverweser' vom 9.8.1943 von Bedeutung.(23) Diese Dokumente - zu denen noch die Gutachten der Wirtschaftsexperten Einsiedel, Trotha und Schmölders kommen (24) - hatten einen unterschiedlichen Stellenwert. Die beiden Protokolle der zweiten Tagung vom Oktober 1942 und die 'Fragestellungen' dienten als Vorlage für die dritte Tagung, in deren Verlauf die 'Grundsätze' erarbeitet wurden. Diese wiederum, die das inhaltliche Programm der Kreisauer zusammenfaßten, waren als Anlage zur 'Weisung an die Landesverweser' gedacht, in der die organisatorischen Maßnahmen der Übergangsregierung nach dem Staatsstreich aufgeführt waren.(25)

Trotz dieser Überlieferung ist die Quellenlage nicht befriedigend. Dies liegt zum einen am konspirativen Charakter des Kreises: Viel Material wurde vernichtet, und eine eindeutige Urheberschaft ist bei den einzelnen Dokumenten heute nicht mehr exakt festzustellen. Zum anderen bleibt der Status der Dokumente letztlich ungeklärt, wenn es um ihre Verbindlichkeit für das Handeln im Falle einer Machtübernahme geht. Während eines der überlebenden Mitglieder des Kreisauer Kreises, Theodor Steltzer, sie "nicht (...) als das politische Programm einer revolutionären Bewegung, sondern als Grundlage zur politischen Sammlung nach dem Zusammenbruch" ansah, bestand Eugen Gerstenmaier auf ihrer programmatischen Verbindlichkeit und wollte die Prüfung der geschichtlichen Wirksamkeit von Kreisauer Ideen an den Grundsatzerklärungen von 1943 festmachen.(26)

Auch das Reichssicherheitshauptamt und sein Sicherheitsdienst (SD) waren - wie ihre Untersuchungsberichte zeigen - nach dem Attentat des 20. Juli 1944 nicht davon überzeugt, daß es sich bei der Kreisauer Programmarbeit um unverbindliche Gespräche gehandelt hat. Allerdings dauerte es nach dem versuchten Staatsstreich noch über einen Monat, bis man dem Kreis auf die Spur kam. Moltke war dabei bereits seit Januar 1944 in Haft. Der SD hatte die Verbindung zum sogenannten 'Solf-Kreis', einer gegenüber dem Nationalsozialismus kritisch eingestellten Gesprächsgruppe, zum Anlaß für die Verhaftung genommen.(27) Tatsächlich ging es aber nicht um diese Bagatelle, sondern um einen Schlag gegen die Abwehr des OKW unter Canaris. Moltkes dortige Gutachtertätigkeit, bei der er immer wieder Verletzungen des Kriegsführungsrechtes auf deutscher Seite anprangerte, wurde vom SD schon seit längerer Zeit als 'zersetzend' angesehen.(28)

Auch ein zweiter Schlag gegen den Kreisauer Kreis war dem SD bereits gelungen, ohne daß man von dieser Widerstandsgruppe wußte. Ende Januar 1944 waren die Mitglieder Julius Leber und Adolf Reichwein verhaftet worden; nach einem Treffen mit Vertretern der kommunistischen Untergrundbewegung hatte sich einer der Kontaktmänner als Spion entpuppt.(29) Diese Ereignisse dürften in der Endphase der Widerstandsbewegung die Bereitschaft der Kreisauer verstärkt haben, nun unter Führung von Yorck enger mit der Militäropposition zu kooperieren. Nach dem Scheitern des Staatsstreichs wurden denn auch fast alle Mitglieder des Kreises verhaftet. Schon im ersten Hauptprozeß des Volksgerichtshofes gegen die Widerstandsbewegung am 7. und 8. August 1944 erhielt Yorck das Todesurteil, am 20. Oktober folgten ihm u. a. Leber, Reichwein und Maass. Am 9. und 10. Januar 1945 fand dann der Prozeß gegen Moltke und andere Kreisauer statt, und am 23. Januar wurde Moltke hingerichtet.(30)

4.2 Die Grundlagen von Staat und Wirtschaft

Das Wirtschaftsordnungskonzept des Kreisauer Kreises entstammte einem umfassenden, auf dem Christentum gründenden Bild von Staat und Gesellschaft, dessen Unvereinbarkeit mit der nationalsozialistischen Ideologie Moltke in der Verhandlung vor dem 'Volksgerichthof', in scharfen Rededuellen mit dem Gerichtspräsidenten Freisler, mehrfach hervorhob. Daß die Religion das Fundament des Staates werden sollte, legten schon die 'Grundsätze für die Neuordnung' dar: "Die Regierung des Deutschen Reiches sieht im Christentum die Grundlage für die sittliche und religiöse Erneuerung unseres Volkes, für die Überwindung von Haß und Lüge, für den Neuaufbau der europäischen Völkergemeinschaft. Der Ausgangspunkt liegt in der verpflichtenden Besinnung des Menschen auf die göttliche Ordnung, die sein inneres und äußeres Dasein trägt. Erst wenn es gelingt, diese Ordnung zum Maßstab der Beziehungen zwischen Menschen und Völkern zu machen, kann die Zerrüttung unserer Zeit überwunden und ein echter Friedenszustand geschaffen werden."(31) An einen auch nur entfernt theokratischen Staat war dabei nicht gedacht; das Christentum sollte vielmehr - in gewolltem Gegensatz zur 'Blut- und Boden-Ideologie' der Nationalsozialisten - die Funktion einer letztgültigen, transzendental legitimierten Ordnung übernehmen. Die Freiheit und Verantwortung, in die das Christentum das Individuum stellt, war der Leitgedanke, den die Religion für die Kreisauer Staats- und dann auch für die Wirtschaftsordnung abgab. Das Verhältnis des einzelnen Bürgers zu seinem Staat sollte einerseits frei sein von der 'Vermassung' nationalsozialistischer Prägung, andererseits getragen sein von der Verantwortung eines jeden für das Kollektiv.

Für Helmuth von Moltke bot das Kriegsende eine in der Geschichte seltene Chance zur grundlegenden 'Neugestaltung der Welt' ,(32) mithin auch zum Wandel der bürgerlichen Zusammenlebens. Zur Überwindung des Nationalsozialismus gehörte deswegen für die Kreisauer ein weitgefächertes Bildungs- und Erziehungsprogramm,(33) und sie legten besonderes Gewicht auf die Förderung der politischen Partizipation im neuen Staat. "Die persönliche politische Verantwortung eines jeden erfordert seine mitbestimmende Beteiligung an der neu zu belebenden Selbstverwaltung der kleinen und überschaubaren Gemeinschaften"(34), hieß es in den 'Grundsätzen'. Mit dem Begriff der 'kleinen Gemeinschaften' , von dem sich keine genauere Klärung findet als "Räume, die für den einzelnen überschaubar bleiben"(35), beschrieben die Kreisauer die elementare soziale Einheit in ihrem Gesellschaftsentwurf. Ob in Politik, Wirtschaft, Kultur oder anderen gesellschaftlichen Bereichen, stets war man davon überzeugt, daß nur kleine Gruppen dem Individuum genügend soziale Anreize zu aktiver Beteiligung bieten und gleichzeitig die soziale Kontrolle der Führung erlauben. Idealtypisch sollte sich die Gesellschaft aus einer 'möglichst großen Zahl möglichst kleiner Gemeinschaften' (36) zusammensetzen.

Die Übertragung dieses Prinzips in die Verfassung des neuen Staates verfolgte das Ziel, nicht nur das 'Dritte Reich', sondern auch die Weimarer Demokratie mit ihrer in den Augen der Kreisauer mangelhaften Handlungsfähigkeit zu überwinden. Die Selbstverwaltung der Kommunen und Kreise als den 'überschaubaren' politischen Einheiten, in denen der Bürger aktiv mitzubestimmen hatte, sowohl über Wahlen wie über die Wahrnehmung von Ehrenämtern, bildete den Grundstock. Ab der Landesebene sollte es keine direkte Wahl mehr geben: Die Landtage wären von den Stadt- bzw. Kreisparlamenten gewählt worden und hätten dann ihrerseits den Reichstag bestimmt. Auch die anderen Verfassungsformalia - deren Erwähnung hier den Rahmen sprengen würde (37) - weisen darauf hin, daß die Kreisauer streng auf die Überschaubarkeit des politischen Entscheidungsraumes achteten. Das Vorhaben, mittels abgestufter Selbstverwaltung und indirekter Repräsentation einen demokratischen Staatsaufbau zu garantieren, anstatt dem Volk über jede föderative Stufe die direkte Kontrolle zu belassen, erforderte eine verantwortungsbewußte politische Elite, die dem Verfassungsideal einer 'Leistungsaristokratie' entsprach.(38) Drei Grundsätze kennzeichnen also den Kreisauer Verfassungsentwurf: die Machtbalance zwischen den Entscheidungsgremien, die Subsidiarität in der Entscheidungsfindung und das Leistungsprinzip als Verteilungsmechanismus für individuelle Partizipationschancen.

Diese drei Prinzipien Machtbalance, Subsidiarität und Leistung waren auch die Fundamente der Kreisauer Wirtschaftskonzeption. Daß Entscheidungsprozesse in Politik und Wirtschaft nach vergleichbaren Grundsätzen ablaufen sollten, hatte Moltke schon vor der Kreisauer Zeit festgehalten: "Der Staat ist der unbeschränkte Herr der Wirtschaft",(39) hieß die Grundthese seiner Denkschrift 'Über die Grundlagen der Staatslehre' vom Oktober 1940. Die dienende Funktion blieb der Wirtschaft bis zuletzt: "Die Wirtschaft dient der Gemeinschaft und dem Einzelnen",(40) lautete die Zweckbestimmung in der Abschlußerklärung der 2. Kreisauer Tagung vom Oktober 1942, und nach den 'Grundsätzen' vom August 1943 sollte die Wirtschaftsführung eine 'gesunde und dauerhafte Lebensordnung' gewährleisten.(41) Auch Einsiedel und Trotha hatten 1942 in ihrer Denkschrift 'Die Gestaltungsaufgaben in der Wirtschaft' der Wirtschaft den 'Menschen' als Ziel aller Handlungen vorgegeben. Zum einen sahen sie in ihr ein 'Mittel, um das äußere Leben des Menschen zu gestalten', zum anderen ein Instrument 'auch zur Sinngebung unseres Lebens'.(42) Der Primat der Politik war aus ihrer Sicht in erster Linie die Pflicht des Staates, Verteilungsgerechtigkeit zu schaffen und Arbeit zu garantieren. Ordnungspolitische Entscheidungen, von der grundsätzlichen zwischen kapitalistischer und sozialistischer Orientierung über solche der Wirtschaftslenkung und Wettbewerbspolitik bis hin zu Einzelmaßnahmen in den materialen Bereichen der Wirtschaftspolitik, mußten unter dem

Gesichtspunkt ihrer Auswirkungen auf die Leistungsfähigkeit der Volkswirtschaft geprüft werden. Der eine Aspekt dabei sollte die Versorgung der Bevölkerung mit Gütern des täglichen Bedarfs sein, der andere die Freiheit zur Selbstentfaltung, die jede Einzelmaßnahme und die ganze Wirtschaftsordnung dem wirtschaftenden Individuum zusätzlich bot oder beschnitt.(43)

Wie jede damalige Wirtschaftskonzeption, so ist auch die der Kreisauer nur vor dem Hintergrund der Krisenzeit und der Arbeitslosigkeit der beginnenden 30er Jahre zu verstehen. Anders aber als dies beispielsweise Carl Goerdeler getan hatte, ging man in Kreisau grundsätzlich von einer sozialstaatlichen Verpflichtung aus, auch unter dem Einfluß der Rooseveltschen New-Deal-Politik, die Einsiedel in den USA studiert hatte.(44) Die Sozialverpflichtung der Wirtschaft beschränkte sich nicht allein auf den Aspekt der Versorgung; auch die - modern gesprochen - externen Effekte privatwirtschaftlichen Handelns wurden deutlich gesehen: "Der Staat muß (...) auch die Veränderung der im einzelnen nicht berechenbaren volkswirtschaftlichen Werte berücksichtigen. Ein Verschleiß der Volkskraft durch Arbeitslosigkeit (...) und ähnliche Gefahren müssen durch den Staat ohne Rücksicht auf die Kostenlage verhindert werden. Aber auch dann wird häufig die gegenwärtige Beschränkung der Leistungsfähigkeit der Volkswirtschaft geringer sein als der Vorteil der Sicherung zukünftiger Leistungsmöglichkeit",(45) schrieben dazu Einsiedel und Trotha. Die Kreisauer Wirtschaftsordnung garantierte deswegen uneingeschränkt das Recht auf Arbeit und auf ein 'der Menschenwürde angemessenes' Existenzminimum. Gleichsam als Gegenleistung dafür bürdete sie aber dem Wirtschaftssubjekt einen Pflichtenkatalog (insbesondere die Pflicht zur Arbeit) auf und nahm das Recht auf staatliche Wirtschaftslenkung in Anspruch.(46)

4.3 Marktwirtschaftlicher Leistungswettbewerb und staatliche Intervention

Beide Ideen, die der Verpflichtung des Individuums auf bestimmte wirtschaftliche Ziele und die der staatlichen Einflußnahme auf die Wirtschaft, waren in der Zeit des Dritten Reiches für sich genommen nicht gerade revolutionär. Trotzdem unterschied sich das Kreisauer Konzept grundlegend von der nationalsozialistischen Praxis. Die Kreisauer wollten keine Verpflichtung zur widerspruchslosen Einordnung in den anonymen Produktionsapparat, sondern ein 'in die Pflicht nehmen' zur Aktivierung der individuellen Leistungsbereitschaft. Die Beziehung zum Ergebnis der Arbeitsleistung, die nach Ansicht der Kreisauer im Prozeß der zunehmenden Arbeitsteilung verloren gegangen und im Nationalsozialismus zusätzlich denaturiert war, sollte wieder hergestellt werden. In seiner Denkschrift 'Wirtschaft und Wirtschaftsführung in einem Europa-Block nach dem Kriege' von 1942/43 schrieb Schmölders dazu: "(...) das Äquivalent für erbrachte Leistung muß in einem fühlbaren sozialen Aufstieg und zugleich in einer sichtbaren Anerkennung der Persönlichkeit des Leistenden bestehen, die ihm selbst zu innerer Befriedigung gereicht und allen Mitbewerbern erstrebenswert scheint."(47) Korrespondierend zum Gedanken der Leistungselite in der politischen Verfassung sollte also der Wettbewerb in der Wirtschaft dem Leistungsprinzip wieder zur Geltung verhelfen.

Die Leistung war der Verteilungs-, der Wettbewerb der Allokationsmechanismus. Voraussetzung für letzteren wiederum war die Wahlfreiheit der Wirtschaftssubjekte. Die Freiheit der Berufswahl, des Gewerbes und der unternehmerischen Initiative wurden deswegen garantiert als "(...) Bestandteile einer Organisationsform, auf deren Leistungsantrieb die Wirtschaftsführung im Nachkriegsdeutschland unter keinen Umständen verzichten kann".(48) Schrankenlos hätte dieser Wettbewerb aber in keinem Fall sein dürfen; die Kreisauer verlangten - getreu ihrem Menschenbild vom sozialverpflichteten Individuum - nicht nur 'Ehrlichkeit und Sauberkeit in der Wirtschaftsführung, Vertrags- und Arbeitstreue im Rahmen der abgeschlossenen Verträge', (49) sondern auch die Übernahme der Verantwortung für das eigene wirtschaftliche Handeln. Die Verantwortung blieb nicht auf rechtliche Dimensionen beschränkt, sondern erstreckte sich letztlich bis auf die Konsequenzen des eigenen Handelns für die Entwicklung der gesamten Volkswirtschaft. Die Kreisauer forderten die 'richtige' Wirtschaftsgesinnung: "(...) nicht 'Gemeinnutz' oder 'Eigennutz', sondern die über den materialistischen Nutzenvorstellungen gelegene Schicht der Persönlichkeit und des sozialen Bewußtseins gilt es zu stärken und als Urgrund des Leistungswillens nach Kräften zu entwickeln."(50) Gerade auch die Faktorallokation mußte im Interesse einer optimierten volkswirtschaftlichen Leistung verantwortungsvoll geschehen: "(...) 'Produktivität' kann nicht schlechthin in jeder Substanzvermehrung oder Dienstleistung als solcher erblickt werden, sondern nur in der volkswirtschaftlich sinnvollen Leistung, die knappen Produktivkräfte möglichst rationell für die Deckung des (...) Bedarfs einzusetzen."(51)

Wie die gesamte Volkswirtschaft, so wurden auch die einzelnen Betriebe als Gemeinschaft angesehen. Im Kreisauer Verständnis der Unternehmen als 'Wirtschaftsgemeinschaft' gab es weder einen Klassengegensatz noch eine quasi automatische Interessenidentität zwischen den Arbeitgebern und -nehmern; in beiden Lagern standen ihrer Verantwortung bewußte Individuen, die zum Wohle des ganzen Unternehmens handelten und zu einem beiderseits befriedigenden Interessenausgleich fanden. Als Institution dieser betrieblichen Wirtschaftsgemeinschaft erdachten die Kreisauer die sogenannte 'Betriebsgewerkschaft', in der Eigentümer wie Belegschaft organisiert waren und die das Unternehmen gemeinschaftlich führen sollte. Jeder Betriebsangehörige sollte sein Informations- und Mitbestimmungsrecht haben, und auch der 'Anteil der Belegschaft an Gewinn und Wertzuwachs des Betriebes' war programmatisch unbestritten.(52) Belegschaftsvertreter und Betriebsleitung sollten darüberhinaus paritätisch in der geplanten Selbstverwaltung der Wirtschaft vertreten sein. Jeder Betriebsangehörige war zu den Wirtschaftskammern wahlberechtigt und hatte gemäß dem Modell der gemeinsamen Verantwortung je einen Vertreter der Unternehmer und der Belegschaft zu wählen.(53)

Der organisatorische Aufbau der wirtschaftlichen Selbstverwaltung - der weitgehend dem föderalen Staatswesen folgte - wurde bewußt im Gegensatz zum 'gleichgeschalteten' zentralistischen Verbandswesen des Nationalsozialismus gehalten. Wichtige Kompetenzen, wie die Regelung der beruflichen Bildung oder die Kontrolle der betrieblichen Mitbestimmungs- und Beteiligungsvereinbarungen, standen den Kammern auf regionaler Ebene zu; allein die Reichswirtschaftskammer hätte nur eine beratende Funktion für die Wirtschaftspolitik ausgeübt. Weil die Mitbestimmung der Arbeitnehmer auch die überbetriebliche Ebene erreicht hätte, hielten die Kreisauer schließlich eine nationale Einheitsgewerkschaft, wie sie Leuschner wollte, für überflüssig. Der 'Deutschen Gewerkschaft' des Goerdeler-Kreises maßen sie nur eine Übergangsrolle zu bis zur Realisierung der Betriebsgewerkschaften. Im Anschluß daran sollte sie aufgelöst oder in ihrer Struktur dem Staats- und Wirtschaftsaufbau angepaßt, wohl in eine Föderation der Betriebsgewerkschaften umgewandelt werden.(54) Für diese Konsequenz ihres personalistischen und harmonisierenden Denkens nahmen die Kreisauer sogar das Scheitern der Koalition mit dem gewerkschaftlichen Widerstand um Leuschner in Kauf. Wichtiger war das Prinzip der Machtbalance, das keine Machtzentren duldete, und das der Subsidiarität, das die Beteiligung der Betroffenen an den Entscheidungen verlangte.

Die konsequente Wiederherstellung der Leistungsauslese und der Leistungsanreize, ohne die das personalistische Konzept zum Scheitern verurteilt war, erforderte entsprechende Normen auf der makroökonomischen Ebene. Wie schon bei der Regelung der politischen Demokratie, so standen die Kreisauer auch bei der Wirtschaft zwischen den Erfahrungen aus dem Nationalsozialismus und der Weimarer Republik. Die weitgehend zentralverwaltete NS-Zwangswirtschaft, insbesondere mit ihrem seit 1936 aufgeblähten planwirtschaftlichen Apparat, widersprach dem auf wirtschaftlicher Wahlfreiheit beruhenden Teil der Konzeption ebenso wie sie das Gegenteil der Machtnivellierung war, die den Kreisauern vorschwebte. Für die wachsende Wirtschafts-konzentration, den sich selbst einschränkenden Wettbewerb und die zunehmende Macht der Kartelle, die sich noch in der Weimarer Zeit gezeigt hatte, galt im Grundsatz das gleiche.

Dennoch war der Wettbewerb als bestmögliches Allokationsinstrument auch auf volkswirtschaftlicher Ebene unumstritten. Für Einsiedel und Trotha bestand sein wesentlicher Vorteil darin, "(...) daß sich mehrere Menschen unabhängig (...) Gedanken machen, wie eine bestimm-te Tätigkeit so zweckmäßig wie möglich einzurichten oder neu zu ge-stalten ist."(55) Schmölders hob seine Fähigkeit hervor, "(...) in Gestalt der freien Preisbildung jeweils die Bestleistung zu prämiie-ren und umgekehrt alle Fehlinvestitionen unmittelbar zu bestrafen." (56) Weil planwirtschaftliche Maßnahmen beim Ausgleich von Angebot und Nachfrage nicht die Effizienz der dezentralen Wirtschaftssteue-rung erreichten, sahen es die Kreisauer als die erste Aufgabe der Wirtschaftspolitik an, den Wettbewerb als Organisationsform der Volkswirtschaft zu garantieren.

Allerdings, es galt auch die in der Weimarer Zeit erwiesenen Mängel der Marktwirtschaft zu beseitigen. Nach Einsiedel und Trotha war es "(...) falsch, anzunehmen, daß ein Maximum wirtschaftlichen Wettbe-werbs nur bei einem Minimum staatlicher Interventionen erreicht werden kann".(57) Die Bekämpfung von Marktmacht, die Anfälligkeit der Marktwirtschaft für Konjunktur- und Strukturkrisen, die Neigung der Wettbewerbswirtschaft zur Einschränkung es freien Wettbewerbs, 'ungerechtfertigte' Bereicherung einzelner durch Ausnutzung von Marktunvollkommenheiten oder durch Spekulation, 'fehlgeleiteter' Be-darf - all dies galt als Ansatzpunkt, um korrigierend in den Markt einzugreifen. Die Wirtschaftslenkung war dort berechtigt, wo sie zur Steigerung der volkswirtschaftlichen Leistungsfähigkeit beitragen konnte, und dies war nach Meinung der Kreisauer Wirtschaftsexperten, die in einem hohen Maß von der Steuerbarkeit der Wirtschaftsabläufe überzeugt waren, häufig der Fall. Die Wirtschaftslenkung durfte da-bei die Eigeninitiative der Wirtschaftssubjekte nicht bremsen, son-dern sollte sie zusätzlich fördern. Inhaltlich ging es im wesent-lichen um die Sicherung der Vollbeschäftigung und um die Beeinflus-sung der wirtschaftlichen Entwicklung in Richtung auf eine 'gesunde und dauerhafte Lebensordnung',(58) womit wohl nicht nur ökonomische Stabilität, sondern auch die Umsetzung des Kreisauer Weltbildes ge-meint war.

Staatliche Selbstbeschränkung bei Lenkungseingriffen in den Markt war dazu nicht angebracht. Zum einen sollte der Staat mit einer Variation seiner Einnahmen- und Ausgabenpolitik, mit lohn-, preis-, zins- und zollpolitischen Maßnahmen die wirtschaftlichen Rahmenbedingungen beeinflussen, innerhalb derer dann die Wirtschaftssubjekte frei disponieren konnten. Die vorgeschlagenen Maßnahmen erinnern durchaus an das moderne keynesianische Instrumentarium der Konjunkturpolitik.(59) Zum anderen sollten ganze Sektoren der Volkswirtschaft dem Wettbewerb entzogen und nach Kriterien der Bedarfsdeckung öffentlich bewirtschaftet werden. Gedacht war einerseits an die Versorgung mit Grundnahrungsmitteln und Wohnungen, andererseits an die infrastrukturellen Schlüsselsektoren wie die Verkehrswirtschaft, die Energieversorgung und die Grundstoffindustrie. Dieser öffentliche Sektor der Volkswirtschaft hatte auch die Rolle eines beschäftigungspolitischen Auffangbeckens für sonst Arbeitslose zu übernehmen, vor allem zur Linderung der nach Kriegsende erwarteten Massenarbeitslosigkeit. In diesem Sinne wurde ihm für die Übergangszeit von der Kriegs- zur Friedenswirtschaft Priorität eingeräumt; mit zunehmendem Wohlstand und Wirtschaftswachstum sollte dann aber der Anteil der Privatwirtschaft am Sozialpunkt wieder wachsen. Überhaupt waren die Kreisauer bestrebt, in diesem öffentlichen Sektor den Wettbewerb nachzuahmen, dem die Privatwirtschaft unterlag; mit straffer Aufwandskontrolle und Kostenbegrenzung hoffte man auf möglichst hohe Effizienz.(60)

Bei dem unter öffentlicher Verwaltung stehenden Sektor der Volkswirtschaft handelte es sich um eine begrenzte und befristete Fortführung der Kriegswirtschaft, allerdings unter Umsetzung von Forderunden, die Mitglieder des Kreisauer Kreises schon während des 'Dritten Reiches' erhoben hatten, um die Leistungsfähigkeit der Planwirtschaft zu steigern. Insbesondere Yorck, der Leiter des Grundsatzreferates beim Reichspreiskommissar, war bestrebt, "(...) das Wettbewerbsprinzip der staatlichen Preislenkung dienstbar zu machen und die Verhältnisse dergestalt zu ordnen, als ob ein freier Wettbewerb in vollständiger Konkurrenz vorhanden sei."(61) Der Wettbewerb im öffentlichen Sektor konnte, weil die Preiskonkurrenz weitgehend ausgeschaltet war, kein Preis- und Qualitätswettbewerb sein, sondern mußte zu einem Wettbewerb der Produktionsmengen werden. Schmölders begrüßte dies zwar angesichts der für die Nachkriegszeit befürchteten Produktionsengpässe, verband es aber mit dem Hinweis, daß es sich nur um eine vorübergehende Erscheinung bis zur Behebung des Mangels handeln dürfe.(62) Auch wies Schmölders darauf hin, daß dieser Wandel nicht von selbst kommen würde, sondern daß es dazu der aktiven Wettbewerbspolitik des Staates bedürfe. In den 'Grundsätzen' heißt es denn auch zum Thema Wirtschaft: "Die Reichsregierung sieht die Grundlage des Wiederaufbaus der Wirtschaft in einem geordneten Leistungswettbewerb, der sich im Rahmen staatlicher Wirtschaftsführung vollzieht und hinsichtlich seiner Methoden ständiger staatlicher Aufsicht unterliegt."(63)

Und weiter: "Wo die vorhandenen Bindungen und Verflechtungen der Wirtschaft (Monopole, Kartelle, Konzerne) diesen Leistungswettbewerb ausschließen, ist es die Aufgabe der Wirtschaftsführung, die Grundsätze des geordneten Leistungswettbewerbs zur Geltung zu bringen und die Interessen der Gesamtheit zu wahren."(64) In anderen Worten: Wettbewerbsbeschränkungen wurden von den Kreisauern auch im privaten Bereich nicht von vorneherein verurteilt, sondern nur dann, wenn sie einem 'geordneten' Wettbewerb im Wege standen. Geordnet war die Wettbewerbslage, wenn sie den Hauptzielen der Kreisauer Wirtschaftskonzeption diente: Stärkung der individuellen Leistungsbereitschaft, Optimierung der Ressourcenallokation und Förderung der gemeinwirtschaftlichen Orientierung. Monopolzerschlagung und Kartellabbau begrüßte man deswegen nur insoweit, als sie "(...) die 'Freiheit' der 'freien' Wirtschaft, sich selbst zu zerstören, einschränkten".(65) Eine zu hohe Wettbewerbsintensität hätte die Gefahr von unlauterem Wettbewerb gefördert, der im Gegensatz zur Gemeinwohlverpflichtung der Wirtschaft stand. Auch war den Kreisauern bewußt, daß gerade solche Unternehmen, die in die Rolle des Mengenanpassers gedrängt sind, für ein prozyklisches Investitionsverhalten im Konjunkturverlauf anfällig sind. Zuviel Wettbewerb war mithin auch unerwünscht, weil Fehlinvestitionen möglichst vermieden werden sollten. Gegenüber der Marktform des Oligopols schließlich herrschten die größten Bedenken. In diesem 'unechten Wettbewerb' sah man die Nachteile von Monopol und Polypol vereint und gleichzeitig die notwendige Kontrolle erschwert.(66) Monopole sollten deswegen nur insoweit zerschlagen werden, als dies tatsächlich zu einer Vielzahl von Anbietern geführt hätte; einem drohenden Oligopol wurde die Monopolkontrolle vorgezogen.

4.4 Die materiale Wirtschaftspolitik: Nachhilfe für den Markt

Die Gemeinschaftsorientierung fand schließlich in der Kreisauer Wirtschaftskonzeption noch eine besondere Ausprägung. Folgt man den Dokumenten, dann sollten 'Schlüsselbetriebe des Bergbaus, der eisen- und metallschaffenden Industrie, der Grundchemie und der Energiewirtschaft in das Eigentum der öffentlichen Hand übergeführt', d. h. über die öffentliche Bewirtschaftung hinaus auf Dauer verstaatlicht werden.(67) Die Wirtschaftsexperten des Kreises teilten diese Sozialisierungsabsicht nicht; weder Einsiedel und Trotha noch Schmölders sahen sie als notwendigen Bestandteil des 'geordneten Leistungswettbewerbs' an. Sie favorisierten demgegenüber das Konzept der Betriebsgewerkschaften und damit die Mitbestimmung und Ertragsbeteiligung der Arbeitnehmer auf der betrieblichen Ebene.(68) Gerstenmaier bestritt sogar die Verbindlichkeit dieses Programmpunktes für den gesamten Kreisauer Kreis und meinte, daß es sich dabei um eine isolierte Tat des sozialistischen Flügels gehandelt habe. Er begründete dies im wesentlichen mit dem Hinweis auf den Aufruf Mierendorffs zu einer 'Sozialistischen Aktion', einer geplanten überparteilichen Volksbewegung zur Bekämpfung der Hitler-Diktatur. (69) Hier findet sich in der Tat die Forderung nach der "(...) Enteignung der Schlüsselbetriebe der Schwerindustrie zu gunsten des deutschen Volkes als Grundlage der sozialistischen Ordnung der Wirtschaft (...)".(70) Doch datiert dieser Aufruf vom 14.6.1943, während die Kreisauer Verstaatlichungsforderung schon im Abschlußprotokoll des zweiten Treffens vom 18.10.1942 enthalten ist - von der nicht übereinstimmenden Formulierung ganz abgesehen. Die Idee einer überparteilichen Volksbewegung gegen Hitler wurde zudem vom Kreisauer Kreis und von anderen Widerstandsgruppen - wenn auch nicht ohne Vorbehalte - akzeptiert,(71) weswegen wohl auch Mierendorffs Aufruf bei den zentralen Kreisauer Dokumenten verwahrt wurde. Der Sozialisierungsforderung dürfte also insgesamt gesehen die gleiche programmatische Relevanz zugekommen sein wie dem übrigen Kreisauer Wirtschaftskonzept, bei dem es sich ja gerade auch um einen Kompromiß mit Sozialisten handelte.

Sobald sich die Kreisauer Programmatik mit konkreten wirtschaftspolitischen Maßnahmen befaßt, kommt ihre Kompromißbehaftung deutlich zum Ausdruck, das ihr eigene Bemühen "(...) um eine von den Sozialisten wie von den Nichtsozialisten zu akzeptierende neue Formulierung der Wirtschaftspolitik."(72) Die Wettbewerbssteuerung einerseits und die vielen Einwände gegen den Marktmechanismus andererseits führen im wirtschaftspolitischen Maßnahmenkatalog - der sich im übrigen heute nur noch schwer rekonstruieren läßt - zu einer bemerkenswerten Form von Interventionismus. In dessen Zentrum stand die Sicherung der Vollbeschäftigung. Die Massenarbeitslosigkeit zu Beginn der 30er Jahre war für viele Mitglieder des Kreises die prägende ökonomische Erfahrung gewesen, und für die Zeit nach dem Kriegsende befürchtete man eine vergleichbare Lage. Die Kreisauer Wirtschaftsverfassung garantierte dennoch jedem Arbeitswilligen das Recht auf einen Arbeitsplatz und, auf dem Weg über Mindestlöhne, ein angemessenes Existenzminimum. Soziales Elend wäre mit Freiheit nicht vereinbar gewesen, und der Arbeitsplatz galt als unverzichtbar für die Sinngebung des Lebens - beides mußte die Wirtschaftsordnung lösen. Schon deswegen war eine bloße finanzielle Unterstützung der Arbeitslosen, etwa im Rahmen einer Arbeitslosenversicherung, für die Kreisauer unbefriedigend. Vielmehr sollte der öffentlich bewirtschaftete Sektor der Volkswirtschaft arbeitsintensiv produzieren und überproportional Arbeitsplätze schaffen; und wer dort keine Arbeit fand, der konnte in einem Arbeitsdienst mit gemeinnützigen Aufgaben betraut werden. Umgekehrt hätte jeder Arbeitsfähige dort seiner Pflicht zur Arbeit nachkommen müssen.(73)

Auch eine ungebundene Entwicklung der Löhne in der Volkswirtschaft, in Abhängigkeit von Angebot und Nachfrage am Arbeitsmarkt, wollte der Kreisauer Kreis nicht zulassen. Abgesehen von der Mindestlohn-regelung, mit der das Existenzminimum garantiert werden sollte, plante man das Lohnniveau im öffentlich bewirtschafteten Sektor der Volkswirtschaft niedriger zu halten als in der Privatwirtschaft, "(...) um alle leistungsfähigen Kräfte zum Übergang in die unge-sicherte, aber chancenreichere Wettbewerbswirtschaft anzuspornen." (74) Scharfe Kontrollen sollten die öffentlich bewirtschafteten Un-ternehmen dazu anhalten, diesen Kostenvorteil an die Verbraucher weiterzugeben. Dies allerdings hätte es, wie an anderer Stelle des Kreisauer Programms gewünscht, der Privatwirtschaft wohl sehr er-schwert, den Anteil des öffentlichen Sektors am Sozialprodukt im Laufe der Zeit zurückzudrängen.

Generell nahmen die Kreisauer die grundsätzlich gewollte freie Bil-dung der Preise im Wettbewerb in der vorgeschlagenen Politik nicht sonderlich ernst. Dies zeigt beispielsweise die Bedeutung, die sie der staatlichen Preispolitik im Rahmen der Wirtschaftslenkung zu-maßen, und die ziemlich lange Liste von Gütern des Grundbedarfs, deren Preise sie unter versorgungswirtschaftlichen Gesichtspunkten festsetzen wollten.(75) Schmölders und Yorck, der ja Mitarbeiter des Reichspreiskommissars war, standen schon der Preispolitik des NS-Regimes nicht ausgesprochen kritisch gegenüber. Die Preisstopp-Ver-ordnung vom 26. November 1936, die eine Erhöhung der tatsächlich er-zielten Marktpreise verbot, und der §22 der 'Kriegswirtschaftsver-ordnung' vom 4.9.1936, der die Unternehmer anhielt, nicht mehr auto-matisch die festgelegten Höchstpreise, sondern nur mehr 'volkswirt-schaftlich gerechtfertigte' Preise zu verlangen, schienen ihnen nicht nur unter den Vorzeichen des Krieges sinnvoll.(76) Vielmehr entsprach der mit der 'kriegsverpflichteten Preisbildung', so das NS-Schlagwort für diesen §22, einhergehende Zwang für die Unterneh-mer, bei der betriebswirtschaftlichen Preisentscheidung auch ver-sorgungswirtschaftliche Aspekte zu berücksichtigen, in vielen Wirt-schaftsbereichen durchaus den Kreisauer Vorstellungen von einer Volkswirtschaft, die 'der Gemeinschaft und dem Einzelnen' zu dienen hatte.

Der Außenhandel wäre von der freien Preisbildung nahezu völlig aus-genommen worden. Um die Inlandspreise unabhängig von der Preisent-wicklung am Weltmarkt zu halten, plante man ein umfassendes System von Außenhandelskartellen, das mit der Abschöpfung der Differenz von Inlands- zu Weltmarktpreis gleich die Exporte subventionieren soll-te. Alle landwirtschaftlichen Güter, aber auch viele Fertigwaren wollte man diesem, dem Freihandel völlig konträren Prinzip unter-werfen; und um der Binnenwirtschaft - im Sinne des Schutzzoll-Argu-mentes - ein störungsfreies Wachstum zu erlauben, schlug man zusätzlich ein umfangreiches Paket von tarifären und nichttarifären Handelshemmnissen vor. Auch sollte die Außenhandelspolitik im Dienste der allgemeinen Wirtschaftslenkung zum Ausgleich der Zahlungsbilanz genutzt werden.(77) Allen diesen Eingriffen in den Freihandel lag aber nicht die Absicht zugrunde, eine Außenwirtschaftspolitik auf Kosten der Handelspartner zu betreiben. Den Kreisauern ging es vielmehr um internationale Zusammenarbeit: Nach ihren Vorstellungen hätten die Ausfuhr- und Einfuhrpläne der wichtigsten Handelspartner zunächst aufeinander abgestimmt und dann zum Ausgangspunkt der binnenwirtschaftlichen Planung gemacht werden sollen.

Der eigentliche 'Außenhandel' begann für die Kreisauer wohl erst außerhalb der Grenzen Europas. Moltke beispielsweise hatte in seiner Denkschrift 'Ausgangslage, Ziele und Aufgaben' von 1941 die Europapolitik schon als Innenpolitik bezeichnet und von einer großen europäischen Wirtschaftsorganisation gesprochen,' die durch eine intereuropäische Wirtschaftsbürokratie geleitet' werden und 'die übergeordnete Zuständigkeit in allen Fragem der Wirtschaftsplanung haben' sollte.(78) In der 'Fragestellung zur Wirtschaftspolitik in ihrer Beziehung zur Außenpolitik' vom 14.6.1943, die zu den Dokumenten des ganzen Kreises zählt, wird gefordert, die europäische Wirtschaft von den 'überkommenen' nationalstaatlichen Beschränkungen zu befreien.(79) Eine abgestimmte Arbeitsteilung zwischen den Volkswirtschaften sei der beste Weg, die Mangelsituation der Nachkriegszeit schnell zu überwinden. Das wirtschaftliche Programm für Europa läßt sich zwar nur in Umrissen ausmachen; immerhin aber sah der Kreisauer Kreis das Europa der Zukunft als Zoll- und Währungsunion und dachte über die Rolle dieses Europas im künftigen Weltwährungs- und -handelssystem nach. Die damalige internationale Diskussion um die Formulierung einer neuen Weltwirtschaftsordnung haben die Kreisauer anscheinend aufmerksam verfolgt. Sie begrüßten die Vorbereitungen für den Internationalen Währungsfonds, der dann im Juli 1944 im Abkommen von Bretton Woods gegründet wurde. Die dahinterstehende Idee, mittels fester Wechselkurse ein Währungssystem zu schaffen, das eine größere Flexibilität als der vormalige Goldstandard aufwies und trotzdem für die Berechenbarkeit der Währungsentwicklung sorgte, hielt man für durchaus realisierbar. Auch erkannten die Kreisauer die Notwendigkeit, diese währungspolitische Vereinbarung durch ein Regelwerk für den Güterhandel zu unterstützen, wie es dann letztlich im 'Allgemeinen Zoll- und Handelsabkommen' (GATT) im Oktober 1947 geschah.(80)

Überhaupt läßt sich die güterwirtschaftliche Perspektive als typisch für die Wirtschaftskonzeption des Kreisauer Kreises ausmachen; monetäre Aspekte bleiben auf den Bereich der internationalen Wirtschaftsbeziehungen beschränkt. Für den Binnenbereich finden sich –

mit Ausnahme der Forderung an den Staat, zur Inflationsvermeidung die Geldschöpfung einzustellen und zum Haushaltsgleichgewicht zurückzukehren - keine Hinweise auf eine beabsichtigte Geldpolitik. (81) Die Fiskalpolitik wurde im übrigen als Mittel der Konjunktur- und Strukturpolitik gesehen. In der Variation seiner Einnahmen und Ausgaben stand dem Staat nach Einsiedel und Trotha das wichtigste konjunkturpolitische Instrument zur Verfügung; es sollte zur Beeinflussung der gesamtwirtschaftlichen Nachfrage, der Gewinnentwicklung und des Investitionsverhaltens eingesetzt werden. Mit Steuervariationen und Subventionen wollte man überdies Standortnachteile einzelner Regionen ausgleichen und erwünschte Produktionen fördern. Neben der Förderung der Industrialisierung ging es dabei auch darum, im gesamten Wirtschaftsraum möglichst eine Gleichheit der Lebensverhältnisse herzustellen.(82) Diese indirekte Steuerung der Allokation sollte mittels längerfristiger staatlicher Wirtschaftspläne koordiniert werden, denen allerdings keine Verbindlichkeit, sondern nur eine Orientierungsfunktion zugekommen wäre.(83)

Das strukturpolitische Interesse des Kreises lag weniger auf der regionalen Wirtschaftsförderung und der Branchenstruktur, mehr auf der Durchsetzung des Prinzips vom 'geordneten Leistungswettbewerb' in der Privatwirtschaft. Die Freiheit des Wettbewerbs sollte garantiert, gleichzeitig aber die Freiheit der Wirtschaft zur Abschaffung des Wettbewerbs ausgeschlossen werden. Dem Oligopol einiger Großkonzerne zog man die Monopolkontrolle vor; man wollte ein 'Monopolamt' schaffen, "(...) um die Marktüberlegenheit der Kartelle, Konzerne und (Einzel-) Monopole laufend zu überwachen und Marktmißbräuche möglichst früh auszuschließen."(84) Die Überwachung sollte die Ballungszentren der wirtschaftlichen Macht zu einer den Verhältnissen der vollständigen Konkurrenz wenigstens angepaßten Preisbildung veranlassen. Sie sollte aber auch die 'positive Aufgabe der Kartelle' fördern, den 'Kräfteverschleiß' im Wettbewerb zu verringern.(85) Dort, wo der Versorgungsaspekt im Vordergrund stand - als Beispiele nannten Einsiedel und Trotha die Eisenbahn, die Gas- und Elektrizitätsversorgung, die Versicherungen - wollte man die wirtschaftliche Konzentration mithin sogar unterstützen.

4.5 Der 'personalistische Sozialismus' - eine Zusammenfassung

Unter dem Gesichtspunkt der historischen Kontinuität, der bleibenden Wirkung des 'geordneten Leistungswettbewerbs' Kreisauer Prägung für die nach dem Kriegsende dann institutionalisierte Wirtschaftsordnung, bleibt festzuhalten, daß im wesentlichen nur die liberalen Elemente Bestand hatten. Das spezifische Ziel, die Lenkung der

Märkte und auch der ökonomischen Machtzentren im Sinne der Gemeinwohlverpflichtung der Wirtschaft, erwies sich so als nicht umsetz-
bar. Auch der Interventionismus, und mit ihm die kollektivistischen
Elemente der Kreisauer Konzeption, die in der Forderung nach einem
öffentlich bewirtschafteten Sektor und nach der Sozialisierung der
Grundstoffindustrien ihren Höhepunkt fanden, blieben weitgehend auf
der Strecke. Dabei hatte diese, wegen ihrer einmaligen Kombination
von individualistischen und kollektivistischen Grundsätzen von
Schmölders treffend als 'personalistischer Sozialismus' bezeichnete
Wirtschaftskonzeption zunächst durchaus Konsequenzen: wie in Kapi-
tel 6 gezeigt werden wird, fand sich Vergleichbares wieder in den
Programmen wichtiger Institutionen der Nachkriegszeit.

Wer den Zeithorizont einer Wirkungsanalyse noch weiter zieht, bis
hin zur keynesianischen Reform der bundesdeutschen Wirtschaftspolitik Ende der 60er Jahre, der könnte sogar versucht sein, von dieser
Zeit als einer Renaissance des Kreisauer Gedankenguts zu sprechen;
denn die Kreisauer hatten, mit Ausnahme der Geldpolitik, bereits das
gesamte konjunkturpolitische Instrumentarium antizipiert. Richtig
ist auch, daß die Kreisauer - genauso unerschütterlich, wie sie an die
Bereitschaft der Wirtschaftssubjekte glaubten, sich für die gemeinwirtschaftliche Zielsetzung zu engagieren - fest von der Gestaltbarkeit der Wirtschaftsabläufe, der Konjunktur, der Wirtschaftsstruktur
und der sozialen Wohlfahrt überzeugt waren.(86) Dies zeigt sich in
allen Bereichen der Wirtschaftspolitik, vom Außenhandel über die
Preis- bis hin zur Beschäftigungspolitik. Auch die Spannung zwischen
Intervention und Wettbewerb, die für das ordnungspolitische Konzept
so kennzeichnend ist, verliert vor diesem Hintergrund an Rätsel-
haftigkeit: Die Kreisauer glaubten, auch den Wettbewerb interven-
tionistisch imitieren und dabei die bisweilen unerwünschten Verteilungswirkungen des Marktes von vornehrein ausschließen zu können.
Verteilungstheoretisch gesprochen hatte der Staat bereits bei der
Primärverteilung des Sozialprodukts für 'Gerechtigkeit' zu sorgen.

Sozialpolitik, die durch Umverteilung von Steuern und Transferein-
kommen auf eine 'gerechte' Sekundärverteilung zielte, war überflüssig angesichts des garantierten Existenzminimums und des Rechts auf
Arbeit. Damit spiegelte die Kreisauer Ordnungskonzeption die gleichen Steuerungsprinzipien, die schon die Grundlage der Staatsverfassung und des institutionellen Wirtschaftsaufbaus darstellten. Der
Verzicht auf den umverteilenden Sozialstaat ergab sich aus dem Subsidiaritätsprinzip. In den Willen, Wirtschaftsabläufe und Wettbewerb
zu veranstalten, wirkte der von Moltke geforderte Primat der Politik
über die Wirtschaft nach. Der 'geordnete Leistungswettbewerb', der
eine der Leistung entsprechende Verteilung von Gütern und sozialen
Positionen erlaubte, war zum einen das Instrument, um eine Lei-

stungselite auszubilden, der nach Kreisauer Vorstellungen die ge-
sellschaftliche Steuerung obliegen sollte. Zum anderen hatte dieser
Wettbewerb - ob marktlich oder imitiert - die Machtbalance in der
Wirtschaft zu sichern.

Hier nun trafen sich die Kreisauer Vorstellungen vom 'geordneten
Leistungswettbewerb' mit der Wettbewerbstheorie des (im folgenden
Kapitel beschriebenen) Freiburger Kreises. Zwischen beiden Gruppen
bestand ein enger Gedankenaustausch. Bekannt ist, daß Yorck wegen
seines Fachwissens in Freiburg sehr geschätzt wurde und daß Constantin von Dietze, ein Mitglied des Freiburger Kreises, an Besprechungen der Kreisauer Arbeitsgruppe 'Landwirtschaft' teilnahm.(87) Der
wichtigste Knoten im Kontaktnetz war wohl die Gruppe Wirtschaftswissenschaft der Akademie für Deutsches Recht, über deren Leiter
Jens Jessen sich auch eine Beziehung zur nationalkonservativen Opposition herstellen läßt. Die Kooperation zwischen dem Freiburger und
dem Kreisauer Kreis, der die von Schmölders geleitete Untergruppe
'Preis' als Tarnung diente, zeigte besonders deutlich eine Tagung,
die Schmölders 1942 auf Veranlassung von Yorck einberief und die den
für beide Seiten programmatischen Titel trug: 'Der Wettbewerb als
Mittel volkswirtschaftlicher Leistungssteigerung und Leistungsauslese'.(88)

5.
DER FREIBURGER KREIS: WETTBEWERBSORDNUNG CONTRA PLANWIRTSCHAFT

Die 'Klasse Wirtschaftswissenschaft' der nationalsozialistischen Akademie für Deutsches Recht war die Keimzelle des Widerstands nationalökonomischer Provenienz gegen das NS-Regime. In dieser Akademie, die Mitte des Jahres 1934 zur Umgestaltung des deutschen Rechtswesens im nationalsozialistischen Sinne gegründet worden war, fand Jens Jessen, der Organisator dieses Widerstands der Ökonomen, die notwendige Tarnung für die Arbeit an der Nachkriegsordnung der deutschen Wirtschaft - eine Tätigkeit, die nach ihrer Entdeckung durch die Gestapo im Gefolge der Untersuchungen zum 20. Juli 1944 vielen Beteiligten den Vorwurf des Hochverrats einbrachte. Jessens Anteil am Widerstand der Nationalökonomen wurde bereits bei der nationalkonservativen Opposition gewürdigt, und zuletzt war zu sehen, daß auch der Kreisauer Kreis die 'Klasse Wirtschaftswissenschaft' nutzte. Günter Schmölders, der Leiter ihrer Untergruppe 'Preis' und Wirtschaftsexperte der Kreisauer, lud 1942 die führenden oppositionellen Nationalökonomen zur Diskussion der Frage, ob und in welchem Ausmaß einzelne Elemente des Wettbewerbs die Unzulänglichkeiten der nationalsozialistischen Kriegswirtschaft abbauen konnten. Die Antwort der beiden anwesenden Freiburger Professoren Walter Eucken und Franz Böhm war eine kategorisches Nein, das sie aus ihren - im folgenden genauer zu untersuchenden - Grundsatzanalysen der Unverträglichkeit von Wettbewerbs- und Planwirtschaft ableiteten.(1)

Über die Untergruppe 'Preis' hinaus waren Mitglieder des Freiburger Kreises, zu den genannten noch die Nationalökonomen Adolf Lampe und Constantin von Dietze, in der 'Arbeitsgemeinschaft Volkswirtschaftslehre' der Akademie engagiert, die mehrere Debatten zu grundsätzlichen Fragen der Wirtschaftsordnung abhielt.(2) Die dortige Arbeit zielte auf die Erstellung einer 'Systematik wirtschaftspolitischer Aufgaben', denen man sich in der Nachkriegszeit zu stellen hatte - gleichsam das Programm der Freiburger Arbeiten zur Wirtschaftsordnung, erarbeitet unter der Redaktion von Dietze. Von der Schließung der Akademie für Deutsches Recht, die Anfang März 1943 wegen 'mangelnder Kriegswichtigkeit' erfolgte und die einem Tagungsverbot für die Unterausschüsse gleichkam, ließ sich die 'Arbeitsgemeinschaft Volkswirtschaftslehre' nicht beeindrucken. Ihre Mitglieder trafen sich fortan privat und führten in der Freiburger Wohnung von Lampe ihre Arbeit am Konzept der Nachkriegsordnung fort, als nach dem Vorsitzenden dieser Runde benannte 'Arbeitsgemeinschaft Erwin von Beckerath'.(3)

5.1 Der Freiburger Kreis als Gruppe der deutschen Widerstandsbewegung

Zwölf solche Tagungen zu verschiedenen Themen, von der Marktordnung über die Agrarpolitik bis hin zu Steuerfragen, sind überliefert. Ihr konspirativer Charakter läßt sich schon aus der Tatsache ermessen, daß die Sitzungsprotokolle zu je einem Exemplar an Goerdeler und Yorck gingen.(4) Zu beiden Exponenten des deutschen Widerstands unterhielten die Freiburger enge Kontakte. Mit Goerdeler traf man sich häufig zu vertraulichen Gesprächen über Wirtschaftsfragen. Dem Goerdeler-Biographen Gerhard Ritter zufolge, der im übrigen selbst ein Mitglied des Freiburger Kreises war,(5) fanden zwischen Goerdeler und Dietze und über diesen vermittelt mit Eucken und Lampe von 1941 bis 1944 mindestens zehn ausführliche Beratungen statt. Goerdelers Wirtschaftsfibel aus den Jahren 1942/43, die er zum Zweck nationalökonomischer Volksbildung schrieb, fußte auf Ausarbeitungen von Dietze, Eucken und Lampe; wie Lampe ohnehin seit Goerdelers erstem Preiskommissariat diesem alle seine Arbeiten zur Stellungnahme übersandte.(6) Franz Böhm führte 'zahllose' Unterhaltungen mit Goerdeler über Verfassungsfragen,(7) und auch an der mehrere Tage dauernden Redaktionskonferenz der 'Freiburger Denkschrift' , die zu den zentralen Dokumenten der Widerstandsbewegung zählt, nahm Goerdeler im November 1942 teil.(8) Inhaltlich blieb dies nicht ohne Folgen: Die ordnungspolitischen Vorstellungen Goerdelers wurden von den Freiburger Gedanken zur Wirtschaftsordnung spürbar beeinflußt.

Auch in die Kreisauer Wettbewerbskonzeption gingen die Freiburger Vorarbeiten ein. Das im vorausgegangenen Abschnitt als typisch für die Kreisauer Wirtschaftskonzeption festgehaltene Spannungsverhältnis zwischen Wettbewerbsordnung und staatlichem Interventionismus hatte hier seine Wurzel, was die Wettbewerbskomponente anging. Die enge Zusammenarbeit mit Graf Yorck und Günther Schmölders aus der Akademie für Deutsches Recht wurde bereits erwähnt. Lampe unterrichtete Yorck später über die Tätigkeit der 'Arbeitsgemeinschaft Erwin von Beckerath', und von Dietze ist bekannt, daß er an der agrarpolitischen Tagung des Kreisauer Kreises im Juni 1942 teilnahm.(9) Wie die führenden Kreisauer und auch Carl Goerdeler waren die Freiburger überzeugte Christen. Sie standen in engem Kontakt zur protestantisch-kirchlichen Opposition, die sich als 'Bekennende Kirche' von der staatstreuen 'Deutschen Evangelischen Kirche' losgesagt hatte. Sichtbaren Ausdruck fand diese Beziehung in dem Auftrag, den ihnen die 'Vorläufige Leitung' der Bekennenden Kirche für eine Programmschrift erteilte, die eine nach Kriegsende geplante Weltkirchenkonferenz vorbereiten sollte. Den Auftrag, aus dem die spätere 'Freiburger Denkschrift' erwuchs, überbrachte Dietrich Bonhoeffer, Pfarrer der Bekennenden Kirche und Mitarbeiter des Amtes Ausland/

Abwehr unter Oberst Oster, einer der wichtigsten Zellen des Widerstands.(10)

Der Freiburger Kreis hatte zwei lokale Wurzeln. Einerseits trafen sich seit dem Winterhalbjahr 1934/35 die Gegner des Nationalsozialismus an der Universität Freiburg in einer besonderen Seminarveranstaltung, andererseits hatten sich schon ein Jahr zuvor Juristen und Nationalökonomen zu einer Lehrgemeinschaft zusammengefunden, in deren Mittelpunkt die Ordnung der Wirtschaft stand.(11) Ende 1938 konstituierte sich dann auf Anregung des Ökonomen Constantin von Dietze im Haus seines Kollegen Adolf Lampe "(...) ein Kreis von Universitätsprofessoren und Theologen der Bekennenden Kirche (...), die in etwa allmonatlichen Zusammenkünften Probleme des Widerstands von christlicher Sicht her erörterten."(12) Eine 1940 oder 1941 entstandene Denkschrift dieses 'Freiburger Konzils', die den Titel trug: 'Kirche und Welt - Eine notwendige Besinnung auf die Aufgaben des Christen und der Kirche in unserer Zeit', blieb zwar inhaltlich ohne Belang für Fragen der Wirtschaftsordnung. Sie war aber, weil die Vorläufige Leitung der Bekennenden Kirche in ihrer Kenntnis den erwähnten Auftrag erteilte, der Auslöser für die dann 1942/43 entstandene Freiburger Denkschrift. Unter dem Titel 'Politische Gemeinschaftsordnung. Ein Versuch zur Selbstbestimmung des christlichen Gewissens in den politischen Nöten unserer Zeit' entwarf diese dann ein präzises Bild der Freiburger Vorstellungen von Staat und Wirtschaft nach dem Ende der NS-Diktatur.(13)

Helmut Thielicke zufolge, der als Mitarbeiter des führenden protestantischen Oppositionellen Bischof Wurm an der Überarbeitung dieser Freiburger Denkschrift beteiligt war, ging es "(...) um den Versuch einer christlichen, genauer reformatorischen Ethik des Politischen, zugleich aber um die Bemühung, konkrete und programmatische Folgerungen daraus für einen Wiederaufbau nach dem Kriege zu ziehen."(14) Die Federführung lag beim Historiker Ritter, der den Haupttext erarbeitete. Die Nationalökonomen Dietze, Eucken und Lampe legten in einem Anhang zur 'Wirtschafts- und Sozialordnung' das Gerüst einer wettbewerbsorientierten und sozialverpflichteten Wirtschaftsordnung für die Nachkriegszeit nieder. Franz Böhm, als Jurist der Freiburger Lehrgemeinschaft zugehörig, beteiligte sich am Entwurf des Anhangs zur Rechtsordnung.(15) Die Endfassung, die im November 1942 nach einer redaktionellen Überarbeitung entstand, an der auch Carl Goerdeler mitwirkte, wurde in ganzen drei Exemplaren erstellt. Trotz dieser Geheimhaltung erhielt die Gestapo davon Kenntnis, als sie den 20. Juli 1944 untersuchte. Die Mitarbeiter wurden deswegen verhört; Dietze, Lampe und Ritter sogar verhaftet. Ende April 1945 konnten sie noch lebend aus dem Gefängnis befreit werden, das Kriegsende hatte sie vor dem Schlimmsten bewahrt.(16)

Von den vier Personen, auf die sich der Freiburger Kreis unter dem Vorzeichen 'Widerstand und Wirtschaftsordnung' einschränken läßt, war Franz Böhm als Jurist der einzige Nicht-Volkswirt.(17) Dennoch hatte er sich bereits frühzeitig mit Wirtschaftsthemen befaßt, seit 1925 in der Kartellüberwachung des Reichswirtschaftsministeriums. Nach einigen Jahren als Privatdozent in Freiburg wurde er 1937 Professor in Jena, verlor seinen Lehrstuhl aber wieder wegen offen geäußerter Kritik an der nationalsozialistischen Judenpolitik.(18) Die Auseinandersetzung mit der wirtschaftlichen Macht durchzieht wie ein roter Faden sein wissenschaftliches Werk. Schon in seiner Habilitation 'Wettbewerb und Monopolkampf' aus dem Jahre 1933 machte Böhm seinen Grundsatz deutlich, daß wirtschaftliche Freiheit nur durch die Einschränkung wirtschaftlicher Macht zu schaffen war. An der Schwelle des 'Dritten Reiches' stellte er die zutreffende Prognose, daß sich die Konzentrationsbewegung der Privatwirtschaft, um ihre Machtposition aufrecht zu erhalten, auch der nationalsozialistischen Idee von der ständischen Wirtschaft bedienen würde.(19) 1937 erklärte Böhm dann in seinem Buch 'Die Ordnung der Wirtschaft als geschichtliche Aufgabe und rechtsschöpferische Leistung' die Wirtschaftspolitik des Nazi-Regimes für gescheitert, wobei er sich die Frage stellte, inwieweit dies "(...) an der Idee und inwieweit es nur an der Ausführung der Idee gelegen" habe.(20) Und noch 1942, in seinem Beitrag für die besagte Tagung der 'Klasse Wirtschaftswissenschaft', entlarvte Böhm die NS-Wirtschaft als unbewußte, unfreiwillige und unvollständige Planwirtschaft - in der Kritik offen wie zuvor, denn seinen Aufsatz mit dem Titel 'Der Wettbewerb als Instrument staatlicher Wirtschaftslenkung' konnte jeder in dem von Günther Schmölders publizierten Tagungsband nachlesen.(21)

Constantin von Dietze, seit 1922 zunächst Dozent, dann Professor für Agrar- und Handelswissenschaften an verschiedenen Universitäten, protestierte wie Böhm frühzeitig und offen gegen den Nationalsozialismus. 1934 kritisierte er zum Beispiel die Agrarpolitik des Regimes, insbesondere das 'Reichserbhofgesetz' in einer Weise, daß er nur knapp der Einlieferung in ein Konzentrationslager entging. Nachdem er 1937 wegen seiner Tätigkeit für die Bekennende Kirche doch verhaftet worden war, mußte er seinen Berliner Lehrstuhl räumen, erhielt aber einen Ruf an die Universität Freiburg, in die dort bestehende oppositionelle Lehrgemeinschaft. Dietze pflegte die wohl engsten Kontakte zu anderen Widerstandsgruppen; er nahm an der Arbeit des Kreisauer Kreises teil und war der Ansprechpartner für Dietrich Bonhoeffer, als es um die Erstellung der Freiburger Denkschrift ging.(22) Nach dem 20. Juli 1944 wurde er wegen 'Hochverrat, Landesverrat und Feindbegünstigung' vor dem Volksgerichtshof angeklagt, doch zu einer Verurteilung kam es nicht mehr. Was den Inhalt seiner Oppositionsarbeit anbetraf, so sah er seine Aufgabe darin, eine christlich begründete 'Sozialwirtschaftsethik' zu formulieren und mit den Mitteln der Wirtschaftsordnungspolitik zur 'Festigung der Societas' beizutragen.(23) Die christliche Religion stellte ihm die unabänderlichen Grundsätze: Die Wirtschaftsordnung durfte niemanden an der Erfüllung des Dekalogs hindern und keinerlei 'Vergötzung' Vorschub leisten. Im übrigen hielt er das Christentum aber für neutral gegenüber einer bestimmten Wirtschaftsordnung. Hier hatten Sachnotwendigkeiten den Ausschlag zu geben, und diese darzustellen war Zweck der Nationalökonomie.

Seit der gemeinsamen Dozentenzeit Anfang der 20er Jahre in Berlin war Dietze gut mit Walter Eucken bekannt. Eucken, seit 1925 Ordinarius für Volkswirtschaftslehre und seit 1927 in Freiburg, begann sein wissenschaftliches Werk 1923 mit 'Kritischen Betrachtungen zum deutschen Geldproblem'. Diese Analyse der Inflationsursachen war eine Abrechnung mit dem theoriefeindlichen Historismus, der damals unter dem Einfluß von Gustav Schmoller die deutsche Nationalökonomie beherrschte. Eucken widersprach jeder Behauptung einer Zwangsläufigkeit der wirtschaftlichen Entwicklung, auch der marxistischen Variante, und bekannte sich "(...) zu der These, daß nicht 'die Verhältnisse', sondern die Menschen die Wirtschaft in Unordnung oder in Ordnung bringen."(24) Der Volkswirtschaftslehre maß er in der 1938 erschienenen Schrift 'Nationalökonomie - wozu?' die Aufgabe zu, Richtlinien für die bewußte Gestaltung der Wirtschaftspolitik zu entwerfen.(25) Wie er sich die Lösung dieser Aufgabe vorstellte, zeigte dann ein Jahr später sein heute noch richtungsweisendes Werk 'Die Grundlagen der Nationalökonomie'.(26) Eucken führte hier den Nachweis einer unabhängig von der historischen Situation beschränkten Anzahl von Ordnungsformen und der Überlegenheit des Steuerungsmechanismus Wettbewerb gegenüber einem alternativen zentralen Plan. Er legte damit das Fundament für eine zukünftige Wettbewerbsordnung, die er in permanenter Auseinandersetzung mit der NS-Wirtschaftspolitik und in enger Zusammenarbeit vor allem mit Franz Böhm entwickelte - mit Franz Böhm, der ihn später als die 'entschiedenste geistige Gegenkraft des Nationalsozialismus' bezeichnete.(27) Den Höhepunkt dieser Auseinandersetzung markiert auch bei Eucken der Beitrag, den er zur bereits mehrfach erwähnten Tagung der Akademie für Deutsches Recht im Jahre 1942 lieferte. Unter dem Titel 'Wettbewerb als Grundprinzip der Wirtschaftsverfassung' beschrieb er die Aufgabe wie folgt: der Wirtschaft "(...) eine Ordnung zu geben, die wirtschaftlich funktionsfähig u n d menschenswürdig ist."(28)

Adolf Lampe, der vierte Freiburger, seit 1926 dort Professor der Staatswissenschaften, bezahlte den Einsatz gegen das NS-Regime mit seinem Leben: 1948 starb er an den Folgen der Haft, in die er nach dem 20. Juli 1944 wegen seiner engen Kontakte zum Widerstand um Carl

Goerdeler geraten war. Politisch Verfolgter war er während der ganzen Zeit der Diktatur; mehr als ein Dutzend politischer Verfahren liefen gegen ihn.(29) Schon 1927, in seinem wichtigsten wissenschaftlichen Frühwerk, einer Auseinandersetzung mit der damaligen Arbeitslosigkeit unter dem Titel 'Notstandsarbeiten oder Lohnabbau?', wies er sich als Vertreter einer sozialverpflichteten Marktwirtschaft aus. Die Arbeitslosigkeit war seiner Meinung nach zwar nur ökonomisch, durch Anpassung der Löhne an die Marktlage zu beseitigen, doch hielt er, um die sozialen Folgen einer solchen Lösung abzumildern, einen 'produktiven Interventionismus' des Staates für unverzichtbar.(30) Lampe empfahl also nicht den Verzicht auf die Marktwirtschaft zugunsten von staatlichen Eingriffen in den Wirtschaftsablauf. Vielmehr war er von der Überlegenheit der dezentralen volkswirtschaftlichen Steuerung durch Wettbewerb so überzeugt, daß er, als sich 1938 die Gefahr eines Krieges abzeichnete, in seiner 'Allgemeinen Wehrwirtschaftslehre' (31) ganz im Gegensatz zur herrschenden Meinung auch für die Kriegswirtschaft die Marktwirtschaft forderte, zur Sicherung der gerade dann notwendigen Effizienz.

5.2 Die Auseinandersetzung mit der privaten und staatlichen Wirtschaftsmacht

Die Forschungs- und Lehrgemeinschaft des Freiburger Kreises begann im Wintersemester 1933/34, kurz nach der 'Machtergreifung' des nationalsozialistischen Regimes. Das vorwissenschaftliche Anliegen dafür war, so erinnerte sich Franz Böhm Mitte der 50er Jahre, die "(...) soziale Frage vom Dogma des Karl Marx und seiner geschichtsdialektischen Philosophie loszulösen."(32) Der Anstoß für den Freiburger Kreis war damit ebenso politischer Natur wie der Ansatzpunkt, die Konzentration der privaten Macht in Wirtschaft und Gesellschaft, zu der im übrigen alle Beteiligten Vorarbeiten erbracht hatten, bisweilen ohne voneinander zu wissen.(33) Die Konzentrationsbewegung in der deutschen Wirtschaft hatte ihren Ausgang genommen in zwei Urteilen des Reichsgerichts vom 4.2.1897 und 25.6.1890, in denen Kartellverträge und Kartellzwang für Außenstehende für zulässig und konform mit der Wirtschaftsordnung erachtet wurden. Die Begründung, die da lautete, daß Preissenkungen, die die Unternehmensrentabilität bedrohten, nicht nur für die betroffenen Unternehmen, sondern auch für die gesamte Volkswirtschaft schädlich seien, hielten die Freiburger für einen folgenschweren Rechtsirrtum.(34) Die für die Wettbewerbsordnung elementare Preisflexibilität nach unten konnte auch die Kartell-Verordnung vom November 1923 nicht wiederherstellen; die Freiburger sahen in diesem ersten Versuch, Vorschriften gegen den Mißbrauch von Kartellen durchzusetzen, vielmehr einen wei-

teren Schritt zur Anerkennung der Konzentration wirtschaftlicher
Macht in privater Hand.(35) Mit Sorge beobachtete man zudem die
Zwangssyndikate, die nach 1918 von staatlicher Seite installiert
wurden.(36)

Die Bedenken richteten sich nicht nur gegen die tatsächliche Entwicklung der Wirtschaftskonzentration, sondern auch gegen ihre
Idealisierung in der vorherrschenden Richtung der Nationalökonomie,
der Historischen Schule. Während deren spiritus rector Schmoller in
Kartellen eine höhere, anstrebenswerte soziale Organisationsform
sah, waren sie für Franz Böhm ein 'Entartungs- und Verfälschungs-
prozeß des Rechts der freien Wirtschaft'.(37) Die Kampfmethoden von
Kartellen beruhten "(...) nicht auf dem Gedanken der Verbesserung
der eigenen Leistung, sondern auf dem Verschlechtern der Konkurrenzleistung."(38) Die Gründung und Verteidigung von wirtschaftlichen
Monopolen reizte zum Einsatz moralisch und ökonomisch verwerflicher
Mittel im Dienste einer partikularen Interessenvertretung; letztlich
bedrohten private Machtgruppen die Freiheit.(39) Wettbewerb, so die
Erfahrung der Freiburger aus der Beobachtung der Weimarer Wirtschaftsentwicklung, war in der Wirtschaftspraxis unbeliebt; und eine
Wirtschaftspolitik des 'laisser faire' führte anstatt zur Sicherung
gerade zur Beseitigung der Wettbewerbsordnung. Der Fehler des
klassischen Liberalismus war der Glaube, daß sich bei Garantie einer
positiven Rechtsordnung eine freie Wirtschaftsordnung von selbst
einstellen würde.(40) Das Prinzip der Vertragsfreiheit samt impli-
zitem Recht zur Kartellbildung kollidierte mit dem ökonomischen
Prinzip der Wirtschaftssteuerung über den Wettbewerb. Für die Freiburger ergab sich daraus die Forderung nach einem wirksamen Kartellrecht, das dem Staat die Abwehr der Gefahren erlaubte, die der
wirtschaftlichen Freiheit von seiten privater Machtträger drohten.
(41) Die Marktregelung war in jedem Fall eine wirtschaftspolitische,
keine privatwirtschaftliche Angelegenheit, wie Böhm resümierte:
"Denn nicht die Tatsache der Marktmacht ist von Übel (...), sondern
vor allem der Umstand, daß sich die Marktmacht in privaten Händen
befindet und in privatwirtschaftlichem Geiste, im Dienste des privatwirtschaftlichen Rentabilitätsgesichtspunktes und unter dem Ge-
sichtswinkel begrenzt partikularer Gruppeninteressen gehandhabt
wird."(42) Marktmacht war für die Freiburger politischer Natur und
gehörte damit zur Domäne der Staatsgewalt.

Vom aufkommenden Nationalsozialismus, mit dem insbesondere konservative politische Gruppen die Hoffnung auf eine Stärkung der Staats-
autorität verbanden, erwarteten sich die Freiburger einen solchen
Wandel freilich nicht. Sie waren sich der ordnungspolitischen In-
differenz der NS-Wirtschaftsprogrammatik bewußt, und wo man die Idee
einer ständischen Wirtschaftsordnung zu erkennen glaubte, hielt man

die privatwirtschaftliche Konzentrationsbewegung für durchaus in der
Lage, sich auch diesen neuen ideologischen Mangel umzuhängen.(43)
Die Wirtschaftspolitik vor allem in den Jahren nach 1936 bestätigte
diese Einschätzung, als das Naziregime im Rahmen der Kriegsvorbereitung die weitere Konzentration der Wirtschaft vorantrieb. Große Wer-
ke, Konzerne und Kartelle wurden geschaffen, Betriebe in jüdischer
Hand 'zwangsarisiert' und anderen angegliedert. Auch die Verschmel-
zung privater Machtkörper mit den staatlichen Stellen der Wirtschaftsverwaltung bedrohte die wirtschaftliche Freiheit; Syndikate
und Kartelle erarbeiteten nunmehr die Produktionsanweisungen, die
dann die staatlichen Planstellen an die einzelnen Betriebe weiter-
gaben, und die Wirtschaftsselbstverwaltung wurde zum Staatsorgan.(44)

Das Machtproblem, mit dem sich die Freiburger konfrontiert sahen,
war mithin ernster als zuvor. In der NS-Wirtschaft hatte der Wettbewerb tatsächlich nurmehr eine subsidiäre Bedeutung. Das allgemeine
Verbot von Preiserhöhungen, Ende 1936 erlassen, kam einem Verbot des
Nachfragewettbewerbs gleich, konnte doch kein Marktteilnehmer mehr
seine höhere Bedarfsdringlichkeit nachweisen, indem er zur Zahlung
höherer Preise bereit war.(45) Auch auf der Seite der Produktion behinderte der Preisstopp die Anpassungsfähigkeit an Veränderungen im
Bedarf. In Allokation und Distribution waren staatliche Zwangsmaßnahmen unvermeidbar, beispielsweise die Zuteilung der Rohstoffe, die
Zuweisung von Arbeitskräften oder die Rationierung der wichtigsten
Konsumgüter, samt den damit verbundenen Willkürakten und Wartezeiten. Als skurrile Folge des Preisstopps ergab sich auf der Nach-
frageseite ein zwar verbotener, aber dennoch existenter Wettbewerb,
und auf der Angebotsseite ein zwar erwünschter, mangels Absatzrisiko
aber nicht mehr vorhandener Wettbewerb. Konkurrenzmomente wie die
Zahlung von Einheitspreisen, die einzelne Betriebe im Sinne der
Gewinnmaximierung zur Kostensenkung anhalten sollten, änderten
nichts daran, daß die Wirtschaftslenkung nicht mehr über die Preise
erfolgte.(46)

Der Preisstopp war, wie schon Kapitel 2 dieser Untersuchung gezeigt
hat, nur einer, wenn auch der gravierendste Eingriff in den Preismechanismus. Hinzu kamen die Devisenzwangsbewirtschaftung, Import-
kontingente und die Ausweitung der öffentlichen Verschuldung im
Dienste der Rüstungsfinanzierung, die die umlaufende Geldmenge auf-
blähte und die Knappheit der Kaufkraft beseitigte. Die Mitglieder
des Freiburger Kreises kritisierten insbesondere den Rüstungszweck,
auf den die Volkswirtschaft ausgerichtet wurde: "Dass der Krieg mit
der Niederlage des Hitler-Regimes enden würde, war uns allen gewiss.
Freiburg war die einzige Universität, wo alle nationalökonomischen
Ordinarien - Eucken, Lampe und ich selbst (Dietze, Anm. d.Verf.) -

in der Beurteilung des Regimes und der Situation sowie im Bewußtsein der daraus entspringenden Verpflichtung ganz einig waren."(47) Adolf Lampe hielt 1938 fest, daß "(...) jede wehrwirtschaftliche Betrachtung erkennen (läßt), daß kein Sieger eines kommenden Krieges aus seinem Waffenerfolg Nutzen ziehen wird."(48) Ein Jahr später warf er dem NS-Regime ein mit marktwirtschaftlichen Prinzipien unvereinbares Rüstungstempo vor und forderte - natürlich unerfüllbar - die Kriegsfinanzierung aus laufenden Staatseinnahmen, d. h. den Verzicht auf die Inflationierung des Geldumlaufs.(49) Den Zusammenhang zwischen Kriegsfinanzierung, Ausweitung des Geldumlaufs und Ausufern der Planwirtschaft sah Eucken wie folgt: "Krieg und Politik zentraler Leitung des Wirtschaftsprozesses hängen eng zusammen. (...) je mehr der Krieg die volle Indienststellung der vorhandenen Produktionsmittel und Arbeitskräfte verlangte, umso näher lag es, durch Dienstverpflichtungen, Beschlagnahmen, zentrale Produktionsanweisungen in den Wirtschaftsprozeß einzugreifen. Und da mit den Kriegen meist Inflationen verbunden waren, übten sie auch so einen Druck in Richtung auf die Realisierung der Zentralverwaltungswirtschaft aus. Zugleich erwiesen sich deren Methoden als geeignet, um einem militärisch besetzten Lande Güter in relativ großer Menge zu entziehen."(50)

Die Wirtschaft im 'Dritten Reich' war dabei nach dem Urteil der Freiburger keine bewußt gewählte Zentralverwaltungswirtschaft. Die Außenhandels- und Währungspolitik, die Kreditüberversorgung, der Preisstopp und das Zuteilungssystem hatten vielmehr zu einer eher ungewollten, erzwungenen weiteren Planung geführt, die sich in der mangelhaften Bereitschaft zur Ausarbeitung eines umfassenden Plans bemerkbar machte.(51) Im Deutschland unter der Aufrüstungs- und Kriegswirtschaftspolitik des 'Dritten Reiches' erkannten die Freiburger ein typisches Beispiel für die Einmündung einer Planwirtschaft der 'leichten Hand' in eine Zentralverwaltungswirtschaft 'wider Willen': Zunächst wenig gravierend erscheinende Markteingriffe zogen als Antwort auf Ausweichreaktionen der Marktteilnehmer weitere nach sich.(52) In den (noch) nicht geregelten ebenso wie in den oft widersprüchlich geregelten Bereichen der Wirtschaft wuchsen die Willkürspielräume der stärkeren Marktseite, auf den Faktormärkten die der zentralen Planstellen, auf den Gütermärkten die der Unternehmen. Parallel zum Kompetenzwirrwarr der in anderen Teilen der NS-Bürokratie ausuferte, galt letztlich auch für die Zentralverwaltungswirtschaft das Wort: 'Führer befiehl, wir folgen dir!'(53)

Das Scheitern der nationalsozialistischen Wirtschaftspolitik erkannten die Freiburger in der zurückgestauten Inflation und in der Lähmung der Märkte; beides Resultate von Geldüberhang und Preisstopp. Wie bereits erwähnt, hatte Böhm schon 1937 gefragt, inwieweit das Scheitern 'an der Idee' oder an der 'Ausführung der Idee' lag.(54)

forderte auch die Ausbildung einer Elite der 'politisch Einsichtigen und sittlich Zuverlässigen' als Reaktion auf die 'Vermassung' im NS-Staat; in der politischen 'Gemeinschaft' habe sich der einzelne am 'Nächsten' zu bewähren und 'in steter Verantwortung vor Gott zu handeln.'(66) Die konkrete Staatsform wurde bewußt offengehalten; statt ihrer erhob man die Forderung auf Durchsetzung sittlicher Grundsätze. Nicht nur im Stil der Programmatik entsprach man damit derjenigen des Kreisauer Kreises, auch der materiale Kern war weitgehend ähnlich. Hier wie dort versprach man sich von einer Elite die gesellschaftliche Steuerung, und daß wie in Kreisauer auch in Freiburg der neue Staat auf der Grundlage der Machtbalance zwischen den politischen Kräften aufgebaut werden sollte, daran besteht angesichts des Freiburger Einsatzes für eine Wettbewerbsordnung ebenfalls kein Zweifel: "So ist denn auch der Kampf gegen die private und politische Vermachtung von Märkten nicht nur ein wirtschaftspolitisches Postulat, sondern auch eine staatspolitische, sozialpolitische und kulturpolitische Lebensfrage",(67) hielt Franz Böhm fest.

Die - bezogen auf die Wirtschaft - wesentlichen Unterschiede zwischen der Kreisauer und der Freiburger Staatsvorstellung finden sich im beabsichtigten Sozialstaatscharakter des zukünftigen Staates. Wollten die Kreisauer noch einen starken Exekutivstaat installieren, der schon bei der Primärverteilung der Einkommen Verteilungsgerechtigkeit herstellen und noch vorhandene Versorgungsprobleme im Rahmen der subsidiären Hilfe 'kleiner Gemeinschaften' hätten lösen können, so forderten die Freiburger explizit die Ausrichtung der Wirtschaftspolitik am Wohlfahrtszweck. Um der Marktwirtschaft eine breite Akzeptanz zu sichern, galt es, die Frage Markt- oder Planwirtschaft aus der Auseinandersetzung mit marxistisch beeinflußten Ideologien herauszunehmen und ihres Klassencharakters zu entheben. (68) Auch das Ordnungsmodell der vollkommenen Konkurrenz hielten sie nicht für sozialpolitisch neutral, weil es eine bestimmte Einkommensverteilung implizierte und politisch gesetzter Umverteilungsnormen zugunsten von Nicht-Marktteilnehmern bedurfte. Selbst wenn mithin die konkrete Staatsform offen blieb, die den Freiburgern vorschwebte, so lassen sich doch zum einen der Wohlfahrtszweck zum Schutz der sozial Schwachen, zum anderen das klassische demokratische Prinzip der 'checks and balances' als staatstragende Prinzipien ausmachen. Mit beidem war auch die angestrebte Wirtschaftsordnung vorgezeichnet: eine soziale Marktwirtschaft.

In der wissenschaftlichen Politikberatung, im Aufzeigen von politischen Entscheidungsalternativen samt der Konsequenzen einzelner Maßnahmen für die Gesamtordnung, sahen die Freiburger den Beitrag, den sie selbst zu leisten hatten. Die theoretische Erkenntnis war die Voraussetzung dafür, "(...) daß die staatliche Wirtschafts-

forderte auch die Ausbildung einer Elite der 'politisch Einsichtigen und sittlich Zuverlässigen' als Reaktion auf die 'Vermassung' im NS-Staat; in der politischen 'Gemeinschaft' habe sich der einzelne am 'Nächsten' zu bewähren und 'in steter Verantwortung vor Gott zu handeln.'(66) Die konkrete Staatsform wurde bewußt offengehalten; statt ihrer erhob man die Forderung auf Durchsetzung sittlicher Grundsätze. Nicht nur im Stil der Programmatik entsprach man damit derjenigen des Kreisauer Kreises, auch der materiale Kern war weitgehend ähnlich. Hier wie dort versprach man sich von einer Elite die gesellschaftliche Steuerung, und daß wie in Kreisau auch in Freiburg der neue Staat auf der Grundlage der Machtbalance zwischen den politischen Kräften aufgebaut werden sollte, daran besteht angesichts des Freiburger Einsatzes für eine Wettbewerbsordnung ebenfalls kein Zweifel: "So ist denn auch der Kampf gegen die private und politische Vermachtung von Märkten nicht nur ein wirtschaftspolitisches Postulat, sondern auch eine staatspolitische, sozialpolitische und kulturpolitische Lebensfrage",(67) hielt Franz Böhm fest.

Die - bezogen auf die Wirtschaft - wesentlichen Unterschiede zwischen der Kreisauer und der Freiburger Staatsvorstellung finden sich im beabsichtigten Sozialstaatscharakter des zukünftigen Staates. Wollten die Kreisauer noch einen starken Exekutivstaat installieren, der schon bei der Primärverteilung der Einkommen Verteilungsgerechtigkeit herstellen und noch vorhandene Versorgungsprobleme im Rahmen der subsidiären Hilfe 'kleiner Gemeinschaften' hätten lösen können, so forderten die Freiburger explizit die Ausrichtung der Wirtschaftspolitik am Wohlfahrtszweck. Um der Marktwirtschaft eine breite Akzeptanz zu sichern, galt es, die Frage Markt- oder Planwirtschaft aus der Auseinandersetzung mit marxistisch beeinflußten Ideologien herauszunehmen und ihres Klassencharakters zu entheben. (68) Auch das Ordnungsmodell der vollkommenen Konkurrenz hielten sie nicht für sozialpolitisch neutral, weil es eine bestimmte Einkommensverteilung implizierte und politisch gesetzter Umverteilungsnormen zugunsten von Nicht-Marktteilnehmern bedurfte. Selbst wenn mithin die konkrete Staatsform offen blieb, die den Freiburgern vorschwebte, so lassen sich doch zum einen der Wohlfahrtszweck zum Schutz der sozial Schwachen, zum anderen das klassische demokratische Prinzip der 'checks and balances' als staatstragende Prinzipien ausmachen. Mit beidem war auch die angestrebte Wirtschaftsordnung vorgezeichnet: eine soziale Marktwirtschaft.

In der wissenschaftlichen Politikberatung, im Aufzeigen von politischen Entscheidungsalternativen samt der Konsequenzen einzelner Maßnahmen für die Gesamtordnung, sahen die Freiburger den Beitrag, den sie selbst zu leisten hatten. Die theoretische Erkenntnis war die Voraussetzung dafür, "(...) daß die staatliche Wirtschaftspolitik das wirtschaftliche Geschehen geistig und machtmäßig in den Griff bekommt."(69) Eucken und Böhm hielten, im Vorwort zu ihrer 1937 begonnenen Schriftenreihe 'Ordnung der Wirtschaft', der herrschenden Historischen Schule vor, daß die Nationalökonomie dazu nicht mehr in der Lage und deswegen zur Bedeutungslosigkeit verkommen war. Theorieverzicht war für Eucken der Verzicht auf das wissenschaftliche Analyseinstrument schlechthin;(70) die Theorie galt ihm als "(...) ein völlig unentbehrliches Mittel, um das Phänomen wirtschaftlicher Macht zu erkennen."(71) An der Auseinandersetzung mit dem Nationalsozialismus lernten die Freiburger, daß nur die Gegner der Freiheit ein klares politisches Ziel hatten, die Verteidiger bisher nicht: "Daß der Totalitarismus ein Programm hat, wissen die Menschen. Daß es demgegenüber ein Programm der Freiheit gibt - die Wettbewerbsordnung - wissen sie nicht oder nicht genug."(72)

5.3 Das Wirtschaftsordnungskonzept: Konkurrenz als Steuerungsmedium

Am Anfang dieses 'Programms der Freiheit' hatte das "(...) Gesamtproblem der Lenkung der individuellen Wirtschaft (...) zu stehen: der große alltägliche, unübersehbar zusammenhängende Wirtschaftsprozeß und die Verflochtenheit der Wirtschaftsordnungen mit den Ordnungen des Staates, des Rechtes und der Gesellschaft"(73) - so beschrieb Eucken Ausgangspunkt und Aufgabe der Wirtschaftsordnungskonzeption. Auf der Ebene der Individuen ging es darum, die wirtschaftliche Freiheit zu sichern, die Leistungsbereitschaft zu fördern und, im Sinn einer christlichen Sozialethik, das Eigennutzstreben in den Dienst des Gemeinwohls zu stellen. Auf der Ebene der wirtschaftlichen Institutionen hießen die Ziele optimale Allokation und Distribution der Güter, Maximierung des sozialen Nutzens und Aufrechterhaltung der politischen Steuerbarkeit der Volkswirtschaft.(74)

Die historisch erfahrbaren Wirtschaftsordnungen hatten alledem nicht genügt. Das klassische liberale Prinzip des 'laisser faire', die weitgehende ordnungspolitische Enthaltsamkeit, führte im Ergebnis zu Wachstumsungleichgewichten, Proletarisierung, Imperialismus und Konzentration. War der Wettbewerb erst einmal beseitigt, lag es für die Wirtschaftssubjekte nahe, Vorteile durch Einsatz von Macht anstelle von Leistung und damit Einkommen auf fremde Kosten zu erzielen. Die Freiburger bestanden deswegen auf einer aktiven Garantie der Markt- und Preisfreiheit.(75) Damit einherzugehen hatte, weil die soziale Frage 'in ihrem Kern die Frage nach der Freiheit des Menschen' war,(76) die Herstellung einer gerechten Verteilung der am

116

Markt erwirtschafteten Einkommen. Auf der anderen Seite hatten sich in den Augen der Freiburger sämtliche Wirtschaftsordnungen mit planwirtschaftlichem Charakter wegen ihrer Ineffizienz in Allokation und Distribution diskreditiert, schienen sie auch noch so sehr auf das Ziel der Verteilungsgerechtigkeit ausgerichtet. Auf solchen historischen Erfahrungen baute die 'primär marktliche Wirtschaftsordnung' der Freiburger auf, wie im Programm der 'Arbeitsgemeinschaft Erwin von Beckerath' das Objekt beschrieben wurde.(77)

Das Denken in Ordnungstypen des Wirtschaftsprozesses geht insbesondere auf Walter Eucken zurück. Eucken begriff den Ablauf der Wirtschaft als 'Spannung zwischen Bedarf und Deckung'(78) und damit als abhängig von einzelnen Wirtschaftsplänen. Ebenso hing die Wirtschaftsordnung davon ab, wer die Pläne machte: die einzelnen Wirtschaftssubjekte oder zentrale Planungsinstanzen. Vorbedingung der wirtschaftlichen Effizienz war es in jedem Fall, daß die Wirtschaftsplaner die aktuellen und die zukünftigen Knappheitsrelationen der angebotenen Güter kannten oder abschätzen konnten. Das Ordnungsproblem der Wirtschaft lag in der (Un-)Übersichtlichkeit der Entscheidungsalternativen und in der Anpassungsfähigkeit an unvorhergesehene Veränderungen der Knappheitsrelationen. Nach der Art der Wirtschaftspläne unterschied Eucken seine beiden Idealtypen von Wirtschaftsordnungen: die Zentralverwaltungs- und die Verkehrswirtschaft. Die eine verlangte die Lenkung aufgrund des Planes einer Zentralinstanz, die andere die Koordination der vielen Einzelpläne der Wirtschaftssubjekte am Markt. Beide Idealtypen differenzierte Eucken weiter nach dem Grad der Machtkonzentration: die Zentralverwaltungswirtschaft nach Freiheitsgraden im Tausch, im Konsum, in der Wahl des Berufes und des Arbeitplatzes; die Verkehrswirtschaft nach verschiedenen Konzentrationsgraden in der Zahl der Marktteilnehmer auf den Marktseiten Angebot und Nachfrage.(79)

In der Zentralverwaltungswirtschaft war die wirtschaftliche Macht im Verwaltungsapparat konzentriert, auch wenn Teilgebiete nach Kriterien der Wettbewerbssteuerung geordnet wurden, um den Bürokatieaufwand zu reduzieren. Neben reibungslosen Entscheidungswegen setzte eine funktionierende Planwirtschaft eine gute Information der Planbürokratie voraus, über die Knappheit der verfügbaren Produktionsfaktoren, die Grenzkostenlage der Produktion, die Präferenzverteilung auf seiten der Nachfrager und das Qualitätsniveau der Produkte. Ebenso brauchte die Bürokratie qualifizierte Entscheidungsträger, um die ökonomischen Interdependenzen zwischen einzelnen Märkten richtig zu beurteilen.(80) Diese Aufgabe war - wie Eucken 1944 in seinem Aufsatz über 'Die zeitliche Lenkung des Wirtschaftsprozesses und der Aufbau der Wirtschaftsordnungen' (81) nachwies - von ihrer Komplexität her nicht zu lösen, und die Delegation der Koordinationsfunktion auf verschiedene Instanzen schuf nur neue Abstimmungsprobleme. Eine Steuerung der Allokation und Distribution über bürokratisch festgesetzte Preise konnte nicht den gewünschten Erfolg bringen, weil solche Preisrelationen aller Voraussicht nach die Knappheitsverhältnisse der Güter nicht richtig widerspiegelten.

Diese Relationen zu bestimmen, die sich zudem ständig änderten, war für Eucken das eigentliche Problem der wirtschaftlichen Lenkung. Weil eine planmäßige Preissetzung letztlich beliebig war, konnte sich die Planbürokratie nur mengenorientiert verhalten. Die Zentralverwaltungswirtschaft war in der Lage, einen einmal festgestellten Bedarf schlagartig zu befriedigen, und sie war deswegen besonders gut für Zwecke der Ausrüstung und Kriegsführung geeignet.(82) Umgekehrt wurde sie aber von der Aufgabe überfordert, zwischen den verschiedenen individuellen Bedürfnissen einerseits und der Produktion andererseits eine befriedigende Abstimmung zu erzielen. Es fehlten hier wenn nicht der Wille, so doch die Mittel, um die faktischen Bedürfnisse der Nachfrager festzustellen und die Pläne danach auszurichten.(83) Die solchermaßen unzureichende Lenkung führte neben erzwungenem Konsumverzicht zu hohen Kosten des Tausches, wie sie in Wartezeiten oder Kompensationsgeschäften zum Ausdruck kamen. Und auch die komparativen Vorteile aus der internationalen Arbeitsteilung wußte die Zentralverwaltungswirtschaft nicht zu nutzen: Der Außenhandel diente ihr nur zur Schließung von Lücken im Wirtschaftsplan.(84) Die mangelnde Kontrolle der wirtschaftlichen Effizienz war es schließlich auch, die es der Zentralverwaltungswirtschaft erlaubte, die offene Arbeitslosigkeit zu unterdrücken. Die Planbürokratie wurde "(...) durch nichts gehindert, dauernd Arbeiter an solchen Arbeitsplätzen zu beschäftigen, auf denen sie weniger Werte produzieren als sie konsumieren"(85) - ein Grund mehr für die Eignung der Planwirtschaft zur Durchführung von ausufernden Infrastruktur- und Rüstungsprojekten.

Solche Aussichten bot die Verkehrswirtschaft nicht: "Die Preise üben eine Kontrolle aus, die feststellt, ob die Betriebe mit Erfolg an der Überwindung der vorhandenen Güterknappheit mitwirken. Sie belohnen die Erfolgreichen und bestrafen die Erfolglosen. Also ist der automatische Knappheitsmesser der Konkurrenzpreise, an dem sich die Einzelwirtschaften orientieren, zugleich der Kontrollapparat, dem sie unterstehen."(86) Die Marktwirtschaft, die als Verfahrensordnung keine konkreten Plananweisungen kannte, verzichtete dabei in ihrem Idealtyp der vollständigen Konkurrenz fast völlig auf die Ausübung wirtschaftlicher Macht. Wo die Preise in den individuellen Wirtschaftsplänen zu unabänderlichen Daten wurden, hing niemand von Machtkörpern mit der Fähigkeit zur Preissetzung ab, waren es zentrale Bürokratien oder einzelne Private. Auch bei faktischer Annäherung an einen Zustand hoher Konkurrenzintensität bestanden keine persönlichen Abhängigkeiten, wohl aber solche vom anonymen Markt: "Jeder hat eine so kleine Portion an Macht, daß sie unbeachtlich ist."(87) Nur unter dieser Bedingung der Machtnivellierung war der wirtschaftliche Wettbewerb ein Leistungswettbewerb und wurde sein Ausarten in einen Behinderungs- und Schädigungswettbewerb vermieden.

Die Ursachen der zunehmenden Machtkonzentration in der Verkehrswirtschaft reichten nach Ansicht der Freiburger von einer preisunelastischen Nachfrage über Beschränkungen des Marktzutritts bis hin zur Reduzierung der Zahl der Marktteilnehmer. Insbesondere die Auseinandersetzung in Oligopolen beruhte nicht mehr auf der Verbesserung der eigenen, sondern auf der Verschlechterung der Konkurrenzleistung. (88) Und das Monopol schließlich entsprach weitgehend der Zentralverwaltungswirtschaft: Hier wie dort ließ sich Konsumverzicht erzwingen, wenn auch im einen Fall mit öffentlicher, im anderen privatwirtschaftlicher Macht. Auch bei Fehlinvestitionen, die bei dezentraler Koordination der Wirtschaftspläne am Markt nur ex post erkennbar waren, hatte das Monopol gegenüber dem Konkurrenzunternehmer den Vorteil, die wirtschaftlichen Folgen über einen höheren Preis auffangen zu können. Im übrigen behinderten Fehlinvestitionen kaum die Effizienz des marktwirtschaftlichen Systems: Die hohe Variabilität in der Verwendung von Vorprodukten für einzelne Konsumgüterproduktionen verringerte die Ressourcenverschwendung drastisch, und vorhandene Überproduktionen bei Vorleistungen wurden gerade durch ihre relative Verbilligung für alternative Verwendungen attraktiv.(89) Gravierender waren schon die Koordinationsprobleme, die sich aus unvollkommenen Teilmärkten und einer instabilen Rechnungsskala ergaben. Oligopole und Monopole auf einzelnen Märkten störten ebenso wie eine fehlende Preisstabilität den Allokationsmechanismus der relativen Preise. Hier, in der Wettbewerbs- und Geldpolitik, entstand also für die Wirtschaftspolitik Handlungsbedarf; ebenso in der Sozialpolitik, der es, im Sinne einer breiten Akzeptanz der Wettbewerbsordnung, zur Korrektur der Primärverteilung der Markteinkommen bedurfte.

Die Wirtschaftsordnung, für die sich die Freiburger als die ökonomisch effizienteste entschieden, war somit eine Wettbewerbsordnung mit hoher Konkurrenzintensität. Private setzten ihre Mittel wirtschaftlicher ein als staatliche Stellen, weil ihre Wirtschaftsplanung übersichtlicher war und in Abhängigkeit und Anpassung an den Knappheitsmesser des Preisgefüges erfolgte. Wenn der Anpassungsbedarf der Volkswirtschaft stieg - besonders hoch war er in der damals aktuellen Kriegswirtschaft (90) - wurde die dezentrale Steuerung über Märkte und flexible Preise im Sinne der effizienten Allokation erst recht unverzichtbar. Gleiches galt für die Verteilungsaufgabe, der die Zentralverwaltungswirtschaft nach Meinung Lampes nur unzulänglich und mit einer aufwendigen Bürokratie gerecht werden konnte: "Alle Kräfte, die hier zur Organisation der Verteilung aufgeboten werden, gehen der Produktion dessen, was zu verteilen ist, verloren."(91) Schließlich war die Wettbewerbsordnung im Gegensatz zur Planwirtschaft auch eine Freiheitsordnung. Nicht nur, daß individuelle Freiheitsrechte mit dem Zwang zur Planerfüllung unvereinbar waren, die Wettbewerbsordnung nivellierte auch staatliche wie private Wirtschaftsmacht. Gegen Machtausübung half nur Machtbegrenzung: 'Die Macht unangetastet zu lassen, dafür aber den Inhabern der Macht Moral zu predigen' - wie Ludwig Erhard später in einer Würdigung des Werkes von Franz Böhm schrieb - war das Gegenteil der Erkenntnis, die hinter der Freiburger Entscheidung für die Wettbewerbsordnung stand.(92)

Diese Entscheidung für die Wettbewerbsordnung war eine ausschließliche. Auch kleine Zugeständnisse an planwirtschaftliche Methoden, beispielsweise an eine teilweise Preisfestlegung zur Inflationskontrolle oder eine partiell zentrale Lenkung von Grundstoffindustrien, reichten bereits aus zur unerwünschten Verzerrung des Preisgefüges. (93) Auch umgekehrt galt, daß dann, "(...) wenn man sich für die staatlich gesteuerte Wirtschaft entscheidet, keine Möglichkeit besteht, den Wettbewerb zu bemühen, um sich die Schwierigkeiten interventionistischer Wirtschaftslenkung vom Hals zu schaffen."(94) Der Staat mußte also auf die Lenkung des Wirtschaftsprozesses verzichten und sich auf die Durchsetzung der Wettbewerbswirtschaft konzentrieren. Das Leitbild war nicht der schwache, sondern der starke Staat, der zur Auseinandersetzung mit Interessengruppen in der Lage war. Um die staatliche Autorität als Ordnungsfaktor zu sichern, waren Staatseingriffe durchaus erwünscht, und auch als moralische Autorität, was Wettbewerbsverhalten und soziale Gerechtigkeit anging, mußte sich der Staat behaupten. Zu den bereits genannten Politikfeldern der Wettbewerbs-, Geld- und Sozialpolitk, auf denen es Eingriffen im Sinne der Selbsterhaltung und der Akzeptanz der Marktwirtschaft bedurfte, gesellte sich in dem sogenannten Ordo-Gedanken der grundsätzliche ordnungspolitische Auftrag der Wirtschaftspolitik: die Garantie der 'sittlich eingebundenen' Wirtschaftsordnung (95) durch eine umfassende Ausrichtung aller Politikarten mit wirtschaftlicher Relevanz auf das ordnungspolitische Ziel der Wettbewerbswirtschaft.

5.4 Die materiale Wirtschaftspolitik: Den Wettbewerb sichern!

Das Fundament der Wettbewerbsordnung sahen die Freiburger im Privateigentum. Nach Eucken lehrte die allgemeine geschichtliche Erfahrung, "(...) daß Kollektiveigentum an den Produktionsmitteln die zentrale Leitung des Wirtschaftsprozesses hervorruft".(96) Zudem erhoffte man sich vom Privateigentum eine breite Einkommensverteilung, Vermögensbildung und andere Leistungsanreize mehr. Die Vertragsfreiheit fand zunächst dort ihre Grenze, wo sie den Wettbewerb selbst einzuschränken drohte.(97) Dennoch wurde nicht jede Art von wirtschaftlicher Konzentration als unvereinbar mit der Wettbewerbsordnung angesehen. Monopolistische Marktpositionen, die aus Kostenvorteilen entstanden, beispielsweise aus der Massenproduktion, waren durchaus systemgerecht. Bekämpft werden sollten nur solche Machtkonzentrationen, die 'künstlich' durch Absprachen oder auch durch Ausnutzen von Unvollkommenheiten der Rechtsordnung entstanden.(98) Unabhängig davon barg dennoch jede Form der Konzentration in sich die Gefahr des Mißbrauchs von Marktmacht. Grundsätzlich ging es deswegen darum, den Wettbewerbsbereich in der Volkswirtschaft so weit wie möglich auszudehnen und im übrigen zumindest wettbewerbsähnliche Verhältnisse herzustellen.(99)

In allen den Fällen, in denen die Abschaffung der nationalsozialistischen Planwirtschaft zu mittelständisch strukturierten Märkten mit vielen Anbietern geführt hätte, brauchte der Staat nur für die Aufrechterhaltung der Wettbewerbsordnung zu sorgen. Zur Prophylaxe genügten Vorschriften zum Schutz vor unlauterem Wettbewerb, ein Verbot von Absprachen und eine entsprechende Ausgestaltung des Vertrags- und Konkursrechts. Auch der aktiven Belebung des Wettbewerbs, einer mittelstandsfreundlichen Politik und Hilfen beim Marktzutritt standen die Freiburger aufgeschlossen gegenüber.(100) Wo aus der Zentralverwaltungswirtschaft dagegen Marktformen entstanden wären, die als Einzel- oder Kollektivmonopole, Oligopole und Mischformen zum Typus der unvollständigen Konkurrenz zu zählen waren, empfahlen die Freiburger ein differenziertes Vorgehen: Bei hoher Konkurrenzintensität war die Zerschlagung des Monopols angebracht; anderenfalls, wenn Einzelmonopole oder Oligopole das Ergebnis gewesen wären, zog man die Kontrolle des dann beizubehaltenden Monopols vor und wollte den oder die Kontrollierten mit dem Kartellrecht zu einem wettbewerbsanalogen Verhalten veranlassen.(101) Die Kontrolle sollte sich auf die Preise, Geschäftsbedingungen und das sonstige Marktverhalten der Monopolisten erstrecken, bisweilen war auch von einer Preis- und Produktionsmengenbegrenzung seitens der staatlichen Aufsicht und - in bestimmten Sektoren wie der Grundstoffindustrie, dem Verkehrs- und Versorgungswesen - sogar von Verstaatlichung die Rede.(102) Die Schwierigkeiten einer effizienten Monopolaufsicht waren den Freiburgern durchaus bewußt, war doch hier ähnlich einer Planwirtschaft das Problem des 'richtigen' Preises zu lösen. Die Monopolaufsicht, wahrgenommen von einem Monopolaufsichtsamt mit Gerichten ähnlicher und gesetzlich garantierter Unabhängigkeit, hatte deswegen eine Randaufgabe zu bleiben.(103)

Um den Wettbewerbssektor in der Volkswirtschaft so schnell wie möglich zu vergrößern, wollten die Freiburger die gesamte Wirtschafts- und Rechtspolitik an dieser Aufgabe ausrichten. Im wirtschaftspolitischen Spektrum sahen sie dabei den 'Primat der Währungspolitik', in erster Linie verstanden als Geldwertstabilisierung.(104) Geld- und Wirtschaftsordnung, so lautete der Kernsatz der Euckenschen Lehre von den Wirtschaftsordnungstypen, hingen eng zusammen. Jede Wirtschaftsordnung hatte nur mit der zu ihr passenden Geldordnung Bestand.(105) Eine zentrale Planwirtschaft bedurfte einer umlaufenden Geldmenge, die größer war als der Wert der produzierten Güter zu den festgesetzten Preisen. Erst diese übergroße Liquidität sorgte, wie die nationalsozilistische Wirtschaft gezeigt hatte, für den funktionierenden Wirtschaftsablauf, dafür, daß in der Produktion die Kostenfrage zweitrangig wurde und daß auch die Güter verkauft werden konnten, die an den Bedürfnissen der Verbraucher vorbeiproduziert worden waren. Eine solche als Kaufkraftverlust getarnte Inflation sorgte stets für eine das Angebot übertreffende Nachfrage, zwang damit zur Rationierung und gab einen zusätzlichen Anstoß zu weiterer zentraler Planung. Umgekehrt sorgte die Verknappung des Geldes für die Orientierung an 'kaufkräftigen Bedürfnissen', was zum einen das Ende der zentralen Planung bedeutete, zum anderen eine konstitutive Vorbedingung für die Wettbewerbswirtschaft war.(106) Geldschöpfung konnte in der Wettbewerbswirtschaft kein Kapitalersatz sein, weil der güterwirtschaftliche Gegenwert fehlte. Eine Inflation bedrohte, neben ihren unsozialen Verteilungswirkungen, der Entstehung unerwünschter Scheingewinne und der Flucht in Sachwerte, die Wettbewerbswirtschaft auch deswegen, weil sie das Preisgefüge verzerrte: Die Wettbewerbspreise konnten nur dann die gesamtwirtschaftlichen Knappheiten 'immer erneut und denkbar exakt' anzeigen, wenn Preisstabilität herrschte.(107)

Von der Geldpolitik hing in der geplanten Nachkriegswirtschaft also die Funktionsfähigkeit des 'Knappheitsmessers' ab. Bei der Bekämpfung der versteckten Inflation, die das 'Dritte Reich' nach seinem Ende hinterlassen würde, glaubten auch die Freiburger nicht, ohne einen vorübergehenden Preisstopp auskommen zu können, der zur Angleichung von Geld- und Gütermenge und damit zur Wiederherstellung der Zahlungsmittelfunktion des Geldes genutzt werden sollte. Wie man sich die in der Freiburger Denkschrift angesprochene Geldmengenreduktion vorstellte, dazu finden sich Hinweise im Programm der

'Arbeitsgemeinschaft Erwin von Beckerath': In einer starken und überraschenden Kaufkraftabschöpfung sollten die Gelder auf Bankkonten um einen bestimmten Prozentsatz abgewertet, Sparguthaben und Schuldtitel eingefroren und Banknoten mit ihrem neuen Wert 'abgestempelt' werden.(108) Als Alternative zu einer solchen 'Währungsreparatur' ist wohl auch eine fundamentale Währungsreform diskutiert worden.(109) Eucken zufolge sollte der Staat keine Geldschöpfungsmacht mehr haben, sondern nur noch 'Münzmeister' sein,(110) und die sekundäre Geldschöpfung wäre unterbunden worden, wenn Banken nur bis zur Höhe ihrer Einlagen hätten Kredite ausreichen dürfen.(111) Für die Währung selbst war der Goldstandard im Gespräch, auch wenn Eucken wegen der dann gegebenen Abhängigkeit von der Goldproduktion eine allgemeine Waren-Reserve-Währung vorzog, bei der die Entsprechung zwischen umlaufender Geld- und vorhandener Gütermenge automatisch garantiert sein sollte.(112)

Unabhängig davon, wie die Währungsreform der Freiburger konkret ausgesehen hätte, war eng mit ihr das Vorhaben verbunden, die Devisenbewirtschaftung abzuschaffen. Hinter der Liberalisierung des Außenhandels stand die Absicht, zur internationalen Arbeitsteilung zurückzukehren, im Sinne des ricardianischen Theorems der komparativen Kostenvorteile.(113) Der Zentralverwaltungswirtschaft nationalsozialistischer und auch anderer Prägung warf man vor, den Außenhandel allein zur Schließung von Lücken im Wirtschaftsplan zu betreiben und ihre internen Ungleichgewichte zu exportieren.(114) Um von den vorhandenen Im- und Exportgenehmigungen und Devisenkontrollen zu einem freien Außenhandel samt freiem Devisenmarkt überzuleiten, planten die Freiburger ein Einfuhrscheinsystem: Jeder Exporteur sollte gegen Ablieferung der Devisen aus seinem Exportgeschäft einen währungsgebundenen Einfuhrschein erhalten, den er auf einem besonderen Markt an Importeure, die ihn wiederum für eine Importgenehmigung benötigten, verkaufen konnte. Für die Importscheine hätten sich damit Knappheitspreise entsprechend der Devisenvorräte entwickelt, die nach einer Phase der Verstetigung bei Normalisierung des Außenhandels Anhaltspunkte für die Wechselkurse fremder Währungen abgeben konnten.(115)

Auch in der beabsichtigten Finanzpolitik dominierte die monetäre Perspektive - die Freiburger hatten nicht vergessen, daß die zurückgestaute Inflation des 'Dritten Reiches' mit einer ausufernden Kreditschöpfung der öffentlichen Haushalte begonnen hatte. Erste Priorität unter den finanzpolitischen Vorhaben erhielt deswegen die Wiederherstellung des Haushaltsgleichgewichts, das nur durch eine kräftige Steuererhöhung erreichbar schien. Wegen der Ergiebigkeit im Aufkommen, aber auch, weil die Freiburger die Besteuerung möglichst allokationsneutral und gerecht an der Leistungsfähigkeit der Steuersubjekte ausrichten wollten, stand die Einkommensteuer im Vordergrund der beabsichtigten Finanzreform: Die Überwälzbarkeit war niedrig, der soziale Gestaltungsspielraum groß.(116) Im Tarif sollte das Existenzminimum steuerfrei bleiben, kleine und mittlere Einkommen gemäß dem fiskalischen Aspekt der Ergiebigkeit einer zunehmenden Progression unterliegen, die sich dann wieder für höhere Einkommen abflachte, um den individuellen Leistungswillen nicht zu beeinträchtigen. Die Einkommensteuer hatte gegenüber den indirekten Verbrauchsteuern, die man ohnehin als regressiv in ihrer Verteilungswirkung und als unerwünscht überwälzbar einstufte, auch den Vorteil der Steuermerklichkeit: Der Bürger und Steuerzahler sollte wissen, was sein Staat ihn kostete. Der Staat sollte darauf verpflichtet werden, über die Notwendigkeit und Höhe der Einkommensteuer aufzuklären, was auf der einen Seite einen Zwang zur sparsamen Finanzwirtschaft ausgeübt und auf der anderen Seite Äquivalenzüberlegungen zwischen Steueraufwand und Nutzen öffentlicher Dienstleistungen erlaubt hätte.(117)

Die Absicht, die Steuerlast progressiv an die Markteinkommen zu binden, zeigt den Willen der Freiburger Nationalökonomen, das Steuersystem zur Umverteilung der Einkommen zu nutzen, ganz im Sinne der beabsichtigten Bindung der Wettbewerbsordnung an den sozialen Zweck. In der Garantie der sozialen Sicherheit sah man eine legitime Erwartung der Bürger an den Staat, und man war sich bewußt, daß mit dem fiskalpolitischen Instrumentarium öffentlicher Einnahmen und Ausgaben in konjunkturpolitischer, besonders in beschäftigungspolitischer Hinsicht weiträumige Gestaltungsmöglichkeiten bestanden. Einer diskretionären Wirtschaftspolitik, insbesondere einer Vollbeschäftigungspolitik des billigen Geldes, standen die Freiburger grundsätzlich und in langfristiger Perspektive ablehnend gegenüber: Mit solchen Maßnahmen ließen sich nur kurzfristige Erfolge erzielen, die vorhandene Defizite in der Wettbewerbsordnung überdeckten und auch noch den Preismechanismus weiter beeinträchtigten. Konjunkturpolitik war nach Eucken nur erforderlich, wenn die Lenkungsmechanik der Volkswirtschaft nicht in Ordnung war, und umgekehrt war Wettbewerbspolitik die beste Konjunkturpolitik. Das gleiche galt idealiter auch für die Sozialpolitik: "Richtig verstandene Sozialpolitik ist universaler Art. Sie ist identisch mit der Politik zur Ordnung der Wirtschaft (...)."(118) Verteilungsgerechtigkeit war ohne eine Wettbewerbsordnung nicht denkbar.

Die Sozialordnung bestand allerdings nicht nur aus der Wettbewerbsordnung allein. Dafür, daß die Freiburger auch besondere sozialpolitische Maßnahmen vorsahen, waren neben sozialethischen auch politische Überlegungen entscheidend, wie Franz Böhm sie festhielt: "Ohne und gegen den Willen der Arbeiter kann eine rechtsstaatliche,

marktwirtschaftliche Ordnung sich nicht entfalten, die Fülle der
Möglichkeiten, die eine solche Ordnung zur Verwirklichung der sozialen Wohlfahrt bietet, nicht genutzt werden."(119) Der Vorbehalt
gegenüber der diskretionären Politik wurde in diesem Sinne relati-
viert; bei großen Krisen hielt man einen 'produktiven Interventionismus' für angebracht, nicht aus ökonomischen Gründen, sondern um
der Wettbewerbsordnung die Akzeptanz zu sichern. Ein frühes Beispiel
für diese Haltung lieferte Lampe 1927 in seiner Schrift 'Notstandsarbeiten oder Lohnabbau?',(120) in der er zum einen betonte, daß der
damaligen Arbeitslosigkeit wirtschaftlich nur mit Lohnabbau, Lohndifferenzierung und Erhöhung der Mobilität des Faktors Arbeit zu
begegnen war, in der er zum anderen aber auch erkannte, daß eine
solche harte Lösung zu Verteilungsproblemen bei den Anpassungslasten
führen und gegen den Widerstand der Gewerkschaften nicht durchzusetzen war. Ein späteres Beispiel sind die Vorstellungen der 'Arbeitsgemeinschaft Erwin von Beckerath' zur Regelung des Wohnungs-
marktes in der Nachkriegszeit: Um die erwarteten Engpässe am Woh-
nungsmarkt zu beheben, wurden rigide Markteingriffe geplant, zum
Beispiel Zwangseinweisungen von Mietern oder Mietpreisbindungen im
Wohnungsbestand.(121) Auch die gesamte Landwirtschaft sollte, im
Sinne der Sozialverträglichkeit von Anpassungslasten, nur ein
'prinzipiell' freier Markt sein.(122)

Im übrigen aber korrespondierte die geplante Sozialordnung durchaus
mit der Wettbewerbsordnung. Soziale Hilfe sollte in erster Linie dezentral geleistet werden; beabsichtigt war die 'Aufgliederung des
Sozialkörpers in engere Gemeinschaften'. Hier zeigen sich deutliche
Parallelen zum Kreisauer Konzept der 'kleinen Gemeinschaften' und
der dort geforderten subsidiären Hilfe im Rahmen der Nachbarschafts-
oder Betriebsgemeinschaften.(123) In die gleiche Richtung weist der
beabsichtigte Ausbau der Subsistenzwirtschaft, um mittels weitgehender Selbstversorgung bei Gütern des Grundbedarfs "(...) die Un-
sicherheiten arbeitsteiliger Marktwirtschaft zu verringern."(124)
Der einzelne sollte sich notfalls selbst helfen können, wozu insbesondere eine Stärkung der Eigeninitiative notwendig war. Nur in den
besonderen Risiken des Erwerbslebens wie Unfall, Krankheit und Arbeitslosigkeit sahen die Freiburger das Aufgabenfeld für eine kol-
lektive Sozialversicherung, allerdings auch hier unter Berücksichtigung der Haftung des einzelnen für eigene Risiken.(125) Die Arbeitslosenversicherung folgte - wie schon bei Carl Goerdeler - diesem
Verständnis des Verursacherprinzips. Als ihre Träger waren die Gewerkschaften vorgesehen, die mit der Höhe ihrer Lohnabschlüsse nach
Freiburger Ansicht dem Umfang der künftigen Arbeitslosigkeit in der
Hand hatten. Die Arbeitnehmer hätten zudem - nach entsprechender
Lohnerhöhung um den Arbeitgeberanteil - die Beiträge zur Arbeitslosenversicherung selbst aufbringen sollen, weil nach Freiburger An-

sicht zur Übernahme des Risikos auch die Befreiung vom 'falschen Schein der sozialen Tat' durch die Unternehmer gehörte.(126)

Den Bestand der Gewerkschaften, in denen die Mitgliedschaft freiwillig sein sollte, hatte der Staat als wesentliche Teilaufgabe der Sozialordnung zu garantieren. War schon die Koalitionsfreiheit ein notwendiger Bestandteil der Wettbewerbsordnung, weswegen die Freiburger auch parallele Arbeitgeberorganisationen vorsahen, so verdienten die Arbeitnehmer als die unter Angebotszwang stehende schwächere Marktseite doch besonderen Schutz. Den Gewerkschaften, die nach Berufen und Regionen gegliedert sein sollten, kam zum einen die innerbetriebliche Mitbestimmung, zum anderen die Führung der Lohnverhandlungen als Aufgabe zu. Mitbestimmung war nach Freiburger Ansicht solange kompatibel mit der Wettbewerbordnung, wie 'klare Führungsverhältnisse' bestanden.(127) Sie war, auf gesetzlicher Grundlage, betrieblich auszugestalten und sollte ihren Schwerpunkt in der Festlegung der Arbeitsbedingungen haben. Aber auch die Lohnfindung galt, ganz im Sinne weitgehender Differenzierung nach Leistung, als innerbetriebliche Angelegenheit, wobei einem staatlichen 'Treuhänder der Arbeit' die Aufgabe zugefallen wäre, als unparteiischer Makler zwischen Arbeitgebern und Gewerkschaften für die Festlegung von Rahmenrichtlinien und die Überprüfung der Lohnvereinbarungen auf ihre situative Berechtigung zu sorgen.(128)

Bei alledem stand die Förderung der Flexibilität und der Mobilität des Faktors Arbeit im Vordergrund der Bemühungen. Aktive Arbeitsmarktpolitik diente der Verhinderung von Arbeitslosigkeit, der besten Art von Sozialpolitik nach Ansicht des Freiburger Kreises. (129) Schon als Zeichen für die mangelhafte Wirtschaftslenkung, also aus ordnungspolitischer Perspektive, verbot sich die Hinnahme von Arbeitslosigkeit; ganz zu schweigen von der sittlichen sozialen Verpflichtung, die sich aus dem Freiburger Verständnis der Arbeit als 'Beruf' im lutherischen Sinne ergab.(130) Die staatlichen Arbeitsämter sollten deswegen keine Verwaltungsinstanzen der Arbeitslosigkeit, sondern aktive 'Arbeitsbörsen' sein. Zusätzlich zur Stellenvermittlung im Einzelfall hatten sie für Transparenz im Arbeitsmarkt zu sorgen, um die Allokation der Arbeit zu optimieren.(131) Mit einer systematischen Übersicht über regionale und branchenbezogene Arbeitsbedingungen und Lohnniveaus verbanden die Freiburger die Hoffnung auf eine wachsende räumliche und berufliche Mobilität der Arbeitnehmer, und sie waren auch bereit, diese zusätzlich mit Umzugs- und Ausbildungsbeihilfen zu fördern. Dennoch, eine dauerhafte Überwindung der Arbeitslosigkeit versprach nur eine Lohnfindung, die der Wettbewerbslage am Arbeitsmarkt Rechnung trug. Auch für den Faktor Arbeit sollten Knappheitspreise gelten, und deswegen mußten die Nominallöhne auch nach unten elastisch sein.(132)

5.5 Der Freiburger Ordo-Gedanke

Dem Dilemma zwischen dem ordnungspolitischen Erfordernis und der politischen Durchsetzbarkeit, das sich gerade bei Nominallohnsenkungen ergeben hätte, konnten mithin auch die Freiburger nicht ausweichen. Aufklärung sollte helfen, die, darin traf man sich mit den Volksbildungsplänen von Carl Goerdeler, die gesamtwirtschaftlichen Zusammenhänge im Blick behielt: "Daß Arbeitslosigkeit unerträglich ist, steht außer Diskussion. Aber es genügt nicht, das Gleichgewicht nur auf diesem Teilgebiet zu suchen. Viel richtiger wäre es, ein allgemeines Gleichgewicht anzustreben, bei dem unter anderen Zielen auch Vollbeschäftigung erreicht wird" (133) - so formulierte Walter Eucken das Ziel in seinen 'Grundsätzen der Wirtschaftspolitik'. Vollbeschäftigung, Geldwertstabilität, Außenhandelsgleichgewicht und Verteilungsgerechtigkeit machten die Wettbewerbsordnung aus; Zielkonflikte gab es nicht bei Annäherung an die vollständige Konkurrenz. Der Interdependenz der Ziele entsprach die der Mittel. Um unerwünschte, kontraproduktive Wirkungen einzelner Teilpolitiken auszuschalten, beispielsweise die Förderung der wirtschaftlichen Konzentration durch das Steuerrecht, verlangte Walter Eucken die politische Abstimmung auf das ordnungspolitische Ziel: "Somit also wird die gesamte Wirtschaftspolitik, von der Agrarpolitik bis zur Patentpolitik oder zum Gesellschaftsrecht die Aufgabe erhalten, auf den Märkten die vollständige Konkurrenz oder den Leistungswettbewerb zu verwirklichen".(134) Alle politischen Maßnahmen, auch die Sofortmaßnahmen nach Überwindung der Kriegswirtschaft, waren im Hinblick auf die Dauerhaftigkeit der Wettbewerbsordnung zu treffen; insbesondere galt es auch, externe Effekte wie die Kosten der Ausbeutung der natürlichen Ressourcen der Volkswirtschaft in die Einzelwirtschaftspläne zu integrieren.(135) Unentbehrlich im Sinne der Dauerhaftigkeit der Wettbewerbsordnung war schließlich auch deren Bindung an den sozialen Zweck.

Die soziale Marktwirtschaft des Freiburger Kreises, wenn sie auch noch nicht die spätere Soziale Marktwirtschaft Ludwig Erhards und Alfred Müller-Armacks war, nahm damit wesentliche Elemente der künftigen deutschen Wirtschaftsordnung voraus. 'Sozial' war ihr ständiges Bestreben zum Schutz der schwächeren Marktseite, und 'Marktwirtschaft' war sie deswegen, weil die Steuerung durch flexible Preise so weit wie möglich zum Tragen kommen sollte. Ihr Dreh- und Angelpunkt war der Wettbewerb, zum einen als Mittel der Leistungssteigerung, zum anderen als Mittel der Machtkontrolle. Im Zentrum des Ordnungsentwurfes stand der Gedanke der Freiheit, die gesichert war durch Nivellierung privater wie öffentlicher Macht: jeder einzelne sollte nur von der Gesamtheit aller anderen Wirtschaftssubjekte, eben vom anonymen Markt abhängen. Diese soziale Marktwirtschaft als

Verfahrensordnung ergab sich nicht von selbst. Die für die konkrete Wirtschaftspolitik wichtigste Erkenntnis der Freiburger war die aktive Rolle, die der Staat bei der Setzung ihrer Rahmenbedingungen zu übernehmen hatte: der Ordo-Gedanke, der der im Gefolge des Freiburger Kreises entstandenen Freiburger Schule der Nationalökonomie auch den Namen 'Ordoliberalismus' einbrachte. Als dritter Weg nach den historischen Erfahrungen der ungebundenen Marktwirtschaft und der nationalsozialistischen Zwangswirtschaft setzte er, im Gegensatz zur 'invisible hand' des sich selbst überlassenen Marktes und dem diktatorischen Führerprinzip, auf die sichtbar ordnende Hand des Staates, auf die Veranstaltung von Wettbewerb und auf die Zusammenbindung von Sozial- und Wettbewerbsordnung.

In diesen beiden grundsätzlichen Fragen, auch in einigen Teilen der konkreten Wirtschaftspolitik, haben diese im Widerstand gegen den Nationalsozialismus entstandenen Gedanken die Wirtschaftsordnung der jungen Bundesrepublik bestimmt, wie der folgende Abschnitt zeigen wird. Als Ansatzpunkt für diese Wirkungsanalyse mag hier zunächst genügen, daß der Prioritätenkatalog der Freiburger noch heute für die Wirtschaftspolitik gilt, von der rechtlichen Garantie des Privateigentums und der Vertragsfreiheit über die wettbewerbspolitische Offenhaltung der Märkte und die Aufrechterhaltung eines intakten Preismechanismus bis hin zu den materialen Zielen der Beschäftigungssicherung und der Preisniveaustabilität. Abseits der hehren Ziele hatten die Freiburger keine Illusionen über die Realität der kommenden Wirtschaftsordnung. Franz Böhm sah ihre Unvollkommenheit voraus: "Wir werden zunächst einmal eine Wirtschaft des laisser faire, laisser aller mit illegalen nationalen und internationalen Kartellen, privatwirtschaftlichen Konzernen von teilweise sehr beträchtlicher Marktmacht, öffentlichen und halböffentlichen Mammutbetrieben und Betriebskombinationen von noch sehr viel stärkerer Marktmacht, darüber eine völlig unzureichende Monopolkontrolle bekommen, - eine in sich verfälschte und verderbte Verkehrswirtschaft, in der der Staat mit einem ganzen Instrumentarium von Interventionen wirtschafts- und sozialpolitischer Art, von Zeit zu Zeit aber auch mit konjunkturpolitischen Experimenten, Stützungsaktionen, währungspolitischen Manipulationen usw. eingreifen wird."(136) Besonders die politische Macht der Interessenverbände bedrohte die Marktwirtschaft: Lobbyisten wollten der Konkurrenz ausweichen und von der Wirtschaftsordnung nur die Freiheit behalten, das Risiko aber ausschalten.(137) Und doch besagt dies nicht, daß die Freiburger ihr Vorhaben von vornherein als gescheitert betrachteten. Die konkreten Entscheidungen über die Ausgestaltung der Wirtschaftsordnung hatten vielmehr im politischen Raum erst noch zu fallen - dies war das zentrale Element des Freiburger Ordo-Gedankens.

6.
DIE WIDERSTANDSBEWEGUNG UND DIE SOZIALE MARKTWIRTSCHAFT

Die wissenschaftliche Politikberatung, in der die Freiburger ihren Beitrag zur wirtschaftspolitischen Entscheidungsfindung sahen, gestaltete sich schwierig, unmittelbar nach dem Zusammenbruch des 'Dritten Reiches' und nach der Übernahme der politischen Verantwortung durch die Alliierten im Mai 1945. Die französische Militäradministration nahm diverse Gutachten des Freiburger Kreises an, darunter auch ein kurz gefaßtes zur Neuordnung der Volkswirtschaft, das die Währungsfrage in den Mittelpunkt stellte. Die amerikanische Besatzungsmacht, der die Freiburger ebenfalls ihre Gedanken nahebringen wollten, verzichtete zunächst weitgehend auf eine Zusammenarbeit. Nur zum Thema Währung holte man Rat aus Freiburg ein, so ein Gutachten für den Stab von General Eisenhower vom Juli 1945, ein weiteres über den Zusammenhang zwischen Währungs- und Wirtschaftsordnung von der Jahreswende 1945/46 und schließlich die von Walter Eucken selbst verfaßten 'Bemerkungen zur Währungsfrage' vom April 1946.(1) In diesen Dokumenten plädierte der Freiburger Kreis für die Wettbewerbsordnung und gegen die Planwirtschaft, für eine knappe Geldversorgung, ein ausgeglichenes Staatsbudget und ein unabhängiges Zentralbanksystem. Die Gutachten enthielten Vorschläge zu einer Währungsreform und zu deren technischer Ausführung, die in Grundzügen, so bei dem gebotenen Überraschungseffekt zur Vermeidung einer Flucht in Sachwerte, bei der geplanten Differenzierung nach Kassenbeständen und Bankguthaben und bei der Forderung nach einer Einschränkung der Giralgeldproduktion, durchaus Ähnlichkeiten aufwiesen mit der dann im Juni 1948 von den Alliierten in die Tat umgesetzten Währungsreform.

Erfolgreicher waren die Freiburger in ihrem Bemühen, die deutschen Instanzen der Wirtschaftspolitik zu beraten, die einige Zeit nach dem Zusammenbruch wiederentstanden. So diente Adolf Lampes Ausarbeitung 'Zur Problematik der deutschen Währungssanierung'(2) als Vorlage für ein wirtschaftliches Sofortprogramm, das die Hochschullehrer der Volkswirtschaftslehre bei der Wiederbegründung des Vereins für Socialpolitik im September 1947 in Rothenburg ob der Tauber beschlossen. Dieser 'Lampe-Plan', der unter anderem Vorschläge zur Kaufkraftabschöpfung, zur Wiederherstellung flexibler Preise und zur Schaffung von Arbeitsplätzen enthielt, wurde nicht nur dem späteren Direktor der bizonalen Verwaltung für Wirtschaft Ludwig Erhard zugeleitet, sondern war auch die grundlegende Vorarbeit für den Ende Januar 1948 gegründeten 'Wissenschaftlichen Beirat' dieser Verwaltung, zu dessen zwanzig Mitgliedern die Freiburger Böhm, Eucken und Lampe zählten.(3)

Der Einfluß dieses Wissenschaftlichen Beirats auf Erhard und seine Politik der Sozialen Marktwirtschaft darf nicht unterschätzt werden. Er wurde besonders deutlich in dem Gutachten zur Währungsreform, das am 18.4.1948 erstattet wurde, drei Tage vor der Rede, in der Ludwig Erhard vor dem Frankfurter Wirtschaftsrat die Grundzüge seiner künftigen Wirtschaftspolitik erläuterte. Das Gutachten nannte die Argumente für die gebotene Einführung der Sozialen Marktwirtschaft: Der Geldschnitt einer Währungsreform, so wurde festgestellt, würde die effektive Nachfrage so verknappen, daß die Zwangsbewirtschaftung in weiten Bereichen der Wirtschaft aufgehoben und durch einen Markt mit funktionsfähigem Preismechanismus ersetzt werden könne. Der Abbau der Bewirtschaftung war, auch wenn er zur Vermeidung sozialer Härten stufenweise erfolgen sollte, selbst Teil der Sozialpolitik: "Die Steuerung durch den Preis dient dazu, das Sozialprodukt zu steigern. Dies ist die wichtigste sozialpolitische Aufgabe des Augenblicks", (4) hieß es in dem Gutachten. Gemäß der Tradition der Freiburger Widerstandsarbeit hatte die Wettbewerbsordnung erste Priorität. Nicht erst nach Walter Euckens frühem Tod im März 1950 kam es Franz Böhm zu, die Freiburger Konzeption an dieser Stelle weiterzutragen. Böhm wirkte entscheidend an den 'Düsseldorfer Leitsätzen' der CDU vom 15. Juli 1949 mit, in denen die Soziale Marktwirtschaft zum Programm für die erste Bundestagswahl erhoben wurde und die in weiten Teilen dem ordoliberalen Gedankengut folgten.(5) Auch in der langjährigen Auseinandersetzung um die gesetzliche Sicherung der Wettbewerbsordnung, die erst 1957 mit dem kompromißbehafteten Gesetz gegen Wettbewerbsbeschränkungen ihren Abschluß fand, verteidigte der Bundestagsabgeordnete Böhm bis zuletzt die Positionen des Freiburger Kreises.(6)

Aus dem engeren Kreis der Bewegung des 20. Juli 1944 konnte nur der Gewerkschafter Jakob Kaiser einen vergleichbaren persönlichen Beitrag zur Institutionalisierung der Wirtschaftsordnung leisten. Als unmittelbares Vermächtnis aus dem Widerstand hatte für ihn nach dem Kriegsende die Mitarbeit an der Neugründung der Gewerkschaften als Einheitsgewerkschaft im Vordergrund gestanden. In der sowjetisch besetzten Zone, seinem Wirkungskreis, in dem die Gewerkschaften seit dem 10.6.1945 zugelassen waren, geriet die neue Einheitsgewerkschaft jedoch bald unter kommunistische Kontrolle. Jakob Kaiser, der ehemalige christliche Gewerkschafter, sah sich nicht nur hier an den Rand gedrängt. Auch angesichts der Bestrebungen, KPD und SPD in der Sowjetzone zu vereinigen, hielt er es für dringend geboten, sich politisch vom Marxismus abzugrenzen. Den geeigneten Ort dafür sah er in der Berliner CDU, an deren Gründung er sich am 26.6.1945 beteiligte und deren Vorsitz er nach dem von der sowjetischen Militärregierung erzwungenen Rücktritt des ersten Vorsitzenden Andreas Hermes übernahm.(7) Ein weiteres Motiv für seine politische Arbeit war das Engagement für die deutsche Einheit. Nach Kaisers fester Überzeugung hatte Deutschland als 'Brücke' zwischen Ost und West zu dienen.(8) Das Gewicht, das Kaiser der deutschen Frage zumaß, wird unter anderem deutlich an seinem Beharren auf dem Namen 'Christlich-Demokratische Union Deutschlands' (CDUD) für die sowjetzonale CDU, an deren gesamtdeutscher Programmatik und am langen Ausharren auf dem Berliner Außenposten, das im späteren Machtkampf mit Konrad Adenauer um die Führung der westdeutschen CDU den Ausschlag für Kaisers Niederlage gab. Jakob Kaiser wirkte später dann, nach seiner Zeit als Berliner Abgeordneter im Parlamentarischen Rat, als Minister für gesamtdeutsche Fragen im Kabinett Adenauer.

Der Wirtschafts- und Sozialpolitiker Kaiser widmete sich den Sozialausschüssen der CDU. Johannes Albers, zuvor ebenfalls ein christlicher Gewerkschafter, hatte sie am 14.12.1945 per Sammlungsaufruf gegründet. Er übergab den Vorsitz an Kaiser am 16.5.1949, der hier nach seiner Amtsenthebung vom Vorsitz der CDUD im Frühjahr 1948 ein neues Betätigungsfeld fand. Kaiser begriff die Sozialausschüsse als Ergänzung zur Einheitsgewerkschaft, als Vertretung der christlichen Arbeitnehmerschaft und damit als die eigentliche Nachfolgeorganisation der christlichen Gewerkschaften der Weimarer Zeit.(9) Analog zu der Koalition, die den Widerstand gegen Hitler getragen hatte, sah er die Sozialausschüsse als "(...) Brücke zwischen den ernsthaften konservativen Schichten unseres Volkes und den Kreisen, die vom Marxismus gekommen sind."(10) Diese Brücke wollte Kaiser auch programmatisch schlagen zwischen dem Christentum und dem Sozialismus. Er galt als exponierter Vertreter des christlichen Sozialismus in der frühen CDU. Sein Programm war nach eigenem Urteil Ausdruck einer 'von christlicher Verantwortung geprägten' Wirtschafts-, Sozial- und Staatsauffassung,(11) wobei er vom Sozialismus das sozialpolitische Wollen und vom Christentum die Grundsätze des Personalismus und der Subsidiarität übernahm.

Mit dieser Position gerieten Kaiser und die Sozialausschüsse nicht selten in das Dilemma zwischen dem sozialpolitischen Maximalismus der Gewerkschaften und dem Minimalismus der liberal-konservativen Fraktion in der CDU.(12) Ein Beispiel dafür waren die Auseinandersetzungen um das Betriebsverfassungsgesetz, bei dessen Verabschiedung am 19.7.1952 im Bundestag sich Kaiser und fünf andere Vertreter der Sozialausschüsse ihrer Stimme enthielten, weil dieses Gesetz, verglichen mit den Mitbestimmungsplänen aus der Widerstandszeit, unbefriedigend blieb. Schon zuvor hatten die Forderungen der Gewerkschaften nach Wirtschaftsdemokratie, die auch auf die überbetriebliche Mitbestimmung zielten, die Sozialausschüsse gelähmt, in denen dezentralen Formen der betrieblichen Mitbestimmung der Vorzug gegeben wurde.

Kaiser ließ sich dadurch aber nicht von der Einheitsgewerkschaft ab-
bringen, auch nicht durch den Kollisionskurs, den die Gewerkschaften
gegen die Regierung Adenauer einschlugen, oder durch die geringe Berücksichtigung, die Unionsmitglieder in den gewerkschaftlichen Füh-
rungsgremien fanden. Als der Erbe der Widerstandsbewegung mißbillig-
te er alle Abspaltungsversuche christlicher Gewerkschafter, obwohl
diese unter seiner Führung zeitweise durchaus erfolgversprechend
hätten verlaufen können. Mit Worten wie: "Die echten Konservativen,
die mit uns den Weg des Widerstandes gegen Hitler gegangen sind,
würden sich im Grabe umdrehen (...). Die aufrechten Konservativen
des Widerstandes waren nämlich anderen Geistes als mancher von
heute",(13) wies Kaiser dieses Ansinnen zurück, hier auf der
Deutschlandtagung der Sozialausschüsse 1953 in Essen. Bei der gleichen Gelegenheit griff er jedoch nicht minder die parteipolitische
Ausrichtung der Gewerkschaften an: "Nur Angehörige der SPD an der
Spitze der Industrieverbände. (...) Hätte ich meine Freunde Wilhelm
Leuschner und Max Habermann an meiner Seite gehabt, so hätte ich nur
sagen können: Unseres gemeinsamen Strebens ganzer Jammer blickt mich
an."(14) Zwar spalteten sich die christlichen Gewerkschaften Ende
1955 schließlich doch noch von der Einheitsgewerkschaft ab, doch
Jakob Kaiser konnte es sich immerhin als persönliches Verdienst an-
rechnen, daß diese Abspaltung bedeutungslos und die Einheitsgewerkschaft faktisch erhalten blieb. Den restlichen christlichen Gewerkschaftern im DGB bot sich unter dem Schild des Minderheitenschutzes
die Chance zum Neubeginn.

Der Beitrag, den die Widerstandsbewegung zur Wirtschaftsordnung der
Nachkriegszeit leistete, läßt sich, trotz Kaiser und Böhm, nicht
isoliert am Wirken von einzelnen Personen messen. Viele der Widerstandskämpfer, die in der Konspiration zur Wirtschaftsordnungsdebatte beigetragen hatten, so Carl Goerdeler, Johannes Popitz, Jens
Jessen, Wilhelm Leuschner, Julius Leber, Helmuth Graf von Moltke,
Peter Graf Yorck zu Wartenburg und Carlo Mierendorff, waren hingerichtet worden oder umgekommen; andere Mitglieder der Widerstandskreise wollten oder sollten in der Nachkriegszeit herausgehobene
öffentliche Ämter nicht übernehmen. Hermann Josef Abs zum Beispiel,
der sich am Rande des Kreisauer Kreises mit Währungsfragen befaßt
hatte, lehnte die Wahl zum ersten Präsidenten der Bank Deutscher
Länder ab; Theodor Steltzer, ein anderes Mitglied der Kreisauer,
galt einige Zeit als aussichtsreicher Kandidat für das Amt des
Oberdirektors der bizonalen Wirtschaftsverwaltung, wurde aber bei
dieser Kandidatur von Konrad Adenauer, der keine Rivalen in der
Union duldete, zugunsten des als schwach eingestuften Hermann Pünder
ausgespielt.(14)

Der Streit um die Wirtschaftsordnung, der bis weit in die 50er Jahre hinein andauerte, wurde auf dem Feld der Wirtschaftspolitik und in der Programmatik von Parteien und Verbänden ausgetragen. Der Einfluß, den die Widerstandsbewegung auf die Wirtschaftsordnung der Sozialen Marktwirtschaft hatte, läßt sich, im Sinne der zu Beginn dieser Untersuchung definierten Kategorie der geschichtlichen Kontinuität, nur erkennen, wenn deutlich wird, in welchem Maße deren ordnungspolitische Gedanken in solche Programme und in die Wirtschaftspolitik Eingang fanden, in welchem Maß der Widerstand die kommende Wirtschaftsordnung vorausdachte. Dies soll nun im folgenden untersucht werden, zunächst an Hand der Programmatik von Parteien und Verbänden, wobei sich bei den Gewerkschaften, der SPD und der CDU (Abschnitte 6.1 - 6.3) Verbindungen zur Widerstandsbewegung aufzeigen lassen, anschließend dann an Hand der Grundlagen von Ludwig Erhards Wirtschaftspolitik (Abschnitt 6.4) und des institutionellen Wiederaufbaus der Volkswirtschaft (Abschnitt 6.5). Als Vergleichsgrundlage dienen die beiden ordnungspolitisch eindeutigen Wirtschaftsordnungskonzepte aus der Widerstandsbewegung, das in Abschnitt 4 bzw. 5 beschriebene Konzept des Kreisauer bzw. des Freiburger Kreises. Eine Kontinuität, die sich hier feststellen läßt, bezieht auch den Goerdeler-Kreis ein, denn in der zivilen Kerngruppe des Widerstands wurden, wie Abschnitt 3 gezeigt hat, die wesentlichen Elemente beider Konzeptionen vertreten.

6.1 Die Gewerkschaften: Organisatorische Kompromisse und programmatisches Scheitern

Von der Zusammensetzung der Widerstandskreise her hatten die Pläne der Widerstandsbewegung vor allem in den Gewerkschaften die Chance, auf fruchtbaren Boden zu fallen. Der Führungsverlust, der nach dem 20. Juli 1944 die Gewerkschaftsbewegung traf, führte allerdings zu einer unübersehbaren Restauration Weimarer Formen bei der Wiedergründung. Die betraf gerade die verbliebenen Führungskader, die im Untergrund oder im Exil zwar in ihrer antifaschistischen Tradition bestärkt worden waren, im übrigen aber an die Arbeit anknüpfen wollten, die von den Nationalsozialisten am 2. Mai 1933 gewalttätig unterbrochen worden war.(16) Die Vorstellung einer zentralistischen, weltanschaulich neutralen Einheitsgewerkschaft, die aus dem Widerstand tradiert war, verlangte eine einheitliche Organisation, der alle Mitglieder angehören sollten. Die Gewerkschaftsgruppen, die das 'Dritte Reich' im Exil überdauert hatten, standen zwar ebenfalls zum Konzept der Einheitsgewerkschaft, lehnten zum Teil aber die zentralistische Lösung ab und bevorzugten eine Industrieverbands-Struktur mit gemeinsamer Dachorganisation.(17)

Im Oktober 1945 hatte der 'Freie Deutsche Gewerkschaftsbund' in der britischen Zone als erste Gewerkschaftsorganisation den Antrag auf Zulassung gestellt. Sein Grundsatzprogramm, die '13 Aachener Punkte' vom März 1946,(18) folgte dem Konzept des Widerstands und war Vorbild für viele ähnliche lokale Gründungen in der Folgezeit. Auch Hans Böckler, der spätere erste Vorsitzende des DGB, vertrat in einer Unterredung mit der britischen Militärregierung am 12.6.1945 die straffe Organisationsform. Die Alliierten, zunächst die Briten, später auch die Amerikaner, forderten aber den dezentralen Aufbau der Gewerkschaften, parallel zu ihrem Bemühen, in der gesamten Volkswirtschaft die Konzentration von Wirtschaftsmacht zu vermeiden. Sie verlangten nach einer Förderation autonomer Einzelgewerkschaften und machten erst nach dem Einlenken der Gewerkschafter auf dieses Industrieverbandsprinzip zur Jahreswende 1945/46 den Beginn der Gewerkschaftsarbeit möglich.(19)

Nachdem die britische Militärregierung am 18.1.1946 eine entsprechend gestaltete Satzung genehmigt hatte, konnte der DGB der britischen Zone am 25.4.1947 seinen Gründungskongreß abhalten, als Gewerkschaftsbund, der mit Hans Böckler an der Spitze etwa zwei Millionen Arbeitnehmer vereinte. In der amerikanischen und der französischen Zone waren die gewerkschaftlichen Zusammenschlüsse nur auf Länderebene gestattet, und die US-Militäradministration erzwang zudem den Gewerkschaftsaufbau nach dem Muster von Fachverbänden. Es dauerte bis zum 6.11.1947, bevor sich ein gemeinsamer Gewerkschaftsrat für die britische und die amerikanische Zone bilden konnte, und noch ein ganzes Jahr länger, bis sich auch die Gewerkschafter der französischen Zone anschließen durften. Die Gründung des bundesweiten DGB im Oktober 1949 bedurfte der Schubkraft des eskalierenden 'Kalten Krieges'. Dabei war der späte Gründungszeitpunkt nicht allein auf die Verzögerungstaktik der Alliierten zurückzuführen. Für die Gewerkschaftsbewegung selbst hatte der Einheitsgedanke immer eine nationale Komponente gehabt. Erst der faktische Vollzug der deutschen Teilung machte die Gründung ohne Beteiligung der sowjetzonalen Gewerkschaften möglich. Der westdeutsche DGB, der schließlich als Dachorganisation von 16 Industrieverbänden mit eigener Tarif- und Finanzhoheit entstand, erreichte im übrigen auch von der Mitgliedschaft her nicht die umfassende Einheit, weil die Deutsche Angestellten-Gewerkschaft dem Zusammenschluß fernblieb.(20)

In den politischen Instanzen der Westzonen waren die Gewerkschaften mangelhaft vertreten. Im Wirtschaftsrat der Bizone unterrepräsentiert, konnten sie auf die aktuelle Wirtschaftsplanung ebensowenig Einfluß nehmen wie auf die Grundlegung der künftigen Wirtschaftsordnung. Dem Parlamentarischen Rat, der verfassungsgebenden Versammlung, gehörten führende Gewerkschafter als stimmberechtigte Mitglie-

der gar nicht an; sie hatten mithin keine Möglichkeit, den dort ge-
übten Verzicht auf die Kodifizierung einer Wirtschafts- und Sozialordnung abzuwehren.(21) Dabei hatten die Gewerkschaften bereits im
Februar 1946 den ersten Verfassungsentwurf vorgelegt. Am 15.9.1946
versandte Böckler an alle Ministerpräsidenten, Parteivorstände und
Landtagsabgeordnete ein ähnliches Programm 'Zur Verfassungsfrage',
das in 38 Artikeln im wesentlichen das Streikrecht, die Sozialisierung der Grundstoffindustrien, das Recht auf Arbeit und die Wirtschaftsdemokratie forderte und das die Aufnahme entsprechender Bestimmungen in die Länderverfassungen erreichen sollte. Tatsächlich
gingen dann in die 1946 und 1947 verabschiedeten Verfassungen teilweise recht weitgehende Vorschriften zur Mitbestimmung und zur Sozialisierung ein, doch trafen solche Regelungen meist nicht auf die
zur Rechtskraft notwendige Zustimmung der Militärregierungen.(22)

Immerhin aber fand das Mitbestimmungskonzept Eingang in die zeitge-
nössische Programmatik der Volksparteien SPD und CDU. In dem Ziel
der völligen betrieblichen und überbetrieblichen Gleichberechtigung
der Arbeitnehmer entsprach es nach wie vor der im Widerstand vertretenen Position. Gleiches galt für die Sozialisierungsforderung, die
von der Gewerkschaftsführung längst vom Ziel einer Vollverstaat-
lichung auf die auch von der Widerstandsbewegung unterstützte Überführung der Grundstoffindustrie und der Großbanken in das Gemeineigentum zurückgenommen worden war.(23) Für die Gewerkschaften war
dies die letzte Möglichkeit, die entstehende Wirtschaftsordnung doch
noch zu beeinflussen. Der erfolglose Demonstrationsstreik vom
12.11.1948 gegen die Verteilungswirkungen von Erhards neuer marktwirtschaftlicher Politik hatte ihnen den Mangel an eigener Durch-
setzungskraft bewußt gemacht.(24) In der regierenden CDU sahen sich
die gewerkschaftsnahen Sozialausschüsse aber mittlerweile über dem
Erfolg der Marktwirtschaft und unter dem wachsenden Einfluß des
Koalitionspartners FDP in den Hintergrund gedrängt; sie konnten den
Forderungen der Gewerkschaften keinen Nachdruck mehr verleihen. Auch
der SPD mangelte es an der politischen Durchschlagskraft. Das gewerkschaftliche Mitbestimmungskonzept ging am 25.7.1950 zwar noch in
einen Gesetzentwurf der Partei ein, der neben der paritätischen Mitbestimmung in den Betrieben auch die Parität in den Kammern vorsah.
Der Entwurf wurde dann aber mangels Erfolgschancen im Bundestag gar
nicht erst eingebracht.(25)

Der letzte Versuch, den Hans Böckler im Oktober 1948 in einem
Schreiben an Konrad Adenauer, den Präsidenten des Parlamentarischen
Rates, mit dem Ziel unternahm, das Recht auf Arbeit, das Streikrecht, ein Kartellverbot und die bekannten Vorstellungen zur Wirtschaftsdemokratie doch noch im Grundgesetz zu verankern, blieb ebenfalls ohne Erfolg.(26) Von diesen und anderen Forderungen des Grund-

satzprogramms von 1948, die da lauteten: Priorität für eine bedarfs-
gerechte Versorgung, Sozialisierung von Schlüsselindustrien und umfassende Mitbestimmung, erreichte der DGB in der Nachkriegszeit nur
die letztere und auch diese nur zum Teil. Während das Betriebsverfassungsgesetz von 1952 für die Gewerkschaften eine schwere Niederlage bedeutete, war die Montanmitbestimmung von 1951 immerhin ein
Erfolg, wenn auch ein auf die innerbetriebliche Parität und bestimmte Branchen begrenzter. Doch selbst diesen beschränkten Erfolg durften die Gewerkschaften im Grunde nicht ihrer eigenen Interessenvertretung zurechnen, war doch die Montanmitbestimmung in erster Linie
eine Folge der Entflechtungspolitik der britischen Militäradministration.(27) Abgesehen von der mehr oder minder verwirklichten Einheitsgewerkschaft war also, dies läßt sich an dieser Stelle festhalten, den aus der Widerstandsbewegung tradierten gewerkschaftlichen Vorhaben in der Nachkriegszeit nur ein sehr geringer Erfolg
beschieden.

6.2 **Die Sozialdemokraten: Auf dem Weg zum freiheitlichen Sozialismus**

Unabhängig davon, daß die Gewerkschaften ihre Forderungen nicht mit
dem nötigen Nachdruck vertraten, wurde die Festschreibung der Wirtschaftsdemokratie und anderer Gewerkschaftsanliegen in der Verfassung der entstehenden Bundesrepublik auch von der Absicht der SPD
vereitelt, das Grundgesetz als ein Provisorium zu betrachten. Die
Teilung des deutschen Volkes und die noch fehlende Souveränität
gegenüber den Alliierten waren, folgt man den Erinnerungen Carlo
Schmids, für die SPD-Fraktion im Parlamentarischen Rat die wesentlichen Gründe dafür, keine bestimmte sozialökonomische Ordnung im
Grundgesetz zu kodifizieren.(30) Im übrigen knüpfte die SPD an ihre
Weimarer Tradition an. Ihre führenden Widerstandskämpfer waren zumeist umgekommen, und in den aus dem Exil zurückgekommenen Gruppen
prägten Eliten, die schon vor 1933 aktiv gewesen waren, das Erscheinungsbild. Erhalten blieb zunächst auch der Charakter einer Ge-
sinnungsgemeinschaft, die sich gegenüber den 'Kapitalisten' abgrenz-
te.(29)

Die Hannoveraner Gruppe um Kurt Schumacher bestimmte die Stationen
der Parteientwicklung. Die Gründung der örtlichen SPD am 6.5.1945
war der Beginn der Organisation in den Westzonen. Auf der 1.
'Reichskonferenz' vom 5.-7.10.1945 in Wennigsen bei Hannover wurde
die Auseinandersetzung mit der kommunistenfreundlichen Ost-SPD entschieden und deren Zentralausschuß aus der Partei ausgeschlossen,
und auf dem ersten Parteitag in Hannover vom 9.-11.5.1946 konsti-

tuierte sich dann die West-SPD.(30) Kurt Schumacher, der erste Vorsitzende, hatte im Weimarer Reichstag zum Nachwuchs der Fraktion um Mierendorff, Haubach und Leber gezählt und dann die Zeit des 'Dritten Reiches' nahezu ohne Unterbrechung in Gefängnissen und Konzentrationslagern verbracht. Wenn sein politisches Interesse auch vor allem der Deutschland- und Außenpolitik galt, so hinderte ihn diese Prioritätensetzung nicht an der Bereitschaft, die sozialökonomische Neuorientierung der SPD zu fördern. Schumacher sah die Notwendigkeit, die Partei im Sinne der politischen Mehrheitsfähigkeit für weitere soziale Schichten zu öffnen. Das Heranwachsen zu einer Volkspartei war für die SPD schon deswegen geboten, weil sie ihre Hochburgen im Osten verloren hatte und nun auf Regionen beschränkt war, in denen der soziodemographische Aufbau der Bevölkerung, die politische Tradition und die ökonomischen Bedingungen ihr weniger entgegenkamen.(31)

Dennoch hatte die SPD nach 1945 in den Westzonen bemerkenswerte politische Erfolge. Unbelastet vom Erbe des Nationalsozialismus, war die Partei in allen Landesregierungen vertreten und stellte in der Regel den Ministerpräsidenten. Ein Gutteil zu diesem Erfolg trug die wirtschaftspolitische Orientierung bei. Schumacher knüpfte sowohl an den Versorgungsnotstand wie an die wiedergewonnene Freiheit in der Nach-Hitler-Zeit an, wenn er sagte: "Der Sozialismus in Deutschland will die Persönlichkeit (...). Für die deutsche Sozialdemokratie ist unvorstellbar ein Sozialismus der autoritär dirigierten Vermassung."(32) Bereits die 'Leitsätze zu einem Wirtschaftsprogramm', die der ersten SPD-Konferenz nach dem Kriege am 5.10.1945 vorlagen, wiesen deutlich darauf hin, daß mit den Worten Sozialismus und Planwirtschaft nur eine moderate Umverteilung der Wirtschaftsmacht zwischen Kapital und Arbeit gemeint war. An erster Stelle stand das Bekenntnis gegen die Zwangswirtschaft. Die Vergesellschaftung sollte auf die Großindustrie beschränkt bleiben und zu genossenschaftlichen Formen führen. Die 'Planung' der Volkswirtschaft war eine Setzung von makroökonomischen Zielgrößen, und die 'Lenkung' bestand aus den Mitteln der diskretionären Wirtschaftspolitik. Die Mitbestimmung galt als Instrument der Reform: "Wirtschaftsdemokratie ist nicht mehr reiner Kapitalismus und noch nicht sozialistische Wirtschaft, sie ist Zwischenland zwischen Kapitalismus und Sozialismus, Vorstufe der Sozialisierung und ihr Wegbereiter", hieß es in den Leitsätzen.(33)

Dem Augenschein nach setzte die SPD in der Wirtschaftspolitik der unmittelbaren Nachkriegszeit dennoch auf planwirtschaftliche Methoden. Dies lag in der Hauptsache daran, daß sich die Wirtschaftspolitik in Fortführung der Kriegswirtschaft weitgehend auf die Verwaltung des Gütermangels zu beschränken hatte. Viktor Agartz jedoch, der für die SPD seit dem 15.2.1946 das 'Zentralamt für Wirtschaft' der britischen Zone leitete, bekannte sich offen zur Planwirtschaft: ihm galten Faschismus und Imperialismus als die gefährlichsten Erscheinungsformen des Spätkapitalismus, der nur mittels weitreichender Verstaatlichung und zentraler Wirtschaftsplanung zu überwinden war. In seinem Hauptreferat auf dem 1. Parteitag der SPD im Mai 1946, das den Titel 'Sozialistische Wirtschaftspolitik' trug, forderte Agartz denn auch die umfassende Planung von Umfang, Richtung und Verteilung der Produktion. Den 'marktwirtschaftlichen Elementen des Wettbewerbs' maß er gegenüber der Planung, der Sozialisierung von Großbetrieben und der Mitbestimmung die deutlich geringere Bedeutung zu.(34) Dem entsprach die Sozialisierungsoffensive, die von der SPD in der Politik der Länder betrieben wurde.(35)

Doch nicht nur die Alliierten und die bürgerlichen Parteien setzten sich gegen eine weitreichende Sozialisierung zur Wehr. Auch innerparteilich war sie nicht völlig abgedeckt. Noch mangelte es der SPD an einem einheitlichen Wirtschaftsprogramm. Immerhin legte der wirtschaftspolitische Ausschuß beim Parteivorstand Ende 1946 seine 'Grundgedanken eines sozialistischen Wirtschaftsprogrammes' vor,(36) die unbeschadet eines Kataloges zu verstaatlichender Wirtschaftszweige die Notwendigkeit betonten, marktwirtschaftliche Formen beizubehalten. Dieses Festhalten an gegensätzlichen Steuerungsprinzipien stand für die Bereitschaft, das Ziel der Planwirtschaft zu relativieren; und diese Revision war für die SPD, die seit dem Erfurter Programm von 1891 als marxistische Partei galt, ein großer Schritt. Auch das Verhältnis von Konzeption zu politischer Praxis änderte sich. Hatte die Weimarer SPD noch, bezogen auf ihr Heidelberger Programm von 1925, als verbalradikal und reformistisch gegolten, so gab die Nachkriegs-SPD marxistischen Programmentwürfen nicht nur keine Chance mehr, sondern übertraf in ihrer programmatischen Reformbereitschaft sogar die politische.(37)

Die gemischte Wirtschaftsverfassung diente auch der Abgrenzung zum Stalinismus und seiner Zwangswirtschaft. Auf dem Parteitag 1947 wurde beschlossen: "Die von der Sozialdemokratischen Partei geforderte sozialistische Planwirtschaft wird die marktwirtschaftlichen Formen weitgehend beibehalten, aber die Wirtschaft wird sich nach den in der Planung festgelegten volkswirtschaftlichen Zielsetzungen richten."(38) Sozialisierung hieß nun nicht mehr notwendigerweise Verstaatlichung. Die Eigentumsfrage war von der Mitbestimmung getrennt, Gemeineigentum und Wirtschaftsplanung waren zu Fragen der Zweckmäßigkeit geworden.(39) Rudolf Zorn, der vormalige bayerische Wirtschaftsminister, artikulierte den Wandel im Selbstverständnis der SPD, als er auf dem Düsseldorfer Parteitag im September 1948 das wirtschaftliche Hauptreferat hielt. Kurz nach der Währungsreform entwarf er sein Modell einer 'regulierten Marktwirtschaft', das die staatliche Aufgabe von der Planung des Wirtschaftsablaufes auf die Setzung von Rahmenrichtlinien für das Wirtschaftshandeln reduzierte: "Die regulierte Marktwirtschaft erkennt (...) den Markt mit seiner freien Bildung der Löhne und Preise grundsätzlich an; der Staat greift aber im Interesse des allgemeinen Wohls zur Verhütung von Auswüchsen, vor allem zur Verhütung von wirtschaftlichen Machtzusammenballungen, von Krisen und Depressionen, sowie zur Schaffung erträglicher Existenzbedingungen für die breiten Massen regulierend ein."(40) In den Zielen und Inhalten, vom Recht auf Arbeit über die Mitbestimmung, die Wettbewerbssicherung bis hin zur Garantie der Wahlfreiheit entsprach Zorns Modell dem Kreisauer Konzept des personalistischen Sozialismus. Hier wie dort ging es um eine Wirtschaftsordnung, die - in Zorns Worten - "(...) die Prinzipien des Wettbewerbs, des freien Marktes und des Preismechanismus einerseits und der staatlichen Lenkung und Planung andererseits zu einer realisierbaren Synthese vereinigt."(41)

Die Umkehrung des Stellenwerts von Markt und Plan war im Jahr 1948 gleichbedeutend mit der grundsätzlichen Anerkennung der neuen Wirtschaftsordnung der Sozialen Marktwirtschaft. Schon im Länderrat, der zweiten Kammer der Bizone, hatte die SPD Ludwig Erhards Politik zugestimmt, und auch im Wirtschaftsrat selbst, in dem sich die Partei in selbstgewählter Opposition befand, arbeitete sie trotz ihrer Ablehnung der entsprechenden Gesetze konstruktiv mit.(42) Mit der Strategie, die Gesetzesvorhaben zunächst zu beeinflussen und dann in aller Regel abzulehnen, wollte die Parteiführung erreichen, daß die Verantwortung für die zwar nicht als grundsätzlich falsch, aber wegen ihrer Verteilungswirkungen als nicht zeitgemäß beurteilte Wirtschaftspolitik Erhards ausschließlich der Union zugemessen wurde. Was den Sieg bei der Bundestagswahl versprach, förderte tatsächlich aber nur die Orientierungslosigkeit der SPD in der Wirtschaftspolitik und war dann sogar die Hauptursache für die Wahlniederlage am 14.8.1949.(43) Immerhin erhielten in der Folgezeit die Reformisten weiteren Auftrieb, auch wenn die unmittelbar nach der Wahl vom Parteivorstand verabschiedeten 'Dürkheimer 16 Punkte' eine Restauration alter Forderungen nach Planwirtschaft und Sozialisierung anzukündigen schienen.(44) Schon der Hamburger Parteitag im Mai 1950 brachte ein weiteres Abrücken von der direkten Produktionsplanung hin zur Wirtschaftslenkung der 'leichten Hand'. Im Angesichts der aktuellen Arbeitslosigkeit ging dieser Abbau doktrinär-marxistischer Vorstellungen einher mit der Option für Vollbeschäftigungspolitik in der Marktwirtschaft.(45)

Einen ersten parteioffiziellen Ausdruck erhielt die Hinwendung zum keynesianischen Gedankengut im 'Dortmunder Aktionsprogramm' der SPD von 1952. Nachdem sich die wirtschaftliche Lage weiter stabilisiert hatte, schlug sich das Vollbeschäftigungsziel nicht mehr nieder in der Forderung nach einem Beschäftigungsprogramm, sondern im Bekenntnis zur Produktivitätssteigerung. Mit der 'Verbindung von volkswirtschaftlicher Planung und einzelwirtschaftlichem Wettbewerb' (46) wollte die Partei den Lebensstandard breiter Bevölkerungskreise heben, was nichts anderes hieß, als daß auch die unter dem Stichwort Verteilungsgerechtigkeit geführte Kritik an der Marktwirtschaft nun ihren Grundsatzcharakter verloren hatte. Auf der folgenden wirtschaftspolitischen Tagung der SPD in Bochum 1953 gelang dann Karl Schiller mit dem klassischen Satz: "Wettbewerb soweit wie möglich, Planung soweit wie nötig"(47) die Formulierung des künftigen Leitmotivs der Partei in der Wirtschaftspolitik. Unmißverständlich kam nun zum Ausdruck, daß sich die Prioritäten im Verhältnis von Markt und Plan verschoben hatten. Die Entschließung über die 'Freiheitliche Ordnung der Wirtschaft' von 1958 und erst recht das im folgenden Jahr verabschiedete Godesberger Grundsatzprogramm nannten am Ende als Hauptaufgaben der Wirtschaftspolitik die Sicherung der Wettbewerbsordnung, die Förderung von Privateigentum und Unternehmerinitiative und die Steigerung der gesamtgesellschaftlichen Wohlfahrt.(48)

In den langwierigen parlamentarischen Auseinandersetzungen um das Wettbewerbsrecht, die erst 1957 im Gesetz gegen Wettbewerbsbeschränkungen ihren Abschluß fanden, stand allein die SPD geschlossen hinter dem von Wirtschaftsminister Erhard getragenen Vorhaben, die wettbewerbsbehindernde Konzentration wirtschaftlicher Macht grundsätzlich zu verbieten. Karl Schiller, der führende Kopf der SPD auf dem Weg zur Sozialen Marktwirtschaft, der im übrigen von 1935 bis 1941 an dem von dem Widerstandskämpfer Jens Jessen geleiteten Kieler Institut für Weltwirtschaft tätig gewesen war, hatte die Verbotsgesetzgebung als Hamburger Wirtschaftssenator bereits im Bundesrat unterstützt. Die Zustimmung des Bundesrates vom 15.5.1952 zu einem entsprechenden Gesetzentwurf Erhards, an dessen Zustandekommen Schiller maßgeblich beteiligt war, bezog sich expressis verbis auf das Werk von Eucken.(49) In der Tat bestand eine enge Affinität zwischen dem Freiburger Ordoliberalismus und Schillers Vision einer 'freiheitlichen Planwirtschaft', was die Rolle des Wettbewerbs anging. Die Unterschiede betrafen auch weniger die Differenzen im geschätzten Bedarf an sozialpolitisch intendierter Korrektur der marktlichen Einkommensverteilung, sondern mehr das von der SPD vermutete Marktversagen im keynesianischen Sinne: die mögliche Unterbeschäftigung und die potentiell zu große Ressourcenverschwendung durch Fehlinvestitionen.(50) Die Marktwirtschaft 'von links' faßte mithin das Subsidiaritätsprinzip enger und postulierte die Machbarkeit der Konjunktur mit den Mitteln der Interventionspolitik. Von den Wirtschaftsordnungskonzepten der Widerstandsbewegung glich sie in letzterem dem Credo des Kreisauer Kreises, der ja in der Wettbewerbspolitik ebenfalls mit dem Ordoliberalismus des Freiburger Kreises konform gegangen war. In der Anerkennung der unvollkommenen Selbststeuerung des Marktes im unvollkommenen Wettbewerb entsprach der personalistische Sozialismus des Kreisauer Kreises der Wirtschaftsordnungskonzeption der Nachkriegs-SPD.

6.3 Die Christdemokraten: Vom christlichen Sozialismus zum Ordoliberalismus

Die Christdemokraten, bei denen sich die 'unbelasteten Erben'(51) des katholischen Zentrums und anderer bürgerlicher Parteien sammelten, vertraten in der Nachkriegszeit zunächst ebenfalls eine Programmatik, die in ihren wirtschaftspolitischen Teilen an den personalistischen Sozialismus des Kreisauer Kreises erinnerte. Walter Dirks, der zusammen mit Eugen Kogon im September 1945 die Frankfurter CDU begründete, beschrieb die Ausgangslage für seine Partei: "Die faschistische und reaktionäre Rechte war beseitigt, die kapitalistischen Interessen hatten vor der Währungsreform noch keine politischen Wirkungen, die konservativen waren stumm, da in dem Schutt- und Trümmerfeld nichts zu konservieren war; man erwartete alles Heil von der Zukunft, von Änderungen, Plänen und Aktionen, also von einer 'linken' Aktivität."(52) Die Auseinandersetzung mit der Sozialdemokratie, dem ideologischen Gegner, wurde nicht so sehr auf dem Feld der Wirtschaftspolitik geführt. Hier folgte die Nachkriegs-CDU überwiegend der Wirtschaftsordnungsvorstellung des christlichen Sozialismus. Aus den Prinzipien der katholischen Gesellschaftslehre, der Personalität, der Solidarität und der Subsidiarität abgeleitet, versuchte dieses Wirtschaftsprogramm ordnungspolitische Gegensätze zu integrieren, so zum Beispiel Wahlfreiheit und Planung oder Unternehmerfreiheit und Vergesellschaftung.(53) Auch wenn der christliche Sozialismus nicht der ganze politische Katholizismus war - daneben gab es die marktwirtschaftlich orientierte Schule der Jesuiten - so bildete er doch die Klammer für die Arbeitnehmerschaft in der Union.(54)

Die Gründerkreise der Union waren personell eng in die Widerstandsbewegung gegen das NS-Regime eingebunden. Was für die Berliner Gruppe um Andreas Hermes und Jakob Kaiser bereits erwähnt wurde, galt ähnlich für den Frankfurter Kreis, den Kölner Kreis um Johannes Albers und Karl Arnold und auch für die Gründer der bayerischen CSU um Adam Stegerwald und Josef Müller.(55) Der christliche Sozialismus, die Mischung aus konservativen Gesellschaftsbild und sozialpolitisch orientierter Wirtschaftsauffassung, hatte schon von daher viele Gemeinsamkeiten mit der Programmatik des konservativen und des gewerkschaftlichen Widerstands. Jakob Kaiser verkörperte seine streng antimarxistische Ausrichtung, seinen Charakter als 'intensives soziales Wollen auf christlichen Prämissen'.(56) Die Berliner CDUD erklärte diese Weltanschauung in ihrem Gründungs- 'Aufruf an das deutsche Volk' vom 26.6.1945 zum Parteiprogramm; sie bekannte sich damit zu Privateigentum und Wettbewerb, zu Dekonzentrationspolitik und Vollbeschäftigungssicherung, zur Forderung nach Unterstellung von Grundstoffindustrien und Monopolen unter die Staatsgewalt und zur Sozialbindung des Privateigentums.(57)

All dies entsprach dem Kurs Jakob Kaisers, der an die Stelle des Klassenkampfes die staatliche Ordnungsaufgabe gesetzt und die Selbstregulierung der Märkte durch eine weitreichende Wirtschaftsdemokratie ergänzt wissen wollte. Auch die Kölner Leitsätze der rheinischen CDU vom Juni 1945 verleugneten ihre Herkunft aus dem christlichen Sozialismus nicht. Hier standen dafür die Forderungen zum einen nach Sozialisierung des Kohlebergbaus und der Energieerzeugung, zum anderen nach Staatskontrolle über die Banken und Versicherungen. Der Versuch, die katholische Soziallehre unvermittelt in ein Wirtschaftsprogramm umzusetzen, wurde an den unüberbrückten Gegensätzen deutlich, die sich auftaten hinter der gleichzeitigen Befürwortung der Unternehmerfreiheit und der Wirtschaftslenkung, der Unternehmerinitiative und der Mitbestimmung oder des Privateigentums und der Vergesellschaftung als dem letzten Mittel der staatlichen Ordnungspolitik.(58)

Die Kölner Leitsätze, die das erste Dokument der jungen CDU überhaupt waren, beeinflußten die innerparteiliche Programmdiskussion in besonderem Maße. Die 'Frankfurter Leitsätze' der hessischen CDU vom September 1945, die in den Forderungen nach Wirtschaftslenkung und Kollektivierung am weitesten gingen und die gewollte Synthese von Christentum und Sozialismus am deutlichsten zeigten, kamen wegen des freiwilligen Ämterverzichts ihrer Mentoren Kogon und Dirks nicht über die Bedeutung eines moralischen Appells hinaus,(59) und die Berliner Parteigruppierung, für die der christliche Sozialismus am längsten als Programm diente, geriet im Ost-West-Konflikt ins politische Abseits. Die Kölner Leitsätze waren demgegenüber bei Nachfolgegründungen sehr beliebt und wurden in mehreren Varianten übernommen, insbesondere zunächst in die Leitsätze der CDU des Rheinlands und Westfalens vom September 1945, dann in das wesentlich umfangreichere Ahlener Programm der CDU der britischen Zone und schließlich auch in die Programmatik der Sozialausschüsse, die aus der Kölner Gründergruppe hervorgegangen waren.(60) Das Ahlener Programm markierte dabei die Höhe und den Endpunkt des Einflusses, den der christliche Sozialismus auf die Gesamtpartei hatte.(61)

Als Kombination aus 'katholischen Solidarismus, liberaler Marktwirtschaft und sozialistischen Elementen' (62) wehrte das Ahlener Programm jede Art von Staatssozialismus ab, forderte wirtschaftliche Selbstverwaltung und trat für die freie Unternehmerinitiative ein. Das Ziel beschrieb die Präambel: "Durch eine gemeinwirtschaftliche Ordnung soll das deutsche Volk eine Wirtschafts- und Sozialverfassung erhalten, die dem Recht und der Würde des Menschen entspricht, dem geistigen und materiellen Aufbau unseres Volkes dient und den inneren und äußeren Frieden sichert."(63) Die leicht antikapitalistische Diktion, die von einem Hinweis auf das Bedarfsdeckungsziel begleitet war, bezeichnete die Richtung der beabsichtigten Neuordnung der Wirtschaft, den dritten Weg zwischen Privatkapitalismus und Planwirtschaft. Nicht die Vergesellschaftung, die nur für einige Grundstoffindustrien vorgesehen war, sondern die Sicherung des Wettbewerbs und die Wirtschaftsdemokratie standen im Mittelpunkt.

Beides wurde im Sinne der Widerstandstradition verstanden: Der Marktmechanismus sollte durch Kartellauflösung, Konzernentflechtung und Monopolkontrolle funktionsfähig werden, wie dies dem ordoliberalen Vorhaben entsprach. Der Mitbestimmungsplan folgte dem gewerkschaftlichen Konzept der Wirtschaftsdemokratie insoweit, als er sowohl betriebliche wie überbetriebliche Mitbestimmung möglich machen wollte, letztere in paritätisch besetzten, selbstverwalteten Wirtschaftskammern.(64) Dennoch war das Gewicht der Gewerkschaftsforderung eingeschränkt. Die überbetriebliche Mitbestimmung verlor mit der Relativierung von Planung und Lenkung für die Steuerung der Volkswirtschaft an Bedeutung. Die betriebliche Mitbestimmung sollte, "(...) damit jede mit dem Gemeinwohl unverträgliche Beherrschung wesentlicher Wirtschaftszweige durch den Staat, Privatpersonen oder Gruppen ausgeschlossen wird",(65) in Großbetrieben nach dem 'machtverteilenden Prinzip' erfolgen, d. h. neben den Arbeitnehmern wären auch die Gebietskörperschaften, insbesondere die Kommunen an der Entscheidungsfindung beteiligt worden.(66) Dies und die anderen Forderungen nach Ertragsbeteiligung für die Arbeitnehmer, nach Ausbau des Genossenschaftswesens, Mittelstandsförderung, Beschränkung des Aktienbesitzes und Kontrolle der Wirtschaftsmacht, zeigen die mit dem Ahlener Programm verfolgte Absicht, eine von der Privatinitiative getragene, im ordoliberalen Sinne gegen Vermachtung geschützte und auf Verteilungsgerechtigkeit zielende marktwirtschaftliche Ordnung zu schaffen.

Das Ahlener Programm hatte für die Union eine mehrfache taktische Bedeutung. In seiner einzigen unmittelbaren politischen Umsetzung diente es als Grundlage für den Antrag auf Sozialisierung des Bergbaus, den die CDU am 4. März 1947 im Landtag von Nordrhein-Westfalen einbrachte und der dazu führte, daß weiterreichende Absichten der

Linksparteien zurückgestellt und die britischen Pläne zur Internationalisierung des Ruhrgebiets unterlaufen wurden.(67) Das Ahlener Programm band die christlichen Gewerkschafter in die CDU ein, erlaubte es der Partei der britischen Zone, dem Vergleich mit der sowjetzonalen CDUD standzuhalten, und es ließ die CDU auch gegenüber der SPD nicht als reaktionär erscheinen. Die CDU ging denn auch aus den Wahlen zum nordrhein-westfälischen Landtag am 20.4.1947 als eindeutig stärkste Partei hervor.(68) Nach dem Sieg verlor der christliche Sozialismus dann rasch an politischer Schlagkraft. Der liberalkonservative Flügel der Union hatte das Ahlener Programm nur aus den genannten strategischen Motiven heraus unterstützt. Konrad Adenauer, sein Exponent, war am 22.1.1946 auf der 1. Tagung des Zonenausschusses in Herford zum Vorsitzenden der CDU der britischen Zone gewählt worden, wohl ohne daß der Arbeitnehmerflügel sich dessen gesellschaftspolitischer Vorstellungen bewußt war.(69) Adenauer betrachtete das Ahlener Programm als ein opportunes Zugeständnis an den christlich-sozialistischen Flügel. Seinem Biographen Hans-Peter Schwarz zufolge müßte es eigentlich ohnehin 'Adenauer-Programm' heißen - stammten doch der erste und der zweite Entwurf dazu von ihm persönlich.(70)

Adenauer nutzte das Ahlener Programm zur Konsolidierung seiner Führungsrolle und zur Profilierung der Union neben der SPD. Mit der 'Umarmung' der Parteilinken hatte er bald nach seiner Wahl zum Vorsitzenden des Zonenverbandes begonnen. Er formulierte damals seine Ansichten zur Wirtschaftspolitik häufiger in einer Weise, die jedem Christsozialisten gut angestanden wäre, so in einer Rede Ende März 1946: "Wir sind der Auffassung, daß die Wirtschaft der Bedarfsdeckung des Volkes zu dienen hat. Die Wirtschaft soll dem Menschen dienen, nicht der Mensch der Wirtschaft. (...) Die Wirtschaft hat sich dem Gemeinwohl unterzuordnen. Eine vernünftige Planung und Lenkung der Wirtschaft, ein ständiges Koordinieren der Kräfte in unserer Zeit ist unerläßlich. Dies geschieht vielleicht am besten in Selbstverwaltungskörperschaften, in denen Arbeitgeber und Arbeitnehmer und unbeteiligte Konsumenten gleichberechtigt vertreten sind. Wir wollen die Beteiligung der Arbeiterschaft an Führung und Verantwortung (...) auch in großen anonymen Kapitalgesellschaften (...). Wir wollen weiter Beteiligung der Arbeiterschaft am Ertrag, gerechten Ausgleich zwischen Unternehmer und Arbeiter."(71) Obwohl Adenauer schon seit seiner Frühzeit als Politiker sensibel für soziale Fragen war, hatte diese Übernahme des christlichen Sozialismus mit seinen eigenen Vorstellungen nicht viel zu tun.(72) In dem von ihm selbst bestimmten CDU-Programm von Neheim-Hüsten, das zum Zeitpunkt der angeführten Rede gerade drei Wochen alt war, fand sich kein Wort vom christlichen Sozialismus.

Adenauer schätze das Ahlener Programm, das ja auch liberale Vorstellungen enthielt, vor allem wegen der breiten Interpretationsfähig-
keit. Als Antisozialist, der Planwirtschaft mit Diktatur gleich-
setzte und die staatliche Intervention in den Wirtschaftsablauf
minimieren wollte,(73) stand Adenauer in Konkurrenz zum christlichen
Sozialismus und dessen Exponenten Jakob Kaiser um die Führung der
gesamten Union. Auch wenn die liberalkonservative Alternative zum
christlichen Sozialismus in den ersten, von sozialistischer Auf-
bruchsstimmung getragenen Jahren kaum deutlich wurde, so gab es doch
von Anfang an in der Union beide sozialökonomische Richtungen, und
die Auseinandersetzungen zwischen Adenauer und Kaiser waren das
Symbol dafür.(74) Der Konflikt zwischen beiden, der schon eine Mitarbeit Adenauers in der Widerstandsbewegung verhindert hatte,(75)
erreichte einen Höhepunkt im März und April 1946. Kaiser wollte in
der rheinisch-westfälischen Union für sein Konzept werben - Adenauer
verwehrte Kaisers Reise den parteioffiziellen Charakter und formulierte im Gegenzug und ohne Wissen seines Konkurrenten mit anderen
führenden westlichen CDU-Politikern eine brüske Resolution gegen
Kaisers Politik.(76) Das Macht-Patt, das sich aus der Solidarisie-
rung des Gewerkschafterflügels mit Kaiser ergab und das im übrigen
ein Grund für die Doppeldeutigkeit des Ahlener Programms war, entschied schließlich die sowjetische Besatzungsmacht: Nachdem sie
Kaiser als Vorsitzenden der CDUD abgesetzt hatte, gewannen Adenauer
und sein Parteiverband die Oberhand.

Die Sozialausschüsse, Kaisers Machtbasis im Westen, hatten nach der
erfolgreichen Durchsetzung der Sozialen Marktwirtschaft zu diesem
Zeitpunkt längst den Höhepunkt ihres Einflusses überschritten. Auf
dem 1. Bundesparteitag der CDU vom 20.-22.10.1950 in Goslar, in
dessen Verlauf Kaiser zum stellvertretenden Parteivorsitzenden unter
Adenauer gewählt wurde,(77) gingen christlich-sozialistische Wirt-
schaftsvorstellungen zwar noch einmal in eine CDU-Resolution ein.
Doch die von den Sozialausschüssen getragene Interpretation von For-
meln wie 'Ordnung des Wettbewerbs', 'Monopolkontrolle', 'Gleichberechtigung der Arbeitnehmer' oder 'Neuordnung der Grundstoffindustrie' als Aufforderung zur planvollen Beeinflussung der Wettbewerbswirtschaft, zur Preisregulierung bei wichtigen Verbrauchsgütern
und zur Schaffung von Miteigentum und Mitbestimmung setzte sich
nicht mehr durch.(78) Am 9.9.1951 scheiterte dann das Ahlener Mitbestimmungskonzept des 'machtverteilenden Prinzips', das die Sozialausschüsse zu einem Vorschlag der Drittelparität zwischen Unterneh-
merseite, Arbeitnehmervertretern und staatlichen Stellen bei den
Stimmen im Aufsichtsrat und bei den Eigentumsanteilen präzisiert
hatten.(79) Und auf dem folgenden Parteitag, der vom 18.-21.10.1951
in Karlsruhe stattfand, war der Optimismus über den eigenen Einfluß
endgültig verflogen. Kaiser äußerte zwar noch einmal seinen Unmut

über das faktische Abrücken vom Ahlener Programm in der Sozialpolitik, doch die beabsichtigte Entschließung von Seiten der Sozialausschüsse blieb schon im Antragsstadium stecken.(80) Der christliche Sozialismus - und mit ihm die darin enthaltenen ordnungspolitischen Überlieferungen aus der Widerstandsbewegung - war politisch gescheitert.

Konrad Adenauer, der Sieger, war nicht allein der Machtstratege, als der er bisher erschienen sein mochte. Zunächst war er ein Politiker, der "(...) seinen Grundsatzpositionen bei aller Elastizität faktisch in den Programmen der CDU Geltung verschaffte."(81) Er unterstützte die Soziale Marktwirtschaft, weil sie seiner Präferenz für Unternehmerinitiative, Privateigentum und kontrollierte Wirtschaftsmacht entsprach und weil ihn die Konzeption im pragmatischen Sinne brauchbar erschien - ungeachtet vieler Sachauseinandersetzungen und persönlicher Konflikte mit Ludwig Erhard.(82) Was mit der Übernahme der Sozialen Marktwirtschaft in das Wahlprogramm zur ersten Bundestagswahl, die Düsseldorfer Leitsätze der Union vom 15.7.1949 endete, hatte Adenauer bereits im Juni 1945 begonnen, als er auf einer Tagung des Zonenausschusses seiner Partei den Sozialismusbegriff mit dem bekannten Wort ablehnte: "Mit dem Sozialismus gewinnen wir fünf Menschen, und zwanzig laufen weg."(83) Schon die zweite Fassung der Kölner Leitsätze enthielt das Bekenntnis zum 'wahren christlichen Sozialismus' nicht mehr, das noch im Mittelpunkt der zwei Monate älteren ersten Version gestanden hatte.(84) Unverkennbar war dann die liberale Richtung im Programm von Neheim-Hüsten, das sich die CDU der britischen Zone am 1.3.1946 gab. Adenauer, der das Programm federführend gestaltet hatte, bewies hier seine ungewöhnliche Fähigkeit zur politischen Strategie und zur Integration der Partei, als er ein damals besonders wichtiges Problem besonders elegant löste: Die - dem Programm zufolge - 'sich aufdrängende' Frage der Vergesellschaftung von Teilen der Wirtschaft erwies sich als 'zur Zeit nicht praktisch', solange die dafür in Frage kommenden Betriebe noch unter alliierter Kontrolle standen.(85) Die Festschreibung dieses Aufschubs galt Adenauer in der Erinnerung als der entscheidende Erfolg über die Sozialisierungsbestrebungen in der Union, auch wenn die christlichen Sozialisten das Programm von Neheim-Hüsten weitgehend ignorierten und sich weiter an den Kölner Leitsätzen orientierten.(86)

In der Betonung individueller Freiheitsrechte, des Privateigentums und in der beabsichtigten Vermeidung wirtschaftlicher Machtkonzentration enthielt das Programm von Neheim-Hüsten auch eine Hinwendung zu ordoliberalen Gedanken. Zwar galt weiterhin das Ziel der Bedarfsdeckung, doch wurde daraus nicht mehr die Notwendigkeit zur Lenkung der Volkswirtschaft abgeleitet. Dieser Absage an die Planwirtschaft folgte die CDU Südwürttemberg/Hohenzollern mit ihrem Aufruf vom 23.6.1946 ebenso wie die bayerische CSU mit ihrem Grundsatzprogramm vom November 1946.(87) Der christliche Sozialismus verlor weiter an Boden, als auf der Zonenausschußsitzung vom 27.7.1947 der Parteiausschuß für Wirtschafts- und Sozialpolitik aufgelöst wurde. Dieser in Ahlen begründete und von Johannes Albers geführte Ausschuß hatte mit seiner Doppelkompetenz das Selbstverständnis des christlichen Sozialismus verkörpert, die Einheit von Wirtschafts- und Sozialpolitik. Nun wurde der Einfluß des linken Flügels auf die Sozialpolitik beschränkt, und ein unabhängiger Ausschuß für Wirtschaftspolitik, dem auch Franz Böhm angehörte, nahm seine Arbeit auf.(88) Knapp zwei Jahre später, als der Zonenausschuß am 24. und 25. Februar 1949 in Königswinter tagte, setzte sich dann, unter erneut geschickter Regie Adenauers, die Erhardsche Marktwirtschaft in der Union durch.(89) Aus der Sicht der Sozialausschüsse war damit zwar das Ahlener Programm endgültig 'in seinen Grundfesten aufgehoben', ihre Vertreter gaben sich aber mit der Zusicherung Adenauers zufrieden, daß die neue Wirtschaftspolitik um ein aus dem Ahlener Programm abgeleitetes Sozialprogramm ergänzt werden sollte.(90)

Doch es kam nur ein Wirtschaftsprogramm zustande: die Düsseldorfer Leitsätze der Union vom 15. Juli 1949. Der Kernsatz dieses Wahlkampfprogramms zur anstehenden Bundestagswahl lautete: "Aufbauend auf dem Ahlener Programm erstrebt sie (die CDU, Anm. d.Verf.) die soziale Marktwirtschaft."(91) Schon weil Franz Böhm daran mitgearbeitet hatte, waren die Leitsätze weitgehend ordoliberal, im Sinne der Freiburger Widerstandstradition gehalten. Die ersten zehn von insgesamt sechzehn beschrieben die Marktwirtschaft: Von der Wettbewerbssicherung und Monopolkontrolle über die Garantie des Privateigentums, die freie Preisbildung, die Tarifvertragsfreiheit, die freie Wahl von Beruf und Gewerbe bis hin zum Währungsschutz reichten die Absichtserklärungen. Einen Rückfall in die 'freie Wirtschaft' sollte die von 'Freiheit und Bindung' gekennzeichnete Soziale Marktwirtschaft in jedem Fall vermeiden; und den 'echten Leistungswettbewerb' hatte eine strenge, von einem unabhängigen Monopolamt ausgeübte Monopolkontrolle zu garantieren.(92) Die Titulierung der Konsumentensouveränität als 'wahre Wirtschaftsdemokratie' entsprach ebenso dem Freiburger Brauch wie die beiläufige Berücksichtigung der Mitbestimmung, von der nur summarisch als 'den im Ahlener Programm genannten Mitteln' die Rede war.(93) Die restlichen Leitsätze, die sich im wesentlichen mit der Sparförderung, Steuersenkung, Konjunkturpolitik und dem Ausbau des Außenhandels befaßten, erkannten die Möglichkeit einer sinnvollen Beeinflussung des Wirtschaftsablaufes durch diskretionäre Wirtschaftspolitik ausdrücklich an, und auch dieser interventionistische Ansatz war grundsätzlich mit der Freiburger Konzeption vereinbar.(94)

Die ordoliberale Prägung der Düsseldorfer Leitsätze erlaubte es dem linken Parteiflügel, darin eine Weiterentwicklung des Ahlener Programms nach der marktwirtschaftlichen Seite zu erblicken. Hier wie im christlichen Sozialismus ging es um die Kontrolle von Wirtschaftsmacht, und letztlich war es nur eine graduelle Verschiebung in der Wahl der Mittel hin zu mehr Markt: "Das Sozialisierungsproblem erhält zugleich durch sie (die Soziale Marktwirtschaft, Anm. d.Verf.) eine nachgeordnete Bedeutung. Wirtschaftliche Machtpositionen einzelner waren es, die die Forderung nach Sozialisierung entstehen ließen,"(95) hieß es in den Leitsätzen. Schon in der Wirtschaftsordnungsdebatte der Widerstandsbewegung hatte sich die sozialistische Konzeption, die dort vom Kreisauer Kreis vertreten wurde, aus dem Grund der Machtkontrolle offen für die ordoliberalen Wettbewerbsregeln gezeigt. Die Wirtschaftsordnungsdebatte in der Union nahm damit in den ersten Nachkriegsjahren einen ähnlichen Verlauf wie zuvor in der Widerstandsbewegung. Der Wettbewerb wurde in seiner Rolle als Allokations- und Distributionsmechanismus bestätigt, und dem Marktversagen sollte eine diskretionäre Wirtschaftspolitik entgegenwirken. Der Übergang vom christlichen Sozialismus zur Marktwirtschaft läßt sich durchaus vergleichen mit dem Übergang von der Kreisauer zur Freiburger Wirtschaftsordnungskonzeption: Der geschätzte Bedarf an diskretionären Maßnahmen ging zurück.

6.4 Ludwig Erhard und die Soziale Marktwirtschaft

Ludwig Erhard, der Garant der Sozialen Marktwirtschaft, hatte selbst enge Beziehungen zur Widerstandsbewegung unterhalten. Die Denkschrift 'Kriegsfinanzierung und Schuldenkonsolidierung', die er 1943/44 als Leiter des Nürnberger Instituts für Industrieforschung verfaßte,(96) war nach seinem Selbstzeugnis in erster Linie für Carl Goerdeler bestimmt, der, wie die anderen Widerstandskämpfer auch, in der Art der nationalsozialistischen Kriegsfinanzierung das wichtigste wirtschaftliche Widerstandsmotiv erblickte. Das Verhältnis beschrieb Erhard wie folgt: "Mit Goerdeler verband mich damals schon eine viele Jahre während freundschaftliche Zusammenarbeit, die in vielen Gesprächen und durch regen Briefwechsel zu einem so hohen Maß an geistiger und sittlicher Übereinstimmung geführt hatte, daß wir uns auch in sachlichen Fragen, die für die Gestaltung unserer Zukunft bestimmend waren, immer näherkamen."(97) Auch Goerdeler war von Erhards Fähigkeiten überzeugt, wie der Empfehlung zu entnehmen ist, die er in seinem politischen Testament 'Die Aufgaben der Zukunft' an die Adresse der Erben des Widerstands richtete: "Dr. Erhard vom Forschungsinstitut der deutschen Industrie in Nürnberg

hat über die Behandlung dieser Schulden eine sehr gute Arbeit ge-
schrieben, der ich im wesentlichen beistimme. Er wird Euch gut beraten."(98)

Carl Goerdeler und Ludwig Erhard waren einer Meinung nicht nur in
dem vernichtenden Urteil über die 'geräuschlose' Art der Kriegsfinanzierung, sondern auch über die Methoden, die es zur 'finanzwirtschaftlichen Bereinigung' dieser Kriegsschulden anzuwenden galt.
(99) Gegen jede Form des 'Verschleiernwollens' (100), plädierte
Erhard für eine Währungsreform mit Lastenausgleich, deren Umtausch-
verhältnis er schon 1943 mit 1:10 durchaus realistisch ansetzte.
Auch mit Walter Euckens Konzept war Erhard vertraut, obwohl er während des Krieges keinen Kontakt zum Freiburger Kreis hatte.(101) In
der Denkschrift findet sich vieles vom Freiburger Gedankengut, von
der eindeutigen Ablehnung von Planwirtschaft und Verstaatlichung
über die Wettbewerbssicherung bis hin zur zentralen Rolle der Wäh-
rungsordnung für die Wirtschaftsordnung. Es war dieser Inhalt, der
die amerikanische Besatzungsmacht nach Kriegsende dazu veranlaßte,
Erhard zum bayerischen Wirtschaftsminister zu ernennen, nachdem ihr
die Denkschrift in die Hände gefallen war.(102)

Die Chance zu aktiver Wirtschaftsordnungspolitik erhielt Erhard erst
nach seiner Wahl zum Direktor für Wirtschaft in der Verwaltung der
Bizone am 2. März 1948.(103) Erhard, der seit dem Herbst 1947 als
Leiter der 'Sonderstelle Geld und Kredit' mit Sitz in Bad Homburg
mit Planungen für eine Währungsreform befaßt gewesen war, hatte auf
Betreiben der FDP kandidiert, die in ihm den Garanten einer liberalen Wirtschaftsordnung sah. Die Stimmenmehrheit im Wirtschaftsrat,
die mit Hilfe der Union zustande kam, erhielt Erhard nur im Gegenzug
für die Unterstützung, die dem Unionskandidaten Hermann Pünder bei
dessen Wahl zum Oberdirektor der Verwaltung des Vereinigten Wirtschaftsgebietes von der FDP zukam.(104) Auf Seiten der Union bestand
zum Zeitpunkt der Wahl - nach Meinung von Gerold Ambrosius - entweder "(...) eine erhebliche Unbekenntnis über die Persönlichkeit des
neuen Wirtschaftsdirektors und seiner wirtschaftspolitischen Vorstellungen oder man hielt den Handlungsspielraum für eine gezielte
Wirtschaftspolitik für zu eng."(105) In jedem Fall aber konnte sich
Erhard in der Union auf die Unterstützung Adenauers verlassen. Auch
die Vertreter der Sozialausschüsse im Wirtschaftsrat setzten auf
Erhard; ihr Führer Theodor Blank ließ sich selbst von Jakob Kaiser
nicht mehr von der Zustimmung zur Sozialen Marktwirtschaft abbrin-
gen.(106)

Nach der Erinnerung von Wolfgang Haußmann, des ersten Landesvor-
sitzenden der württembergischen FDP, fühlte sich Erhard eng an die
liberale Partei gebunden.(107) Deren Wirtschaftsprogramm, das in

keinem nachvollziehbaren Zusammenhang mit der Programmatik der Widerstandsbewegung stand,(108) folgte großenteils dem Neoliberalismus, wie ihn Wilhelm Röpke und August von Hayek vorgedacht hatten. Gemeinsam war all den Gründungsprogrammen regionaler Parteiorganisationen aus den Jahren 1945/46, den Heppenheimer Beschlüssen, die beim Zusammenschluß der Partei auf trizonaler Ebene am 12.12.1948 verabschiedet wurden, und auch dem Wirtschaftsprogramm, das auf dem Lübecker Parteitag am 28.6.1953 beschlossen wurde, die generelle Gegnerschaft zu Sozialisierungsmaßnahmen, die Betonung der Unternehmerfreiheit, die Zurückweisung von zuviel Mitbestimmung und von staatlich dirigistischen Eingriffen.(109) Unterschiede fanden sich in dem Grade, in dem die FDP die Läuterung des klassischen Manchester-Liberalismus vollzog und die Aufgabe des Staates anerkannte, die Wettbewerbsordnung zu garantieren.(110) In den süddeutschen Parteiverbänden, mit denen es Ludwig Erhard zu tun hatte, dominierte der Linksliberalismus, der dem ordoliberalen Gedanken aufgeschlossen gegenüber stand.(111) So setzte sich die 'Demokratische Volkspartei', die baden-württembergische Vorläuferin der FDP, in ihrem Programm von 1946 ausdrücklich auch die Bewahrung der Marktwirtschaft zum Ziel. Umgekehrt hielt die nationalliberale FDP der britischen Zone in ihrem 'Wangerooger Programm' die Bildung von Monopolen und auch Marktabsprachen für legitim.(112) Als dann zu Beginn der 50er Jahre, als die Großunternehmen aus der Kontrolle der Alliierten entlassen wurden, in der FDP deren Interessen zu Lasten der mittelständischen an Boden gewannen, entwickelte sich die Parteimeinung zur Wettbewerbspolitik immer mehr in die Richtung der letztgenannten liberalistischen Position, wie überhaupt die Wirtschaftspolitik in den Kompentenzbereich des nationalliberalen Flügels geriet.(113)

Anfang 1948 sah Erhard die Schwierigkeiten sicherlich nicht vorher, die später aus dieser Renaissance des Neoliberalismus für die Durchsetzung einer Antimonopolgesetzgebung erwachsen sollten. Zur damaligen Zeit konnte er mit der Unterstützung der FDP rechnen. Am 21.4.1948, sieben Wochen nach der Wahl zum Wirtschaftsdirektor, stellte er in einer programmatischen Rede sein Vorhaben dem Wirtschaftsrat der Bizone vor: die Wiederherstellung des Preismechanismus auf der Grundlage von Währungsreform und Marshall-Plan, die Förderung des Wettbewerbs und, als Ergebnis der neuen Knappheitsrelationen, die Ausrichtung der Produktion auf die Güter des täglichen Bedarfs.(114) Erst drei Tage zuvor, am 18.4.1948, hatte der Wissenschaftliche Beirat bei der Verwaltung für Wirtschaft in einem Gutachten zur Wirtschaftsordnungspolitik empfohlen, über einen Geldschnitt und die damit verbundene Nachfragebeschränkung die Lenkung durch Preise anzustreben und Bewirtschaftungsmaßnahmen nurmehr vorübergehend aufrecht zu erhalten, um soziale Härten zu vermeiden.

Die zu Beginn dieses Abschnitts bereits erwähnten Kernsätze des Gutachtens lauteten: "Die Steuerung durch den Preis dient dazu, das
Sozialprodukt zu steigern. Dies ist die wichtigste sozialpolitische
Aufgabe des Augenblicks." Das Gutachten fuhr fort: "Dabei bleibt die
Frage offen, welche Wirtschafts- und Sozialordnung auf Dauer ange-
strebt werden soll."(115) Dies nun allerdings war nicht mehr richtig, denn die Anerkennung der Vordringlichkeit des Wachstumsziels,
die von den Freiburger Gutachtern Eucken und Böhm mitgetragen wurde,
bedeutete die Entscheidung für die Soziale Marktwirtschaft.

Das Kernstück dieser Sozialen Marktwirtschaft war das 'Gesetz über
Leitsätze zur Bewirtschaftung und Preispolitik nach der Geldreform',
das der bizonale Wirtschaftsrat im Juni 1948 verabschiedete. Wirt-
schaftsdirektor Erhard verfolgte damit nach eigenem Bekunden das
Ziel, "(...) so schnell als möglich so viele Bewirtschaftungs- und
Preisvorschriften als möglich zu beseitigen."(116) Das Gesetz hatte
eine ungewöhnliche programmatische Bedeutung, die sich schon aus der
Form erschloß: Der ausführlichen Präambel, in der die Bedeutung der
Geldreform für die Wiedererrichtung der Marktwirtschaft hervorge-
hoben und die Gleichwertigkeit von wirtschaftlichen und sozialen
Zielen festgehalten wurde, folgten kurze Artikel, die für Kontinuität zur Rechtsgrundlage der Bewirtschaftung, dem gültigen Bewirtschaftungsnotgesetz sorgten, und schließlich die Leitsätze, der entscheidende Anhang. Leitsatz I bestimmte: "Der Freigabe aus der Bewirtschaftung ist vor ihrer Beibehaltung der Vorzug zu geben", und
in Leitsatz II hieß es: "Der Freigabe der Preise ist vor der behörd-
lichen Festlegung der Vorzug zu geben."(117)

Darüber hinaus sollte die Lohnpolitik gelockert, eine vorsichtige
Kreditpolitik betrieben und der Wettbewerb gesichert werden. Leitsatz III regelte kurz und bündig: "Bilden sich wirtschaftliche Monopole, so sind sie zu beseitigen."(118) Die strikte Absicht einer
Verbotsgesetzgebung wies ebenso wie die in der Präambel betonte Einheit von Wirtschafts- und Sozialpolitik auf den ordoliberalen Charakter des Gesetzes hin, das in alledem weitgehend den Gedanken des
Freiburger Kreises folgte. Sogar im Lager der politischen Gegner,
bei Sozialdemokraten und christlichen Sozialisten, die ja beide
Wirtschaftsordnungskonzepte vertraten, die den Plänen des Kreisauer
Kreises nahestanden, stieß das Gesetz deswegen nicht auf bloße Ablehnung, sondern fand eine differenzierte Aufnahme. Die Kritik der
SPD, die das Gesetz am 17.6.1948 im Wirtschaftsrat ablehnte, richtete sich weniger gegen den marktwirtschaftlichen Ansatz, mehr gegen
den Zeitpunkt und die unmittelbaren Verteilungswirkungen der Aufhebung der Bewirtschaftung. Im Länderrat, der föderalen zweiten Kammer
des Vereinigten Wirtschaftsgebietes, stimmte die SPD am 21.6.1948
mit ihrer dortigen Mehrheit dem Leitsätzegesetz zu, und im übrigen

wurden wesentliche Vorarbeiten für das Gesetz von dem Sozialdemokraten und Erhard-Referenten Leonhard Miksch geleistet.(119) Auch die Kritik der Sozialausschüsse, die Jakob Kaiser und Johannes Albers formulierten, hatte die mangelhafte Berücksichtigung sozialer Folgen der Marktwirtschaft zum Inhalt. Gegen den Willen ihrer Führung stimmten allerdings die fünf Vertreter der Sozialausschüsse im Wirtschaftsrat, denen dort eine Sperrminorität zugekommen wäre, bei der Entscheidung am 17.6.1948 für Erhard und sein Gesetz. Vor allem Theodor Blank, der Sprecher der Gruppe, unterstützte als Ordoliberaler, der stark vom Werk Euckens beeinflußt war, den Kurs von Erhard. Nach dem Gesetzesbeschluß akzeptierte auch Kaiser die neue Wirtschaftsordnung.(120) Von nun an ging es für ihn und die Sozialausschüsse um die soziale Ausgestaltung dieser Marktwirtschaft, ähnlich wie einige Zeit später dann auch für die SPD.

6.5 Die Institutionalisierung der Wirtschaftsordnung

Die unmittelbare Nachkriegszeit wurde ebenso oft wie falsch als 'Stunde Null' apostrophiert.(121) Es gab, wie Lothar Gall formulierte, im Jahr 1945 "keine historische tabula rasa".(122) Gerade im Alltag der von Versorgungskrisen geschüttelten Volkswirtschaft setzte sich die Kriegswirtschaft des 'Dritten Reiches' fort - der Mangel wurde weiter verwaltet.(123) Die Frage, ob die Institutionalisierung der Wirtschaftsordnung im Geiste eines Neuanfangs oder der Restauration alter Wirtschaftsstrukturen erfolgte, scheint vor der materiellen Not und Dramatik jener Tage akademisch zu sein; sie ist aber dennoch von Belang, wenn es die Nachwirkung zu prüfen gilt, die von den Wirtschaftsordnungskonzepten der Widerstandsbewegung ausging. Der Widerstand hatte sich bekanntlich in seinen Programmen von der Kontinuität zur nationalsozialistischen Zwangswirtschaft wie zur Weimarer Konzentrationswirtschaft losgesagt, und insofern käme eine ordnungspolitische Kontinuität einem ideellen Scheitern gleich.

In Anlehnung an die Arbeiten von Eberhard Schmidt und Wolfgang Abelshauser (124) gilt die Marktwirtschaft der Nachkriegsjahre als das herausragende Beispiel für die Restauration historisch gewachsener Strukturen. Auch wenn die Frage Restauration oder Neuanfang in jüngster Zeit etwas differenzierter gesehen wird,(125) so ist doch unbestreitbar, daß die Wirtschaft wie kein anderer Bereich der Gesellschaft zur Restauration prädestiniert war: Die Entscheidungsträger der Wirtschaft waren größtenteils dieselben wie vor dem Kriege, die Wirtschaftspolitik war derjenige Politikbereich, in dem die deutsche Seite die weitestgehenden Mitspracherechte hatte, und trotz der Zerstörungen war durchaus noch eine ausreichende Kapitalbasis vorhanden. Für die Restaurationsthese spricht vor allem, daß sich nach dem Kriege wieder eine liberal-kapitalistische Wirtschaftsordnung herausbildete. Doch hieße es im Klischee verharren, würde man sich auf diese Kontinuitätselemente beschränken.(126) Das konzeptionell Neue, das die Wirtschaftsordnungsdebatte der Nachkriegszeit gegenüber früheren Formen der Zwangs- und Konzentrationswirtschaft enthielt, fand auch Eingang in die faktische Wirtschaftsordnungspolitik. Für einen Neuanfang sorgten hier vor allem die alliierten Siegermächte, insbesondere die USA, die Tempo und Richtung des Wiederaufbaus weitgehend bestimmten.

Das Handeln der Alliierten orientierte sich in erster Linie an der außenpolitischen Entwicklung,(127) wobei gerade der Ost-West-Konflikt dazu beitrug, "(...) jene für die westdeutsche Wirtschaftspolitik charakteristische Atmosphäre (zu schaffen), in der staatliche Eingriffe in die Wirtschaftspolitik sowie staatliche Wirtschaftslenkung mit dem Verdacht der 'Illegalität' behaftet (...)" waren.(128) Konkurrierende Leitideen zur Marktwirtschaft, von der Planwirtschaft bis zum christlichen Sozialismus, fielen der rigiden Abgrenzung vom Stalinismus zum Opfer. Das Protokoll der Konferenz von Potsdam vom 2.8.1945 hatte neben der Beschlagnahme von deutschem Auslandsvermögen und der Demontage wichtiger Industrien auch die Dekonzentration der deutschen Wirtschaft vorgesehen - eine Absicht, die durchaus den Plänen der Widerstandsbewegung entsprach. Die Siegermächte einigten sich auch darauf, Deutschland trotz der Zoneneinteilung als wirtschaftliche Einheit zu behandeln. Nachdem diese Absicht am sowjetischen und französischen Separatismus gescheitert war, schufen Amerikaner und Briten im September 1946 aus den von ihnen verwalteten west- und süddeutschen Gebieten das 'Vereinigte Wirtschaftsgebiet'. Erst am 1.4.1949 konnte diese Bizone unter Anschluß der französischen zur Trizone erweitert werden.(129)

Die für die Wirtschaftsordnung der späteren Bundesrepublik grundlegenden Entscheidungen fielen in der britisch-amerikanischen Bizone; die französische Besatzungspolitik, für die besonders der Kontrollgedanke maßgeblich war, blieb in dieser Beziehung ohne Belang.(130) Auch die britische Militäradministration betrachtete die Industrie als einen wichtigen Bestandteil des deutschen Aggressionspotentials. Doch galt ihr umgekehrt die wirtschaftliche Sicherheit der deutschen Bevölkerung als Voraussetzung der politischen Befriedigung. Ihre Wirtschaftspolitik folgte deswegen dem interventionistischen Stil der in Großbritannien regierenden Labour Party.(131) Über die Wirtschaftsordnung entschied allerdings bald die Richtlinienkompetenz der Amerikaner, denn die Gründung der Bizone war gleichbedeutend mit einer weitgehenden Übernahme der finanziellen Verwaltungslasten durch die USA.(132) Die Direktive Nr. 1779, die

US-Militärgouverneur Clay im Juli 1947 erhielt, forcierte die Marktwirtschaft. Der 'Morgenthau-Plan', der bis dahin als Direktive Nr.
1067 die Grundlage der amerikanischen Besatzungspolitik gewesen war,
wurde durch den Marshall-Plan' ersetzt, und an die Stelle der De-
Industrialisierung trat die gegenteilige Zielsetzung, der rasche
Wiederaufbau.(133)

Der Wirtschaftsrat,(134) der im Rahmen des alliierten 'Abkommens
über die Neugestaltung der bizonalen Wirtschaftsstellen' am
29.5.1947 als parlamentsähnliche deutsche Legislative entstanden
war, schuf am 18.12.1947 mit dem Bewirtschaftungsnotgesetz eine
erste allgemeine Rechtsgrundlage für die Wirtschaftspolitik. Bereits
die 1. Durchführungsverordnung dazu brachte zum Ausdruck, daß die
Bewirtschaftung eine bloße Ausnahmeregelung zur Verwaltung des Mangels sein und bei ausreichender Produktion zugunsten freier Märkte
wieder abgeschafft werden sollte.(135) Der Gütermangel auf der einen
und der riesige Geldüberhang auf der anderen Seite sorgten dafür,
daß der Schwarzmarkt immer neue Blüten trieb.(136) Die Währungsreform, die diesem Zustand ein Ende machen sollte, war dann wiederum
ein Projekt der Alliierten, bei dem deutsche Experten erst bei der
Festlegung der technischen Einzelheiten mitwirken durften.(137) Die
Reform selbst ging weit über eine bloße Währungsumstellung hinaus.
Die neue Geldordnung hatte ihren Anfang genommen am 1.3.1948 mit der
Gründung der Bank deutscher Länder, dem Kopfinstitut eines von
staatlicher Weisung unabhängigen und föderal strukturierten Zentralbanksystems. Zum Stichtag der Währungsreform, dem 21.6.1948, erhielt die Bank das (vorerst beschränkte) Recht zur Notenemission
und, als Grundstein für die Geldpolitik, das Recht zur Haltung von
Mindestreserven. Das Umstellungsgesetz, das die Überleitung von Ver-
bindlichkeiten aus der alten in die neue Währung regelte und Banken
und ähnliche Unternehmen mit Ausgleichsforderungen ausstattete,
schrieb im §28 zudem den Grundsatz künftiger Fiskalpolitik vor, den
Ausgleich der öffentlichen Haushalte. Die Verschuldung war der
öffentlichen Hand nunmehr lediglich als Vorgriff auf spätere Einnahmen gestattet.(138)

Diese Geldordnung bildete eine wesentliche Grundlage für eine Wirtschaftsordnung im Sinne der Widerstandsbewegung. Zu allem, was
Walter Eucken in diesem Zusammenhang als konstituierende Prinzipien
der Wettbewerbsordnung ansah, hatte sie beigetragen: zu einer sta-
bilen Währung, zum Verbot von Staatsdefiziten und zu einem auto-
nomen Notenbanksystem.(139) Erste Investitionsanreize, die Eucken
ebenfalls als konstitutiv für die Wettbewerbswirtschaft erachtete,
schuf die mit der Währungsreform verknüpfte vorläufige Neuordnung
von Steuergesetzen, in der die Voraussetzungen für eine verstärkte
Selbstfinanzierung von Investitionen gelegt wurden.(140) Als Wirt-

schaftsdirektor Erhard vier Tage nach der Währungsreform die Lockerung der Preisbindung anordnete, nahm die Wettbewerbsordnung auch
vom Preismechanismus her Gestalt an.(141) Doch öffnete sich damit
die Lohn-Preis-Schere, verursacht von den schnellen und drastischen
Preissteigerungen bei den aus der Bewirtschaftung herausgenommenen
Gütern.

Die soziale Frage war ungelöst geblieben. Die Alliierten hatten auf
einen Lastenausgleich zwischen Geld- und Sachvermögensbesitzern ver-
zichtet und dies zu einer deutschen Aufgabe erklärt.(142) Auf deutscher Seite war die Währungsreform zwar regelmäßig im Zusammenhang
mit einer solchen Regelung diskutiert worden, doch das entsprechende
'Gesetz zur Milderung dringender sozialer Notstände' vom 8.8.1948
genügte einem Anspruch auf Gerechtigkeit in keiner Weise.(143) Auch
das Lastenausgleichsgesetz, das nach langwierigen Auseinandersetzungen erst am 14.8.1952 beschlossen wurde, beabsichtigte keinen unmittelbaren Eingriff in die Vermögensverteilung. Zwar galten hier
neben Kriegs- und Vertreibungsschäden auch Ersparnisverluste als
ausgleichsberechtigt, doch war diese Wiedergutmachung für die Geld-
vermögensbesitzer kaum spürbar.(144) Das Produktivvermögen wurde
indessen weiter bevorzugt: Die Steuerreform, die der Wirtschaftsrat
am 20.4.1949 beschloß, schuf massive Anreize zur Selbstfinanzierung
von Investitionen, und das 'DM-Bilanzgesetz' vom 21.8.1949 ließ den
Unternehmen einen weiten Spielraum bei der Neufestsetzung der Ver-
mögenswerte, der in Erwartung einer Lastenausgleichsregelung genutzt
werden konnte.(145)

Auch die Einkommensentwicklung trug nicht gerade zur Verteilungsgerechtigkeit bei. Die Reallöhne sanken, obwohl ab dem 3.11.1948 der
aus der NS-Zeit übernommene Lohnstopp aufgehoben und im Dezember
1948 der Preisanstieg mit geldpolitischen Maßnahmen unter Kontrolle
gebracht wurde.(146) Die schlechte Versorgungslage und die wachsende
Arbeitslosigkeit führten zu einer Zuspitzung der Auseinandersetzung
um die Marktwirtschaft. Am 12.11.1948 riefen die Gewerkschaften zu
einem 24-stündigen Streik auf, der von etwa 9 Millionen Arbeitnehmern befolgt wurde und den Forderungen nach Preiskontrolle und Bewirtschaftung bei Lebensmitteln, nach Gemeinwirtschaft und Wirtschaftsdemokratie Ausdruck verleihen sollte.(147) Politische Erfolge
hatten die Gewerkschaften bisher kaum zu verbuchen. Zwar war am
9.11.1948 das Weimarer Arbeitsrecht samt Koalitionsfreiheit wieder
in Kraft gesetzt worden. Doch der Wirtschaftsdemokratie, die auch in
einigen Wirtschaftsordnungskonzepten des Widerstands eine zentrale
Rolle gespielt hatte, waren sie nicht näher gekommen, und sie sollten auch nicht mehr sonderlich viel erreichen: Das Betriebsverfassungsgesetz von 1952 bedeutete, gemessen an der paritätischen Mitbestimmung, eine klare Niederlage, und die überbetriebliche Mitbe-

stimmung blieb in den Ansätzen stecken. Die gesetzliche Verankerung der Montanmitbestimmung am 21.5.1951 erreichten die Gewerkschaften nur mit alliierter Nachhilfe: Die Arbeitgeber der Eisen- und Stahlindustrie hatten die paritätische Mitbestimmung bereits 1946 angeboten, um den Dekartellierungsabsichten der britischen 'North German Iron und Steel Control' (NGISC) vorzubeugen, und die Briten hatten sie im Februar 1946 dann in der später dennoch entflochtenen Eisen- und Stahlindustrie eingeführt.(148)

Die Dekartellierungsgesetze, von der britischen Militärregierung am 11.2.1947 verkündet und von den Amerikanern mitgetragen, machen sehr deutlich, daß die Alliierten neben der Währungs- und der (unterbliebenen) Sozialordnung auch die aus der Sicht des Widerstandes dritte und entscheidende Dimension der neuen Wirtschaftsordnung mitbestimmten: die Ordnung des Wettbewerbs.(149) Dabei nahmen die Besatzermächte, ungeachtet ihrer Neigung zum grundsätzlichen Verbot von Monopolen und zur aktiven Dekartellierungspolitik, eine Haltung ein, die stark von der Einschätzung der eigenen Interessen im Ost-West-Konflikt abhing. Ging es nach dem Zusammenbruch des 'Dritten Reiches' zunächst um die wirtschaftliche Entmachtung Deutschlands, so wuchs ab dem Frühjahr 1947 das Interesse am wirtschaftlichen Wiederaufbau. Parallel dazu schwand das konzentrationspolitische Engagement der Alliierten und stieg ihre Bereitschaft, die deutsche Seite an der Gestaltung der Wettbewerbsordnung zu beteiligen. Dort standen, im Gegensatz zu den Vorstellungen der Widerstandsbewegung, weite Teile von Politik und Wirtschaft einer gesetzlichen Sicherung des Wettbewerbs nicht gerade aufgeschlossen gegenüber. Allein die Tatsache, daß die kartellierte Wirtschaft untrennbar mit dem Nationalsozialismus verbunden war, beschränkte die Auseinandersetzung auf die Variante der zukünftigen Wettbewerbsordnung, auf die Frage, ob Monopole, Kartelle und andere Formen wirtschaftlicher Machtkonzentration schlichtweg verboten werden sollten oder ob eine Mißbrauchsaufsicht genügte, die gleichbedeutend war mit der grundsätzlichen Anerkennung der Marktbeherrschung.(150)

Am 29.3.1949 erteilte das 'Bipartite Control Office' der Verwaltung des Vereinigten Wirtschaftsgebietes den Auftrag, ein Wettbewerbsgesetz zu erarbeiten. Wirtschaftsdirektor Erhard griff dazu auf die Vorarbeiten des Josten-Ausschusses zurück. Diese Arbeitsgruppe tagte seit dem Herbst 1946 und war nach ihrem Leiter Paul Josten benannt, der lange Jahre das Kartellreferat im Reichswirtschaftsministerium innegehabt hatte. Nachdem ihr Franz Böhm federführend angehörte, war der Josten-Entwurf, der Erhard am 5.7.1949 vorlag, denn auch der Versuch, die Freiburger Wettbewerbsordnung zur Grundlage der Kartellgesetzgebung zu machen.(151) Der ordoliberale Ansatz zur Bekämpfung der Wirtschaftsmacht zeigte sich an der Absicht zum absoluten Kartellverbot und zur Entflechtung von Großunternehmen auch ohne Kartelleigenschaft, an der Verhaltenskontrolle nach Art des 'als-ob-Wettbewerbs', der sich volkswirtschaftlich nützliche Großunternehmen zu unterwerfen gehabt hätten und die ein unabhängiges Monopolamt ausüben sollte, und an dem Vorhaben einer aktiven Wettbewerbspolitik in deren Mittelpunkt die wettbewerbsfördernde Gestaltung von wirtschaftlich relevanten Rechtsnormen stehen sollte.(152)

Als der Entwurf im April 1949 vorzeitig bekannt wurde, formierte sich heftige Opposition von Seiten der Großindustrie. Die bekannten Argumente reichten von der Warnung vor Kapazitäts- und Arbeitsplatzvernichtung bis zum Vorwurf, die Kompetenzen des geplanten Monopolamtes kämen einem wirtschaftlichen Staatsinterventionismus gleich. Ludwig Erhard sah sich gezwungen, auf den Josten-Entwurf zu verzichten und die Verabschiedung des Wettbewerbsgesetzes an die Legislative der künftigen Bundesrepublik zu delegieren.(153) Dort wurde dann im Oktober 1949 der nächste Entwurf vorgelegt, den Eberhard Günther, der Referent für Wettbewerbsfragen im neuen Bundeswirtschaftsministerium, erarbeitet hatte. Weil Günther ebenfalls am absoluten Kartellverbot festhielt, stieß sein Entwurf wiederum auf die Ablehnung der Industrie. Umgekehrt gelang es den Ordoliberalen um Franz Böhm, den daraufhin aufgeweichten '2. Günther-Entwurf' vom 11.11.1949, der sich auf die Überwachung marktbeherrschender Unternehmen beschränken wollte, wieder zu verschärfen: Die nächste Regierungsvorlage, die das Datum 7.1.1950 trug, enthielt erneut das generelle Verbot von Marktabsprachen mit dem Zweck der Wettbewerbsbeschränkung.(154)

Knapp drei Wochen später, in der Bundestagsdebatte vom 27.1.1950, spaltete der Konflikt über das Verbotsprinzip die Regierungskoalition aus CDU, CSU, FDP und DP. Während sich der Wirtschaftsflügel in der Union als innerfraktionelle Opposition gegen das ordoliberale Vorhaben formierte, befürworteten die beiden anderen Koalitionsparteien mehr oder minder offen die Orientierung der Kartellgesetzgebung an der bloßen Verhinderung von Machtmißbrauch.(155) Vor allem der wiedererstarkte Bundesverband der deutschen Industrie (BDI) intervenierte im Sinne einer Mißbrauchsgesetzgebung und wollte ein grundsätzliches Verbot nur dann hinnehmen, wenn Ausnahmen für Konditionen-, Rabatt-. Export-, Strukturkrisen- und Rationalisierungskartelle festschrieben würden.(156) Die SPD unternahm, angeführt vom Hamburger Wirtschaftssenator Karl Schiller, zwar am 15.5.1952 im Bundesrat den Versuch, mit der dortigen Zustimmung zur Verbotsgesetzgebung Erhard auf seinem ordoliberalen Kurs zu unterstützen, doch blieb auch sie gegen die Verzögerungstaktik der Gegner bei der Ausschußberatung im Bundestag erfolglos. Am 21.5.1953 mußte Erhard erneut auf die abschließende Behandlung des Wettbewerbsrechts in der zu Ende gehenden ersten Legislaturperiode verzichten.(157)

Das 'Grundgesetz' der Sozialen Marktwirtschaft sollte auch in der zweiten Legislaturperiode nur mit Mühe gelingen. Zwar brachte Erhard seine ordoliberale Vorlage noch einmal in den Gesetzgebungsprozeß ein, doch inhaltlich erreichten die Gegner des Verbotprinzips nun weitreichende Zugeständnisse. Der Regierungsentwurf, der nach uferlosen Beratungen im Oktober 1954 vorlag, Anfang 1955 an den Bundestag geleitet und dort ab März 1955 weiterberaten wurde, ging zwar noch vom Verbotsprinzip aus. Er zog aber keine rechtlichen Konsequenzen mehr aus der Tatsache der Marktbeherrschung, sondern nurmehr aus deren Mißbrauch bei der Gestaltung von Preisen und Geschäftsbedingungen. Franz Böhm kommentierte die Absicht, die Unternehmenskonzentration rechtlich anzuerkennen, wie folgt: "Weg von der Konzeption des Bundeswirtschaftsministers! Weg vom Wettbewerb! Hin zum Kartell! Und dies alles unter der Flagge des Verbotsgesetzes!"(158) Die ordoliberale Position war allerdings mittlerweile so geschwächt, daß ihre Vertreter sich darauf beschränken mußten, diesem Regierungsentwurf zum Durchbruch zu verhelfen. Der letzte Gesetzesentwurf, der den Vorstellungen des Freiburger Kreises entsprach und den Franz Böhm am 24.3.1955 selbst im Bundestag einbrachte, hatte nur mehr demonstrativen Charakter.(159)

Das Gesetz gegen Wettbewerbsbeschränkungen, das erst am 4.7.1957 beschlossen wurde, entsprach mit seinen vielen Ausnahmeregelungen dann weitgehend den von der Industrie schon 1950 vorgetragenen Forderungen, wenn es auch verbal am Verbotsprinzip festhielt. Die rein ökonomische Sicht der Nützlichkeit und Schädlichkeit wirtschaftlicher Machtkonzentration vernachlässigte den von der Widerstandsbewegung im allgemeinen und dem Freiburger Ordoliberalismus im besonderen betonten Zusammenhang zwischen wirtschaftlicher und politischer Macht. Das Gesetz blieb neutral gegenüber dem Wachstum von Unternehmen, und es gab dem Bundeskartellamt, gemessen an den geplanten Aufgaben des Monopolamtes, nur die schwache Kompetenz zur Mißbrauchsaufsicht bei marktbeherrschenden Unternehmen und Kartellen. Durch die Freistellung ganzer Branchen und die Sonderregelungen für bestimmte Kartellformen wurde zudem der Geltungsbereich wesentlich eingeschränkt. Verglichen mit den Vorstellungen des Widerstands konnte das Gesetz gegen Wettbewerbsbeschränkungen deswegen nur als ein 'von Ausnahmen durchlöcherter Kompromiß'(160) erscheinen.

6.6 Der Einfluß der Widerstandsbewegung auf die Wirtschaftsverfassung

Die Auseinandersetzumg um die Wirtschaftsverfassung der Bundesrepublik, die bis in die zweite Hälfte der 50er Jahre mit der geschilderten Intensität geführt wurde, war mit diesem Gesetz viel früher entschieden worden, als das Verabschiedungsdatum nahelegt. Auf dem Gebiet der Wettbewerbspolitik bedeutete dieses milde Regelwerk letztlich nichts anderes als den Nachvollzug und die Akzeptanz der bereits eingetretenen Entwicklung der Unternehmenskonzentration, und es glich darin der Rolle, die das Lastenausgleichsgesetz für die Verteilungspolitik und das Montanmitbestimmungs- bzw. das Betriebsverfassungsgesetz für die Wirtschaftsdemokratie gespielt hatte. Da die relevanten Entscheidungen in der Währungs-, Preis-, Steuer- und Tarifpolitik ohnehin schon von den Alliierten getroffen wurden oder im Wirtschaftsrat des Vereinigten Wirtschaftsgebietes fielen, lag die Wirtschaftsordnung also in den Grundsätzen bereits vor der Gründung der Bundesrepublik fest.(161)

Nach Kriegsende dagegen war die Wirtschaftsordnungsfrage in einem gewissen Grade offen gewesen. Die Chance zur Neugestaltung der institutionellen Grundlagen der Volkswirtschaft, die sich die Widerstandsbewegung erhofft hatte, war durchaus gegeben. Wie läßt sich nun der 'Erfolg' zusammenfassend beschreiben, den die beiden Wirtschaftsordnungskonzepte des Widerstands, die Freiburger und die Kreisauer Konzeption, bei der Durchsetzung der Sozialen Marktwirtschaft hatten? Was die praktische Wirtschaftspolitik anbetraf, so waren die Alliierten die wichtigsten Verbündeten für die Erben der ordnungspolitischen Konzepte aus der Widerstandsbewegung. Griffen sie lenkend ein, bei der grundsätzlichen Entscheidung für die Marktwirtschaft, bei der Währungsreform und anfänglich bei der Dekonzentration und der Mitbestimmung, setzten sich politische Lösungen durch, die den in den Widerstandskreisen erarbeiteten Positionen ähnelten; waren sie dagegen untätig, wie bei der Sozialordnung und später bei der Mitbestimmungsregelung und der Wettbewerbspolitik, blieben die Ergebnisse hinter diesen Konzepten zurück.(162)

Der Zusammenhang der politischen (Miß-)Erfolgsbilanz gerade mit dem Wirken der Alliierten war in erster Linie das Ergebnis der Verteilung politischer Macht nach dem verlorenen Krieg. Darüberhinaus hatte die Widerstandsbewegung hinsichtlich der Wirtschaft den Zeitgeist durchaus antizipiert, der im Deutschland der Nachkriegszeit herrschte. Ihre Konzeptionen beeinflußten alle Ideologien, die damals das Bild der wünschenswerten Wirtschafts- und Sozialordnung prägten: den demokratischen Sozialismus, den christlichen Sozialismus und den Liberalismus in seiner ordoliberalen Form. Für diese

Wurzeln der Sozialen Marktwirtschaft läßt sich also mit Fug und Recht historische Kontinuität für die Widerstandsbewegung beanspruchen, im zu Beginn dieser Untersuchung definierten Sinne einer ideellen Kategorie.(163) Allein der Neoliberalismus stand nicht in der Kontinuität zum Widerstand.

Die erstgenannten Ordnungsvorstellungen suchten gemeinsam nach dem dritten Weg zwischen Kapitalismus und Sozialismus. Die Auseinandersetzung ging dabei, wie zuvor schon in der Widerstandsbewegung, um das Verhältnis zwischen individueller Freiheit und Sozialbindung der Wirtschaft.(164) Der Ordoliberalismus, das Erbe des Freiburger Kreises und auch der Ordnungsvorstellung von Carl Goerdeler und Jens Jessen, darf dabei keinesfalls als Versuch mißverstanden werden, dieses Dilemma ausschließlich über einen (möglichst) vollkommenen Wettbewerb lösen zu wollen. Von einer solchen Position her erschiene dieses Konzept, gemessen an der Sozialen Marktwirtschaft, als im Ansatz gescheitert. Die tatsächliche Wettbewerbsordnung blieb weit hinter dem Modellanspruch der vollkommenen Konkurrenz zurück, die Wachstumsförderung erhielt den Vorrang vor der Wettbewerbssicherung. Die Sozialpolitik wurde ein Opfer der Entscheidung für den raschen Wiederaufbau und mußte sich auf die Verteilung des wachsenden Wohlstandes beschränken. Wird der Ordoliberalismus auf seinen Modellgehalt reduziert, dann kann er nur noch gelten als eine ökonomische Theorie, von der die Soziale Marktwirtschaft den Primat der Währungspolitik übernahm.(165)

Doch hat das Modell der vollkommenen Konkurrenz mit der Wettbewerbsordnung, wie sie in der Widerstandsbewegung entworfen wurde, wenig zu tun. Die Vollkommenheit des Wettbewerbs war hier nie die Utopie von der völligen Nivellierung jeglicher Wirtschaftsmacht. Es konnte nach Franz Böhm "(...) niemals das Ziel eines Antimonopolgesetzes sein, die Marktform des vollständigen Wettbewerbs, so wie sie von der Marktformenlehre definiert ist, zu verwirklichen."(166) Vielmehr ging es um einen "(...) Leistungswettbewerb in der Vollständigkeit, die sich mit Mitteln der Politik, des Rechts und mit Hilfe einer wettbewerbsfreundlichen öffentlichen Meinung und einer risikofreudigen und freiheitsliebenden Unternehmerschaft irgend erreichen läßt."(167) Gerade jene denkwürdige Tagung, die 1942 nahezu alle oppositionellen Nationalökonomen unter dem Thema 'Der Wettbewerb als Mittel der Leistungssteigerung und Leistungsauslese' zusammenführte, macht deutlich, wie weit der Widerstand bei seiner Diskussion der Wettbewerbsordnung von der bloßen Modellbetrachtung entfernt war und wie sehr er die Einbeziehung sämtlicher wirtschaftlich relevanter Politikbereiche in die Wettbewerbspolitik forderte. Schon in der Sensibilisierung für die Aufgabe des Wettbewerbs und für die Notwendigkeit, ihn politisch zu fördern und zu sichern, liegt also ein unmittelbarer Ertrag des Ordoliberalismus für die Soziale Marktwirtschaft.

Die Kreisauer Wirtschaftsordnungskonzeption, die ja die Freiburger Aussagen zum Wettbewerb mittrug, ging in noch viel stärkerem Ausmaß von der Verträglichkeit und konstitutiven Wechselbeziehung zwischen Wettbewerbsordnung und wirtschaftpolitischer Intervention aus. Um dem Wettbewerb in seiner Rolle als Instrument zur Steigerung der volkswirtschaftlichen Produktivität Geltung zu verschaffen und seine Funktionsfähigkeit zu sichern, bedurfte es über die Wettbewerbspolitik hinaus des ganzen Spektrums der diskretionären Wirtschaftspolitik.(168) Die Kreisauer Zielsetzung entsprach einer Wirtschaftsordnung, die "(...) die Prinzipien des Wettbewerbs, des freien Marktes und des Preismechanismus einerseits und der staatlichen Lenkung und Planung andererseits zu einer realisierbaren Synthese vereinigt." (169) Rudolf Zorn, der mit diesen Worten am 26.6.1947 als Sprecher der Sozialdemokraten die beabsichtigte 'Sozialistische Wirtschaftsplanung' erläuterte, benannte damit das Kernstück des freiheitlichen Sozialismus: die grundsätzliche Anerkennung der Möglichkeit von Marktversagen, deswegen der prinzipiellen Notwendigkeit staatlicher Wirtschaftslenkung und gleichzeitig die Beschränkung ebendieser Staatsbefugnis gemäß dem Subsidiaritätsprinzip.(170) Dies galt im übrigen auch für den christlichen Sozialismus, wie überhaupt die Kreisauer Konzeption von der Motivlage ihrer Träger her als ein solcher zu verstehen war.(171) Unter dem Gesichtspunkt der Kontinuität zählt, daß im Kreisauer Kreis eine keynesianische Wirtschaftspolitik vorgedacht wurde.

Die Soziale Marktwirtschaft galt Alfred Müller-Armack, der den Begriff für diese Ordnungsform geprägt hatte, als die wirtschaftspolitische Konkretisierung des Ordoliberalismus und des personalistischen Sozialismus. Im Jahre 1947 definierte er die Soziale Marktwirtschaft als "(...) keine sich selbst überlassene, liberale Marktwirtschaft, sondern eine bewußt gesteuerte, und zwar sozial gesteuerte Marktwirtschaft", als Wirtschaftsform, die 'die Prinzipien sozialer Planung und wirtschaftlicher Freiheit in sich vereinigte'. (172) Wie dies in den Konzepten der Widerstandsbewegung geschah, so betonte auch Müller-Armack die Effizienz der marktwirtschaftlichen Allokation; und es war für die Soziale Marktwirtschaft geradezu konstitutiv, daß die Erhaltung des Wettbewerbs und die Herstellung der Verteilungsgerechtigkeit unter dem Vorzeichen einer unvollkommenen Konkurrenz eigene politische Aufgaben darstellten. Die Soziale Marktwirtschaft bot die Chance sowohl zur aktiven Wettbewerbspolitik wie auch zur sozialpolitischen Umverteilung. Sie stand, was die Spielart des Subsidiaritätsprinzips betraf, zwischen dem Ordoliberalismus und dem personalistischen Sozialismus, den beiden aus dem Widerstand tradierten Ordnungskonzepten.

Die Soziale Marktwirtschaft unterschied sich dennoch in einer entscheidenden Grundlage von den Wirtschaftsordnungsvorstellungen der Widerstandsbewegung, im Verzicht auf einen starken Staat.(173) Die Kreisauer, die Freiburger und auch die Mitglieder des Goerdeler-Kreises hatten eine starke Legislative und Exekutive gefordert, die den Rahmen für das Wirtschaftshandeln setzen und durchsetzen sollte. Für die Kreisauer war es keine Frage, daß sich das Staatshandeln direkt am Gemeinwohl zu orientieren hatte; die Freiburger wollten zum gleichen Zweck der abstrakten Systemregel Wettbewerb zum Durchbruch verhelfen. Dahinter wiederum verbargen sich unterschiedliche Vorstellungen von gesellschaftlicher Steuerung: auf Kreisauer Seite glaubte man an selbstverantwortlich handelnde, der Allgemeinheit verpflichtete Eliten, auf Freiburger Seite an das sich mechanistisch selbst steuernde Kollektiv, in dem Machtkonzentration an einer Stelle nur störend wirkte. Die Soziale Marktwirtschaft war demgegenüber von Anfang an mit gebündelt vorgetragenen Interessen konfrontiert, mit dem Wirken von Verbänden. Der Verbandspluralismus war schon in den Gesellschaftsentwürfen der Widerstandsbewegung nicht vorgesehen. "Der Staat ist der Herr der Wirtschaft"(174) - dieser knappe Satz des Grafen Moltke macht die Fehleinschätzung offenkundig, der die Widerstandskreise bei ihren Wirtschaftsordnungskonzepten unterlagen.

Läßt sich deswegen der Widerstandsbewegung auch hinsichtlich ihrer Wirtschaftskonzepte die Politikfähigkeit absprechen, so wie das in der zu Beginn dieser Untersuchung genannten Literatur geschieht, wenn die Verfassungsentwürfe beurteilt werden?(175) Utopisches Denken, das hat die Analyse der Wirtschaftskonzepte gezeigt, darf der Widerstandsbewegung auf wirtschaftspolitischem Gebiet nicht vorgehalten werden. Bei der Planung für die künftige Dauerordnung der Volkswirtschaft dachten die Widerstandskämpfer vielmehr in idealtypischen Kategorien, ob im Goerdeler-Kreis, in Freiburg oder in Kreisau. Der politisch-idealtypische Charakter der Wirtschaftskonzepte erschließt sich aus ihrem politischen Gewicht für den Widerstand, das nicht nur darin bestand, daß sich viele Widerstandskämpfer von Ausbildung und Beruf her mit ökonomischen Fragen auseinandersetzten und sich aus moralischen Gründen gegen die Durchgängigkeit des Rüstungsziels in der nationalsozialistischen Wirtschaftspolitik und gegen die ab 1936 erkennbare wirtschaftliche Vorbereitung des Krieges zur Wehr setzten. Vielmehr gingen sie konzeptionell gegen die von einem professionellen Standpunkt her gesehen dilletantische Wirtschaftspolitik des NS-Regimes an und setzten dem damaligen, der 'völkischen' Zielsetzung gehorchenden und daher wachsenden Interventionismus ihr gemeinsames Konzept einer Wettbewerbswirtschaft entgegen. Daß die Realität der Wirtschaftsordnung in der Ära nach Hitler nicht dem eigenen Idealtypus entsprechen würde, sah man voraus, die wirtschaftspolitische Entwicklung dorthin aber wollte man beeinflussen.

Unter diesem Vorzeichen ist denn auch der Einfluß zu sehen, den die Wirtschaftskonzepte der Widerstandsbewegung dann auf die Soziale Marktwirtschaft hatten. "Es wäre naiver Realismus zu meinen, die Kontinuität liege simpel in den Dingen" (176) - so wurde Thomas Nipperdey zu Beginn dieser Untersuchung schon einmal zitiert. Der 'Erfolg' der Widerstandskonzepte lag eben nicht in erster Linie auf der Ebene der faktischen wirtschaftspolitischen Entscheidungen in der Nachkriegszeit, sondern in der Beeinflussung des Weges dorthin. Der Vergleich der ordnungspolitischen Positionen der Widerstandsbewegung mit den Konzepten, die in der Nachkriegszeit die Diskussion um die wünschenswerte Wirtschaftspolitik bestimmt haben, und mit der vollzogenen Wirtschaftsordnungspolitik hat gezeigt, woran diese Kontinuität festgemacht werden kann:
- an der gutachterlichen Beeinflussung der Wirtschaftspolitik der Besatzungsmächte und der deutschen Instanzen, was in der unmittelbaren Nachkriegszeit auch zu wirtschaftspolitischen Lösungen im Sinne der Widerstandsbewegung führte;
- an der Auseinandersetzung um die Neugründung der Gewerkschaften und um die Wirtschaftsdemokratie, die mit dem Gedankengut der Widerstandsbewegung durchdrungen war, auch wenn von diesem im wesentlichen nur die Idee der Einheitsgewerkschaft erfolgreich war;
- an der ordnungspolitischen Diskussion in der SPD der Nachkriegszeit, in der die Partei unter der geistigen Führung von Karl Schiller, einem langjährigen Mitarbeiter von Jens Jessen, zunehmend planwirtschaftliche Positionen zugunsten einer keynesianischen Interventionspolitik aufgab;
- an der wichtigen Rolle, die der christliche Sozialismus unter Führung des Widerstandskämpfers Jakob Kaiser in der wirtschaftspolitischen Debatte der Union in der Nachkriegszeit spielte, auch wenn diese Bewegung schließlich programmatisch dem liberalkonservativen Lager um Adenauer unterlag;
- und schließlich an dem Einfluß der Widerstandsbewegung auf Ludwig Erhard und auf dessen ordoliberale Politik in den Gründungsjahren der Sozialen Marktwirtschaft, die zunächst sogar zum offiziellen Programm der Union erhoben, dann aber zugunsten neoliberaler Positionen zurückgedrängt wurde.
Diese Linien der historischen Kontinuität zeigen, auch wenn sie allesamt nicht gerade prägnant sind, daß ohne die konzeptionelle Arbeit der Widerstandsbewegung die wirtschaftspolitische Diskussion der Nachkriegsjahre anders verlaufen wäre als dies dann tatsächlich geschah. Das Urteil, daß sich die Widerstandsbewegung mit ihren gesellschaftspolitischen Vorstellungen bei der Wiederentstehung der

deutschen Staatlichkeit nach dem Kriege nicht durchsetzen konnte, braucht mithin zwar nicht revidiert werden, es sollte aber im Hinblick auf die Wirtschaftsordnung in Zukunft frei sein von der ihm eigenen Rigidität, frei sein von der Absolutheit, in der es bisher gefällt wurde. Die Wirtschaftsordnung, die sich die junge Bundesrepublik Deutschland gab, trägt in sich das geistige Erbe des Widerstandes gegen den Nationalsozialismus.

Anmerkungen zu Abschnitt 1:

1) Treue (1985), S.917

2) Broszat (1986), S.305. Zum Symbolwert des 20. Juli 1944 vgl. auch Wassermann (1985), S.37.

3) Vgl. Schmädecke/Steinbach (1985). In 65 Beiträgen wird hier der Forschungsstand dargelegt, wobei der Schwerpunkt auf der Bewegung des 20. Juli 1944 liegt. Als neuere Arbeit vgl. auch Schulz (1984a).

4) Vgl. Lill/Oberreuther (1984)

5) Vgl. zum Wirken von Generalstabschef Beck Müller (1980), zu Claus Schenk Graf von Stauffenberg Bussmann (1984) und zum Widerstandskreis um Hans von Dohnanyi und Dietrich Bonhoeffer die Arbeit von Müller (1986), samt den dort gegebenen weiteren Hinweisen.

6) Das Standardwerk zu den konspirativen Aktivitäten Carl Goerdelers ist nach wie vor die Biographie von Ritter (1984). Zum Kreisauer Kreis vgl. in erster Linie Roon (1981).

7) Vgl. dazu Hoffmann (1979). Zu den Anfängen des Widerstands, die vor 1933 zurückreichen, vgl. ebenda, S.34ff., zu den ersten Umsturzplänen der Generalität nach der Sudetenkrise und vor Kriegsausbruch 1939 S.69ff. und 130ff., zur Vorbereitung und Durchführung des 20. Juli 1944 S.410ff. und 486ff. Zu den minutiös aufgelisteten Einzelheiten, warum das Attentat scheitern mußte, vgl. Hoffmann (1984).

8) Löwenthal/Müller (1982), S.12. Löwenthal definiert Diktaturen als "(...) Regime, die sich von den freien demokratischen Entscheidungen ihrer Völker unabhängig gemacht haben und entschlossen sind, diese Unabhängigkeit durch Einsatz ihrer Machtmittel zu behaupten." (ebenda, S.11). Vgl. auch Ryszka (1985), S.1115.

9) Bracher (1980), S.38. Bracher bezieht den Totalitarismus-Begriff nicht nur auf den Nationalsozialismus, sondern auch auf den Marxismus-Leninismus. Vgl. dazu ders. (1982), S.160ff. Zur Sicht der Bewegung des 20. Juli als einem Versuch, den Totalitätsanspruch des Nationalsozialismus abzuwehren, vgl. Wassermann (1985), S.37.

Anmerkungen zu Abschnitt 1:

10) Vgl. Mommsens Kritik am Totalitarismus-Begriff in: Totalitarismus und Faschismus (1980), S.55f. und 65

11) Vgl. Mommsen (1966)

12) ebenda, S.73

13) Moltke in seiner Denkschrift 'Ausgangslage, Ziele und Aufgaben' vom 24.4.1941, zit. nach Roon (1967), S.511

14) Vgl. Mommsen (1966), S.83, und (1985a), S.10f.

15) Vgl. Mommsen (1985), S.580. Wo für das Verständnis der Wirtschaftskonzepte erforderlich, wird das Verfassungsdenken der einzelnen Widerstandskreise im Verlauf der Untersuchung erläutert.

16) Mommsen (1966), S.163. Zum Vergleich mit den nationalsozialistischen Vorstellungen vgl. ebenda.

17) Vgl. Mommsen (1985), S.574 und 588f.

18) Zu diesen geflügelten Worten in der Charakterisierung der Widerstandsbewegung vgl. Mommsen (1966), S.76 und 79. Mommsen weist auch (S.80f.) auf den Konservativismus hin, der sich aus der Verknüpfung von traditionellen mit sozialutopischen Gedanken speist.

19) Vgl. Kershaw (1985), S.795, Löwenthal/Mühlen (1982), S.13, und Tenfelde (1985), S.795

20) Vgl. zur 'Sozialistischen Aktion' die Hinweise in Abschnitt 4, zu den Gewerkschaftsplänen in Abschnitt 3 der vorliegenden Untersuchung.

21) Eine wichtige Ausnahme bildeten die Entwürfe der konservativen Fraktion im Goerdeler-Kreis, so das 'Vorläufige Staatsgrundgesetz' von Johannes Popitz. Vgl. dazu Abschnitt 3.2

22) Die 'kleinen Gemeinschaften' sind der zentrale Begriff der Kreisauer Gesellschaftsordnung. Vgl. Abschnitt 4.2

23) So Reinhard Mann (in: Kleßmann/Pingel (1980), S.43), der zum Problem der Quellenqualität festhielt, daß dort stark die Ermittlungsakten von Gestapo und Justiz dominieren, mithin der entdeckte Widerstand.

24) Vgl. dazu das Resümee von Broszat (1986, S.296f.) über diverse Forschungsarbeiten zum lokalen Widerstand.

25) Vgl. Peukert (1979), S.33. Zum Arbeiterwiderstand vgl. auch Geis (1982).

26) Vgl. dazu Broszat/Fröhlich/Wiesemann (1977-83)

27) Broszat (1986), S.300

28) Vgl. Muth (1982), S.416f.

29) Vgl. Löwenthal/Mühlen (1982), S.14

30) Vgl. Broszat/Fröhlich/Wiesemann (1977-83), Bd.IV, S.692

31) Tenfelde (1985), S.809

32) Vgl. Hüttenberger (1977), S.122. Schon von daher muß eine Untersuchung über den Widerstand seine Bedingungen mit einbeziehen, wie dies hier mit einer Darstellung der nationalsozialistischen Wirtschaftsauffassung geschieht. Vgl. Kapitel 2.

33) Für diese Definition ist der Autor Heinz Eduard Tödt zu Dank verpflichtet.

34) Schlingensiepen (1983, S. XL) meint zu Recht: "Es ist (...) nicht ersichtlich, weshalb die ebenso notwendigen wie nützlichen Untersuchungen des 'kleinen Widerstands' nicht einfach als Erweiterung, sondern als Antithese zu der bisherigen Widerstandsforschung - jedenfalls zu einem Teil derselben - gesetzt werden."

35) Vgl. zum Zusammenhang von Dissidenz und Milieu Löwenthal/Mühlen (1982), S.20

36) Vgl. dazu Klausa (1984), S.14. Widerstand war zudem eher ein Lernprozeß als ein plötzlicher Entschluß.

37)   Vgl. dazu die Beispiele, die Kershaw (1985, S.786ff.) nennt.

38)   Vgl. Mommsen (1985a), S.11f.

39)   Vgl. Bethge (1978), S.890

40)   Klausa (1984), S.14

41)   Klaus von Dohnanyi, der Sohn des Widerstandskämpfers Hans von Dohnanyi, sieht im Kampf für die Menschen- und Bürgerrechte das zentrale Anliegen des deutschen Widerstandes. Vgl. Dohnanyi (1978).

42)   Vgl. Wolf (1966), S.246ff., der auch auf die Motivlagen einzelner Persönlichkeiten des Widerstandes eingeht. Vgl. auch Klemperer (1985), S.1098ff.

43)   Am Beispiel des Theologen Dietrich Bonhoeffer und seiner Haltung zur Judenfrage hat erst kürzlich Christine-Ruth Müller (1986) diese eminent politische christliche Ethik herausgearbeitet. Peter Hoffmann (1985, S.1089f.) nennt über 20 Mitglieder der Bewegung des 20. Juli, die die Judenfrage als Motiv des Widerstands nannten. Einige davon kommen auch im folgenden vor: Adolf Lampe, Carlo Mierendorff, Carl Goerdeler und die Grafen Moltke und Yorck.

44)   Vgl. dazu Ryszka (1985), S.1113

45)   ebenda, S.1116

46)   Mommsen (1966), S.165. Diese Erkenntnis ging mittlerweile auch in das Allgemeinwissen ein. Ein Beispiel gibt Siegfried Grundmann im Evangelischen Staatslexikon (1975, S.2890): "Obwohl die meisten dieser Gedanken und Pläne ohne Einfluß auf die Gestaltung der staatlichen und gesellschaftlichen Ordnung in Dtschld. nach dem Kriege geblieben sind, viele von ihnen auch unter den veränderten Verhältnissen heute nicht mehr als unmittelbare politische Ziele dienen könnten, behält die W. dennoch in ihrem Denken ebenso wie in ihrem gescheiterten Handeln bleibende Bedeutung."

47)   Mommsen (1985a), S.17

Anmerkungen zu Abschnitt 1:

48) Vgl. ebenda, S.13 und 15

49) Nipperdey (1986), S.197

50) ebenda, S.187

51) Vgl. dazu Wassermann (1985), S.39, und auch den eingangs erwähnten Symbolwert des 20. Juli 1944.

52) So Broszat (1986), S.309

53) Treue (1985), S.935

54 Vgl. Schmölders (1969)

55) Vgl. Blumenberg-Lampe (1973)

56) Vgl. Ritter (1984)

57) Nähere Angaben zu den herangezogenen Quellen finden sich bei den Abschnitten über die einzelnen Fraktionen des Goerdeler-Kreises in Kapitel 3.

58) So Broszat (1986), S.305

1) Zur Wirtschaftslage des Deutschen Reiches vor der 'Machtergreifung' und zur Wirtschaftskrise vgl. Stolper (1964), S.128ff., 133ff., und Fischer (1968), S.56

2) Vgl. dazu Borchardt (1983). Turner (1985, S.422) hält den Primat der Ökonomie beim Aufstieg des Nationalsozialismus für einen 'Mythos'.

3) So Teichert (1984), S.51

4) Vgl. Stolper (1964), S.157

5) Vgl. Herbst (1982), S.26, und Fischer (1968), S.77. Mit Recht hält Herbst Fischer vor, daraus das 'apodiktische Urteil' abgeleitet zu haben, der Nationalsozialismus habe gar keine Wirtschaftskonzeption gehabt. Sie war nur nicht an klassischen Maßstäben der Ökonomie zu messen.

6) Das 'Lebensraum-' und 'Blut- und Boden'-Denken ist vielfach in der Literatur dokumentiert. Vgl. z. B. Barkai (1975), S.12, Bracher (1983), S.364ff., Petzina (1975), S.66, Stolper (1964), S.181f., Teichert (1984), S.263f.

7) Vgl. dazu Petzina (1977), S.121, Hansmeyer/Caesar (1976), S. 368, und Volkmann (1975), S.83f.

8) Reinhardt, zit. nach Blaich (1976), S.108. Auf die Widersprüchlichkeit des NS-Ideenkonglomerates und die Beliebigkeit der Schlagworte weisen Erdmann (1980), S.43, Fest (1981), S.393, Fischer (1968), S.51, Bracher (1983), S.359, Hansmeyer/Caesar (1976), S.370 und andere hin. Herbst (1982, S.91f.) hebt auf den Einfluß ab, der sich aus dieser Programmschwäche für die nationalkonservativen Kollaboranden ergab.

9) Zum Parteiprogramm von 1920 und seinen wirtschaftsbezogenen Aussagen vgl. Turner (1985), S.67f., Stolper (1964), S.149, und Erdmann (1980), S.42f.

10) Vgl. Turner (1985), S.82ff. Das Wort vom 'Katechismus' fiel, obwohl Feders Buch nicht einmal das Parteiprogramm von 1920, sondern 30 selbstverfaßte Programmpunkte enthielt.

11)   Zu diesen Geldplänen Feders vgl. dessen Schrift 'Die Wohnungs-
      not und die soziale Bau- und Wirtschaftsbank als Retterin aus
      Wohnungselend, Wirtschaftskrise und Erwerbslosenelend' (1932).
      Eine frühe Kritik findet sich bei dem späteren Widerstands-
      kämpfer Jessen (1933, S.352). In der Radikalität der Pläne
      wurde Feder nur von seinem Konkurrenten um die Position des
      NS-Chefökonomen Otto Wagner übertroffen. Vgl. zu dessen Vor-
      stellungen von der 'Abschaffung der Zinsknechtschaft' Turner
      (1978), S.113f.

12)   Hierl, zit. nach Barkai (1975), S.11f. Das Arbeitspapier galt
      als Zusammenfassung der Parteidiskussion über die Wirtschafts-
      politik.

13)   Zur Arbeit der wirtschaftspolitischen Abteilung vgl. Barkai
      (1975), S.8ff. Aufschlußreich sind Wageners Erinnerungen, die
      er während seiner Kriegsgefangenschaft niederschrieb und die
      Turner (1978) herausgab. Wie bei allen derartigen Zeitzeugnis-
      sen von Kollaboranten ist bei der Interpretation allerdings
      Vorsicht angebracht: zu lückenhaft ist die Erinnerung, zu
      durchsichtig das Motiv, sich selbst zu schützen.

14)   Vgl. Turner (1978), S.182 und 318ff. Auch sollten beispiels-
      weise die Gläubiger an Gewinn und Verlust des Schuldners be-
      teiligt werden.

15)   Vgl. dazu Abschnitt 2.3 und Esenwein-Rothe (1965), S.33ff. Die
      ständische Absicht des Regimes wird auch an der Landwirt-
      wirtschaftspolitik sehr deutlich. Auf deren Darstellung soll
      hier aber verzichtet werden, weil dazu kein ausformuliertes
      Gegenkonzept der Widerstandsbewegung vorliegt. Vgl. zur NS-
      Position z.B. Richard Walther Darré, Neuadel aus Blut und Bo-
      den, München 1930.

16)   Dies geschah durch die 'Treuhänder der Arbeit'. Vgl. dazu un-
      ten Abschnitt 2.3. Zu einer Biographie Gregor Strassers vgl.
      Kissenkoetter (1978), S.13ff.

17)   Vgl. dazu Turner (1985), S.86ff.

18) Vgl. dazu Kissenkoetter (1978), S.113f. Umstritten bleibt die erstmals von G. Knoll (Von der Weltwirtschaftskrise zur Staatskonjunktur, Berlin 1959, S.426ff.) aufgestellte These, daß Strassers Programm wesentlich von Vorarbeiten des jüdischen Industriellen Robert Friedlaender-Prechtl beeinflußt gewesen sei.

19) Vgl. Kissenkoetter, S.83ff., Fischer (1968), S.59f. Bis auf den Vorschlag zur Kreditschöpfung fand Strassers Rede Zustimmung bei allen Fraktionen.

20) Vgl. dazu Barkai (1975), S.15

21) Vgl. Fest (1981), S.418. Zur Beurteilung der Berufung von Reichswirtschaftsminister Schmitt vgl. die überlieferten österreichischen Gesandtschaftsberichte aus dem Berlin der Jahre 1933/34 bei Otruba (1976), S.68f.

22) Vgl. dazu Fischer (1968), S.61f.

23) Zu dieser Einschätzung vgl. auch Stolper (1964), S.151, Herbst (1982), S.82f.

24) Volck, zit. nach Fest (1981), S.340

25) Treue (1955), S.190

26) Hitler, zit. nach Turner (1980), S.51. Es handelte sich dabei um einen Aufsatz, den Hitler auf Anregung des Ruhrgebiets-Magnaten Emil Kirdorf schrieb. Kirdorf, damals ein Symbol der Großindustrie, wollte mit der Broschüre die Verbreitung der NS-Gedanken in seinen Kreisen erreichen, doch war er damit nicht sehr erfolgreich.

27) Urteil von Jäckel, nach Erdmann (1980), S.41. Vgl. dort auch S.24ff. Hitler schrieb das Buch 1924 während seiner Haft in Landsberg. Die Gesamtauflage bis zum Ende des 'Dritten Reiches' erreichte knapp 10 Mio. Stück.

28) Vgl. hierzu und zum folgenden Turner (1985), S.259ff.

29) Vgl. dazu Hitler (1934), S.670ff.

Anmerkungen zu Abschnitt 2:

30) Hitler in Turner (1980), S.47f. Vgl. auch Teichert (1984), S. 211. Hitler sah im Außenhandel die 'Domäne des Weltjudentums' (vgl. Hitler 1934, S.210f.).

31) Hitler, zit. nach Kotze/Krausnick (1960), S.196

32) Vgl. dazu Hitlers Rede vom 1. Mai 1933, bei Domarus (1965), I/1, S.262f.

33) Regierungserklärung zum Ermächtigungsgesetz vom 23.3.1933, zit. nach Domarus (1965), I/1, S.233

34) Stolper (1964, S.149) meint: Der Nationalsozialismus kämpfte "(...) nicht gegen die Grundsätze der bestehenden Wirtschaftsverfassung, er übernahm sie und trieb sie auf die Spitze."

35) Bracher (1983), S.367

36) Zum Sozialismus der frühen norddeutschen Nationalsozialisten, aus denen der 'sozialrevolutionäre' Flügel der NSDAP erwuchs, vgl. Fest (1981), S.329ff. Zur Programmatik von Rosenberg gibt Turner (1985, S.81f.) nähere Hinweise.

37) Hitler in Turner (1980), S.57. Vgl. dazu auch Jessen (1933, S.347), der daraus ableitete: "Eine echte sozialistische Maßnahme ist deshalb zunächst dem privaten Eigentumsbegriff gegenüber neutral."

38) Hitler, zit. nach Rauschning (1940), S.151. Die Banken mußten im übrigen nicht sozialisiert werden: im völlig geregelten Geld- und Kapitalmarkt hatten sie bald ohnehin keine Entscheidungsfreiheit mehr. Einen ähnlichen Hitler-Ausspruch zum Sozialismus gibt Wagener wieder: "Im kommenden Sozialismus (...) geht es um die Gesamtheit, um die Gemeinschaft, um das Volk." Zit. nach Turner (1978), S.71

39) Vgl. dazu das 4. Kapitel der vorliegenden Untersuchung

40) Vgl. dazu Schweitzer (1970), S.19ff. Hier und in den Kreisen der 'kleinen Leute' fand die NSDAP auch solide finanzielle Unterstützung, anders als in den Kreisen der Großindustrie. Vgl. dazu Turner (1985), S.72ff.

Anmerkungen zu Abschnitt 2:

41)   Vgl. Erdmann (1980), S.42f., Petzina (1977), S.142.

42)   Vgl. dazu das Werk von Turner (1985), der mit vielen Details das geringe Unterstützungspotential auf Seiten der Großindustrie belegt. Abgesehen von Ausnahmen wie Emil Kirdorf waren die Großunternehmer zumeist auf Seiten der DNVP zu finden. Die Kritik an Turner, die in dem Vorwurf gipfelt, es ginge ihm darum, "(...) das deutsche 'big business' von jeder Schuld am 'Dritten Reich' reinzuwaschen" (Volker Ullrich in einer Rezension, Süddeutsche Zeitung Nr. 171 vom 29.7.1986, S.8), vermag nicht zu überzeugen: Turner zeigt durchaus die Verstrickung der Großindustrie, nur eben differenziert.

43)   Vgl. Stolper (1964), S.122f., und Blaich (1971), S.5f.

44)   Vgl. hierzu und zum folgenden Schmölders (1942b), S.19ff.

45)   Dieser Prozeß der Entmachtung nicht-nationalsozialistischer Instanzen, der eigentlich schon 1935 mit der Einrichtung eines von Schacht unabhängigen Rohstoff- und Devisenstabes unter Göring begann und dem nach Schachts Ernennung zum 'Generalbevollmächtigten für die Kriegswirtschaft' auch Rivalitäten zwischen Schacht und Thomas zugrunde lagen, kann hier nicht näher dargestellt werden. Vgl. dazu die Literatur: Herbst (1982), S. 112f., Milward (1966), S.26 und 36, Petzina (1975), S.72f. und 75f., und Treue (1955), S.193 und 195f.

46)   Vgl. dazu als Beispiel Hjalmar Schacht im Abschnitt 2.4

47)   Vgl. dazu Petzina (1975), S.71

48)   Zu dieser Einschätzung des 'Hoßbach-Dokuments' vgl. Treue (1955), S.203

49)   Dies wußte insbesondere Walter Eucken, der führende Kopf des Freiburger Kreises, zu nutzen. Vgl. dazu Kapitel 5 dieser Untersuchung. Zum Charakter des Vierjahresplanes vgl. auch Milward (1966), S.26

50)   Vgl. Milward (1966), S.117. Die Führungslosigkeit in der Kriegswirtschaftspolitik dauerte bis Ende 1941, als zunächst Fritz Todt und dann sein Nachfolger Albert Speer mit der Ein-

Anmerkungen zu Abschnitt 2:

führung planwirtschaftlicher Methoden begannen. Zur Führungsschwäche des 'Wirtschaftsdiktators' Göring vgl. Herbst (1982),
S.113f.

51) Wie wenig das Regime in der Lage war, eindeutige Prioritäten
zu Lasten der Konsumgüterversorgung zu setzen, zeigt der Aus-
spruch von General Thomas vom November 1939: "(...) mit Radio-
apparaten, Staubsaugern und Küchengeräten werden wir England
niemals besiegen können." Zit. nach Mason (1978), S.232

52) Urteil von Mason (1978), S. 239

53) Vgl. Milward (1966), S.312ff. Zu den Versorgungslücken in allen Bereichen vgl. Stolper (1964), S.185

54) Vgl. dazu Petzina (1975), S.75f.

55) Todt realisierte einen solchen Ausschuß erstmals im Sommer
1940 in der Munitionsindustrie. Vgl. Milward (1966), S.56ff.

56) Um den Widerstand zu brechen, den die Gauleiter der NSDAP zur
Aufrechterhaltung lokaler Produktionen gegen die zentralen Ar-
beitseinsatzkommandos für Rüstungszwecke übten, hatte sich
Speer für die Einbindung der Parteiorganisation in den Arbeitseinsatz ausgesprochen. Hitler ernannte allerdings nicht
Speers Wunschkandidaten, den Gauleiter von Niederschlesien
Hanke, sondern den Gauleiter von Thüringen Sauckel zum 'Generalbevollmächtigten'. Sauckel blieb auf strikte Unabhängigkeit
von Speer bedacht und konterkarierte manche Produktionsplanung
mit einer abweichenden Arbeitskräftezuteilung. Vgl. dazu und
allgemein zum Ministerium Speer: Milward (1966), S.56ff.,
66ff., 76ff. und 89; Petzina (1977), S.153f., Herbst (1982),
S.256f.

57) Vgl. Milward (1966), S.132f. und 160ff. Vom 30.1. und 15.3.
1945 datieren Denkschriften von Speer an Hitler, daß der Krieg
endgültig verloren sei.

58) Vgl. dazu Herbst (1982), S.286ff. und 337ff.

59) Vgl. ebenda, S.393 und 452. Zur Denkschrift Erhards aus den
Jahren 1943/44, die den Titel trug: Kriegsfinanzierung und

Schuldenkonsolidierung, vgl. Erhard (1977) und Kapitel 6.4 dieser Untersuchung.

60) So Herbst (1982), S.148ff. und 290f., der meint, viele Parallelen zwischen den Wirtschaftsauffassungen von Ohlendorf und auch Funk zur ordoliberalen Position des Freiburger Kreises ziehen zu können. Die Feststellung: "Es war ja auch außerordentlich schwer, zwischen Liberalismus und Sozialismus (...) einen anderen als den ordoliberalen Mittelweg zu finden" (S.290), genügt weder als Beweis noch trifft sie zu. Kapitel 5 dieser Untersuchung wird die unüberbrückbaren Gegensätze zwischen dem Nationalsozialismus und dem Freiburger Kreis deutlich machen, Kapitel 6 auch andere Wege zeigen.

61) Vgl. Walter Funk, Wirtschaftliche Neuordnung Europas, Sonderdruck aus dem Südost-Echo, Folge 30 vom 26.7.1940, angeführt bei Herbst (1982), S.147

62) Der Begriff der 'staatlichen Kommandowirtschaft' stammt von Petzina (1977), S.141

63) Hitler in seiner Denkschrift zum Vierjahresplan, bei Treue (1955), S.208

64) Vgl. dazu Teichert (1984), S.257ff., und Volkmann (1975), S.81ff.

65) Zu den Verwicklungen der Weimarer Republik im Außenhandel vgl. Borchardt (1982), S.183ff. Die Krise 1934 beschreiben Irmler (1976), S.308ff.,und Volkmann (1975), S.88f.

66) Beispielsweise in dem Verrechnungsabkommen mit Frankreich vom 14.11.1940, das ein Verhältnis RM : FF von 1:20 vorsah und damit eine 50prozentige Überbewertung der Reichsmark festschrieb. Zu den Einzelheiten des Neuen Plans vgl. Fischer (1968), S.72ff., und Volkmann (1975), S.85f.

67) Zur Devisenbewirtschaftung vgl. Stolper (1964), S.164ff., und Hansmeyer/Caesar (1976), S.407f. Daß das Ausland von dieser Regelung nicht begeistert war, zeigt die Einschätzung in den zeitgenössischen österreichischen Gesandtschaftsberichten bei Otruba (1976), S.64

Anmerkungen zu Abschnitt 2:

68) Vgl. Volkmann (1975), S.92ff., hier S.97

69) Vgl. Hitler, nach Domarus (1965), I/2, S.673

70) Vgl. zu dieser Tendenz Teichert (1984), S.67

71) Dies dokumentiert das 'Hoßbach-Protokoll' vom 5.11.1937. Vgl. dazu Teichert (1984), S.46ff. und 261

72) Vgl. dazu Esenwein-Rothe (1965), S.55. Zum 1. und 2. Mai 1933 und zu den Folgen für den gewerkschaftlichen Widerstand vgl. Abschnitt 3.3 dieser Untersuchung.

73) Esenwein-Rothe (1965), S.16f. Dies galt besonders für Berufsgruppen wie Lehrer, Ärzte, Beamte und Techniker.

74) Vgl. ebenda, S.37ff., und auch Fischer (1968), S.78ff.

75) Umfaßte die DAF im Juli 1933 noch 5,3 Mio. Mitglieder, die zumeist zwangserfaßte Gewerkschafter waren, so nahm der Bestand bis zum September 1942 auf ungefähr 25 Mio zu. Vgl. Lolhöffel (1965), S.173f., Mason (1978), S.181

76) Daß trotz oder gerade wegen der Zwangsmitgliedschaft nie ein innerer Konsens in der DAF über die anzustrebenden Ziele erreicht wurde, war ein wesentlicher Grund für das geringe politische Gewicht der DAF in der nationalsozialistischen Machthierarchie. Vgl. Esenwein-Rothe (1965), S.36f.

77) Zu den Aufgaben der DAF vgl. Lolhöffel (1965), S.178ff., und Mason (1978), S.184 und 196ff.

78) Treuhänder der Arbeit wurden in 14 Gauen eingesetzt. Vgl. dazu Stolper (1964), S.177f., Mason (1978), S.107, und Erdmann (1980), S.117

79) Vgl. zu dieser Arbeitsbeschaffung Stolper (1964), S.154ff.

80) Die Aufwendungen für die Arbeitsbeschaffung betrugen bis zum Frühjahr 1935 etwa 5 - 6 Mrd. Reichsmark. Zu den Methoden der einzelnen Maßnahmen, insbesondere der Ehestandsdarlehen, und zum Volumen vgl. Albers (1976), S.355f., und Mason (1978),

Anmerkungen zu Abschnitt 2:

S.124ff. und 132. Zum Bezug zu Gregor Strassers Programmatik vgl. Kissenkoetter (1978), S.121

81) Dies galt z. B. für die Zigarettenindustrie. Vgl. dazu Fischer (1968), S.64f., und Otruba (1976), S. 72f.

82) Zum Begriff des 'Arbeitsheeres' vgl. Herbst (1982), S.77

83) Zur 'Mobilmachung der Arbeit' vgl. ebenda, S.118f.

84) Zu den Bedingungen der Zwangsarbeit und zur geringen Produktivität der Fremdarbeiter vgl. Milward (1977), S.79ff. Die Ineffizienz der Arbeitsverwaltung bestätigen Mason (1978), S. 280, und Petzina (1977), S.153f.

85) Auch eine Intervention des Reichsarbeitsministers Seldte vom 2.5.1935 führte zu keiner Änderung in der Tarifstruktur. Vgl. Mason (1978), S.158

86) Vgl. dazu als zeitgenössisches Dokument die österreichischen Gesandtschaftsberichte bei Otruba (1976), S.93f.

87) Vgl. Mason (1978), S.293

88) Vgl. zur Entwicklung der Preiskontrolle, die parallel zur wachsenden Konzentration der Wirtschaft erfolgte, Schmölders (1942b), S.21f. und 27

89) Einen Überblick über Einzelheiten der 'kriegsverpflichteten Preisbildung' gibt die Schrift von Schmölders/Yorck (1941). Beide Autoren gehörten dem Kreisauer Kreis an, der in Kapitel 4 dieser Untersuchung vorgestellt wird.

90) Zur Umsetzung der Rassenpolitik im Steuerrecht vgl. Blaich (1976), S.104ff. Nicht vergessen werden darf auch die Ausbeutung, der die Auswanderer zum Opfer fielen.

91) Vgl. zur Steuerreform von 1936 Petzina (1977), S.117f., zur Abschaffung der Haushaltskontrolle Hansmeyer/Caesar (1976), S.372

92) Vgl. Fischer (1968), S.67f.

93) Vgl. ebenda, S.68f. Zur Einbindung der Mefo-Wechsel in die Reparationsfrage vgl. Borchardt (1984), S.14. Zu den ersten Versuchen, die Geldmenge mit rediskontierbaren Wechseln zu beeinflussen, vgl. Albers (1976), S.349. Schacht, der Erfinder der Mefo-Wechsel, hatte sich bei dieser Technik der Offenmarktpolitik des Vorbilds seines Vorgängers im Amt des Reichsbankpräsidenten Hans Luther bedient, der ähnliches, allerdings in wesentlich geringerem Umfang, bereits vorexeziert hatte.

94) Einen Überblick über den schrittweisen Abbau der Reichsbankautonomie geben Hansmeyer/Caesar (1976), S.373ff. Ab 1940 war die Reichsbank zu einer Hauptkasse des Reiches degradiert, sie war 'Betriebszelle' der DAF und wurde 1942 sogar zum 'nationalsozialistischen Musterbetrieb' erhoben.

95) Vgl. dazu Irmler (1976), S.323f.

96) Vgl. Hansmeyer/Caesar (1976), S.402f. Bei Kriegsende waren 64% der Reichsschulden kurzfristiger Natur.

97) Vgl. dazu Herbst (1982), S.410ff.

98) Schwerin von Krosigk, nach Fischer (1968), S.87f.

99) Vgl. dazu die Schacht´sche Rechtfertigungsschrift 'Abrechnung mit Hitler' (1948) - wie alle Bücher von Schacht hinsichtlich der Bewertung seiner eigenen Aktivitäten einseitig und nicht gerade selbstkritisch.

100) Schacht in seinem Stuttgarter Spruchkammerverfahren zur 'Entnazifizierung' nach: Die Neue Zeitung, 14.4.1947, S.2. Schacht wurde hier zunächst schuldig, in der Berufung aber ebenso wie in anderen Spruchkammerverfahren und in den Nürnberger Kriegsverbrecher-Prozessen dann frei gesprochen.

101) Vgl. Schacht (1953), S.270ff. und 311ff. Auch Begriffe wie 'Hexenmeister', 'Zauberer', 'Virtuose' u.a.m. waren gebräuchliche Attribute für Schacht nach dem Erfolg der Währungsstabilisierung. Die Titulierungen geben einen Eindruck vom Imagewert, den Schacht damals in der öffentlichen Meinung besaß. Vgl. dazu z. B. die Süddeutsche Zeitung Nr. 18 vom 21./22. Januar 1967, S.2 und S.7, zum 90. Geburtstag von Schacht. Als

Anmerkungen zu Abschnitt 2:

deutscher Verhandlungsführer war Schacht an der Reform des Dawes-Plans beteiligt und hatte den Young-Plan selbst unterschrieben. Zu einer kompakten Darstellung der innenpolitischen Folgen des Young-Plans vgl. Müller (1973), S.72ff und 86ff.

102) So bei Simpson (1969), S.78, der sich auf einen Brief von Schacht beruft. Zum Verhältnis Schachts zur NS-Bewegung im Jahr 1930 schreibt sein Biograph Franz Reuter (Schacht, Stuttgart-Berlin 1939, S.113f.): "Für ihn, der durch seinen Kampf als Reichsbankpräsident längst zu ihr (d. h. der NS-Bewegung, d.Verf.) gehörte, und der ihr im Stehen zu seinen Grundsätzen, die auch die seinen sind, dieses Amt zum Opfer gebracht hat, ist es wahrhaftig eine untergeordnete Frage, ob er ihr organisatorisch beitreten soll. Dadurch, daß er es nie getan hat, hat er ihr, zumindest bis zu ihrem völligen Durchbruch und Siege, mehr helfen können, als wenn er offiziell Parteimitglied geworden wäre." Obwohl die Terminologie und Diktion unter dem Vorzeichen des Dritten Reiches zu sehen sind, trifft der Sachverhalt zu.

103) In einer Besprechung am 28.8.1934 hat Schacht Hitler ausdrücklich 'für eine Übergangszeit' die Kreditfinanzierung der Aufrüstung zugesagt. Vgl. Grotkopp (1954), S.286

104) Zu Schachts Rolle bei den Mefo-Wechseln, vgl. Moeller (1949), S.737ff., Schacht (1953), S.400f.

105) Vgl. Peterson (1954), S.158

106) Vgl. Simpson (1969), S.134 und 150f.

107) Vgl. dazu Schacht (1948), S.16

108) Vgl. Grotkopp (1954), S.294f.

109) Brief des Präsidenten des Reichsbank-Direktoriums an den Führer und Reichskanzler vom 7.1.1939, versehen mit den Unterschriften aller Mitglieder des Reichsbank-Direktoriums, Bundesarchiv, Az. R43 II/234, S.4

110) ebenda, S.7

Anmerkungen zu Abschnitt 2:

111) Schacht (1953), S.592. Zu Verhaltensformen Schachts, die das
Prädikat der Resistenz verdienen, vgl. ebenda, S.409, 433,
436ff., 440ff., 446f., und ders. (1948), S.12. Der Leiter der
Reichskanzlei Lammers nannte im Stuttgarter Spruchkammerver-
fahren am 15./16.4.1947 Schacht einen Minister, der immer in
Opposition gestanden habe. Vgl. Die Neue Zeitung, 18.4.1947,
S.5. Im gleichen Verfahren sagte Diehls, Gestapo-Chef unter
Göring, über Schacht aus, daß dieser 'radikal gegnerisch' zum
Nationalsozialismus eingestellt war, auf einer 'Schwarzen
Liste' gestanden habe und wegen seiner Zivilcourage gegenüber
Hitler allgemein bewundert worden sei (vgl. ebenda). Auch
Ohlendorf vom 'Sicherheitsdienst' (SD) bestätigte in den Nürn-
berger Prozessen, daß Schacht als Gegner der Partei bekannt
war. Vgl. Peterson (1954), S.378

112) Vgl. Gisevius (1946), II, S.28-30, auch Simpson (1969), S.172

113) Vgl. Hoffmann (1984), S.114; Schacht (1948), S.18. Zum Zögern
von Halder vgl. Gisevius (1946), II, S.43. Bei der Informa-
tionsbeschaffung über die Außenpolitik half der Staatssekretär
im Auswärtigen Amt von Weizäcker. Schacht hielt Halder für zunehmend unzuverlässig und suchte nach einem anderen militärischen Befehlshaber. Er fand ihn in dem Berliner Wehrkreiskom-
mandeur von Witzleben. Auf Vermittlung Osters bekundete dieser
die Bereitschaft zum Staatsstreich und sagte zu, notfalls auch
ohne Halders Zustimmung zu handeln. Vgl. dazu Gisevius (1946),
II, S.63 und Hoffmann (1984), S.117-129

114) Zu den weiteren konspirativen Aktivitäten Schachts vgl. Peterson (1954), S.318, Gisevius (o.J.), S.404-410, Schacht (1953),
S.512f. Einen guten Überblick über Schachts Wirken bis zu seiner Verhaftung nach dem 20. Juli 1944 gibt Peterson (1954) auf
den S.327-336.

115) Vgl. Schacht (1948), S.17

116) Beispielsweise sagte der spätere Bundestagspräsident und Kreisauer Gerstenmaier 1947 aus, daß seine Gruppe Schacht nach dem
Umsturz unter keinen Umständen als führenden Wirtschaftspolitiker haben wollte, weil er zuviel Schuld auf sich geladen habe. Vgl. Die Neue Zeitung, 28.4.1947, S.2.

117) Den Vergleich mit Talleyrand (1754 - 1838), dem Meister der Anpassung an die unterschiedlichsten Regimes, gebrauchte erstmals Stern-Rubarth (1949). Im Mai 1942 titulierte der Pfarrer der Bekennenden Kirche Dietrich Bonhoeffer bei einem Informationsgespräch mit dem britischen Bischof Bell über Personen des deutschen Widerstands Schacht als einen 'Seismographen der Zeitereignisse'. Vgl. Bell (1957), S.368.

118) Dies erkennt auch Treue (1985, S.919) an.

Anmerkungen zu Abschnitt 3:

1) Vgl. zu dieser Begriffsbildung Mommsen (1966), S.66 und 76; Wendt (1983), S.349. Mommsen betont den 'besten Sinn des Wortes'.

2) Vgl. dazu Nebgen (1967), S.136ff., Leithäuser (1962), S.232

3) Damit kommt das Denken der 'Honoratioren' dem Typus des Konservativen nach Karl Mannheim sehr nahe. Vgl. dazu Mommsen (1966), S.81

4) Zum beruflichen Werdegang und zur Vita Goerdelers gibt umfassend Auskunft Ritter (1984), passim.

5) Kosthorst (1984), S.118

6) So Goerdelers Motiv zur Übernahme des Preiskommissariats unter Hitler nach Young (1974), S.27

7) Dies hatte Schleicher verhindert. Als Wirtschaftsminister im Präsidialkabinett Papen wollte Goerdeler dann nicht mitarbeiten. Vgl. Ritter (1984), S.58f.

8) Vgl. dazu Ritter (1984), S.279. Später meinte Goerdeler, daß er seit 1930 kein Nationalist mehr gewesen sei.

9) Vgl. Kosthorst (1984), S.115 und Ritter (1984), S.39ff. In der Absicht zur Dezentralisierung ist der Einfluß des Königsberger Oberbürgermeisters Lohmeyer spürbar, der 1928 ein Reichsreformkonzept mit Titel 'Zentralismus oder Selbstverwaltung' vorgelegt hatte. Zu einer umfassenden Darstellung der Verfassungspläne Goerdelers vgl. Schramm (1965), S.36-70, der auch die wichtigsten Denkschriften aus der Zeit des Widerstands im Wortlaut wiedergibt. Vgl. auch Ritter (1984), S.272ff.

10) Vgl. die Artikel 'Deutsche Gemeindeordnung als wirtschaftliches Grundgesetz' von Goerdeler in: Der deutsche Volkswirt vom 19.2., 26.2., 5.3., 12.3., 19.3. und 25.3.1937, insbesondere denjenigen vom 12.3.1937. Vgl. auch Ritter (1984), S.37

11) Ritter (1984), S.36

12) Vgl. ebenda, S.50

13) ebenda, S.49

14) ebenda, S.76

15) ebenda, S.464, Anm. 77. Im Record Office des War Department in Washington wurde eine Pressemappe mit einer entsprechenden Artikelsammlung zu Goerdelers Aktivitäten als Preiskommissar gefunden.

16) ebenda, S.78

17) ebenda, S.79. Ein Exemplar dieses Gutachtens ist erhalten, das der damalige Generalstabschef und spätere Führer der Militäropposition Ludwig Beck abgezeichnet hat. Es ist das erste Dokument eines Gedankenaustauschs zwischen den beiden führenden Personen der Widerstandsbewegung.

18) Goerdeler zit. nach Ritter (1984), S.55

19) Zu dieser ersten offenen Kritik an der Wirtschaftspolitik des Dritten Reiches vgl. Ritter (1984), S.72ff.

20) Vgl. ebenda, S.80ff

21) Göring bezog Stellung in einer Sitzung des Ministerrats am 2.9.1936, Hitler in einem Papier, das später in den Akten von Speer gefunden wurde. Vgl. Ritter (1984), S.82 und S.465, Anm. 27

22) Hitler, zit. nach Treue (1955), S.210

23) Goerdeler nach Ritter (1984), S.68

24) Goerdeler nach Kosthorst (1984), S.119

25) Während Goerdelers Abwesenheit hatten örtliche Nationalsozialisten das Leipziger Denkmal des jüdischen Komponisten Mendelssohn entfernt. Als Goerdeler die Rücknahme dieses Schrittes nicht erreichen konnte, trat er zurück.

26) Vgl. Ritter (1984), S.159ff. Goerdeler berichtete über die Erträge seiner Reisen u.a. an Göring, auf dessen Gewinnung für

die Ziele des Widerstands lange Zeit einige Hoffnungen gesetzt wurden.

27) Vgl. diese 'X-Documents' im gleichnamigen Buch von Young (1974), insbesondere S.24 und 221. Mit 'X' war der Informant Goerdeler gemeint.

28) ebenda, S.220

29) Vgl. Ritter (1984), S.170. Auch zu anderen Bereichen der Politik verliefen die Goerdelerschen Gespräche in England selten glücklich.

30) So in Goerdelers Aufsatz "Der große Irrtum" vom April 1937, vgl. Ritter (1984), S.484f., Anm.26

31) "He is quite untrustworthy and he is in the wrong kind of person and mind because his own mind is wrong. (...) I do not count Dr. Goerdeler as a German moderate." Vansittard nach Wendt (1983), S.361. Mehr als die wirtschaftlichen waren aber die territorialen Vorstellungen Goerdelers ausschlaggebend. Vgl. dazu die Einschätzung von Vansittard, Goerdeler sei 'very much like every other German expansionist' bei Young (1974), S.234. Zwar ist unbestreitbar, daß Goerdeler tatsächlich die Vorstellung einer Revision des Versailler Vertrages und eines Groß-Deutschlands mit Österreich, dem Sudentenland und den Ostgebieten vertreten hat, doch waren die britischen Vorstellungen vom 'Lebensraum'-Denken Hitlers mit Abstand zu naiv.

32) Zu einer Gesamtdarstellung der Funktion der Denkschriften für die Widerstandsbewegung vgl. Ehlers (1955), hier S.36

33) ebenda, S.35

34) Goerdeler, zit. nach Kosthorst (1984), S.123

35) Vgl. zu diesem 'Politischen Testament', dem ersten publizierten Dokument aus Goerdelers Widerstandszeit, Krause (1945). Die beiden Denkschriften sind wiedergegeben bei Schramm (1965), S.81ff. und S.167ff.

36) Zum Bild, das Goerdeler von der Weimarer Republik in seiner Denkschrift 'Der Weg' entwarf, vgl. Schramm (1965), S.185ff. Die dezentralisierbaren Aufgaben sollten im Verantwortungsbereich der kommunalen Selbstverwaltung angesiedelt werden, die Reichsregierung sollte nur einen Wehr-, Innen-, Außen-, Justiz-, Wirtschafts-, Finanz-, Erziehungs- und Verkehrsminister haben. Vgl. 'Das Ziel' ebenda, S.158ff. Zur Volksvertretung vgl. ebenda, S.162f., zum Wahlrecht S.149ff.

37) Vgl. ebenda, S.115f.

38) Einen guten Überblick über die Aufgaben der Gewerkschaft nach Goerdeler bietet Dress (1957), S.1139ff. - auch wenn man die vom ideologischen Klima des 'real existierenden Sozialismus' geprägten Schlußfolgerungen daraus nicht teilt. Vgl. hierzu und zum folgenden auch Ritter (1984), S.292ff., Schramm (1965), S.116f.

39) Dies und im übrigen auch die Haltung zur Kontrolle von Wettbewerbsbeschränkungen entsprach den Vorstellungen auch der Freiburger Schule. Vgl. dazu Ritter (1984), S.294 und Abschnitt 5 im folgenden.

40) Goerdeler, zit. nach Ritter (1984), S.575

41) So beispielsweise in seinen Reiseberichten über die Schweiz, Italien oder den Balkan. Vgl. Ritter (1984), S.207ff.

42) Goerdeler, zit. nach Schramm (1965), S.172 und 173

43) Goerdeler in 'Das Ziel', zit. nach ebenda, S.120

44) Diese typisch klassisch-liberale Sicht der Ökonomie als exakter Wissenschaft vertrat Goerdeler schon 1938 (vgl. Krause (1945), S.48) und noch 1944 (vgl. Ritter (1984), S.576).

45) Goerdeler in 'Das Ziel', zit. nach Schramm (1965), S.122

46) Diese 'Wirtschaftsfibel' entstand in Zusammenarbeit mit den Ökonomen des Freiburger Kreises aus der Vorläuferbroschüre "Im Licht der Preise" von 1935/36. Vgl. dazu Ritter, S.69f. Goerdeler sah in diesem Werk sein eigentliches Vermächtnis an die Nachwelt.

47) Goerdeler in 'Das Ziel', zit. nach Schramm (1965), S.122

48) Goerdeler, zit. nach Krause (1945), S.29

49) Goerdeler, zit. nach Ritter (1984), S.576

50) Aus der vorbereiteten Regierungserklärung für den Fall der Machtübernahme, zit. nach Schramm (1965), S.243

51) Vgl. ebenda, S.143

52) Krause (1945), S.30. 'Scheinkapital' geschaffen zu haben, war Goerdelers Hauptvorwurf gegen Schacht.

53) Vgl. dazu das 'X-Document' Nr. 1 bei Young (1974), S.52. Vgl. auch Kosthorst (1984), S.124, und 'Das Ziel' bei Schramm (1965), S.145f.

54) Goerdeler in der vorbereiteten Regierungserklärung bei Schramm (1965), S.241

55) Vgl. ebenda, S.173

56) Goerdeler, zit. nach ebenda, S.141. Vgl. dazu auch Kosthorst (1984), S.117.

57) Dies vertrat Goerdeler bereits im Jahr 1932 in seiner Denkschrift an Hindenburg. Vgl. Ritter (1984), S.55.

58) Goerdeler in 'Das Ziel', zit. nach Schramm (1965), S.127. Die Oberhoheit der Arbeitslosenversicherung hätte eine Reichsanstalt ausgeübt; 60 Prozent der Unterstützungsleistungen hätten die Erwerbstätigen in Form von Beiträgen, jeweils 20 Prozent das Reich und die Kommunen aufbringen sollen.

59) ebenda, S.128

60) Anderer Ansicht ist Mommsen (1966), S.89, der auch bei Goerdeler Sozialdarwinismus vermutet.

61) Goerdeler in seiner Abrechnung mit der Wirtschaftspolitik der Diktatur in seiner Denkschrift 'Der Weg', zit. nach Schramm (1965), S.203

62)   Vgl. dazu ebenda, S.200ff., auch Kosthorst (1984), S.124, und
      Young (1974), S.52 und 78.

63)   Hassell (1964), S.320

64)   Zur Geschichte der Mittwochsgesellschaft vgl. das grundlegende
      Werk von Scholder (1982), S.11ff.

65)   Fechter (1949), S.387. Der Publizist und Kulturkritiker Paul
      Fechter war selbst Mitglied der Mittwochsgesellschaft.

66)   Vgl. Bentin (1970), S.54 und Scholder (1982), S.21f. und 34f.
      Das Spektrum der Mitglieder reichte von dem Kunsthistoriker
      Werner Weisbach, einem Juden und überzeugten Republikaner, bis
      hin zu Eugen Fischer, der als Anatom wesentlich zur wissen-
      schaftlichen Verbrämung der nationalsozialistischen Rassen-
      lehre beitrug. Daß sich 1940/41 ein veritabler Widerstands-
      kreis konstitutiert hatte, zeigt die umgehend begonnene Arbeit
      an einem 'Vorläufigen Staatsgrundgesetz' . Dieses Dokument der
      Opposition - das wegen seines autoritären Zuschnitts stets als
      Grundlage des Vorwurfs der Illiberalität an Popitz und seine
      Mitstreiter dient - enthält zur Frage der Wirtschaftsordnung
      keine verwertbaren Anhaltspunkte. Vgl. dazu Hassell (1948),
      S.373.

67)   Zuvor war Popitz bereits maßgeblich an der Erzbergerschen Fi-
      nanzreform von 1919 beteiligt. Vgl. dazu die Geschichtsschrift
      des Bundesministers der Finanzen (Hrsg.), Von der Reichs-
      schatzkammer zum Bundesfinanzministerium, Bonn 1969, S.110ff.,
      auch Bentin (1970), S.11 und Hettlage (1963), S.334. Informa-
      tive biographische Hinweise zu Popitz finden sich für die Wei-
      marer Zeit bei Dieckmann (1960), S.9ff. und darüberhinaus bei
      Schulz (1984), S.239ff.

68)   Der Vortrag 'Zur jüngsten deutschen Entwicklung' war der er-
      ste, den Popitz vor der Mittwochsgesellschaft hielt. Zum Pro-
      tokoll vgl. Scholder (1982), S.66-69, zit. S.68f.

69)   Vgl. Leber (1984), S.369f.

Anmerkungen zu Abschnitt 3:

70) Vgl. das Stichwort 'Nationalsozialismus' im Wörterbuch der Volkswirtschaft, 3.Bd., Jena 1933, S.341-359. Zu Jessens Wirken vgl. Schmölders (1949), S.4ff. Ein kurzer Abriß über seinen Werdegang findet sich in der Neuen Deutschen Biographie, 10.Band, Berlin 1974, S.424f.

71) "Der Kampf um die Wahrheit ist der Kampf nicht eines Volkes und seiner Angehörigen, sondern aller Völker und ihrer Angehörigen." (Jessen 1939a, S.12). Vgl. hierzu und zum folgenden auch Schmölders (1949), S.8ff.

72) Zu einer entsprechenden Würdigung Jessens vgl. Blumenberg-Lampe (1973), S.29ff., und Schmölders (1969), S.25

73) Die Kritik Jessens am gewollten Krieg Hitlers macht sein Kommentar zur Kriegswirtschaftsverordnung deutlich (Jessen 1939). Zu den Protokollen seiner Vorträge vor der Mittwochsgesellschaft vgl. Scholder (1982), S.253f., 277f., 333f.

74) Fechter (1949), S.408

75) So Bentin (1970, S.63), der damit ein gutes Beispiel für das Mißverständnis abgibt, dem verschleierte Kritik am Nationalsozialismus in den Schriften der Opposition häufig ausgesetzt ist.

76) Popitz, zit. nach Scholder (1982), S.151

77) Zum Vortragsprotokoll vgl. Scholder (1982), S.174-178. Vgl. auch Hettlage (1963), S.341. Auch Jessen wollte das Steueraufkommen zur Konjunkturpolitik nutzen. Vgl. Jessen (1937), S.120f.

78) Scholder (1982), S.178

79) Weitere Motive für Popitz waren die mit der Sudetenkrise 1937 gereifte Erkenntnis vom gewollten Krieg und die Enttäuschung über die Praxis der nationalsozialistischen Reichsreform. Vgl. die Darstellungen bei Scholder (1982), S.31, Leber (1984), S.370, und Bentin (1970), S.56.

80) Vgl. dazu Scholder (1982), S.31f. und das Vortragsprotokoll auf S.204ff.

81)   Vgl. dazu Bentin (1970), S.23ff.

82)   Vgl. dazu zum Beispiel seine 1932 unterbreiteten Vorschläge
      zur Steuerverteilung, die der Machtsicherung der Reichsebene
      dienten. In einer Vorlesung über die staatsrechtlichen Grund-
      lagen des öffentlichen Finanzwesens von 1928 stellte Popitz
      fest, daß die Verteilung der Verwaltungsaufgaben und Steuern
      durch das Reich in einem gewissen Grade die 'Kommunalisierung'
      der Länder bedingte. Vgl. Dieckmann (1960), S.75. Die Autorin
      hat auch eine Übersicht über die Veröffentlichungen von Po-
      pitz zusammengestellt, aus der sich sein Zentralismus gut er-
      kennen läßt. Vgl. ebenda, S.145ff.

83)   Vgl. zum Vortragsprotokoll Scholder (1982), S.227-330

84)   ebenda, S.327

85)   ebenda, S.328

86)   ebenda, S.329

87)   Vgl. dazu Hassell (1948), S.290. Das Mitglied des Kreisauer
      Kreises, der spätere Bundestagspräsident Eugen Gerstenmaier
      berichtet von der Auseinandersetzung, daß Goerdeler der Haupt-
      kontrahent der Kreisauer gewesen sei. Vgl. ebenda, S.307f.

88)   Bei Herzfeld (1958), S.345, findet sich eine stringente Dar-
      stellung der Persönlichkeitszüge und Ereignisse, die zu Po-
      pitz' zweifelhaftem Ansehen in der Widerstandsbewegung führ-
      ten. Zum 'Abstieg' von Popitz in der politischen Hierarchie
      des Goerdeler-Kreises vgl. die Aufzeichnungen von Hassell
      (1948, S.338) über entsprechende Gespräche mit Goerdeler.

89)   Vgl. Jessen in Schmölders (1942a), S.10

90)   ebenda, S.12

91)   ebenda, S.14. Zur Einschätzung der Planwirtschaft vgl. Jessen
      (1937), S.49ff.

92)   Vgl. Jessen (1940) und auch seinen Artikel 'Handelspolitik' im
      Wörterbuch der Volkswirtschaft, Bd.2, Jena 1932, S.303ff.

Schon bei diesem Wörterbuch arbeitete Jessen mit Adolf Lampe und Constantin von Dietze zusammen, zwei führenden Ökonomen des Freiburger Kreises.

93) Vgl. Schmölders (1949), S.13, und Jessen (1937), S.114ff.

94) Jessen (1937), S.122. Vgl. auch ebenda, S.65ff und 120f.

95) Zur Zusammenarbeit zwischen Goerdeler und dem gewerkschaftlich-sozialdemokratischen Flügel der Widerstandsbewegung des 20. Juli 1944 vgl. Nebgen (1967), S.136ff, Schneider (1985), S.520f., Leithäuser (1962), S.232.

96) Vgl. Nebgen (1967), S.128, Schlingensiepen (1983), S.XXXIV. Wilhelm Leuschner (1888 - 1944) war von Beruf Holzbildhauer, dann Mitglied des hessischen Landtags und ab 1929 hessischer Innenminister für die SPD. 1932 in den Vorstand des ADGB gewählt, nahm er dort die Funktion eines 'Außenministers' wahr und wurde nach der Zerschlagung der freien Gewerkschaften am 2. Mai 1933 in der Haft mit dem Vorsitz betraut. Nach zweijähriger KZ-Haft Mitte 1935 entlassen, begann er sofort mit der Widerstandsarbeit in der Illegalen Reichsleitung der Gewerkschaften. Jakob Kaiser (1888 - 1961) gehörte seit 1912 in führender Position der christlichen Gewerkschaftsbewegung an und war Zentrums-Abgeordneter im Reichstag. Er betrieb unermüdlich die Vereinigung der Richtungsgewerkschaften und die Organisation der Gewerkschaftsbewegung im Untergrund. Nach dem 20. Juli 1944 entging er als einer der wenigen Angehörigen des engsten Kreises des Widerstands der Gestapo, 1945 zählte er zu den Mitbegründern der CDU, bis 1947 war er deren Vorsitzender in Berlin und in der sowjetisch besetzten Zone, 1948 dann Mitglied des Parlamentarischen Rates und bis 1957 Bundesminister für Gesamtdeutsche Fragen. Wegen seiner gewerkschaftlichen Orientierung wird Kaiser hier zum 'sozialdemokratisch-gewerkschaftlichen' Flügel des Widerstandskreises um Goerdeler gezählt, und zumindest in der Zeit des Widerstands vertrat er sozioökonomische Positionen, die dies rechtfertigen. Zu Lebensbildern von Leuschner und Kaiser vgl. in erster Linie Leithäuser (1962) und Nebgen (1967).

Anmerkungen zu Abschnitt 3:

97) Vgl. Nebgen (1967), S.40f. und 50, Leithäuser (1962), S.158,
Reichhold (1965), S.15f. Die Treffen fanden mindestens einmal
pro Woche statt; in ihnen findet sich der Beginn der Einheitsgewerkschaft.

98) Vgl. Beck (1983), S.10. Julius Leber (1891 1945) war seit 1924
SPD-Reichstagsabgeordneter und galt in seiner Fraktion als
wehrpolitischer Experte. Als Chefredakteur des Lübecker
'Volksboten' war er ein scharfer Kritiker des Nationalsozialismus. 1933 auf dem Weg zur Reichstagssitzung verhaftet, wurde er vier Jahre lang an verschiedenen Orten und bisweilen unter gröbsten Mißhandlungen gefangen gehalten. In der Widerstandsbewegung trat er u.a. auch für eine Fühlungnahme mit den
Kommunisten ein. Nach einem konspirativen Treffen mit deren
Vertretern, bei dem ein Spitzel anwesend war, wurde er am 5.
Juli 1944 verhaftet - ein Grund für Stauffenberg, den Atten-
tatsplan zu forcieren.

99) Vgl. Beck (1984), S.154. Mühlen ist allerdings der gegenteili-
gen Meinung, daß Lebers Gedanken 'am stärksten' in den Zu-
kunftsplänen des Kreisauer Kreises zum Tragen kamen. Vgl.
Löwenthal/Mühlen (1982), S.72

100) Nebgen (1967), S.129

101) Vgl. ebenda, S.132f. und 167

102) Vgl. Löwenthal/Mühlen (1982), insbesondere S.60

103) Insgesamt bestanden über 200 verschiedene Organisationen. Vgl.
dazu Beier (1981), S.22, und ders. in Löwenthal/Mühlen (1982),
S.28

104) Vgl. Mommsen (1975), S.278

105) Beier (1975), S.41. Die Einigung wurde mit den folgenden Worten begründet: "Die nationale Revolution hat einen neuen Staat
geschaffen. (...) Die deutschen Gewerkschaften sind des Glaubens, daß sie der großen Aufgabe des neuen Staates, alle Kräfte des deutschen Volkes zu einer stärkeren Einheit zusammenzu-
fassen, am besten dienen, wenn sie sich über alle Trennungen
der Vergangenheit hinweg zu einer einzigen umfassenden, nationalen Organisation der Arbeit vereinigen." (ebenda, S.40f.)

106) Vgl. dazu Mommsen (1975), S.289. Zum gleichen Schluß kommt auch Kogon (1977), S.21.

107) Wegen der Unnachgiebigkeit von Leuschner und Leipart entschied dann am darauffolgenden Tag eine 'Führerkonferenz' der NSDAP, die freien Gewerkschaften zu zerschlagen. Beauftragt wurde damit aber nicht die NSBO, sondern 'Reichsorganisationsleiter' Ley, der spätere Leiter der NS-Nachfolgeorganisation 'Deutsche Arbeitsfront' (DAF).

108) Vgl. Leithäuser (1962), S.93ff., Kogon (1977), S.18f.

109) Vgl. Nebgen (1967), S.14

110) Dies bestreitet auch Beier (1975, S.39ff.) nicht.

111) Vgl. Schlingensiepen (1983), S. XVI, Beier (1985), S.180f. Nach den Feierlichkeiten des 1. Mai 1933 erwartete Goebbels für den folgenden Tag keinen Widerstand bei der Besetzung der Gewerkschaftshäuser. Eine Gegenwehr wäre wohl auch von den Kräfteverhältnissen her wenig sinnvoll gewesen. Vgl. Kogon (1977), S.22

112) Beier (1981), S.86f.

113) Einen Eindruck von dieser Handlungsfähigkeit der Untergrund-Gewerkschaft geben die Aussagen Leuschners vor der Gestapo nach dem 20. Juli 1944 - auch wenn bei dieser Quelle Vorsicht bei der Interpretation angebracht ist. Vgl. die sog. 'Kaltenbrunner-Berichte' bei Jacobsen (1984), passim.

114) Vgl. dazu insbesondere die Arbeiten von Leithäuser (1962), Nebgen (1967) und Beck (1983).

115) Vgl. dazu Beier (1984), S.162; auch Schlingensiepen (1983), S.XVII

116) Vgl. Beck (1983), S.171

117) ebenda, S.91

118) Aus der Sicht von Leuschner vgl. dazu Leithäuser (1962), S.214f.

119) Löwenthal/Mühlen (1982), S.71

120) Leber (1976), S.123. Vgl. auch ebenda, S.114f.

121) "Liest man die gewerkschaftlichen Programme, Aufrufe und Ent-
schließungen aus jener (der Weimarer, Anm. d. Verf.) Zeit, so
begegnet einem kaum ein Gedanke, der aufhorchen läßt, keine
geistige Durchdringung der Zeitprobleme, kaum ein Denkanstoß
in irgendeine Richtung(.)", meint Schlingensiepen (1983,
S.XI).

122) Kogon (1977, S.23f.) hält deswegen den Vorwurf an die ADGB-
Spitze, nicht zum aktiven Widerstand aufgerufen zu haben,
"(...) nicht nur für unangebracht, sondern auch für primitiv."

123) Vgl. Beier (1981), S.13 und 18

124) Kaiser, zit. nach Nebgen (1967), S.93ff., hier S.94

125) Die standespolitische Absicht beim Zusammenschluß zur Einheitsgewerkschaft betonen besonders Mommsen (1975), S.289,
Anm.22, und Beier (1981), S.80f.

126) Zit. nach Beier (1975), S.40f. Dort (S.39, Anm.105) findet
sich auch eine umfangreiche Zusammenstellung der Quellen, aus
denen diese Aufgabenbeschreibung der Einheitsgewerkschaft tradiert ist.

127) Ausgearbeitet wurden die Grundsätze von Theodor Bauer, einem
christlichen Gewerkschafter. Vgl. Reichhold (1965), S.16

128) Vgl. dazu Beier (1981a), S.336f., 340 und 345; Mommsen (1975),
S.281

129) Nach Nebgen (1967, S.52ff.) handelte es sich dabei um die
erste einer Reihe von Denkschriften an die Militärs, die ebenfalls nicht überliefert sind.

130) Reichhold war Soldat in Kreta und hatte von dort aus keine
Möglichkeit, seine Ergebnisse abzustimmen. Sein Buch 'Arbeiterbewegung jenseits des totalen Staates', hier Reichhold
(1965), gibt die Inhalte der damaligen Arbeit fragmentarisch

wieder, enthält aber zu den hier interessierenden wirtschaftspolitischen Konzepten keine erhellenden Aussagen.

131) Nebgen (1967), S.95

132) Vgl. dazu die Darstellung von Rudolf Kuda in Vetter (1975),
S.253-274.

133) Vgl. dazu neben Abschnitt 3.1 auch Schneider (1985), S.524f.

134) Leuschner, zit. nach Leithäuser (1962), S.209

135) Vgl. ebenda, S.219ff.

136) Zum Verhältnis der gewerkschaftlich-sozialdemokratischen Fraktion im Goerdeler-Kreis zur Programmatik des Kreisauer Kreises
vgl. Schlingensiepen (1983), S.XXXIIf., Schneider (1985),
S.526, Beck (1983), S.181, Mommsen (1975), S.293f. und auch
Kapitel 4 der vorliegenden Untersuchung.

137) Vgl. Leber (1976), S.48ff. und 54ff., und Bohrmann (1974), S.242

138) Das Ziel bestand nach Leber (1976, S.246) darin, "(...) dem
arbeitenden Menschen eine bessere Zukunft zu bauen auf den
festen Fundamenten von Gerechtigkeit und Freiheit." Zu den genannten Maßnahmen vgl. auch Nebgen (1967), S.97, und Leithäuser (1962), S.224

139) Vgl. Leber (1976), S.243, und Beck (1983), S.143f.

140) Vgl. Leber (1976), S.93

141) Vgl. Leithäuser (1962), S.211

142) Vgl. Leber (1976), S.39

143) Hieran hatte vor allem Ernst Wagemann großen Anteil, der Gründer des 'Instituts für Konjunkturforschung' (IfK), des Vor-
läufers des heutigen DIW. Vgl. dazu Mommsen (1975), S.287

144) Leber (1976), S.156. In der Auseinandersetzung mit Brüning
ging es für Leber 'um die Existenz der deutschen Arbeiterbewegung'.

Anmerkungen zu Abschnitt 3:

145) Vgl. Leber (1976), S.26f.

146) Vgl. ebenda, S.116f.

147) Vgl. Beck (1983), S.145. Die Art der Kritik, die Leber übte, mag die folgende Passage zeigen: "Die Kräne (im Lübecker Hafen, d. Verf.) strecken schweigend ihren langen Arm zum Himmel, als ob sie zum Trost und als Ersatz für fehlende sonstige Beschäftigung 'Heil Hitler' rufen wollten." Zit. nach Leber (1976), S.173

148) Vgl. Beck (1983), S.187ff. Leber nahm dabei Bezug auf Mierendorffs 'Aufruf zu einer Sozialistischen Aktion'. Vgl. dazu Kapitel 4 dieser Untersuchung.

149) Vgl. Mommsen (1975), S.292

150) Vgl. Bohrmann (1974), S.240

151) Vgl. Reichhold (1965), S.177

152) Vgl. dazu Beier (1985), S.109. Daß die Gewerkschaft dennoch organisatorische Kompromisse eingehen mußte und programmatisch weitgehend scheiterte, zeigt Abschnitt 6.1 dieser Untersuchung.

153) Mommsen (1966), S.108

Anmerkungen zu Abschnitt 4:

1) Vgl. Roon (1967), S.270f., und Hassell (1948), S.290. Vgl. auch den Bericht von Gerstenmaier bei Hassell (1964).

2) Vgl. Roon (1967), S.268

3) Vgl. Gerstenmaier (1967), S.239

4) Schmölders (1969), S.10. Das Werk von Schmölders mit dem Titel 'Personalistischer Sozialismus - Die Wirtschaftsordnungskonzeption des Kreisauer Kreises der deutschen Widerstandsbewegung' ist für die folgenden Ausführungen von grundlegender Bedeutung.

5) Roon zählt zum Kreisauer Kreis: Graf von Moltke, Yorck von Wartenburg, Horst von Einsiedel, Carl Dietrich von Trotha, Adolf Reichwein, Hans Peters, Hans Lukaschek, Carlo Mierendorff, Theodor Steltzer, Adam von Trott, Hans-Bernd von Haeften, Harald Poelchau, Augustin Rösch, Alfred Delp, Theo Haubach, Eugen Gerstenmaier, Paulus van Husen, Lothar König und Julius Leber (vgl. Roon 1967, S.IX). Gerstenmaier (1967, S.227f.) verweist auf die unterschiedliche Intensität der Beziehung der Genannten zum Kreis und möchte noch Fritz Graf von der Schulenburg dazuzählen. Aus der Perspektive dieser Untersuchung verdient es auch Günther Schmölders, zum Kreis gerechnet zu werden.

6) Zur Biographie von Helmuth James Graf von Moltke (1907-1945) vgl. Balfour et al. (1984); zu Peter Graf Yorck zu Wartenburg (1904-1944) vgl. Roon (1967), S.76-87 und Leber et al. (1984), S.136ff.

7) In dieser Tätigkeit konnte Moltke bisweilen wichtige humanitäre Verbesserungen für Kriegsgefangene und Zivilbevölkerung durchsetzen. Vgl. dazu Wengler (1948), S.298ff., Balfour et al. (1984), S.99ff.

8) Roon (1967), S.423

9) Zur Vita von Carlo Mierendorff (1897-1943) vgl. ebenda, S.123-131, und auch Finker (1980), S.84ff.

Anmerkungen zu Abschnitt 4:

10) Roon (1981), S.158. Zum Lebenslauf von Horst von Einsiedel (1905-1947) und Carl Dietrich von Trotha (1907-1952) vgl. Roon (1967), S.88-99, Funker (1980), S.70ff.

11) Vgl. dazu und zur Rolle der Akademie für Deutsches Recht im Kampf gegen die versuchte 'Gleichschaltung' der wissenschaftlichen Volkswirtschaftslehre Schmölders (1969), S.29f.

12) Moltke hatte seiner Frau in einem Brief vom 10. Januar 1945 über seine Verteidigungsstrategie in der Verhandlung vor dem Volksgerichtshof berichtet, derzufolge er die Planung für das Nachkriegsdeutschland konzedierte, eine Beteiligung an der aktiven Konspiration aber abstritt (vgl. Balfour et al. 1984, S.302ff., insb. S.307). In der Erstveröffentlichung seiner Briefe nach dem Kriege (Lionel Curtis, A German of the Resistance, The last letters of Count Helmuth James von Moltke, in: Round Table, 38(1945/46), S.213-231; zit. nach Gerstenmaier (1967), S.230) wurde dies für bare Münze genommen - mit dem Resultat einer 'fatalen Idealisierung der Kreisauer' (Gerstenmaier).

13) Vgl. Wasmund (1965), S.392; Steltzer (1949), S.76

14) Gerstenmaier (1967), S.236

15) Zu diesem Briefwechsel zwischen Moltke und Yorck vom Juni und Juli 1940 vgl. Roon (1967), S.479ff.; zit. nach S.480 bzw. 482

16) Vgl. ebenda, S.217

17) Vgl. dazu den SD-Bericht vom 25.8.1944, bei Jacobsen (1984), S.299

18) Gerstenmaier (1967), S.227

19) Vgl. Roon (1967), S.223f., demzufolge eventuell auch noch ein Arbeitskreis 'Recht' bestand.

20) Vgl. Roon (1967), S.214, 219, 227 und 478f.; Schmölders (1969), S.12 und 22

21) Die vorläufige Einigung zwischen den Kreisauern und Leuschner bestand im wesentlichen darin, daß Leuschner dann von der Einheitsgewerkschaft abrücken wollte, wenn die übrige Kreisauer Verfassungs- und Wirtschaftskonzeption realisiert worden war. Zu den programmatischen Differenzen trat später noch der Streit um die Person Goerdelers, den die Kreisauer nicht als Kanzler der Übergangsregierung haben wollten. Vgl. Roon (1967), S.288ff. und 233.

22) Vgl. Wasmund (1965), 394f., Roon (1967), 252ff.

23) Alle diese und noch weitere Kreisauer Dokumente finden sich im Dokumentenanhang bei Roon (1967). Vgl. dort S.547-550, S.552f. und S.561-571.

24) Zur Denkschrift von Einsiedel und Trotha 'Die Gestaltungsaufgaben in der Wirtschaft' vgl. Roon (1967), S.523-541; zur Denkschrift von Schmölders 'Wirtschaft und Wirtschaftsführung in einem Europa-Block nach dem Kriege' Schmölders (1942).

25) Vgl. Lipgens (1968), S.150f. und 153; Roon (1967), S.256

26) Steltzer (1959), S.77 und Gerstenmaier (1967), S.236

27) Moltke hatte seinen Bekannten Kiep vor der drohenden Verhaftung gewarnt. Zur Verhaftung des Solf-Kreises vgl. Balfour et al. (1984), S.286f. Die Untersuchungsberichte des SD gegen den Kreisauer Kreis sind dokumentiert bei Jacobsen (1984), S.299f., 381f., 387ff., 393f. und 438.

28) Vgl. Wengeler (1948), S.303

29) Vgl. Roon (1967), S.289

30) Nach Roon hatten sich insbesondere Yorck, Trott, Haubach und Einsiedel verstärkt an den Attentatsplänen Stauffenbergs beteiligt. Yorck, Trott, Leber und Reichwein wurden vor dem Volksgerichtshof noch ohne Bezug zum Kreisauer Kreis zum Tode verurteilt. Erst im Laufe der Einzelverhandlungen rückte der Name Moltkes in den Mittelpunkt. Vgl. Roon (1967), S.289ff. Zur Verfolgung des Kreisauer Kreises vgl. auch Finker (1980), S.261-276.

Anmerkungen zu Abschnitt 4:

31) 'Grundsätze für die Neuordnung' (im folgenden 'Grundsätze'), zit. nach Roon (1967), S.561. Die Glaubensfreiheit sollte verfassungsmäßig verankert, den Kirchen Selbstverwaltung und Autonomie zugestanden werden. Vgl. das Protokoll der 1. Kreisauer Tagung vom 22.-25. Mai 1942 bei Roon (1967), S.542, und die 'Grundsätze', a.a.O., S.565f.

32) So Moltke in seiner Denkschrift 'Ausgangslage, Ziele und Aufgaben' vom 24.4.1941, abgedruckt bei Roon (1967), S.507-520, hier S.511. Vgl. auch Mommsen (1985), S.590, der dies treffend als Hinweis auf die Utopie im Kreisauer Denken wertet.

33) Vgl. Protokoll der 1. Kreisauer Tagung, bei Roon (1957), S.542f. In dieser Einschätzung der gesellschaftlichen Bedeutung der Erziehung traf man sich mit anderen Gruppen der Widerstandsbewegung, insbesondere mit Goerdeler.

34) 'Grundsätze', zit. nach Roon (1967), S.562.

35) So im Protokoll 'Staatsaufbau' der 2. Kreisauer Tagung vom 18.10.1942, abgedruckt bei Roon (1967), S.545.

36) Roon (1967), S.403. Die Kreisauer beurteilten die Wirksamkeit der sozialen Steuerung in Kleingruppen mittels ideeller Leistungsanreize zutreffend, zieht man etwa die heute bekannten Ergebnisse der Verhaltenstheorie heran (vgl. z. B. G.C.Homans, Theorie der sozialen Gruppe, Opladen 1978). Das idealisierende Element ihres Denkens liegt vielmehr darin, daß sie sich den Aufbau der Gesamtgesellschaft nur aus kleinen Gruppen vorstellen konnten. Mit bestimmten Motivationsstrategien, dies hat als erster Mancur Olson (Die Logik des kollektiven Handelns, Tübigen 1968) gezeigt, läßt sich auch in Großgruppen die individuelle Leistungsbereitschaft fördern und die soziale Kontrolle herstellen.

37) Vgl. dazu die 'Grundsätze' bei Roon (1967), S.562ff, und die 'Erste Weisung an die Landesverweser', a.a.O., S.567ff. Eine gute Übersicht bieten Hornung (1956), S.732ff., Wasmund (1965), S.396ff., Roon (1985), S.563ff. Vgl. auch die Zusammenstellung bei Roon (1967), S.452f. Insbesondere Moltke vertrat die europäische Lösung; er bezeichnete die Europapolitik schon als 'Innenpolitik'. Für die Wirtschaftsordnungskonzep-

tion des Kreises war dies eine wichtige Vorgabe. Schmölders hob in seiner Denkschrift explizit auf einen 'Europa-Block' ab, und Einsiedel/Trotha planten eine innereuropäische Arbeitsteilung der Volkswirtschaften.

38) Vgl. Schmölders (1942), S.75

39) Moltke, zit. nach Roon (1967), S.501

40) Protokoll 'Wirtschaft' der zweiten Kreisauer Tagung vom 18.10.1942 (im folgenden: Protokoll 'Wirtschaft'), abgedruckt bei Roon (1967), S. 547-550, hier S.547

41) 'Grundsätze', a.a.O., S.562

42) Einsiedel und Trotha, zit. nach Roon (1967), S.527 bzw. 524

43) Vgl. die Präambel des Protokolls 'Wirtschaft' bei Roon (1967), S.547. Für Einsiedel und Trotha war die Steuerung der volkswirtschaftlichen Leistung eine mit dem Management eines Betriebes vergleichbare und daher undogmatisch zu lösende Aufgabe. Gleichzeitig wird hier zum ersten Mal der Glaube an die beinahe uneingeschränkte Steuerbarkeit der Wirtschaft deutlich - ein wichtiges Charakteristikum der Kreisauer Wirtschaftskonzeption. Vgl. Einsiedel/Trotha bei Roon (1967), S.536f.

44) Vgl. Roon (1981), S.160

45) Einsiedel/Trotha, zit. nach Roon (1967), S.536. Hier sahen beider den materialen Unterschied zwischen staatlicher Wirtschaftslenkung und dem Management eines Unternehmens.

46) So läßt sich das Protokoll 'Wirtschaft' zusammenfassen. Vgl. Roon (1967), S.548

47) Schmölders (1942), S.74

48) ebenda, S.76

49) Protokoll 'Wirtschaft', zit. nach Roon (1967), S.548

50) Schmölders (1942), S.74; vgl. auch Schmölders/Yorck (1941), S.21

51)   Schmölders (1942), S.70

52)   Protokoll 'Wirtschaft', zit. nach Roon (1967), S.548f.

53)   ebenda. Im übrigen findet sich in der Selbstverwaltung der Wirtschaft das vom politischen Verfassungskonzept her bekannte System der indirekten Repräsentation wieder.

54)   Vgl. die 'Grundsätze' bei Roon (1967), S.560

55)   Einsiedel/Trotha, zit. nach Roon (1967), S.532

56)   Schmölders (1942), S.76

57)   Einsiedel/Trotha, zit. nach Roon (1967), S.532

58)   Vgl. die 'Grundsätze' bei Roon (1967), S.562

59)   Dies gilt insbesondere für die Gutachter Einsiedel und Trotha. Sie waren der festen Überzeugung, daß "(...) die Möglichkeiten der Wirtschaftsbeobachtung so umfassend sind, daß bei ihrer (d. h. der Wirtschaftslenkung, d. Verf.) richtigen Anwendung diese Gefahren (der staatlichen Fehlentscheidungen, d. Verf.) sich sehr vermindern und weitgehend völlig ausschalten lassen." Vgl. dieselben bei Roon (1967), S.532 und auch Schmölders (1969), S.38

60)   Vgl. Schmölders (1942), S.78. Unter Nachahmung des Wettbewerbs im öffentlichen Sektor verstand Schmölders auch die Liquidation unrentabler Unternehmungen. Beschäftigungssicherung sollte mithin in erster Linie auf der volkswirtschaftlichen Ebene erfolgen. Vgl. Schmölders (1941), S.20

61)   Yorck in Schmölders (1942a), S.19. Zum Katalog der für die Kriegswirtschaft vorgeschlagenen Maßnahmen vgl. Schmölders/ Yorck (1941)

62)   Vgl. Schmölders (1942a), S.14

63)   'Grundsätze', zit. nach Roon (1967), S.566

64)   ebenda

Anmerkungen zu Abschnitt 4:

65) Schmölders (1969), S.36

66) Vgl. dazu Schmölders (1942a), S.10f., der hier wesentlich von Gedanken des Freiburger Kreises beeinflußt wurde. Vgl. dazu den Beitrag von Eucken in Schmölders (1942a), und auch Abschnitt 5 der vorliegenden Untersuchung.

67) Vgl. die 'Grundsätze' bei Roon (1967), S.566 und das Protokoll 'Wirtschaft', ebenda, S.548

68) Vgl. Schmölders (1969), S.54; Einsiedel/Trotha bei Roon (1967), S.534

69) Vgl. Gerstenmaier (1967), S.229

70) Aufruf Mierendorffs vom 14.6.1943, zit. nach Roon (1967), S.589

71) Vgl. Mommsen (1985), S.586

72) Gerstenmaier (1967), S.229

73) Während das Recht auf Arbeit im Protokoll 'Wirtschaft' noch indirekt über die Zusicherung eines 'der Menschenwürde 'angemessenen' Existenzminimums garantiert wurde, wird es in den 'Grundsätzen' ausdrücklich erwähnt. Vgl. die Dokumente bei Roon (1967), S.548 und 561. Zur Begründung des Rechts auf Arbeit aus der historischen Erfahrung der Massenarbeitslosigkeit siehe das Gutachten von Einsiedel/Trotha, ebenda, S.524 und 528. Die Pflicht zur Arbeit galt als 'natürliches Korrelat' dieses Rechtes. Vgl. Schmölders (1969), S.42

74) Schmölders (1942), S.89

75) Vgl. ebenda, S.77f.,Einsiedel/Trotha bei Roon (1967), S.531

76) Vgl. dazu die Schrift von Schmölders/Yorck, § 22 - Die Preisbildung nach der Kriegswirtschaftsverordnung, Stuttgart-Berlin 1941.

77) Vgl. Einsiedel/Trotha bei Roon (1967), S.534ff., Schmölders (1942), S.86ff.

Anmerkungen zu Abschnitt 4:

78) Vgl. Moltke bei Roon (1967), S.512 und 520. Mit der planwirtschaftlichen Konzeption, der gemeinsamen Bürokratie und der
Agrarproduktion als Mittelpunkt sahen die Kreisauer mithin
ziemlich deutlich die zukünftige Europäische Wirtschaftsgemeinschaft voraus.

79) Vgl. die 'Fragestellung zur Wirtschaftspolitik' vom 14.6.1943
bei Roon (1967), S.552f.

80) Vgl. ebenda. Nachdem sich im August 1941 Churchill und Roose-
velt in der Atlantic-Charta über die Ziele einer neuen Weltwirtschaftsordnung einig geworden waren, wurde über ein Regelwerk für Welthandel und Weltwährungssystem verhandelt. Abs,
der im Kreis für diese Thematik zuständig war, hielt es hinsichtlich der Währungsvereinbarungen mehr mit dem britischen
Keynes-Plan, der entsprechend der eigenen Währungsschwäche
eine multinationale Clearingstelle ohne Leitwährung vorsah
(vgl. Schmölders 1969, S.22 und Roon 1967, S.437f.) Durchgesetzt hat sich im Abkommen von Bretton Woods dann der White-
Plan der USA und damit die Leitwährung US-Dollar, was letztlich mit überproportionalen britischen Quoten im IWF und mit
hohen Dollarkrediten an Großbritannien erkauft wurde. Siehe
dazu z.B. R.N.Gardener, Sterling-Dollar Diplomacy, Oxford
1956.

81) Das Haushaltsgleichgewicht und die beabsichtigte Einstellung
der Geldschöpfung werden auch nur im Nebensatz erwähnt. Vgl.
Schmölders (1942), S.83. Die Nichtberücksichtigung monetärer
Fragen im Binnenbereich der Wirtschaft mag damit zusammenhängen, daß sich Abs, der einzige Finanzfachmann des Kreises, mit
den internationalen Fragen befaßte.

82) Vgl. Einsiedel/Trotha bei Roon (1967), S.530f.

83) ebenda, S.538. Schmölders (1969, S.48f.) vergleicht dies mit
der seit dem Stabilitätsgesetz von 1967 bestehenden 'Mittel-
fristigen Finanzplanung' von Bund und Ländern.

84) Schmölders (1969), S.59

85) Vgl. Einsiedel/Trotha bei Roon (1967), S.532f.

Anmerkungen zu Abschnitt 4:

86) Aus der Perspektive des Jahres 1969, einer Zeit, in der man unter den Vorzeichen des Keynesianismus ebenfalls an die weitgehende Gestaltbarkeit der Volkswirtschaft durch die Wirtschaftspolitik glaubte, meinte Schmölders (1969, S.49), "man könnte leicht geneigt sein, die Verfasser der Denkschriften als hoffnungslose Utopisten abzutun". Nach den seither gemachten Erfahrungen ist dieses Urteil sicher noch treffender, doch es besagt natürlich nicht viel über Positionen, die vor solchen Erfahrungen eingenommen wurden.

87) Vgl. Roon (1967), S.250 und 423

88) Vgl. Schmölders (1942a). "Politisch war die Einberufung der Sitzung, die Auswahl der Sachverständigen und die Themastellung durch Prof. Schmölders, wie man ohne Übertreibung sagen kann, ein ganz hübsches Komplott. Das gleiche gilt für die Diskussion, das gleiche für die Referate, ganz besonders für das Referat von W. Eucken, das gleiche für die Veröffentlichung." Zit. nach Böhm (1955). Vgl. auch Schmölders (1969), S.39, Anm.55

Anmerkungen zu Abschnitt 5:

1) Vgl. zur Einschätzung dieser Tagung aus Freiburger Sicht Böhm (1955).

2) Hierzu und zum folgenden vgl. Blumenberg-Lampe (1973), S.31ff. Während die Chronologie der Entstehung des Freiburger Kreises in dieser Arbeit, die überwiegend auf den Nachlaß von Adolf Lampe zurückgreift, gut aufbereitet wird, läßt die Darstellung der inhaltlichen Positionen der Freiburger zu Fragen der Wirtschaftspolitik bisweilen zu wünschen übrig. Die indirekte Wiedergabe von Gutachten und Thesenpapieren der Freiburger Professoren läßt nur selten erkennen, ob es sich tatsächlich um Formulierungen der Autoren handelt. Weil eine Edition der Quellen bisher fehlt (sie soll von der gleichen Autorin in Vorbereitung sein), bleibt die Darstellung von Blumenberg-Lampe für dieses Kapitel der Untersuchung unverzichtbar.

3) Vgl. Blumenberg-Lampe (1973), S.37f. Erwin von Beckerath (1889-1964) war selbst ein überzeugter Gegner des Nationalsozialismus. Weil er aber nicht aktiv gegen das Regime gekämpft hat, kann er im Sinne dieser Untersuchung nicht zu der Widerstandsgruppe des Freiburger Kreises gerechnet werden. Über die Auseinandersetzung mit der korporativen Wirtschaftsverfassung des italienischen Faschismus (vgl. dazu sein Werk 'Wesen und Werden des fascistischen Staates, erstmals 1927, Neudruck Darmstadt 1979) fand er zum Schwerpunkt seiner Arbeit, der Analyse des Einflusses politisch-soziologischer Faktoren auf den Wirtschaftsprozeß. In der Warnung vor der politischen Abstinenz der Nationalökonomie ganz ein Freiburger, half er nach dem Krieg auch tatkräftig mit bei der Umsetzung des Freiburger Gedankenguts in faktische Wirtschaftsordnungspolitik: als Vorsitzender des wissenschaftlichen Beirats beim Bundeswirtschaftsministerium. Zu einer Würdigung Erwin von Beckeraths vgl. Neumark (1966) und Salin (1965).

4) Vgl. Böhm (1955)

5) Gerhard Ritter kann - ungeachtet seiner Beteiligung an verschiedenen Freiburger Kreisen und der Federführung bei der Freiburger Denkschrift von 1942/43 - unter den Vorzeichen dieser Untersuchung als Historiker nicht zur Opposition der Ökonomen gezählt werden.

6)   Vgl. Ritter (1984), S.70 und 458, Anm.11

7)   Vgl. Böhm (1960), S.287

8)   Zur Zusammenarbeit mit Carl Goerdeler vgl. die Einführung von Helmut Thielicke zur Edition der Freiburger Denkschrift, in: In der Stunde Null (1979), S.9

9)   Vgl. Roon (1967), S.250. Die Verbindung mit Schmölders war allerdings nicht von Dauer, weil dieser nach Schließung der Akademie für Deutsches Recht zum Kriegsdienst eingezogen wurde. Vgl. Blumenberg-Lampe (1973), S.49

10)   Vgl. dazu Ritter (1984), S.523, und die Bonhoeffer-Biographie von Bethge (1984), S.871ff. Zu Dietrich Bonhoeffers Opposition, Widerstand und Konspiration gegen das NS-Regime vgl. auch Müller (1986), insbesondere S.432ff.

11)   Vgl. Böhm (1960), S.162 und 172, Dietze (1961), S.102

12)   Ritter (1984), S.523

13)   Vgl. In der Stunde Null (1979), insbesondere das Vorwort von Gerhard Ritter, S.26ff. Vgl. dazu auch 20. Juli 1944 (1953), S.44

14)   In der Stunde Null (1979), S.12

15)   Vgl. a.a.O., S.28

16)   Vgl. Ritter (1984), S.524. Adolf Lampe gab in den Verhören vor der Gestapo zu Protokoll, daß die wirtschaftliche Laienhaftigkeit der Nazis und Militärs für ihn ein wesentliches Widerstandsmotiv war. Vgl. Jacobsen (1984), S.469f.

17)   Zu den anderen Mitgliedern des engeren Freiburger Kreises, zu denen neben Ritter auch der Theologe Thielicke, der Historiker Wolf und der Jurist Großmann-Doerth gehörten, vgl. Blumenberg-Lampe (1973), S.157f.

18)   Zur Vita von Franz Böhm (1895-1977) vgl. Coing et al. (1965) und Sauermann/Mestmäcker (1975). Aus den vielen dort genannten

Anmerkungen zu Abschnitt 5:

Einzelheiten sei zur Verdeutlichung von Böhms Widerstandshaltung herausgegriffen, daß er der Schwiergersohn der oppositionellen Schriftstellerin Ricarda Huch war, die schon im Herbst 1933 aus Protest gegen das Regime aus der preußischen Akademie der Künste austrat. Vgl. dazu auch Bethge (1984), S.374

19) Vgl. Böhm (1933), S.XIff.

20) Böhm (1937), S.9

21) Vgl. Böhm (1942), S.91ff. und 97f.

22) Vgl. Dietze (1961), S.97, 102f. Ein Überblick über die oppositionelle Haltung, die Dietze (1891-1973) gegenüber dem Nationalsozialismus einnahm, findet sich bei Dietze (1980), S.5

23) Vgl. hierzu und zum folgenden Dietze (1947), S.41ff. und S.47

24) Welter (1967), S.299. Vgl. dort auch die biographischen Angaben zu Walter Eucken (1891-1950).

25) Vgl. Eucken (1938), insbesondere S.20ff. und 49ff.

26) Vgl. dazu Eucken (1940).

27) Vgl. Böhm (1960), S.177

28) Eucken (1942), S.48. Die einzelnen Elemente dieser Wirtschaftsverfassungspolitik konnte Eucken vor seinem Tod nicht mehr selbst zusammenstellen. Dies besorgten seine Ehefrau Edith Eucken-Erdsieck und sein langjähriger Mitarbeiter K. Paul Hensel mit der posthumen Herausgabe der 'Grundsätze der Wirtschaftspolitik' aus vorhandenen Manuskripten. Vgl. dazu Eucken (1952).

29) Vgl. den Abschnitt über Lampe (1897-1948) im Anhang der Edition der Freiburger Denkschrift, In der Stunde Null (1979).

30) Vgl. dazu Lampe (1927), insbesondere S.3 und S.127ff. Die Vorreiterrolle Lampes für den Freiburger Kreis wird in Abschnitt 5.4 der vorliegenden Untersuchung deutlich.

31) Vgl. Lampe (1938), insbesondere S.12f.

32) Vgl. dazu Böhms Vortrag über 'Die Lehr- und Forschungsgemeinschaft an der Universität Freiburg in den dreißiger und vierziger Jahren des 20. Jahrhunderts' aus dem Jahr 1957, in:
Böhm (1960), zit. S.160

33) ebenda, S.161.

34) Böhm zufolge handelte es sich um eine fundamentale Verkennung
der Gewerbeordnung. Vgl. Böhm (1937), S.150f.

35) Vgl. Eucken (1952), S.170ff.

36) Vgl. Dietze (1947a), S.44

37) Vgl. ebenda und Böhm (1933), S.X

38) Böhm (1960), S.29; Vortrag über 'Das Problem der privaten
Macht' aus dem Jahr 1928

39) Vgl. Dietze (1947a), S.42f und Eucken (1951), S.182. Eucken
meinte: "Die überaus schwierige Lenkungsaufgabe (...) kann
nicht gelingen, wenn die Preise im Machtkampf geballter Gruppen der Industrie, der Landwirtschaft und der Arbeiterschaft
zustande kommen."

40) Vgl. Eucken (1938), S.57

41) Dies forderte Böhm schon im Jahr 1928. Vgl. Böhm (1960), S.44

42) Böhm (1937), S.160 - allerdings noch vor den Erfahrungen mit
der NS-Zwangswirschaft formuliert.

43) Vgl. Böhm (1933), S.XI. Daß der Wirtschaft die Ambivalenz und
fehlende Festlegung der NS-Wirtschaftsideologie durchaus bewußt war, wurde in Kapitel 2 der vorliegenden Untersuchung
gezeigt.

44) In der Förderung der privatwirtschaftlichen Konzentration
durch den NS-Staat lag für die Freiburger der wichtigste Ansatzpunkt für ihre Kritik. Vgl. Eucken (1942), S.35, und
(1952), S.173

45) Hierzu und zum folgenden vgl. Böhm (1942), S.60ff.

46) Dies aber war gerade das entscheidende Kriterium für wirtschaftliche Effizienz. Vgl. Eucken (1942), S.30

47) Dietze (1961), S.103

48) Lampe (1938), S.2

49) Vgl. Lampe (1939), S.193. Lampe forderte, kurz vor Kriegsbeginn, die 'sorgfältige Abstimmung von Wehr- und Wirtschaftskraft'.

50) Eucken (1952), S.152f.

51) Wenn ein zentraler Wirtschaftsplan überhaupt funktionieren sollte, dann mußte er 'bis in die letzten Verästelungen der täglichen Wirtschaftsabläufe hinein' ausgearbeitet werden, meinte Böhm (1942, S.92). Dem genügte die NS-Kriegswirtschaft nicht im entferntesten.

52) Als Anzeichen für die Planwirtschaft 'wider Willen' wertete Böhm auch, daß die für die Wirtschaftspolitik Verantwortlichen - er nannte Schacht, Funk, Göring und Hitler beim Namen - sich in Wort und Schrift als Gegner dieser Wirtschaftsordnung bekannt hätten. Vgl. Böhm (1950), S.63

53) In diesem 'Führerprinzip' erkannten die Freiburger das eigentliche Wirtschaftsordnungsprinzip des Nationalsozialismus. Vgl. Böhm (1960), S.173; Vortrag über die Lehr- und Forschungsgemeinschaft in Freiburg aus dem Jahr 1957.

54) Vgl. Böhm (1937), S.9

55) Dietze (1947a), S.20

56) Vgl. In der Stunde Null (1979), S.136

57) Dietze (1947a), S.15

58) Vgl. Böhm (1950), insbesondere S.7

Anmerkungen zu Abschnitt 5:

59) Vgl. Böhm (1960), S.82; Vortrag über den 'Rechtsstaat und den sozialen Wohlfahrtsstaat' aus dem Jahr 1953. Das 'Dritte Reich' sah Böhm dabei auf einer Ebene mit der Sowjetunion.

60) Vgl. Eucken (1952), S.130ff. Franz Böhm formulierte den Sachverhalt griffig: "Wo jeder Hosenknopf vom Staat produziert und bezogen werden muß, da gibt es keine Grundrechte mehr." (Böhm 1950, S.43)

61) Vgl. Böhm (1950), S.44

62) ebenda, S.49

63) ebenda, S.51

64) Vgl. Dietze (1947a), S.22

65) Die praktisch-politischen Forderungen zur Umsetzung der 'Politischen Gemeinschaftsordnung' nach Art der Freiburger Denkschrift, auf die hier wegen der Konzentration auf ökonomische Fragen nicht näher eingegangen werden kann, finden sich bei: In der Stunde Null (1979), S.55ff. Zu den Grundrechten vgl. insbesondere S.74-78.

66) ebenda, S.61, 63 und 74

67) Böhm (1950), S.50. Zu den politischen Gemeinsamkeiten mit dem Kreisauer Programm gehörte auch die Affinität der Freiburger zu einem europäischen Staatenbund mit Entscheidungskompetenzen. Die Integration der Staaten sollte wesentlich über 'geistige Abrüstung' vonstatten gehen; gefordert war Gerechtigkeit im Verhältnis der Staaten zueinander. Für das Wirtschaftsprogramm bedeutete dies, daß der politische Friede von gerechter ökonomischer Verteilung, vor allem der Zugänge zu Rohstoffquellen und Absatzmärkten, begleitet sein mußte. Außenwirtschaft hatte wieder im Geiste internationaler Arbeitsteilung und komparativer Kostenvorteile zu erfolgen. Vgl. In der Stunde Null (1979), S.94ff., Lipgens (1968), S.139f. und auch Abschnitt 5.4 der vorliegenden Untersuchung.

68) Vgl. Böhm (1960), S.144, 148f. und 157; Eucken (1952), S.16

69) Böhm (1937), S.10. Vgl. auch Eucken (1938), S.49ff.

Anmerkungen zu Abschnitt 5:

70) Vgl. Böhm (1937), S.VII. Der dritte Mitherausgeber der Schriftenreihe 'Ordnung der Wirtschaft' war Hans Gustav Groß-mann-Doerth, der als Jurist zur Freiburger Lehr- und Forschungsgemeinschaft zählte.

71) Eucken (1940), S.226. Als Folge des unpolitischen und theorielosen Historismus fehlte "(...) vielen Nationalökonomen Blick und Verständnis dafür, wie sehr das wirtschaftliche Geschehen von brutalen Machtkämpfen erfüllt ist."(ebenda, S.224)

72) Eucken (1952), S.370; vgl. auch Böhm (1960), S.186. Ganz allgemein begriffen die Freiburger Ideologien als machtpolitische Werkzeuge und wollten Wissenschaft gegen weltanschauliche Heilslehren setzen. Vgl. dazu z. B. Eucken (1952), S.18

73) ebenda, S.242

74) Zu den Zielen der Freiburger Wirtschaftsordnungspolitik vgl. In der Stunde Null (1979), S.21, 87 und 129f.; Dietze (1947), S.42ff. und (1947a), S.17; Böhm (1937), S.11

75) Vgl. dazu die Darstellung bei Blumenberg-Lampe (1973), S.58. Vgl. auch Böhm (1937), S.110; Eucken (1938), S.34 und 57, (1951), S.181f.

76) Eucken (1952), S.193

77) Vgl. Blumenberg-Lampe (1973), S.64

78) Vgl. hierzu und zum folgenden Eucken (1944), S.269ff.

79) Zur erstmaligen Differenzierung der Idealtypen vgl. Eucken (1940), S.94ff. (Zentralverwaltungswirtschaft) und 103ff. (Verkehrswirtschaft). Im ersten Marktformenschema (ebenda, S.131) unterschied Eucken nach der Zahl der Marktteilnehmer und des offenen bzw. geschlossenen Marktzutritts auf beiden Marktseiten insgesamt 100 verschiedene Formen.

80) Vgl. Böhm (1942), S.95ff.

81) Vgl. Eucken (1944), insbesondere S.284f.

Anmerkungen zu Abschnitt 5:

82) Die Ablehnung der Planwirschaft ging stets mit der Ablehnung des nationalsozialistischen Rüstungsziels, insbesondere des Vierjahresplans von 1936 einher. Vgl. Eucken (1942), S.30ff., (1944), S.294, (1952), S.152f.

83) Vgl. Eucken (1944), S.282f.

84) Vgl. Eucken (1951), S.135 und 163

85) Eucken (1944), S.318f.

86) ebenda, S.302

87) Eucken (1940), S.230. Vgl. auch Böhm (1960), S.173

88) Vgl. Böhm (1960), S.29; Vortrag über 'Das Problem der privaten Macht' aus dem Jahr 1928.

89) Vgl. Eucken (1944), S.308f.

90) Die wichtigsten Gründe dafür waren nach Lampe (1938, S.12f.) der Abbruch des Außenhandels mit bedeutenden Handelspartnern und die Umschichtung bzw. Ausweitung der gesamtwirtschaftlichen Nachfrage durch den Rüstungsbedarf.

91) Lampe (1939), S.189

92) Erhard in Sauermann/Mestmäcker (1975), S.20

93) Vgl. Eucken (1952), S.144, und Lampe (1939), S.185f.

94) Böhm (1955). Vgl. auch Böhm (1942), S.97f., der zusammenfassend über den 'Wettbewerb als Instrument der staatlichen Wirtschaftslenkung' urteilt: "In einer Wettbewerbswirtschaft ist der Wettbewerb ein denkbar billiges Lenkungsinstrument und leistet bei Vorliegen einer bestimmten Marktform und ausgeglichener Währung fast alles; in einer Zentralverwaltungswirtschaft mit ausgeschaltetem Preismechanismus erweist sich der Wettbewerb dagegen als außerordentlich teures Lenkungsinstrument und vermag nur eine verhältnismäßig zweitrangige Steuerungsaufgabe zu lösen."

95) Vgl. dazu In der Stunde Null (1979), S.90ff.

96) Eucken (1952), S.136. Vgl. auch In der Stunde Null, S.93

97) Vgl. Eucken (1952), S.264ff. und 278ff.

98) So das Programm zur Wettbewerbspolitik der 'Arbeitsgemein-schaft Erwin von Beckerath', das u.a. Böhm verfaßte. Vgl. dazu Blumenberg-Lampe (1973), S.92ff.

99) Vgl. Dietze (1947a), S.22

100) Vgl. Eucken (1942), S.38, Blumenberg-Lampe (1973), S.96f.

101) Vgl. Eucken (1942), S.40. An diesem Vorschlag läßt sich gut der Vorbild-Charakter erkennen, den die Freiburger Wettbe-werbspolitik auch für die Kreisauer Wirtschaftskonzeption hatte. Vgl. dazu Abschnitt 4.3 der vorliegenden Untersuchung.

102) Vgl. dazu z. B. In der Stunde Null (1979), S.138; Dietze (1947a), S.22f; Blumenberg-Lampe (1973), S.97f.

103) Vgl. Böhm (1950), S.54 und Eucken (1952), S.294

104) Vgl. dazu Eucken (1952), S.254ff. Zum Spektrum der zu berück-sichtigenden Politik-Arten zählte Walter Eucken neben den im folgenden noch angesprochenen klassischen Feldern der Wirt-schaftspolitik auch die Rechtspolitik. Indirekte Wirksamkeit für die Wirtschaftsordnung entfalteten insbesondere das Ge-sellschafts-, Steuer-, Patent- und Konkursrecht. Die Ausrich-tung all dieser Politikbereiche auf das ordnungspolitische Ziel der Veranstaltung von Wettbewerb war ein zentrales Ele-ment des Freiburger Ordo-Gedankens. Vgl. dazu z. B. Eucken (1942), S.43, und Abschnitt 5.5.

105) Vgl. Eucken (1940), S.117. Eucken begann sein wissenschaft-liches Werk mit geldtheoretischen und -politischen Fragestel-lungen in der Auseinandersetzung mit der Inflation von 1923 (vgl. dazu ders., Kritische Betrachtungen zum deutschen Geld-problem, Jena 1923). Einen Überblick über das geldtheoretische Werk Euckens vermittelt Folz (1970).

106) Vgl. Eucken (1951), S.151ff., und (1952), S.117

Anmerkungen zu Abschnitt 5:

107) Vgl. Eucken (1952), S.162

108) Vgl. zu den entsprechenden Vorhaben der 'Arbeitsgemeinschaft Erwin von Beckerath' Blumenberg-Lampe (1973), S.72ff. Wie eine zukünftige Inflation, so wollte man auch eine Deflation vermeiden.

109) Vorschläge dafür allerdings wurden in der 'Arbeitsgemeinschaft Erwin von Beckerath' nicht ausgearbeitet. Vgl. Blumenberg-Lampe (1973), S.70

110) Vgl. Eucken (1923), S.80

111) Vgl. Eucken (1954), S.316. Der genannte Plan stammt aus dem Jahr 1934, in dem die 1. Auflage der 'Kapitaltheoretischen Untersuchungen' erschien.

112) Allein die Zentralbank wäre berechtigt gewesen, Kreditschöpfung zu betreiben. Um die Zentralbank dabei an die vorhandene Gütermenge zu binden, sollten Pensionsgeschäfte mit Lagerhauszertifikaten gestattet werden. Vgl. dazu Folz (1970), S.173f. Zum geplanten Goldstandard vgl. In der Stunde Null (1979), S.138f.

113) Zudem natürlich auch die außenpolitische Absicht einer europäischen Integration. Vgl. dazu: In der Stunde Null (1979), S.95ff., und Lipgens (1968), S.139f.

114) Vgl. Eucken (1951), S.163, und (1952), S.111ff.

115) Vgl. dazu Blumenberg-Lampe (1973), S.77f.

116) Vgl. ebenda, S.79ff. und Dietze (1947a), S.24. In der 'Arbeitsgemeinschaft Erwin von Beckerath' bearbeitete Adolf Lampe federführend die Pläne für die Finanzpolitik in der Übergangswirtschaft. Seine Präferenz für die Einkommensteuer und die Begründungen dafür erinnern stark an die Argumente von Johannes Popitz. Vgl. dazu Abschnitt 3.2 der vorliegenden Untersuchung.

117) Als Pendant zur Aufklärung über die Notwendigkeit der Besteuerung sah das Freiburger Konzept vor, alle Steuern an der 'Quelle' der Einkommensentstehung zu erheben. Dazu sollten zu-

nächst mittels Durchschnitts-Steuersätzen die Vorauszahlungen festgelegt und dann durch nachträgliche Veranlagung die tatsächlichen Steuerbeträge festgestellt werden. Vgl. Blumenberg-Lampe (1973), S.85f.

118) Eucken (1952), S.313. Vgl. zur Sozialpolitik auch ebenda, S.313ff., und Dietze (1947), S.47. Zur Konjunkturpolitik und ihrem Verhältnis zur Wettbewerbsordnung vgl. Eucken (1938), S.55, und (1952), S.308ff.

119) Böhm (1960), S.149; ähnlich S.157

120) Hierzu und zum folgenden vgl. Lampe (1927), S.125 und 127ff.

121) Vgl. Dietze (1947a), S.26f., und Blumenberg-Lampe (1973), S.122ff. und 127

122) Vgl. Blumenberg-Lampe (1973), S.129

123) Vgl. dazu In der Stunde Null (1979), S.86 und Abschnitt 4.3 der vorliegenden Untersuchung.

124) Dietze (1947a), S.27

125) Vgl. Eucken (1952), S.319

126) Im Sinne der Transparenz der Arbeitskosten sollte die Unterscheidung zwischen Löhnen und Personalnebenkosten wegfallen. Vgl. zu diesem Vorschlag der 'Arbeitsgemeinschaft Erwin von Beckerath' Blumenberg-Lampe (1973), S.120

127) Anderenfalls wäre der wichtigste Systemvorteil der Marktwirtschaft, ihre Effizienz, gefährdet worden. Generell galt für das Freiburger Programm, daß die Existenzberechtigung der Gewerkschaften nur solange unumstritten war, solange sie sich konform zur Wirtschaftsordnung verhielten. Vgl. Eucken (1952), S.320

128) Vgl. ebenda und Blumenberg-Lampe (1973), S.107ff. Bei der innerbetrieblichen Mitbestimmung war an einen 'Vertrauensrat' gedacht, der ein Anhörungsrecht bei der Betriebsleitung haben sollte. Die Treuhänder der Arbeit wären auch für die Regelung der beruflichen Bildung zuständig gewesen.

Anmerkungen zu Abschnitt 5:

129) Gerade in dem zu bewältigenden Übergang von der Kriegs- zur
Marktwirtschaft sahen sich die Freiburger vor ein reichliches
Angebot von Arbeitskräften gestellt - im Gegensatz zur vermu-
teten Kapitalknappheit. Als Übergangsmaßnahme sah man ein
Rückkehrrecht auf den Arbeitsplatz von 1936 vor, falls dieser
noch vorhanden war. Vgl. Blumenberg-Lampe (1973), S.102ff.

130) Vgl. dazu die Freiburger Denkschrift, In der Stunde Null
(1979), S.92f. Die dortigen Ausführungen erinnern stark an die
von Max Weber analysierte 'Protestantische Ethik', den von
Weber so bezeichneten 'Geist des Kapitalismus'.

131) Vgl. Blumenberg-Lampe, S.109f.

132) Vgl. ebenda, S.112f. Die Lohnflexibilität mußte schon deswegen
über die Nominallöhne hergestellt werden, weil eine Reallohn-
senkung auf dem Umweg über die Geldentwertung nicht mit den
ordnungspolitischen Grundsätzen zu vereinbaren war.

133) Eucken (1952), S.166

134) Eucken (1951), S.183; vgl. auch ders. (1942), S.43

135) Bei der 'Internalisierung' externer Effekte in privatwirtschaftliche Kosten-/Nutzen-Kalküle öffnete sich aus Freiburger
Sicht ein weites Feld für die staatliche Wirtschaftspolitik
und -kontrolle. Vgl. Eucken (1952), S.301ff.

136) Böhm (1950), S.63

137) Die Vertreter partikularer Wirtschaftsinteressen nannte Franz
Böhm einmal ein 'Gemengsel aufsässiger Rotten'. Vgl. ders.
(1960), S.154. Repräsentative Demokratie und Wettbewerbsordnung - dies hatte schon der eingeschränkte Demokratiebegriff
der Freiburger gezeigt - standen in einem Spannungsverhältnis:
"Es entsteht die Demokratie der Interessenhaufen, von denen
ein jeder auf dem Umweg über Riesenverbände und politische
Parteien die Staatsmacht sich dienstbar zu machen und zu
brandschatzen bestrebt ist."(Böhm 1950, S.64) Im Zweifel lag
die Wettbewerbsordnung den Freiburgern näher.

Anmerkungen zu Abschnitt 6:

1) Zu Erfolg und Mißerfolg bei den Versuchen des Freiburger Kreises, unmittelbar nach dem Kriegsende sein Konzept an die amerikanische und die französische Besatzungsmacht heranzutragen,
vgl. Blumenberg-Lampe (1973), S.132ff. und 141ff. Walter
Euckens 'Bemerkungen zur Währungsfrage' vom April 1946 sind
abgedruckt bei Möller (1961), S.202-211.

2) Zu Adolf Lampes Ausarbeitung vom August 1947 vgl. ebenfalls
Möller (1961), S.349-372.

3) Franz Böhm führte den Vorsitz der konstituierenden Sitzung.
Zur Mitgliedschaft vgl. Wissenschaftlicher Beirat (1973),
S.623ff., zur Tätigkeit ebenda, S.XVIIff. Insbesondere Erwin
von Beckerath, der den Beirat von 1949 bis zu seinem Tode 1964
leitete, erblickte in diesem Gremium die Fortsetzung seiner
Freiburger 'Arbeitsgemeinschaft'. Vgl. dazu Müller (1982),
S.45ff., Blumenberg-Lampe (1973), S.147ff.

4) Wissenschaftlicher Beirat (1973), S.2. Daneben trat das Gutachten für einen freien Außenhandel und für sofortige Monopolkontrolle ein. Es wurde einen Tag nach Erhards Ankündigung
veröffentlicht. Vgl. dazu Lampert (1981), S.87f., Ambrosius
(1977), S.166f., Benz (1984), S.147.

5) Vgl. dazu Müller (1982), S.305ff. und Abschitt 6.3.

6) An Böhms 80. Geburtstag 1975 würdigte Ludwig Erhard seine Ver-
dienste: "Aus dem, was Franz Böhm für uns getan hat, ragt sein
Beitrag zur Grundlegung unserer freiheitlichen, sozialverpflichteten Wirtschafts- und Gesellschaftsordnung der Sozialen
Markwirtschaft hervor." Erhard, in: Sauermann/Mestmäcker
(1975), S.15

7) Zur Gewerkschaftsarbeit Kaisers in der unmittelbaren Nach-
kriegszeit vgl. Conze (1969), S.11ff. und 231. In der Berliner
CDU war die Präsenz ehemaliger Widerstandskämpfer unter den
Gründungsmitgliedern besonders auffällig. Neben Steltzer und
Kaiser waren hier aus dem Kreisauer Kreis Hans Lukaschek und
Heinrich von der Gablentz dabei, und auch der erste Vorsitzen-
de, der frühere Reichsminister und Bauernvereinsführer Andreas
Hermes, hatte enge Kontakte zur Widerstandsbewegung. Vgl. da-
zu und auch zur Absetzung von Hermes am 20.12.45 wegen dessen

Anmerkungen zu Abschnitt 6:

Oppostion gegen die von den Sowjets erzwungene Bodenreform Gurland (1980), S.77ff., und Uertz (1981), S.25 und 68. Zur besonderen Situation der Parteingründung in Berlin vgl. Hurwitz (1983).

8) Nach Meinung von Kosthorst (1972, S.260f.) legte Kaiser, der von 1949-1957 Bundesminister für gesamtdeutsche Fragen war, schon nach Kriegsende das Schwergewicht seiner politischen Arbeit auf die Deutschlandpolitik. Auch ein Gespräch mit dem SPD-Vorsitzenden Kurt Schumacher am 22.2.1946 scheiterte nach der Erinnerung von Elisabeth Nebgen nicht an Differenzen in wirtschaftspolitischen Fragen, sondern an der Einschätzung der notwendigen Deutschlandpolitik. Vgl. dazu Conze (1969), S.59ff. und 70f.

9) Zur Gründung der Sozialausschüsse vgl. Uertz (1981), S.65f., zu Kaisers Rolle dabei Conze (1969), S.72ff. und 237

10) Kaiser in seiner Rede während der Deutschlandtagung der Sozialausschüsse am 4.2.1950 in Oberhausen, zit. nach Kosthorst (1972), S.253

11) Vgl. dazu Kaisers Darstellung zum 'Kampf der Christlichen Demokraten in der Sowjetzone', in: Flechtheim (1962), S.89-96, hier S.90. Zu einer Zusammenfassung der Programmreden Kaisers im Februar und März 1946 vgl. Uertz (1981), S.69ff.

12) Vgl. hierzu und zum folgenden Kosthorst (1972), S.250ff.

13) Kaiser in seiner Rede auf der Deutschlandtagung der Sozialausschüsse am 16./17.8.1953 in Essen, zit. nach Kosthorst, S.268

14) ebenda, S.269

15) Vgl. dazu die Darstellung des Betroffenen bei Steltzer (1966), S.201ff. Vgl. zu Steltzers weiterem Mitwirken an der Entstehung des Grundgesetzes und zu Abs die Hinweise bei Benz (1984), S.137 und 201

16) Vgl. dazu Schmidt (1970), S.48ff. und 100f., zur personalen Kontinuität Beier (1981b), S.391ff.

17) Das Modell der Widerstandsbewegung wurde insbesondere von der schwedischen Exilgruppe um Fritz Tarnow unterstützt. Die Exilgruppen aus Großbritannien, den USA und der Schweiz plädierten für das dezentrale angelsächsische Modell. Vgl. dazu Bernecker (1979), S.265, und Schmidt (1970), S.37f.

18) Die '13 Aachener Punkte' sind dokumentiert bei Klein (1974), S.166f. Zwischen Oktober 1945 und März 1946 wurden etwa 400 Anträge auf Gewerkschaftsgründungen in der britischen Zone gestellt.

19) Vgl. dazu und zu der Überzeugungsarbeit, die eine britische Gewerkschafterdelegation dabei leistete, Schmidt (1970), S.39ff. Zur US-Gewerkschaftspolitik und zu der Rolle, die der Konflikt zwischem dem 'free trade unionism'-Konzept unpolitischer Verbandsgewerkschaften und dem 'grassroots'-Modell betrieblicher Räte dabei spielte, den die US-Gewerkschaften AFL und CIO austrugen, vgl. Fichter (1982)

20) Zur Gründungsgeschichte der Einheitsgewerkschaft auf der Ebene der Zonen vgl. Bernecker (1979), 270ff., zum Gründungskongreß des DGB vgl. Beier (1981b), S.394

21) Zum Verhältnis der Gewerkschaften zum Parlamentarischen Rat vgl. Sörgel (1969), S.205ff., zum Wirtschaftsrat Schmidt (1970), S.133f.

22) Eine Kurzfassung des Programms bietet Sörgel (1969), S.321ff. Erfolge waren in den Verfassungen von Hessen, Bayern, Württemberg/Hohenzollern, Baden und Rheinland-Pfalz zu verbuchen (vgl. Otto (1975), S.415f.). Zum Verhalten der Alliierten, wobei die am 1.12.1947 erfolgte Ablehnung des Artikels 41 der hessischen Verfassung zur Sozialisierung von Seiten der Amerikaner besonders erwähnenswert ist, vgl. auch Schmidt (1970), S.162ff. Einen Überblick über die Rolle der US-Besatzungspolitik für die Länderverfasssungen gibt Feit (1985).

23) Zur Wirkung der gewerkschaftlichen Forderungen nach Sozialisierung und wirtschaftsdemokratie, zu ihrer Anknüpfung an die Positionen vor und während der Zeit des Nationalsozialismus vgl. Otto (1975), S.402, 404 und 409ff. sowie Schmidt (1970), S.69ff. Vgl. auch die folgenden Abschnitte 6.2 und 6.3.

24) Vgl. Beier (1974), S.48. Die Streikforderungen, die von der Wiedereinführung der Preisbindung und -kontrolle bei versorgungswichtigen Gütern über die Bewirtschaftung im Ernährungsbereich, die Planung und Lenkung der Großindustrie, der Kreditwirtschaft, des Verkehrswesens und des Außenhandels bis hin zur Wirtschaftsdemokratie reichten, verpufften wirkungslos, trotz einer Beteiligung von 9,25 Millionen Arbeitnehmern.

25) Vgl. dazu Otto (1975), S.418ff.

26) Vgl. dazu Beier (1974), S.44f.

27) Die Montanmitbestimmung wurde zwar mit einer Streikandrohung der Gewerkschaften durchgesetzt, war dennoch aber im wesentlichen nur die Festschreibung einer bereits von den Briten zugestandenen Regelung. Vgl. dazu Abschnitt 6.5.

28) Vgl. dazu Schmid (1979), S.513. Das Provisoriums-Konzept der SPD war nur im Verzicht auf die Regelung der Wirtschafts- und Sozialordnung im Grundgesetz 'erfolgreich' - gegenüber der Interessenpolitik insbesondere der katholischen Kirche zur Regelung von Familie und Erziehung konnte es sich nicht durchsetzen. Vgl. dazu Benz (1984), S.210, Sörgel (1969), S.209

29) Vgl. dazu Kaden (1980), S.282f., und Narr (1966), S.106 und 151. Die personale Kontinuität zur Weimarer Zeit war im übrigen für alle Parteien mit Ausnahme der KPD kennzeichnend, wie Pfetsch (1986, S.239) in einer Sozialprofil-Analyse der an der Verfassungsgebung beteiligten Politiker herausgefunden hat. Zur Frage nach dem Verhältnis von Kontinuität und Neubeginn im Verhalten der SPD und anderer Parteien in der ersten Bundestagswahl 1949 vgl. Falter (1981), S.236 und 241.

30) Einen guten Überblick über die Auseinandersetzungen zwischen der Hannoveraner Gruppe und dem Berliner Zentralausschuß unter Führung von Max Fechner bei der Wiedergründung der SPD gibt Ott (1978), S.44ff. Zum Anteil Kurt Schumachers am Wiederaufbau der SPD vgl. Rovan (1980), S.173ff. und Miller/Potthoff (1980), S.173ff.

31) Diese Entschlossenheit zur programmatischen Neuorientierung, die vor allem Kurt Schumacher kennzeichnete, kommt in der

Untersuchung von Kaden (1980) zu kurz, mit der Folge, daß die Wiedergründung der SPD zu einseitig als Restauration Weimarer Formen erscheint. Vgl. zur Richtigstellung: Moraw (1973), S.76, und auch Grebing (1976), S.171f.

32) Schumacher in einem Kommentar zu einer Entschließung der SPD der britischen Zone, zit. nach Miller (1974), S.86

33) Leitsätze zum Wirtschaftsprogramm-Entwurf Dr. Kurt Schumachers von 1945, zit. nach Flechtheim (1963/III), S.11. Zu den Anhaltspunkten, daß Roosevelts New Deal als Vorbild für das Verständnis von wirtschaftlicher Planung bei den reformistischen Kräften in der SPD galt, vgl. Ott (1978), S.79.

34) Vgl. dazu die gleichnamige Broschüre von Viktor Agartz, Sozialistische Wirtschaftspolitik, Hamburg 1947. Einen Überblick gibt Heimann (1984), S.2050f.

35) Vgl. Schmidt (1970), S.153. Diese Politik erreichte im August 1947 einen Höhepunkt, als der Landtag von Nordrhein-Westfalen ein Gesetz zur Überführung der Kohlewirtschaft in Gemeineigentum beschloß, das dann aber nicht die Zustimmung der britischen Militärregierung fand.

36) Vgl. die 'Grundgedanken eines sozialistischen Wirtschaftsprogramms - Wege und Ziele sozialdemokratischer Wirtschaftspolitik', hrsg. vom Vorstand der SPD, Hannover 1947. Vgl. dazu Ott (1978), S.107ff.

37) Zur programmatischen Tradition der SPD vgl. Heimann (1984), S.2025ff. Die Programmentwürfe, die in der Zeit des Nationalsozialismus entstanden, wie das Prager Manifest der Exilpartei von 1934 oder das Buchenwalder Manifest sozialdemokratischer KZ-Insassen vom April 1945, hatten wegen der dort erhobenen weitreichenden Forderungen nach Sozialisierung und Planwirtschaft keine Aussicht auf politische Umsetzung. Vgl. zum Prager Manifest Dowe/Klotzbach (1973), S.216ff., insb. S.219f., zum Buchenwalder Manifest Brill (1946), S.99ff.

38) 'Grundgedanken... (Anm.36)', zit. nach Klink (1965), S.85

39) Vgl. dazu den Bericht vom SPD-Parteitag in Nürnberg, in: Der Tagesspiegel vom 1. Juli 1947

40) Zorn (1949), S.9. Zu Zorns Rede auf dem Düsseldorfer Parteitag 1948 vgl. auch Wenzel (1979), S.315

41) Zorn in einer Rede zum Thema 'Sozialistische Wirtschaftsplanung' am 26.6.1947 vor dem bayerischen Landtag, zit. nach Ott (1978), S.215

42) Zur konstruktiven Opposition der SPD im bizonalen Wirtschaftsrat und ihrer Ursache in den dortigen Mehrheitsverhältnissen und Wahlentscheidungen bei der Besetzung der Direktorenämter vgl. Benz (1984), S.108, Ott (1978), S.207ff., Miller/Potthoff (1983), S.188, und auch Abschnitt 6.4 dieser Untersuchung.

43) Zum Verzicht auf ein eigenes Wirtschaftsprogramm und zur widersprüchlichen Reaktion auf Erhards Soziale Marktwirtschaft vgl. Müller (1982), S.24, 38 und 325f.

44) Die Dürkheimer Punkte der SPD vom August 1949 sind dokumentiert bei Miller/Potthoff (1983), S.363f. Zu den Parallelen mit den von Agartz auf dem 1. Parteitag der SPD 1946 vorgetragenen Forderungen nach Planwirtschaft und Sozialisierung vgl. Heimann (1984), S.2051.

45) Zum Hamburger Parteitag 1950 vgl. Ott (1978), S.244ff.

46) Das Dortmunder Aktionsprogramm ist dokumentiert bei Flechtheim (1963/III), S.64ff., hier S.74f.

47) Schiller (1964), S.122. Vgl. auch Heimann (1984), S.2056ff. Karl Schiller zählte im übrigen zu den Gründungsmitgliedern des Wissenschaftlichen Beirats bei der Verwaltung für Wirtschaft.

48) Godesberger Programm, zit. nach Heimann (1984), S.2062f. Zur Dokumentation des Programms vgl. Flechtheim (1976), S.215ff. Rovan (1980, S.202) beschreibt die Entwicklung des keynesianischen Gedankenguts in der SPD wie folgt: "Diese Entwicklung des wirtschaftlich-sozialen Denkens der Sozialdemokratie hat sich von Parteitag zu Parteitag und von einer Niederlage zur anderen stetig fortgesetzt bis zu der großen Wendung von Godesberg im Jahre 1959."

49) Vgl. Robert (1976), S.205ff.

50) Vgl. dazu Schiller (1948), S.213ff. Die 'freiheitliche Planwirtschaft' "(...) läßt allenthalben Märkte, d. h. Wettbewerb bestehen und sich bilden, so daß die menschliche Freiheit in dieser Hinsicht unangetastet bleibt. Damit bekommt zugleich die Zentralplanstelle genügend Marktpreise als Rechnungsgrößen für ihre Wirtschaftsführung geliefert. Zum anderen orientiert sie sich in ihrer Rahmenplanung an volkswirtschaftlichen Globalgrößen wie Investitionsvolumen, Beschäftigungsgrad, Volkseinkommen, Ein- und Ausfuhr." (ebenda, S.215)

51) Dirks (1973), S.104. Die CDU war "(...) eine Sammlungs- und Volkspartei des neuen Typs, die das Volks nicht irgendwie qualitativ faßt, sondern sich ihm anpaßt und es in und durch die Anpassung lenkt"- als 'Spiegelbild der Volksgemeinschaft' eine Alternative zum Nationalsozialismus (Narr 1966, S.75).

52) Dirks (1973), S.104. Das Zentrum, in dem zuvor der linke Flügel beheimatet war, konnte als konfessionsgebundene katholische Partei keine Bedeutung mehr erlangen. Vgl. Treue (1961), S.65f.

53) Die Konzeption des christlichen Sozialismus war in einem Arbeitskreis entstanden, der sich seit 1941 im Kloster Walberberg bei Köln unter konspirativen Bedingungen mit der Nachkriegsordnung befaßt hatte. Die Dominikaner Eberhard Welty und Laurentius Siemer, die diese Arbeit koordinierten, verfügten über weitreichende Verbindungen in der Widerstandsbewegung, unter anderem zu Goerdeler, den Gewerkschaftern Leuschner, Kaiser und Habermann, zu den Kreisauern Gerstenmaier und Delp und auch zur Militäropposition. Vgl. dazu und zu Eberhard Weltys grundlegender Schrift 'Was nun?' vom Juni 1945 die Darstellung von Uertz (1981), S.24ff.

54) Die christliche Soziallehre walberbergscher Prägung, in der die Gemeinschaft über das Individuum gestellt wurde, geht im wesentlichen auf Thomas von Aquin zurück. Ihr gegenüber stand die liberale Denkschule der Jesuiten mit ihrem personal-individualistischen Staatsverständnis, das auch in der Enzyklika Quadragesima Anno von 1931 domininierte. Zu dieser Sicht der Gesellschaft neigte auch Konrad Adenauer. Vgl. Schwarz (1986), S.483 und 495, Wenzel (1979), S.299 und 327, Schmidt (1984), S.516, Gurland (1980), S.101ff.

Anmerkungen zu Abschnitt 6:

55) "Wenn wir uns heute im Kreise der aktiven Mitarbeiter der
Christlich-Demokratischen Union umsehen, so dürfen wir fest-
stellen, daß es wohl kaum eine politische Gemeinschaft in
Deutschland gibt, an deren Spitze in so großer Zahl Männer
stehen, die den aktiven Versuch des gewaltsamen Umsturzes des
Nationalsozialismus machten. Und dies (...), weil sie den
Krieg von erster Stunde an verdammten und das Hitler-Regime
von Anbeginn an in seinen Wurzeln haßten." (Andreas Hermes in
seinem Referat für die erste Reichstagung der CDU in Bad
Godesberg vom 14.-16.12.1945, an der er, behindert von den
Sowjetbehörden, nicht teilnehmen durfte, zit. nach Gurland
(1980), S.84). Zur Einbindung der CDU/CSU in die Widerstandstradition vgl. ebenda, S.11ff., 47 und 60, und auch den Beitrag von Kurt Witt, Wie die CDU entstanden ist, in: Flechtheim
(1962), S.5-13, hier S.6f.

56) Wenzel (1979), S.319

57) Vgl. das Dokument bei Flechtheim (1963/II), S.27ff. Vgl. zum
christlichen Sozialismus in der Berliner Union auch Schmidt
(1984), S.528 und Narr (1966), S.83f. Kaiser gebrauchte den
Begriff meist ohne sonderliche Reflexion im Sinne des katholischen Solidarismus. Als Vermächtnis des Widerstands hatte
der Sozialismus nach Kaiser die 'Würde und Freiheit der Persönlichkeit' zu achten und den Klassenkampf zu meiden. Vgl.
Conze (1969), S.53

58) Zum Wortlaut der Kölner Leitsätze vom Juni 1945 vgl. Flechtheim (1963/II), S.30ff. Zu ihrer Einordnung in den christlichen Sozialismus vgl. Ambrosius (1977), S.16f., und Sörgel
(1969), S.74f.

59) Vgl. zum Dokument der Frankfurter Leitsätze Flechtheim (1963/
II), S.36ff. Zur Frankfurter Vorstellung von einem 'personali-
stischen Sozialismus' vgl. Dirks (1946), S.23. Das Ziel einer
Labour-Party mit ausgeprägt christlichen und sozialistischen
Zügen, das die Frankfurter nach Narr (1966, S.81f.) verfolg-
ten, scheiterte an der Nichtmitwirkung der SPD.

60) Vgl. dazu Uertz (1981), S.32f., und Gurland (1980), S.120

61) So Narr (1966), S.85. Zum Ahlener Programm vgl. Konrad Adenauer und die CDU (1975), S.280ff., und Flechtheim (1963/II),
S.53ff. Dem Arbeitnehmerflügel gelang hier zum erstenmal die
Durchsetzung seiner Programmatik auf der zonalen Parteiebene.
Doch es sollte der einzige derartige Erfolg bleiben. 1947
zeichnete sich bereits die politische Schwäche der Gewerkschaftsbewegung ab, verlor die Berliner CDUD unter dem Vorzeichen des Ost-West-Konflikts rapide an Einfluß, hatten die
liberal-konservativen Kreise in der Union sich längst formiert
und die Führung im Frankfurter Wirtschaftsrat übernommen.

62) Peter Hüttenberger, Nordrhein-Westfalen und die Entstehung
seiner parlamentarischen Demokratie, Siegburg 1973, S.75, zit.
nach Buchhaas (1981), S.161.

63) Konrad Adenauer und die CDU (1975), S.280. Zum Ahlener Programm und seinem Zeitkontext der Zwangswirtschaft von 1947,
von dem her erst sich sein Gehalt als 'anti(staats)soziali-
stisches Dokument' erschließt, vgl. Jäger (1976), S.434f.

64) Zu den Mitbestimmungsregeln im Ahlener Programm vgl. Gurland
(1980), S.138ff., Schmidt (1984), S.533f., und Treue (1961),
S.64f.

65) Konrad Adenauer und die CDU (1975), S.283

66) Die vorgesehene Mitbestimmung der Kommunen ging auf den Einfluß Adenauers zurück, der damit den Gemeinden die Mitwirkung
in Großbetrieben sichern wollte, von deren Wohlergehen sie
ohnehin abhingen. Im übrigen wollte Adenauer mit Mischkonzer-
nen die wirtschaftliche Monostruktur eines Raumes verhindern.
Vgl. dazu seine Rede auf der Zonenausschußtagung der CDU am
17.12.1946 in Lippstadt, in: Konrad Adenauer und die CDU
(1975), S.259

67) Vgl. Schmidt (1984), S.535, und Ambrosius (1977), S.44ff.

68) Die CDU erreichte 37,4% der Stimmen, die SPD nur 32%. Zum
Wahlergebnis und zur CDU-Regierung unter Karl Arnold vgl.
Uertz (1981), S.191f.

69) Zum Protokoll der 1. Tagung des Zonenausschusses der CDU vom 22./23.1.1946 vgl. Konrad Adenauer und die CDU (1975), S.113ff.

70) Vgl. dazu Schwarz (1986), S.539ff., der auch darauf hinweist, daß der 'Wirtschafts- und sozialpolitische Ausschuß' der zonalen CDU bei den Beratungen des Ahlener Programms in der Bank des Adenauer-Vertrauten Robert Pferdemenges tagte. Vgl. auch Ambrosius (1977), S.38ff., Buchhaas (1981), S.158, und Schmidt (1984), S.490

71) Rede Konrad Adenauers in der Aula der Kölner Universität am 24.3.1946, zit. nach Uertz (1981), S.87f. Adenauer, ein kompromißloser Verfechter des Privateigentums, bejahte aus taktischen Gründen sogar die Sozialisierungsforderung des Ahlener Programms, stellte sie allerdings unter den Vorbehalt der Zweckmäßigkeit und des deutschen Verfügungsrechtes über die Betriebe - mithin ein risikoloses Zugeständnis angesichts der politischen Ohnmacht der deutschen Landtage. Vgl. ebenda, S.104 und 107.

72) Vgl. dazu beispielsweise Adenauers Rede vom März 1918 als Kölner Oberbürgermeister zur Stadtverordnetenversammlung, in der er den 'Ausgleich der sozialen Gegensätze und widerstreitenden Interessen' zum Gebot der Stunde erklärte. Vgl. Schwarz (1986), S.179

73) Einen Überblick über Adenauers ordnungspolitische Ansichten gibt Ambrosius (1977), S.26ff. Wenn die liberalkonservative Richtung der CDU, deren Exponent Adenauer war, sich in den ersten Nachkriegsjahren nur wenig als programmatische Alternative zum christlichen Sozialismus profilierte, so darf diese Zurückhaltung "(...) allerdings nicht darüber hinwegtäuschen, daß latent in den Jahren 1945 und 1946 der christliche Sozialismus von weiten Teilen der Union abgelehnt wurde." (ebenda, S.24f.)

74) Zur Auseinandersetzung zwischen Adenauer und Kaiser, die häufig mit harten Bandagen geführt wurde, vgl. Adenauers Briefe aus den Jahren 1945-49 bei Morsey/Schwarz (1983), S.203, 206ff., 237, (1984), S.62 und 219

75) Mitte 1936 hatte Kaiser Adenauer aufgesucht, um ihn für die
     Mitarbeit im Widerstand zu gewinnen, doch Adenauer lehnte ab.
     Neben den genannten Motiven waren dafür nach Schwarz (1986,
     S.403ff.) seine Antipathie gegen die Generalität, sein gerin-
     ger Bewegungsspielraum und, in späterer Zeit, die Angst vor
     Goerdelers Aktivität ausschlaggebend. Schwarz bezeichnet Ade-
     nauers Haltung als 'kritisches, wenn auch nicht uninteressier-
     tes Beiseitestehen' (ebenda, S.408).

76) Die West-CDU war, so die Resolution, mit folgenden (vorgeb-
     lichen) Äußerungen Kaisers bzw. der Berliner CDUD nicht ein-
     verstanden: "1. auf deutschem Boden bzw. in Berlin müsse eine
     Synthese zwischen Ost und West erfolgen, 2. die bürgerliche
     Epoche sei zu Ende, 3. das Kommunistische Manifest sei eine
     Großtat." Auch der Begriff des christlichen Sozialismus wurde
     einhellig abgelehnt. Zit. nach Jäger (1976), S.438f. Der Kon-
     flikt zwischen Adenauer und Kaiser betraf insbesondere auch
     die Deutschlandpolitik, Adenauers Westorientierung und Kaisers
     Festhalten an der deutschen Einheit. Vgl. dazu Conze (1969),
     S.75ff., 116ff. und 121f.

77) Zu den beschränkten Möglichkeiten eines stellvertretenden CDU-
     Vorsitzenden unter Adenauer und zu den Konflikten zwischen
     Kaiser und Adenauer im ersten Bundeskabinett vgl. Kosthorst
     (1972), S.276ff. Zur Rolle und zum Selbstverständnis der So-
     zialausschüsse zwischen CDU und DGB vgl. Gundelach (1981)

78) Vgl. Kosthorst (1972), S.244f.

79) Zum Scheitern dieses 'Schröder-Planes' vgl. ebenda, S.257ff.

80) Vgl. ebenda, S.246f.

81) Jäger (1976), S.246f.

82) "Die letzte Substanz der Unterschiedlichkeit war meist, daß
     Adenauer den vom wirtschaftspolitischen Ordnungsdenken des
     Wettbewerbs bestimmten Auffassungen Erhards fremd gegenüber-
     stand", meint Alfred Müller-Armack (Adenauer, die Wirtschafts-
     politik und die Wirtschaftspolitiker, in: Konrad Adenauer und
     seine Zeit (1976), S.204ff., hier S.207). Zum konfliktgelade-
     nen Verhältnis zwischen Adenauer und Erhard vgl. im selben

Anmerkungen zu Abschnitt 6:

Band auch den Beitrag von Ludger Westrick, Adenauer und Erhard, S.169ff.

83) Adenauer auf der Zonenausschußsitzung vom 26.-28.7.1945 in Neuenkirchen, zit. nach: Konrad Adenauer und die CDU (1975), S.149. Vgl. auch Buchhaas (1981), S.159

84) Vgl. zur 2. Fassung der Kölner Leitsätze Flechtheim (1963/II), S.34ff., zum Wandel in der Begriffswahl auch Blum (1969), S. 521ff. Bei den Verhandlungen zur 1. Fassung hatte Adenauer noch ohne Erfolg den Sozialisierungsvorhaben widersprochen. Vgl. Schwarz (1986), S.494

85) Vgl. dazu Treue (1961), S.64f., und Schmidt (1984), S.529. Das Programm von Neheim-Hüsten ist dokumentiert bei Flechtheim (1963/II), S.48ff.

86) Vgl. Schmidt (1970), S.72f., Konrad Adenauer und die CDU (1975), S.51, und Uertz (1981), S.80f.

87) Zum Aufruf der CDU Südwürttemberg/Hohenzollern vom 23.6.1946 vgl. Flechtheim (1963/II), S.45ff., zum Grundsatzprogramm der CSU vom November 1946 ebenda, S.213ff. Vgl. auch Sörgel (1969), S.77f., und Gurland (1980), S.124ff.

88) Zum Wirtschafts- und Sozialausschuß, der ab Frühjahr 1946 getagt hatte und in dem der Bankier Robert Pferdemenges Adenauers Position vertrat, vgl. Schwarz (1986), S.537f. Hier wurden häufig taktische Zugeständnisse an die Parteilinke gemacht. Nach der Auftrennung des Ausschusses wandelte sich auch das Verständnis des Ahlener Programms: ab sofort wurde es primär als ein Sozialprogramm interpretiert. Vgl. Uertz (1981), S.198

89) Die stenographische Niederschrift über die Sitzung des Zonenausschusses der CDU der britischen Zone am 24./25.2.1949 in Königswinter ist dokumentiert bei Konrad Adenauer und die CDU (1975), S.775ff. Erhards dortige Ansprache war typisch ordoliberal, wie die folgenden Passagen zeigen mögen: "Eine gesunde Wirtschaft, die wirklich die Freizügigkeit des Menschen wahrt und die nicht schon in den Anfängen wieder den Keim neuer Störungen und neuen Unglücks legen soll, kann auf das Medium der freien Preisbildung nicht verzichten." (ebenda, S.841)

Und: "Die Planwirtschaft ist das unsozialste, was es überhaupt gibt, und nur die Marktwirtschaft ist sozial. (...) Was da (aus der Planwirtschaft, Anm. d. Verf.) herauskommt (...) (ist) vollendeter Unfug im wirtschaftlichen Sinne. Und was auf der soziologischen Ebene herauskommt, ist nicht die Harmonie, sondern das Chaos und die Tyrannei."(ebenda, S.846) Konrad Adenauer lobte diese Ausführungen als 'klar und lichtvoll' und war Erhard dafür 'von ganzem Herzen dankbar'. (ebenda, S.854).

90) Unter der Aussicht auf ein besonderes Sozialprogramm meinte Kaiser abschließend: "(...) die Gedanken, die er (Erhard, Anm. d. Verf.) vorgetragen hat, gefallen mir sehr gut" (ebenda, S.859) - und willigte damit in die Soziale Marktwirtschaft ein.

91) Vgl. die Düsseldorfer Leitsätze der CDU vom 15. Juli 1949, ebenda, S.867, auch Flechtheim (1963/II), S.58ff.

92) Vgl. Konrad Adenauer und die CDU (1975), S.867f., 869 und 875.

93) ebenda, S.870

94) Dies galt insbesondere auch für die Forderung nach einer Revision des Konkurs- und Gesellschaftsrechts im Sinne der Wettbewerbsförderung. Vgl. dazu Blum (1969), S.254

95) Konrad Adenauer und die CDU (1975), S.875

96) Vgl. dazu Erhard (1977). Die Zusammenarbeit Erhards mit der Reichsgruppe Industrie in den letzten beiden Kriegsjahren bei der Planung der Wirtschaftsordnung der Nachkriegszeit beschreibt Herbst (1982), S.383ff. Zu einem kurzen Überblick über die Denkschrift, die ein Ergebnis dieser Zusammenarbeit war, vgl. ebenda, S.410ff.

97) Erhard (1977), S.VII. Die Gespräche reichten zurück bis in Goerdelers Zeit als Reichspreiskommissar (ebenda, S.IX).

98) Goerdeler, zit. nach Erhard (1977), S.XII. Vgl. auch Benz (1984), S.119f.

99) Vgl. Erhard (1977), S.43

100) ebenda, S.212. Ähnlich äußert sich Erhard noch mehrmals, so auf den S.10, 16, 37.

101) Vgl. Müller-Armack (1972), S.473

102) Vgl. dazu Hans Herbert Götz, Ludwig Erhards Leben und Laufbahn, FAZ vom 17.10.1963, S.2. Erhard war von Oktober 1945 bis Dezember 1946 bayerischer Wirtschaftsminister, übte dieses Amt allerdings nicht gerade erfolgreich aus. Vgl. Benz (1984), S.121

103) Vgl. zur Vorgeschichte der Wahl und zu ihrem Ablauf Ott (1978), S.207ff., Benz (1984), S.86ff. und 100, sowie Müller (1982), S.82f.

104) Auch Hermann Pünder hatte Kontakte zu Goerdeler unterhalten und stand deswegen im Herbst 1944 vor dem Volksgerichtshof. Vgl. Benz (1984), S.102

105) Ambrosius (1977), S.156

106) Vgl. Müller (1982), S.285, Kosthorst (1972), S.26

107) Haußmann berichtete über ein im Sommer 1949 mit Erhard geführtes Gespräch: "Die Frage war, wo und wie kandidiert Erhard? Er sagte dann, ich gehöre zu Ihnen, aber ich muß zur CDU, damit sie nicht umfällt." Zit. nach Gutscher (1967), S.34, Anm.84. Franz Blücher, der FDP-Fraktionsvorsitzende im Wirtschaftsrat, sah den Grund für Erhards Absage im Mangel an einem attraktiven Wahlkreis. Erhard trat offiziell erst 1963 in die CDU ein, wobei der Beitritt auf 1949 rückdatiert wurde. Vgl. Benz (1984), S.268f.

108) Geistige Opposition gegen den Nationalsozialismus wurde von liberaler Seite aus dem Exil geleistet. Vgl. dazu Benz (1981), S.444f.

109) Zur Dokumentation der Parteiprogrammatik der FDP vgl. Flechtheim (1963/II), S.265ff., Stammen (1984), S.446f., Treue (1961a), S.190ff. Zu Kommentaren vgl. Robert (1976), S.191ff. und Gutscher (1967), S.34ff., 93f. und 101. Beispielhaft für die ordnungspolitische Haltung der frühen FDP war ihr Allein-

gang bei der Ablehnung des Art. 15 des Grundgesetzes im Parlamentarischen Rat, weil im Falle der Enteignung keine angemessene Entschädigung vorgesehen war.

110) Vgl. dazu Wolfgang Bruhn, Zur Entstehung der Partei FDP, in: Flechtheim (1962), S.39-42, hier S.41

111) Vgl. zu den beiden liberalen Traditionen Dittberner (1984), S.1311ff.

112) Vgl. zu dieser Heterogenität einzelner Parteiverbände in Sachen Wettbewerbspolitik Gutscher (1967), S.92f. und 96. Ohnehin war die FDP bis zu ihrem Berliner Programm von 1957 ein sehr loser politischer Zusammenschluß.

113) Die liberalistische Orientierung der FDP wurde vom wiedererstarkten Bundesverband der Deutschen Industrie gefördert. Vgl. zu dessen lobbyistischer Tätigkeit in der Frage der Kartellgesetzgebung Hüttenberger (1976), S.296f., und Robert (1976), S.229ff. Zur Neuformierung der Unternehmerverbände nach 1945 vgl. Tornow (1979), S.239ff.

114) Zu dieser Programmrede Erhards vgl. Ambrosius (1977), S.159ff., Benz (1976), S.84f., und (1984), S.122ff. Ihre wesentlichen Aspekte waren bereits vorab veröffentlicht worden. Vgl. Die Neue Zeitung Nr. 11 vom 8.2.1948, S.8, und Nr. 18 vom 4.3.1948, S.6

115) Wissenschaftlicher Beirat (1973), S.2. Vgl. zu diesem Gutachten, das die Gemeinsamkeit zwischen Ordoliberalismus und Sozialer Marktwirtschaft markiert, auch Ambrosius (1977), S.116f., und Lampert (1981), S.87f.

116) Erhard (1957), S.22

117) Zit. nach Hartwich (1970), S.110. Zu der damit verbundenen Lockerung gegenüber dem Bewirtschaftungsnotgesetz vom 18.12.1947 und seiner 1. Durchführungsverordnung vgl. Pünder (1966), S.303.

118) Vgl. dazu Duden (1965), S.3

Anmerkungen zu Abschnitt 6:

119) Zur Kritik der SPD an Erhards Wirtschaftspolitik vgl. Benz (1976), S.86f., zum Abstimmungsverhalten Müller (1982), S.123, zum Einfluß von Leonhard Miksch Ambrosius (1977), S.172f. Einen guten Einblick in das ordoliberale Denken von Miksch geben seine 'Bemerkungen zur Frage der Währungsreform' vom 17.2.1948, abgedruckt bei Möller (1961), S.378ff. Zitiert sei daraus ein Satz zum Verhältnis von Wirtschaftsordnung und Währungsreform: "Die Währungsreform setzt (...) nichts voraus, sondern ist Voraussetzung von allem" (ebenda, S.379)

120) Vgl. dazu Uertz (1981), S.196f. und Kosthorst (1972), S.26

121) Vgl. dazu z. B. das vor kurzem erschienene Buch von Malanowski (1985) mit dem Titel '1945 - Deutschland in der Stunde Null'. Dabei hätte diese geglückte Darstellung der Zeit nach der Kapitulation gar keine zusätzliche Dramatisierung nötig.

122) Gall (1984), S.610. Vgl. auch S.608 zur Frage von Kontinuität und Veränderung in der Wirtschaftsordnung.

123) So war das Festhalten an der Organisation und dem Personal des Reichsnährstandes zur Bekämpfung des Hungers unvermeidbar. Vgl. dazu Trittel (1987), S.42f.

124) Vgl. dazu Schmidt (1970) und Abelshauser (1975)

125) Vgl. dazu insbesondere die Ergebnisse, die eine vom Münchner Institut für Zeitgeschichte im November 1984 veranstaltete Konferenz erbrachte, jetzt veröffentlicht von Herbst (1986). Wo der Blick über die Wirtschaft hinaus reicht, wird ohnehin differenzierter geurteilt. Vgl. zur "Stunde Null" in der deutschen Frage Jacobsen (1985), zu Neuanfang und Restauration im Bereich des Rechts Wassermann (1985a), und zu einer Allgemeingeschichte Kleßmann (1982).

126) Niethammer (1986, S.71) geht in diesem Band freilich nicht kritisch genug mit der Restaurationsthese um: die Faktorverfügbarkeit nach Kriegsende kann und soll nicht bestritten werden, aber eine solche 'Hardware' benötigte auch die 'Software' einer marktlichen Wirtschaftsordnung.

127) Zu einer umfassenden Darstellung der wirtschaftlichen Situation im britischen und amerikanischen Besatzungsgebiet 1945 - 1948 vgl. Abelshauser (1975), S.32ff., zu einer knappen Darstellung der Lage nach Kriegsende Lampert (1981), S.73ff., zu den Versorgungskrisen Benz (1976), S.73ff., und zu den geld- und fiskalpolitischen Folgen des Zusammenbruchs Stucken (1964), S.186ff.

128) Blum (1969), S.280. Zum Stand der Forschung über den Kalten Krieg vgl. Loth (1983).

129) Zum Potsdamer Protokoll vom 2.8.1945 vgl. Benz (1976), S.69f., Abelshauser (1975), S.90 und Berg-Schlosser (1979), S.97. Zum Einfluß der Alliierten auf die Wirtschaftsordnung im allgemeinen vgl. Hüttenberger (1976), S.290

130) Zur französischen Besatzungspolitik und ihren wirtschaftlichen Folgen vgl. Manz (1985). Zu ihrer Zielsetzung, die über die vermeintliche 'Plünderung' hinaus ging und ab 1947 vor allem die Europa-Integration Deutschlands verfolgte, vgl. Herbst (1986), S.13f., und Loth (1986), S.44. Was die Auswirkungen der französischen Besatzungspolitik auf die Wirtschaftspolitik angeht, so resümiert Hudemann (1986, S.181): "Zwar war die französische Zone in der Praxis längst nicht so weitgehend von der Bizone abgeschnitten, wie es in der Forschung bisher vielfach erscheint, doch in den Institutionen des Vereinigten Wirtschaftsgebietes blieben die Vertreter der französischen Zone bis 1948/49 mehr Beobachter als Akteur."

131) Einen Überblick über die britische Besatzungspolitik verschaffen Froschepoth/Steininger (1985) und auch Kettenacker (1986), S.52f. und 62. Petzina/Euckner (1984, S.9) bezeichnen den britischen Beitrag zur Wirtschaftspolitik, verglichen mit dem amerikanischen, als origineller, weniger prätentiös und materiell bedeutsam, aber kaum weniger effektiv.

132) Vgl. zum Verhältnis von britischer und amerikanischer Besatzungspolitik Pünder (1966), S.300, Bernecker (1979), S.277, und Schwarz (1980), S.125ff., der auch auf die Einbindung Frankreichs in die US-Politik eingeht.

Anmerkungen zu Abschnitt 6:

133) Zu diesem folgenreichen Wandel der Besatzungspolitik vgl. Berg-Schlosser (1979), S.103f., und Schmidt (1970), S.109f. Auch in der deutschen Politik wurde der Marshall-Plan primär unter außenpolitischem Aspekt betrachtet. Vgl. Ott (1978), S.177. Zur Entstehung des Marshall-Plans vgl. Gimbel (1976), zum Wirken von General Clay Backer (1983), und zum Zusammenhang von Marshall-Plan und Wiederaufbau Abelshauser (1981), S.562ff.

134) Zum Wirtschaftsrat und seiner Rolle für die Wirtschaftsordnung der Bundesrepublik vgl. Uffelmann (1984). Zum Aufbau und zu den Reformen der bizonalen Wirtschaftsverwaltung vgl. Ambrosius (1977), S.75ff., 143ff. und 149ff., Benz (1984), S.46f., 61, 98f. und 116ff., sowie Schmid (1970), S.111f., 127ff. und 130f. Zu ihren strukturellen Fehlern und einer zeitgenössischen Kritik daran vgl. Steger (1981)

135) Zum Bewirtschaftungsnotgesetz und seinen beiden Durchführungsverordnungen vgl. Pünder (1966), S.301f., und Ott (1978), S.187f. Die 1. Durchführungsverordnung betraf die Rohstoffe und Waren der gewerblichen Wirtschaft. Die 2. Durchführungsverordnung verfügte demgegenüber für landwirtschaftliche Güter eine strenge und unbefristete Bewirtschaftung.

136) Zum Schwarzmarkt vgl. Hansmeyer/Caesar (1976), S.421ff., zum Geldüberhang, der ca. 400 Mrd. RM ausmachte, Möller (1976), S.436

137) Zur technischen Abwicklung der Währungsreform vgl. ebenda, S.461ff. Zur deutschen Mitwirkung vgl. Benz (1984), S.134, und Ott (1978), S.185. Einen Überblick über die Rolle der Währungsreform für den wirtschaftlichen Aufbau der Jahre 1945 - 1949 gibt Sauermann (1979).

138) Den Aufbau des föderalen Zentralbanksystems beschreibt Möller (1976), S.453ff. Vgl. auch die Darstellung von Wandel (1982). Die Deutsche Bundesbank folgte 1957 dieser Bank deutscher Länder unter weitgehender Erhaltung der Organisationsform nach. Zu einer Darstellung der Neuordnung des Währungssystems und der damit verbundenen Einzelgesetze vgl. Hartwich (1970), S.106ff.

Anmerkungen zu Abschnitt 6:

139) Vgl. dazu Eucken (1949), S.33ff. Die Rolle der Währungsreform für den Wiederaufbau würdigt Ritschl (1985), der sich explizit gegen die Rekonstruktionsthese wendet.

140) Vgl. zu dem parallel zur Währungsreform von den Alliierten verkündeten Gesetz Nr. 64, das dann im Gesetz zur Neuordnung der Steuern vom 20.4.1949 und dessen Regelungen der §§ 7b,c,d und e EStG seine Fortsetzung fand, die Darstellung von Hartwich (1970), S.108 und 110.

141) Vgl. Müller (1982), S.143. Das Ende für den Schwarzmarkt und die Bewirtschaftung war allerdings nur in der britischen und der amerikanischen Zone gekommen; die französische Zone blieb trotz Währungsreform außen vor. Vgl. dazu Benz (1984), S.237f.

142) Dies forderte der § 29 des Umstellungsgesetzes vom 20.6.1948 mit einer Frist bis zum 31.12.1948. Für den amerikanischen Militärgouverneur Clay war eine Währungsreform ohne Lastenausgleich nicht denkbar: "In jedem Lande, und ganz gewiß in Deutschland mit seinem Hang zum Sozialismus, würde eine Währungsreform ohne einen gewissen Lastenausgleich politisch unbeliebt sein. In Deutschland müßte sie das Zutrauen in die freie Marktwirtschaft herabsetzen." Zit. nach Pünder (1966), S.239; vgl. auch Hartwich (1970), S.105

143) Vgl. zu diesem 'Gesetz zur Milderung dringender sozialer Notstände', kurz Soforthilfegesetz genannt, Hartwich (1970), S.112.

144) Nur Altsparer, die ihre Spareinlagen seit dem 1.1.1940 durchgehalten hatten, erhielten einen Bonus von 2 DM pro 10 DM Sparsumme; auch diesen allerdings nicht in bar, sondern als erst ab 1.1.1953 verzinsliche Ausgleichsforderung an den Lastenausgleichsfonds. Insgesamt bleib der Lastenausgleich "(...) mehr eine sozialpolitisch motivierte Ausgleichsaktion als eine gesellschaftspolitische Vermögensumverteilungsmaßnahme." (Möller 1976, S.478f.)

145) Vgl. Hartwich (1970), S.101 und 110.

146) Vgl. zur Entwicklung der Lebenshaltungskosten, zu den politischen Folgen der Preissteigerungen und zum geldpolitischen
Beitrag zur Wiederherstellung der Preisstabilität Pünder
(1966), S.307ff. und auch Erhard (1957), S.33f.

147) Zu den Gewerkschaftsforderungen vgl. Beier (1974), S.47, zum
Streik vgl. auch Abschnitt 6.1.

148) Die Montanmitbestimmung bedeutete also, sieht man von ihrer
Ausdehnung auf den Bergbau ab, letztlich nur die Festschreibung des status quo durch Bundesgesetz. Vgl. dazu Bernecker
(1979), S.279 und 285 bzw. Schmidt (1970), S.58ff., 83f. und
98f. Zur Endphase der Auseinandersetzung und zu der Rolle,
die Konrad Adenauer dabei spielte, vgl. Müller-List (1985)
und Borsdorf (1984).

149) Den alliierten Dekartellierungsgesetzen (das Gesetz Nr.56 der
amerikanischen, die Verordnungen Nr.78 der britischen und
Nr.96 der französischen Militärregierung vom 28.1. bzw.
9.6.1947) war das grundsätzliche Kartellverbot und das Bestreben zu aktiver Dekonzentration gemeinsam. Vgl. Günther
(1975), S.186f.

150) Vgl. Hüttenberger (1976), S.287. Als die amerikanische Militärregierung am 4.12.1946 erstmalig eine deutsche Instanz,
den Länderrat der US-Zone, zu ihrem beabsichtigten Kartellge-
setz befragte, wandte sich dieser gegen den Plan eines gene-
rellen Verbots 'übermäßiger' Konzentration und warnte vor der
Gefahr, das Produktionspotential könne beeinträchtigt, die
Versorgung weiter gefährdet und dem geplanten Monopolamt ein
zu großes Maß an Willkür zugestanden werden. Der Länderrat
plädierte statt des Kartellverbots für eine Beschränkung auf
den Schutz vor dem Mißbrauch wirtschaftlicher Macht. Vgl.
Robert (1976), S.97ff.

151) Zur Arbeit des Josten-Ausschusses vgl. Hüttenberger (1976),
S.291f., zur Zusammensetzung Günther (1975), S.183. Kennzeichen des 'wirtschaftsverfassungsrechtlichen Grundgesetzes'
"(...) war das Bestreben, dem Ideal der Marktform der vollständigen Konkurrenz durch weitestgehende Auslegung des Be-
griffs der wirtschaftlichen Macht und durch Schaffung eines
Monopolamtes mit umfassenden Aufsichts- und Eingriffsbefug-
nissen möglichst nahe zu kommen." (Robert 1976, S.104)

Anmerkungen zu Abschnitt 6:

152) Einen Überblick über den Josten-Entwurf gibt Günther (1975),
S.188f. Der Freiburger Einfluß zeigt sich auch daran, daß
ähnliche Forderungen in den Gutachten des Wissenschaftlichen
Beirats bei der Verwaltung für Wirtschaft auftauchten, z. B.
in dem im Juli 1949 erstatteten Gutachten zu den 'Grundsatzfragen der Monopolgesetzgebung'. Vgl. Müller (1982), S.264ff.
Zum Gutachten vgl. Wissenschaftlicher Beirat (1973), S.41ff.

153) Vgl. zur genannten Indiskretion Robert (1976), S.106. Andere
Gründe, so den Widerspruch zum BICO-Memorandum vom 29.3.1949,
demzufolge die Verantwortung für die Entflechtung den Alliierten vorbehalten bleiben sollte, und zur Havanna-Charta vom
24.3.1948, die Wettbewerbsbeschränkungen nur dann verbot, wenn
sie eine Produktions- oder Handelsausweitung unterbanden,
nennt Günther (1975), S.197f.

154) Vgl. zu den 'Günther-Entwürfen' Hüttenberger (1976), S.293ff.

155) Vgl. Robert (1976), S.145. Zu der betont nationalkonservati-
ven 'Deutschen Partei' (DP) vgl. den gleichnamigen Beitrag von
Horst W. Schmollinger, in: Richard Stöss (Hrsg.), Parteien-
Handbuch, 1945-1980, Bd.I, AUD-EFP, Opladen 1984, S.1025-1111

156) Zur brieflichen Auseinandersetzung zwischen Fritz Berg, dem
Präsidenten des BDI, und Erhard im Oktober 1952 vgl. Robert
(1976), S.229ff.

157) Zu Schillers Intervention, zur parlamentarischen Verzögerung
und zu Erhards vorläufigem Verzicht auf das Wettbewerbsgesetz
vgl. ebenda, S.205f. und 222ff.

158) Böhm am 24.3.1955, zit. nach ebenda, S.287

159) Die Ordoliberalen waren in der CDU-Fraktion in der Minderheit.
Sie erhielten nur wenig Unterstützung vom linken Flügel, und
auch Adenauer hielt sich bedeckt. Die CSU, insbesondere Franz
Josef Strauß, der soeben zum Minister für besondere Aufgaben
berufen worden war, trat für das Mißbrauchsprinzip ein. Nur
die SPD plädierte für eine 'harte' Lösung. Vgl. zum Ablauf der
Auseinandersetzungen in der 2. Legislaturperiode des Bundesta-
ges Robert (1976), S.245ff. und 288ff., auch Hüttenberger
(1976), S.304ff.

Anmerkungen zu Abschnitt 6:

160) Urteil von Wenzel (1979), S.308. Zur Weiterentwicklung der Gesetzgebung nach der Verabschiedung des Gesetzes gegen Wettbewerbsbeschränkungen vgl. Duden (1965), S.4ff.

161) Vgl. dazu Ambrosius (1977), S.9, und Abelshauser (1976), S.415. Abelshauser beschreibt dabei den Wiederaufbau der Volkswirtschaft als einen Rekonstruktionsprozeß, in dem die Frage der Wirtschaftsordnung eine nur untergeordnete Rolle gespielt hatte. Die Argumente für die Gegenthese, die implizit auch in dieser Untersuchung vertreten wird, hat jüngst Klump (1986) zusammengestellt. Insbesondere durch Vergleiche mit dem Ausland wird hier der Anteil der ordnungspolitischen Maßnahmen am 'Wirtschaftswunder' nachdrücklich belegt.

162) Ein weiteres Beispiel für die nicht immer erfolgreiche Wegbereiterfunktion der Alliierten war der Versuch der Amerikaner, in ihrer Zone eine volle Gewerbefreiheit einzuführen. Dies scheiterte dann in der Bundes-Handwerksordnung vom Oktober 1950. Vgl. Benz (1986), S.138f.

163) Vgl. dazu Abschnitt 1.2 dieser Untersuchung

164) Vgl. dazu Wenzel (1979), S.293ff.

165) Ein Beispiel für dieses Mißverständnis gibt Wenzel (1979, S.307), der schreibt: "Die modellhafte Geschlossenheit der ordoliberalen Konzeption hat die Chancen für ihre politische Verwirklichung gemindert." Ähnlich äußern sich Müller (1982), S.363f., und Ambrosius (1977), S.198ff., der den Verzicht auf den theoretischen Bezugspunkt der vollständigen Konkurrenz als Merkmal der Sozialen Marktwirtschaft hervorhebt. Sehr viel wichtiger als dieses nie zum Bezugspunkt politischer Forderungen erhobene Modell war für das Scheitern der ordoliberalen Wettbewerbskonzeption wohl der damit verbundene tiefe Eingriff in Gruppeninteressen.

166) Böhm, zit. nach Holzwarth (1985), S.183

167) ebenda

168) Vgl. Schmölders (1969), S.57f.

Anmerkungen zu Abschnitt 6:

169) Zorn, zit. nach Ott (1978), S.215

170) Vgl. Blum (1969), S.90f.

171) Vgl. dazu Dietze (1947), S.21, und auch Ambrosius (1977), S.31

172) Müller-Armack (1947), S.88, und (1947a), S.23

173) Hier die 'größere Realitätsnähe' der Sozialen Marktwirtschaft zu vermuten, ist durchaus zutreffend. Vgl. Blum (1969), S.117

174) Moltke, zit. nach Roon (1967), S.501

175) Vgl. dazu Abschnitt 1.2 dieser Untersuchung.

176) Nipperdey (1986), S.197

LITERATURVERZEICHNIS

ABELSHAUSER, Werner (1975), Wirtschaft in Westdeutschland 1945 - 1948, Rekonstruktion und Wachstumsbedingungen in der amerikanischen und britischen Zone, Stuttgart

ABELSHAUSER, Werner (1976), Freiheitlicher Sozialismus oder soziale Marktwirtschaft? Die Gutachtertagung über Grundfragen der Wirtschaftsplanung und Wirtschaftslenkung am 21. und 22. Juni 1946, Dokumentation, in: Vierteljahreshefte für Zeitgeschichte 24 (1976), S.413-449

ABELSHAUSER, Werner (1981), Wiederaufbau vor dem Marshall-Plan, Westeuropas Wachstumschancen und die Wirtschaftsordnungspolitik in der zweiten Hälfte der vierziger Jahre, in: Vierteljahreshefte für Zeitgeschichte 29 (1981), S.545-578

ALBERS, Willi (1976), Finanzpolitik in der Depression und in der Vollbeschäftigung, in: Währung und Wirtschaft in Deutschland 1876 - 1975, hg. von der Deutschen Bundesbank, Frankfurt/M., S.331-364

AMBROSIUS, Gerold (1977), Die Durchsetzung der Sozialen Marktwirtschaft in Westdeutschland 1945 - 1949, Stuttgart

BACKER, John H. (1983), Die deutschen Jahre des General Clay. Der Weg zur Bundesrepublik 1945 - 1949, München

BALFOUR, Michael / FRISBY, Julian / MOLTKE, Freya von (1984), Helmuth James Graf von Moltke, 1907 - 1945, Berlin

BARKAI, Arraham (1975), Die Wirtschaftsauffassung der NSDAP, in: Aus Politik und Zeitgeschichte, Beilage zur Wochenzeitung Das Parlament vom 1. März 1975, B 9/75, S.3-16

BECK, Dorothea (1983), Julius Leber, Sozialdemokrat zwischen Reform und Widerstand. Einleitung von Willy Brandt, Vorwort von Hans Mommsen, Berlin

BECK, Dorothea (1984), Julius Leber, in: Lill/Oberreuther (1984), S.147-158

BEIER, Gerhard (1974), Zum Einfluß der Gewerkschaften auf die Verfassungs- und Gesellschaftsstruktur in der Gründungsphase der

Bundesrepublik Deutschland, in: Zeitschrift für Parlamentsfragen, 5(1974), Heft 1, S.41-57

BEIER, Gerhard (1975), Das Lehrstück vom 1. und 2. Mai 1933, Frankfurt/M., Köln

BEIER, Gerhard (1981), Die illegale Reichsleitung der Gewerkschaften 1933 - 1945, Köln

BEIER, Gerhard (1981a), Einheitsgewerkschaft, in: ders., Geschichte und Gewerkschaft. Politisch-historische Beiträge zur Geschichte sozialer Bewegungen, Köln, S.315-356

BEIER, Gerhard (1981b), Volksstaat und Sozialstaat. Der Gründungskongreß in München 1949 und Hans Böcklers Beitrag über die Stellung der Gewerkschaften in Gesellschaft und Staat, in: ders., Geschichte und Gewerkschaft, Politisch-historische Beiträge zur Geschichte sozialer Bewegungen, Köln, S.391-427

BEIER, Gerhard (1984), Wilhelm Leuschner, in: Lill/Oberreuther (1984), S.159-174

BEIER, Gerhard (1985), Gewerkschaften zwischen Illusion und Aktion - Wandlungen gewerkschaftlicher Strategie vom potentiellen Massenwiderstand zur Technik der Verschwörung, in: Schmädecke/Steinbach (1985), S.98-112

BELL, George (1957), Die Ökumene und die innerdeutsche Opposition, in: Vierteljahreshefte für Zeitgeschichte, 5(1957), Heft 4, S.362-378

BENTIN, Lutz-Arwed (1970), Johannes Popitz und Carl Schmitt - Zur wirtschaftlichen Theorie des totalen Staates in Deutschland, München

BENZ, Wolfgang (1976), Wirtschaftspolitik zwischen Demokratie und Währungsreform, in: Westdeutschlands Weg zur Bundesrepublik 1945-1949, Beiträge von Mitarbeitern des Instituts für Zeitgeschichte, München, S.69-89

BENZ, Wolfgang (Hrsg.) (1979), 'Bewegt von der Hoffnung aller Deutschen'. Zur Geschichte des Grundgesetzes, Entwürfe und Diskussionen 1941 - 1949, München

BENZ, Wolfgang (1981), Eine liberale Widerstandsgruppe und ihre Ziele, Hans Robinsohns Denkschrift aus dem Jahr 1939, in: Vierteljahreshefte für Zeitgeschichte 29 (1981), S.437-471

BENZ, Wolfgang (1984), Von der Besatzungsherrschaft zur Bundes-republik, Stationen einer Staatsgründung 1946 - 1949, Frank-furt/M.

BENZ, Wolfgang (1986), Erzwungenes Ideal oder zweitbeste Lösung? Intentionen und Wirkungen der Gründung des deutschen West-staates, in: Herbst (1986), S.135-146

BERG-SCHLOSSER, Dirk (1979), Die Konstituierung des Wirtschafts-systems, in: Josef Becker/Theo Stammen/Peter Waldmann (Hrsg.), Vorgeschichte der Bundesrepublik Deutschland, Zwischen Kapitu-lation und Grundgesetz, München, S.93-121

BERNECKER, Walter L. (1979), Die Neugründung der Gewerkschaften in den Westzonen 1945 - 1949, in: Josef Becker/Theo Stammen/Peter Waldmann (Hrsg.), Vorgeschichte der Bundesrepublik Deutsch-land, Zwischen Kapitulation und Grundgesetz, München, S.261-292

BETHGE, Eberhard (1978), Dietrich Bonhoeffer, Theologe, Christ, Zeitgenosse, München

BLAICH, Fritz (1971), Wirtschaftspolitik und Wirtschaftsverfassung im Dritten Reich, in: Aus Politik und Zeitgeschichte, Beilage zur Wochenzeitung Das Parlament vom 20.2.1971, B8/71, S.3-18

BLAICH, Fritz (1976), Die 'Grundsätze nationalsozialistischer Steuerpolitik' und ihre Verwirklichung, in: Probleme der natio-nalsozialistischen Wirtschaftspolitik, hg. von Friedrich-Wilhelm Henning, Berlin, S.99-117

BLUM, Reinhard (1969), Soziale Marktwirtschaft, Wirtschaftspolitik zwischen Neoliberalismus und Ordoliberalismus, Tübingen

BLUMENBERG-LAMPE, Christine (1973), Das wirtschaftspolitische Pro-gramm der 'Freiburger Kreise'. Entwurf einer freiheitlich-sozialen Nachkriegswirtschaft, Nationalökonomen gegen den Nationalsozialismus, Berlin

BÖHM, Franz (1933), Wettbewerb und Monopolkampf. Eine Untersuchung zur Frage des wirtschaftlichen Kampfrechts und zur Frage der rechtlichen Struktur der geltenden Wirtschaftsordnung, Berlin

BÖHM, Franz (1937), Die Ordnung der Wirtschaft als geschichtliche Aufgabe und rechtsschöpferische Leistung, Heft 1 der Schriften-reihe Ordnung der Wirtschaft, hg. von Franz Böhm, Walter Eucken und Hans Großmann-Doerth, Stuttgart und Berlin

BÖHM, Franz (1942), Der Wettbewerb als Instrument staatlicher Wirtschaftslenkung, in: Schmölders (1942a), S.57-98

BÖHM, Franz (1950), Wirtschaftsordnung und Staatsverfassung, Tübingen

BÖHM, Franz (1955), Freiburger Schule und Nationalsozialismus, in: Frankfurter Allgemeine Zeitung vom 24.5.1955

BÖHM, Franz (1960), Reden und Schriften. Über die Ordnung einer freien Gesellschaft, einer freien Wirtschaft und über die Wiedergutmachung, hg. von Ernst-Joachim Mestmäcker, Karlsruhe

BOHRMANN, Hans und Ingeborg (1974), Julius Leber (1891-1941), in: Peter Glotz/Wolfgang R. Langenbucher (Hrsg.), Vorbilder für Deutsche, Korrektur einer Heldengalerie, München und Zürich, S.236-254

BORCHARDT, Knut (1982), Wachstum, Krisen, Handlungsspielräume der Wirtschaftspolitik. Studien zur Wirtschaftsgeschichte des 19. und 20. Jahrhunderts, Göttingen

BORCHARDT, Knut (1983), Die deutsche Katastrophe. Wirtschaftshistorische Anmerkungen zum 30. Januar 1933, in: Frankfurter Allgemeine Zeitung vom 29.1.1983, S.13

BORCHARDT, Knut (1984), Wege aus der Arbeitslosigkeit. Die Diskussion in Deutschland in den frühen Dreißiger Jahren, in: Vierteljahreshefte zur Wirtschaftsforschung des DIW, Heft 1 (1984), S.6-16

BORSDORF, Ulrich (1975), Hans Böckler - Repräsentant eines Jahrhunderts gewerkschaftlicher Politik, in: Vetter (1975), S.15-58

BORSDORF, Ulrich (1984), Der Anfang vom Ende? Die Montanmitbestimmung im politischen Kräftefeld der frühen Bundesrepublik, in: WSI-Mitteilungen 37 (1984), S.181-195

BRACHER, Karl Dietrich (1980), Zeitgeschichtliche Kontroversen. Um Faschismus, Totalitarismus, Demokratie. München, 4.A.

BRACHER, Karl Dietrich (1982), Zeit der Ideologien. Eine Geschichte politischen Denkens im 20. Jahrhundert, Stuttgart

BRACHER, Karl Dietrich (1983), Die deutsche Diktatur. Entstehung, Struktur, Folgen des Nationalsozialismus, Frankfurt/M., Berlin und Wien

BRILL, Hermann (1946), Gegen den Strom, Offenbach

BROSZAT, Martin / FRÖHLICH, Elke / WIESEMANN, Falk (Hrsg.) (1977-83), Bayern in der NS-Zeit, 6 Bde, München

BROSZAT, Martin (1986), Zur Sozialgeschichte des deutschen Widerstands, in: Vierteljahreshefte für Zeitgeschichte, 34 (1986), S.293-309

BUCHHAAS, Dorothee (1981), Die Volkspartei, Programmatische Entwicklung der CDU 1950 - 1973, Düsseldorf

BUSSMANN, Walter (1984), Claus Schenk Graf von Stauffenberg, in: Lill/Oberreuther (1984), S.269-286

COING, Helmut / KRONSTEIN, Heinrich / MESTMÄCKER, Ernst J. (Hrsg.) (1965), Wirtschaftsordnung und Rechtsordnung. Festschrift für Franz Böhm zum 70. Geburtstag am 16. Februar 1965, Karlsruhe

CONZE, Werner (1969), Jakob Kaiser, Politiker zwischen Ost und West 1945 - 1949, Stuttgart

DIECKMANN, Hildemarie (1960), Johannes Popitz, Entwicklung und Wirksamkeit in der Weimarer Republik, Berlin

DIETZE, Constantin von (1947), Nationalökonomie und Theologie. Mit Anhang: Grundsätze einer Wirtschafts- und Sozialordnung in evangelischer Sicht, Tübingen und Stuttgart

DIETZE, Constantin von (1947a), Wirtschaftsmacht und Wirtschaftsordnung, Tübingen

DIETZE, Constantin von (1961), Die Universität Freiburg im Dritten Reich, in: Mitteilungen der List-Gesellschaft, Fasc. 3(1960/61), Nr.2, S.95-105

DIETZE, Constantin von (1980), Pflicht im Widerstreit der Verpflichtungen, Würzburg

DIRKS, Walter (1946), Das Wort Sozialismus, in: Frankfurter Hefte 1 (1946), S.628-643

DIRKS, Walter (1973), Die christliche Demokratie in der Deutschen Bundesrepublik, in: Frankfurter Hefte 8(1953), S.671-680

DITTBERNER, Jürgen (1984), Die Freie Demokratische Partei, in: Parteien-Handbuch, Die Parteien der Bundesrepublik Deutschland 1945 - 1980, hg. von Richard Stöss, Bd. II, FDP - WAV, Opladen, S.1311-1381

DOHNANYI, Klaus von (1978), Widerstand und Menschenrechte, in: Die Zeit vom 28.7.1978

DOMARUS, Max (1973), Hitler, Reden und Proklamationen 1932 - 1945. Kommentiert von einem deutschen Zeitgenossen, Bd.I: Triumph. Erster Halbbd. 1932 - 1934, Zweiter Halbbd. 1935 - 1938, Wiesbaden

DOWE, Dieter / KLOTZBACH, Kurt (Hrsg.) (1973), Programmatische Dokumente der deutschen Sozialdemokratie, Berlin

DRESS, Hans (1957), Der antidemokratische und reaktionäre Charakter der Verfassungspläne Goerdelers, in: Zeitschrift für Geschichtswissenschaft 6(1957), S.1134-1159

DUDEN, Konrad (1965), Entflechtung und Grundgesetz, in: Coing/ Kronstein/Mestmäcker (1965), S.3-20

EHLERS, Dieter (1955), Die Methoden der Beck-Goerdeler-Verschwörung, in: Aus Politik und Zeitgeschichte, Beilage zur Wochenzeitung Das Parlament, BIII/1955

EICK, Jürgen (Hrsg.) (1985), So nutzt man den Wirtschaftsteil einer Tageszeitung, Frankfurt/M.

ERBE, Rene (1958), Die nationalsozialistische Wirtschaftspolitik 1933-39 im Lichte der modernen Theorie, Zürich

ERDMANN, Karl Dietrich (1980), Deutschland unter der Herrschaft des Nationalsozialismus, in: Gebhardt, Handbuch der deutschen Geschichte, 9.A., hg. von Herbert Grundmann, Taschenbuch-Ausgabe, München, 2.A.

ERHARD, Ludwig (1957), Wohlstand für alle. Bearbeitet von Wolfram Langer, Düsseldorf

ERHARD, Ludwig (1977), Kriegsfinanzierung und Schuldenkonsolidierung. Faksimiledruck der Denkschrift von 1943/44, Frankfurt/M., Berlin, Wien

ESENWEIN-ROTHE, Ingeborg (1965), Die Wirtschaftsverbände von 1933 bis 1945, Berlin

EUCKEN, Walter (1923), Kritische Betrachtungen zum deutschen Geld-problem, Jena

EUCKEN, Walter (1938), Nationalökonomie - wozu?, Leipzig

EUCKEN, Walter (1940), Die Grundlagen der Nationalökonomie, Jena

EUCKEN, Walter (1942), Wettbewerb als Grundprinzip der Wirtschafts-verfassung, in: Schmölders (1942a), S.29-49

EUCKEN, Walter (1944), Die zeitliche Lenkung des Wirtschaftsprozes-ses und der Aufbau der Wirtschaftsordnungen, in: ders., Kapi-taltheoretische Untersuchungen, Tübingen und Zürich 1954, S.263-323

EUCKEN, Walter (1949), Die Wettbewerbsordnung und ihre Verwirk-lichung, in: Ordo, Jahrbuch für die Ordnung von Wirtschaft und Gesellschaft, Band 2, Godesberg, S.1-99

EUCKEN, Walter (1951), Deutschland vor und nach der Währungsreform, in: Vollbeschäftigung, Inflation und Planwirtschaft, hg. von Albert Hunold, Zürich, S.134-183

EUCKEN, Walter (1952), Grundsätze der Wirtschaftspolitik, hg. von Edith Eucken und K. Paul Hensel, Bern und Tübingen

EUCKEN, Walter (1954), Kapitaltheoretische Untersuchungen, Tübingen und Zürich, 1.A. 1934

FALTER, Jürgen W. (1981), Kontinuität und Neubeginn. Die Bundes-tagswahl 1949 zwischen Weimar und Bonn, in: Politische Viertel-jahresschrift 22 (1981), Heft 3, S.236-263

FECHTER, Paul (1949), Menschen und Zeiten, Begegnungen aus fünf Jahrzehnten, Gütersloh

FEIT, Barbara (1985), "In einer Atmosphäre von Freiheit", Die Rolle der Amerikaner bei der Verfassungsgebung in den Ländern der US-Zone 1946, in: Vierteljahreshefte für Zeitgeschichte 33 (1985), S.420-455

FEST, Joachim C. (1973), Hitler. Eine Biographie, Frankfurt/M., Berlin, Wien

FICHTER, Michael (1982), Besatzungsmacht und Gewerkschaften. Zur Entwicklung und Anwendung der US-Gewerkschaftspolitik in Deutschland 1944-1948, Opladen

FINKER, Kurt (1980), Graf Moltke und der Kreisauer Kreis, Berlin (Ost)

FISCHER, Wolfram (1968), Deutsche Wirtschaftspolitik 1918 - 1945, Opladen

FLECHTHEIM, Ossip K. (Hrsg.) (1962), Dokumente zur parteipolitischen Entwicklung in Deutschland seit 1945, I.Bd., Berlin

FLECHTHEIM, Ossip K. (Hrsg.) (1963), Dokumente zur parteipolitischen Entwicklung in Deutschland seit 1945, II. und III. Bd., Berlin

FLECHTHEIM, Ossip K. (Hrsg.) (1976), Die Parteien in der Bundesrepublik Deutschland, Hamburg

FOLZ, Willibald (1970), Das geldtheoretische und geldpolitische Werk Walter Euckens, Berlin

FOSCHEPOTH, Josef / STEININGER, Rolf (Hrsg.) (1985), Die britische Deutschland- und Besatzungspolitik 1945 - 1949, Paderborn

FÜRSTENBERG, Hans (1965), Erinnerungen. Mein Weg als Bankier und Carl Fürstenbergs Altersjahre, Wiesbaden

GALL, Lothar (1984), Die Bundesrepublik in der Kontinuität der deutschen Geschichte, in: Historische Zeitschrift 239 (1984), S.603-613

GEIS, Manfred (Hrsg.) (1982), Widerstand und Exil der deutschen Arbeiterbewegung 1933 - 1945. Grundlagen und Materialien, Bonn

GERSTENMAIER, Eugen (1967), Der Kreisauer Kreis. Zu dem Buch Gerrit van Roons 'Neuordnung im Widerstand', in: Vierteljahreshefte für Zeitgeschichte 15(1967), Heft 3, S.221-246

GIMBEL, John (1976), The Origins of the Marshall Plan, Stanford

GISEVIUS, Hans Bernd (1946), Bis zum bitteren Ende, 2 Bde., Zürich

GISEVIUS, Hans Bernd (o.J.), Bis zum bitteren Ende. Vom Reichstagsbrand bis zum 20. Juli 1944, Vom Verfasser auf den neuesten Stand gebrachte Sonderausgabe, Hamburg

GREBING, Helga (1976), Zur Problematik der personellen und programmatischen Kontinuität in der Arbeiterbewegung in Westdeutschland 1945/46, in: Herkunft und Mandat, Beiträge zur Führungsproblematik in der Arbeiterbewegung, Frankfurt/M. und Köln, S.171-194

GROTKOPP, Wilhelm (1954), Die große Krise. Lehren aus der Überwindung der Weltwirtschaftskrise 1929-32, Düsseldorf

GUNDELACH, Herlind (1981), Die Sozialausschüsse zwischen CDU und DGB. Rolle und Selbstverständnis 1949-1966, Diss. Bonn

GÜNTHER, Eberhard (1975), Die geistigen Grundlagen des sogenannten Josten-Entwurfes, in: Wirtschaftsordnung und Staatsverfassung. Festschrift für Franz Böhm zum 80. Geburtstag, hg. von Heinz Sauermann und Ernst Joachim Mestmäcker, Tübingen, S.183-204

GURLAND, Arcadius R.L. (1980), Die CDU/CSU. Ursprünge und Entwicklung bis 1953, hg. von Dieter Emig, Frankfurt/M.

GUTSCHER, Jörg Michael (1967), Die Entwicklung der FDP von ihren Anfängen bis 1961, Meisenheim am Glan

HAFFNER, Sebastian (1981), Anmerkungen zu Hitler, München

HANSMEYER, Karl Heinrich / CAESAR, Rolf (1976), Kriegswirtschaft und Inflation, in: Währung und Wirtschaft 1876 - 1975, hg. von der Deutschen Bundesbank, Frankfurt/M., S.367-429

HARTWICH, Hans-Hermann (1970), Sozialstaatspostulat und gesellschaftlicher status quo, Köln und Opladen

HASSELL, Ulrich von (1948), Vom anderen Deutschland, Aus den nachgelassenen Tagebüchern 1938-1944, Zürich und Freiburg

HASSELL, Ulrich von (1964), Vom anderen Deutschland, Aus den nachgelassenen Tagebüchern 1938 - 1944, Frankfurt

HASSELL, Ulrich von (1964a), Das Ringen um den Staat der Zukunft, in: Schweizer Monatshefte 44(1964), Heft 1, S.314-327

HEIMANN, Siegfried (1984), Die Sozialdemokratische Partei Deutschlands, in: Parteien-Handbuch, Die Parteien der Bundesrepublik Deutschland 1945 - 1980, hg. von Richard Stöss, Bd. II, FDP - WAV, Opladen, S.2025-2216

HERZFELD, Hans (1958), Johannes Popitz. Ein Beitrag zur Geschichte des deutschen Beamtentums, in: Forschungen zu Staat und Verfassung, Festgabe für Fritz Hartung, hg. von Richard Dietrich und Gerhard Oestreich, Berlin, S.345-365

HETTLAGE, Karl M. (1963), Johannes Popitz 1884 - 1945, in: Männer der deutschen Verwaltung, 23 biographische Essays, Köln, S.329-347

HERBST, Ludolf (1982), Der Totale Krieg und die Ordnung der Wirtschaft. Die Kriegswirtschaft im Spannungsfeld von Politik, Ideologie und Propaganda 1939 - 1945, Stuttgart

HERBST, Ludolf (Hrsg.) (1986), Westdeutschland 1945 - 1955. Unterwerfung, Kontrolle, Integration, München

HILDEBRAND, Klaus (1978), Die ostpolitischen Vorstellungen im deutschen Widerstand, in: Geschichte in Wissenschaft und Unterricht, 29(1978), Heft 4, S.213-241

HITLER, Adolf (1934), Mein Kampf, München, 94.A.

HOFFMANN, Peter (1979), Widerstand, Staatsstreich, Attentat. Der Kampf der Opposition gegen Hitler, München, 3.A.

HOFFMANN, Peter (1984), Warum mißlang das Attentat vom 20. Juli 1944?, in: Vierteljahreshefte für Zeitgeschichte 32 (1984), S.441-462

HOFFMANN, Peter (1985), Motive, in: Schmädecke/Steinbach (1985), S.1089-1096

HOHMANN, Karl (Hrsg.) (1977), Ludwig Erhard, Erbe und Auftrag. Aussagen und Zeugnisse, Düsseldorf und Wien

HOLZWARTH, Fritz (1985), Ordnung der Wirtschaft durch Wettbewerb, Entwicklung der Ideen der Freiburger Schule, Freiburg

HORNUNG, Klaus (1956), Die Reformpläne des Kreisauer Kreises. Ein Beitrag zur deutschen politischen Überlieferung, in: Geschichte in Wissenschaft und Unterricht, 7(1956), S.730-737

HUDEMANN, Rainer (1986), Wirkungen französischer Besatzungspolitik. Forschungsprobleme und Ansätze zu einer Bilanz, in: Herbst (1986), S.167-181

HURWITZ, Harald (1983), Demokratie und Antikommunismus in Berlin nach 1945, Bd. 1: Die politische Kultur der Bevölkerung und der Wiederbeginn konservativer Politik, Köln

HÜTTENBERGER, Peter (1976), Wirtschaftsordnung und Interessenpolitik in der Kartellgesetzgebung der Bundesrepublik 1949 - 1957, in: Vierteljahreshefte für Zeitgeschichte 24(1976), S.287-307

HÜTTENBERGER, Peter (1977), Vorüberlegungen zum Widerstandsbegriff, in: Jürgen Kocka (Hrsg.), Theorien in der Praxis des Historikers, Göttingen, S.117-139

IRMLER, Heinrich (1976), Bankenkrise und Vollbeschäftigungspolitik (1931-1936), in: Währung und Wirtschaft in Deutschland 1876 - 1975, hg. von der Deutschen Bundesbank, Frankfurt/M., S.283-329

JACOBSEN, Hans Adolf (Hrsg.) (1984), 'Spiegelbild einer Verschwörung'. Die Opposition gegen Hitler und der Staatsstreich vom 20. Juli 1944 in der SD-Berichterstattung, Geheime Dokumente aus dem ehemaligen Reichssicherheitshauptamt, I. Bd., Stuttgart

JACOBSEN, Hans Adolf (1985). Zur Lage der Nation. Deutschland im Mai 1945, in: Aus Politik und Zeitgeschichte, Beilage zur Wochenzeitung Das Parlament, Nr. 13 vom 30.3.1985, S.3-22

JÄGER, Wolfgang (1976), Adenauers Einwirkung auf die programmatische Entwicklung der CDU 1945 bis 1949 in der Frage der Wirtschaftsordnung, in: Konrad Adenauer und seine Zeit (1976), S.427ff.

JESSEN, Jens (1933), Stichwort Nationalsozialismus, in: Wörterbuch der Volkswirtschaft in drei Bänden, hg. von Ludwig Elster, 4.A., III. Bd., Jena, S.341-359

JESSEN, Jens (1937), Grundlagen der Volkswirtschaftspolitik, Hamburg

JESSEN, Jens (1939), Die Kriegswirtschaftsverordnung vom 4. September 1939, in: Das Reich in Bereitschaft, Recht - Gesetzgebung - Verwaltung, Berlin

JESSEN, Jens (1939a), Über die Aufgaben der Volkswirtschaftslehre, in: Schmollers Jahrbuch, 63(1939), Heft 1, S.1-13

JESSEN, Jens (1940), Der Handel als volkswirtschaftliche Aufgabe, Berlin

KADEN, Albrecht (1980), Einheit oder Freiheit. Die Wiederbegründung der SPD 1945/46, Nachdruck der 1.A. von 1964, Berlin und Bonn

KERSHAW, Ian (1985), 'Widerstand ohne Volk'?, Dissens und Widerstand im Dritten Reich, in: Schmädecke/Steinbach (1985), S.779-798

KETTENACKER, Lothar (1986), Die alliierte Kontrolle Deutschlands als Exempel britischer Herrschaftsausübung, in: Herbst (1986), S.51-63

KISSENKOETTER, Udo (1978), Gregor Straßer und die NSDAP, Stuttgart

KLAUSA, Ekkehard (1984), Auf ungeebneten Wegen in den Widerstand, in: Die Zeit Nr. 33 vom 10.8.1984, S.14

KLEIN, Jürgen (1974), Hand in Hand gegen die Arbeiter, Hamburg

KLEMPERER, Klemens von (1985), Sie gingen ihren Weg ..., Ein Beitrag zur Frage des Entschlusses und der Motivation zum Widerstand, in: Schmädecke/Steinbach (1985), S.1097-1106

KLEßMANN, Christoph / PINGEL, Falk (Hrsg.) (1980), Gegner des Nationalsozialismus. Wissenschaftler und Widerstandskämpfer auf der Suche nach der historischen Wirklichkeit, Frankfurt/M.

KLEßMANN, Christoph (1982), Die doppelte Staatsgründung. Deutsche Geschichte 1945 - 1955, Göttingen

KLINK, Dieter (1965), Vom Antikapitalismus zur Sozialen Marktwirtschaft, Die Entwicklung der ordnungspolitischen Konzeption der SPD von Erfurt (1891) bis Bad Godesberg (1959), Hannover

KLUMP, Rainer (1986), Wirtschaftsgeschichte der Bundesrepublik Deutschland. Zur Kritik neuerer wirtschaftshistorischer Interpretationen aus ordnungspolitischer Sicht, Stuttgart

KNAPP, Manfred (1981), Reconstruction and West-Integration: The Impact of the Marshall Plan on Germany, in: Zeitschrift für die gesamte Staatswissenschaft 137 (1981), S.415-433

KOGON, Eugen (1977), Wilhelm Leuschners politischer Weg, in: Wilhelm Leuschner - Auftrag und Verpflichtung. Biographische Würdigung und Dokumentation der Festakte 1977 zur Verleihung der Wilhelm-Leuschner-Medaille, Wiesbaden, S.9-30

Konrad Adenauer und die CDU der britischen Besatzungszone (1975), 1946 - 1949. Dokumente zur Gründungsgeschichte der CDU Deutschlands, hg. von der Konrad-Adenauer-Stiftung, Einleitung und Bearbeitung: Helmuth Pütz, Bonn

Konrad Adenauer und seine Zeit (1976), Politik und Persönlichkeit des ersten Bundeskanzlers, hg. von Dieter Blumenwitz, Klaus Gotto, Hans Maier, Konrad Rebgen und Hans-Peter Schwarz, Bd. I: Beiträge von Weg- und Zeitgenossen, Bd. II: Beiträge der Wissenschaft, Stuttgart

KOSTHORST, Erich (1972), Jakob Kaiser, Bundesminister für gesamt-deutsche Fragen, Stuttgart

KOSTHORST, Erich (1984), Carl Friedrich Goerdeler, in: Lill/Ober-reuther (1984), S.111-134

KOTZE, Hildegard von / KRAUSNICK, Helmut (Hrsg.) (1960), "Es spricht der Führer", 7 exemplarische Hitlerreden, Gütersloh

KRAUSE, Friedrich (Hrsg.) (1945), Goerdelers politisches Testament. Dokumente des anderen Deutschland, New York

KRAUSNICK, Helmut (1960), Vorgeschichte und Beginn des militärischen Widerstandes gegen Hitler. Vollmacht des Gewissens, Bd. I, Frankfurt/M. und Berlin

LAMPE, Adolf (1927), Notstandsarbeiten oder Lohnabbau?, Kritik der Wirtschaftstheorie an der Arbeitslosenpolitik, Jena

LAMPE, Adolf (1938), Allgemeine Wehrwirtschaftslehre, Jena

LAMPE, Adolf (1964), Preisbindung und Rationierung als Mittel zur Ausschaltung von Inflationswirkungen, in: Olaf Triebenstein (Hrsg.), Sozialökonomie in politischer Verantwortung. Fest-schrift für Joachim Tiburtius, Berlin, S.181-193

LAMPERT, Heinz (1981), Die Wirtschafts- und Sozialordnung der Bun-desrepublik Deutschland, 7.A., München und Wien

LEBER, Annedore u.a. (Hrsg.) (1984), Das Gewissen steht auf. Lebens-bilder aus dem deutschen Widerstand 1933-45, gesammelt und hg. in Zusammenarbeit mit Willy Brandt und Karl Dietrich Bracher, Mainz

LEBER, Annedore / MOLTKE, Freya Gräfin von (1961), Für und wider. Entscheidungen in Deutschland 1918 - 1945, Berlin und Frank-furt/M.

LEBER, Julius (1976), Schriften, Reden, Briefe. Hg. von Dorothea Beck und Winfried F. Schoeller, München

LEITHÄUSER, Joachim G. (1962), Wilhelm Leuschner. Ein Leben für die Republik, Köln

LILL, Rudolf / OBERREUTHER, Heinrich (Hrsg.) (1984), 20. Juli, Portraits des Widerstands, Düsseldorf und Wien

LIPGENS, Walter (1968), Europa-Föderationspläne der Widerstandsbewegung 1940 - 1945, München

LOLHÖFFEL, Dieter von (1965), Die Umwandlung der Gewerkschaften in eine nationalsozialistische Zwangsorganisation, in: Esenwein-Rothe (1965), S.145-184

LOTH, Wilfried (1983), Der 'Kalte Krieg' in der historischen Forschung, in: Gottfried Niedhart (Hrsg.), Der Westen und die Sowjetunion, Paderborn, S.155-175

LOTH, Wilfried (1986), Die deutsche Frage in französischer Perspektive, in: Herbst (1986), S.37-49

LÖWENTHAL, Richard / MÜHLEN, Patrik von zur (Hrsg.) (1982), Widerstand und Verweigerung in Deutschland 1933-1945, Berlin und Bonn

MALANOWSKI, Wolfgang (Hrsg.) (1985), 1945. Deutschland in der Stunde Null, Reinbek bei Hamburg

MANZ, Mathias (1985), Stagnation und Aufschwung in der französischen Besatzungszone, 1945 - 1948, Ostfildern

MASON, Timothy W. (1978), Sozialpolitik im Dritten Reich. Arbeiterklasse und Volksgemeinschaft, Opladen, 2.A.

MILLER, Susanne (1974), Die SPD vor und nach Godesberg, in: Kleine Geschichte der SPD, Bd. 2, Bonn - Bad Godesberg

MILLER, Susanne / POTTHOFF, Heinrich (1983), Kleine Geschichte der SPD. Darstellung und Dokumentation 1948 - 1983, 5.A., Bonn

MILWARD, Alan S. (1966), Die deutsche Kriegswirtschaft 1939 - 1945, Stuttgart

MILWARD, Alan S. (1977), Arbeitspolitik und Produktivität in der deutschen Kriegswirtschaft unter vergleichendem Aspekt, in: Kriegswirtschaft und Rüstung 1939 - 1945 , hg. von Friedrich Forstmeier und Hans-Erich Volkmann, Düsseldorf, S.73-91

MÖLLER, Hans (Hrsg.) (1961). Zur Vorgeschichte der deutschen Mark. Die Währungsreformpläne 1945 - 1948, Eine Dokumentation, Basel und Tübingen

MÖLLER, Hans (1976), Die westdeutsche Währungsreform von 1948, in: Währung und Wirtschaft in Deutschland 1876 - 1945, hg. von der Deutschen Bundesbank, Frankfurt/M., S.433-483

MOELLER, Hero (1949), Schacht als Geld- und Finanzpolitiker, Bemerkungen zu seiner Selbstdarstellung, in: Finanzarchiv 11(1949),
Heft 4, S.733-745

MOMMSEN, Hans (1966), Gesellschaftsbild und Verfassungspläne des
deutschen Widerstandes, in: Walter Schmitthenner/Hans Buchheim
(Hrsg.), Der deutsche Widerstand gegen Hitler, Köln und Berlin,
S.73-167

MOMMSEN, Hans (1975), Die deutschen Gewerkschaften zwischen Anpassung und Widerstand 1930 - 1944, in: Vetter (1975), S.275-299

MOMMSEN, Hans (1985), Verfassungs- und Verwaltungsreformpläne der
Widerstandsgruppen des 20. Juli 1944, in: Schmädecke/Steinbach
(1985), S.570-597

MOMMSEN, Hans (1985a), Der Widerstand gegen Hitler und die deutsche
Gesellschaft, in: Schmädecke/Steinbach (1985), S.2-23

MORAW, Frank (1973), Die Parole 'Einheit' und die Sozialdemokratie,
Zur parteiorganisatorischen und gesellschaftlichen Orientierung
der SPD in der Periode der Illegalität und in der ersten Phase
der Nachkriegszeit 1933 - 1948, Bonn - Bad Godesberg

MORSEY, Rudolf / SCHWARZ, Hans-Peter (Hrsg.) (1983/84), Adenauer,
Briefe 1945 - 1947 und 1947 - 1949, bearbeitet von Hans Peter
Mensing, Adenauer - Rhöndorfer Ausgabe, Berlin

MÜLLER, Christine-Ruth (1986), 'Tue Deinen Mund auf für die Stum-
men'. Dietrich Bonhoeffer im Kampf gegen die nationalsozialistische Verfolgung und Vernichtung der Juden, Diss., Heidelberg

MÜLLER, Georg (1984), Die Grundlegung der westdeutschen Wirtschaftsordnung im Frankfurter Wirtschaftsrat 1947 - 1949, Frankfurt/M.

MÜLLER, Helmut (1973), Die Zentralbank - eine Nebenregierung.
Reichsbankpräsident Hjalmar Schacht als Politiker der Weimarer
Republik, Opladen

MÜLLER, Klaus Jürgen (1980), General Ludwig Beck. Studien und Dokumente zur politisch-militärischen Vorstellungswelt und Tätigkeit des Generalstabschefs des deutschen Heeres 1933-38, Bop-
pard

MÜLLER-ARMACK, Alfred (1947), Wirtschaftslenkung und Marktwirtschaft, Hamburg

MÜLLER-ARMACK, Alfred (1947a), Zur Diagnose unserer wirtschaftlichen Lage, Bielefeld

MÜLLER-ARMACK, Alfred (1972), Wirtschaftspolitiker zwischen Wirtschaft und Politik, in: Ludwig Erhard, Beiträge zu seiner politischen Biographie. Festschrift zum 75. Geburtstag, hg. von Gerhard Schröder u.a., Frankfurt, S.472-483

MÜLLER-ARMACK, Alfred (1981), Die wissenschaftlichen Ursprünge der Sozialen Marktwirtschaft, in: ders., Genealogie der Sozialen Marktwirtschaft, Bern und Stuttgart, S.176-184

MÜLLER-LIST, Gabriele (1985), Adenauer, Unternehmer und Gewerkschaften. Zur Einigung über die Montanmitbestimmung 1950/51, in: Vierteljahreshefte für Zeitgeschichte 33 (1985), S.288-309

MUTH, Heinrich (1982), Jugendopposition im Dritten Reich, in: Vierteljahreshefte für Zeitgeschichte 30 (1982), S.369-417

NARR, Wolf-Dieter (1966), CDU - SPD. Programm und Praxis seit 1945, Stuttgart

NEBGEN, Elfriede (1967), Jakob Kaiser. Der Widerstandskämpfer, Stuttgart

NEUMARK, Fritz (1966), Erwin von Beckerath. Nachruf, in: Zeitschrift für die gesamte Staatswissenschaft 122(1966), S.193-208

NIETHAMMER, Lutz (1986), Zum Wandel der Kontinuitätsdiskussion, in: Herbst (1986), S.65-83

NIPPERDEY, Thomas (1986), Nachdenken über die deutsche Geschichte, Essays, München

OTRUBA, Gustav (1976), Die Wirtschafts- und Gesellschaftspolitik des Nationalsozialismus im Spiegel der österreichischen Gesandtschaftsberichte 1933/34, in: Probleme der nationalsozialistischen Wirtschaftspolitik, hg. von Friedrich-Wilhelm Henning, Berlin, S.43-97

OTT, Erich (1978), Die Wirtschaftskonzeption der SPD nach 1945, Marburg

OTTO, Bernd (1975), Der Kampf um die Mitbestimmung, in: Vetter (1975), S.399-426

PENTZLIN, Heinz (1980), Hjalmar Schacht. Leben und Wirken einer um-
strittenen Persönlichkeit, Berlin

PETERSON, Edward Norman (1954), Hjalmar Schacht. For and against
Hitler, A political-economic study of Germany 1923 - 1945,
Boston

PETZINA, Dietmar (1975), Vierjahresplan und Rüstungspolitik, in:
Wirtschaft und Rüstung am Vorabend des Zweiten Weltkrieges, hg.
von Friedrich Forstmeier und Hans-Erich Volkmann, Düsseldorf,
S.65-80

PETZINA, Dietmar (1977), Die deutsche Wirtschaft in der Zwischen-
kriegszeit, Wiesbaden

PETZINA, Dietmar / EUCKNER, Walter (Hrsg.) (1984), Wirtschaftspolitik im britischen Besatzungsgebiet 1945 - 1949, Düsseldorf

PEUKERT, Detlev (1979), Der deutsche Arbeiterwiderstand 1933 - 1945,
in: Aus Politik und Zeitgeschichte, Beilage zur Wochenzeitung
das Parlament, B28/29 (1979)

PFETSCH, Frank R. (1986), Die Gründergeneration der Bundesrepublik,
Sozialprofil und politische Orientierung, in: Politische Vier-
teljahresschrift 27 (1986), Heft 2, S.237-251

PÜNDER, Tilmann (1966), Das bizonale Interregnum. Die Geschichte des
Vereinigten Wirtschaftsgebietes 1946 - 1949, Waiblingen

RAUSCHNING, Hermann (1940), Gespräche mit Hitler, 4.A., Zürich

REICHHOLD, Ludwig (1965), Arbeiterbewegung jenseits des totalen
Staates. Die Gewerkschaften und der 20. Juli 1944, Wien

REYNOLDS, Nicholas (1976), Beck - Gehorsam und Widerstand. Das Leben
des deutschen Generalstabschefs 1935 - 1938, Wiesbaden und München

RITSCHEL, Albrecht (1985), Die Währungsreform von 1948 und der Wie-
deraufstieg der deutschen Industrie, in: Vierteljahreshefte für
Zeitgeschichte 33 (1985), S.136-165

RITTER, Gerhard (1984), Carl Goerdeler und die deutsche Widerstandsbewegung, 4.A., Stuttgart

ROBERT, Rüdiger (1976), Konzentrationspolitik in der Bundesrepublik - Das Beispiel der Entstehung des Gesetzes gegen Wettbewerbsbeschränkungen, Berlin

ROON, Ger van (1967), Neuordnung im Widerstand. Der Kreisauer Kreis innerhalb der deutschen Widerstandsbewegung, München

ROON, Ger van (1981), Widerstand im Dritten Reich, München

ROVAN, Joseph (1980), Geschichte der deutschen Sozialdemokratie, Frankfurt/M.

RYSZKA, Franciszek (1985), Widerstand: Ein wertfreier oder ein wertbezogener Begriff?, in: Schmädecke/Steinbach (1985), S.1107-1116

SALIN, Edgar (1965), Erwin von Beckerath 1889 - 1964, in: Kyklos XVIII (1965), Fasc.1, S.1-9

SAUERMANN, Heinz / MESTMÄCKER, Ernst-Joachim (Hrsg.) (1975), Wirtschaftsordnung und Staatsverfassung. Festschrift für Franz Böhm zum 80. Geburtstag, Tübingen

SAUERMANN, Heinz (1979), On the Economic and Financial Rehabilitation of Western Germany (1945-1949), in: Zeitschrift für die gesamte Staatswissenschaft 135 (1979), S.301-319

SCHACHT, Hjalmar (1932), Grundsätze deutscher Wirtschaftspolitik, Oldenburg i.O.

SCHACHT, Hjalmar (1948), Abrechnung mit Hitler, Hamburg und Stuttgart

SCHACHT, Hjalmar (1953), 76 Jahre meines Lebens, Bad Wörishofen

SCHILLER, Karl (1948), Planwirtschaft und Wirtschaftsaufschwung, in: Geist und Tat, 3(1948), Heft 5, S.213-216

SCHILLER, Karl (1964), Produktivitätssteigerung und Vollbeschäftigung durch Planung und Wettbewerb, in: ders., Der Ökonom und die Gesellschaft. Das freiheitliche und das soziale Element in der modernen Wirtschaftspolitik, Stuttgart, S.119ff.

SCHLINGENSIEPEN, Alexandra (1983), Vom 2. Mai 1933 bis zum 20. Juli 1944. Steiflichter zum gewerkschaftlichen Widerstand in der NS-Zeit und zur Erforschung des deutschen Widerstandes, insbesondere der Arbeiterbewegung, in: Helmut Esters/Hans Pelger, Gewerkschafter im Widerstand, Bonn, S.IX-XLIII

SCHMÄDECKE, Jürgen / STEINBACH, Peter (Hrsg.) (1985), Der Widerstand gegen den Nationalsozialismus. Die deutsche Gesellschaft und der Widerstand gegen Hitler, München und Zürich

SCHMID, Carlo (1979), Rückblick auf die Verhandlungen (17. Juli 1949), in: Benz (1979), S.503-523

SCHMIDT, Eberhard (1970), Die verhinderte Neuordnung 1945 - 1952. Zur Auseinandersetzung um die Demokratisierung der Wirtschaft in den westlichen Besatzungszonen und in der Bundesrepublik Deutschland, Frankfurt/M.

SCHMIDT, Ute (1984), Die Christlich-Demokratische Union Deutschlands, in: Parteien-Handbuch. Die Parteien der Bundesrepublik Deutschland 1945 - 1980, hg. von Richard Stöss, Bd. I: AUD - EFP, Opladen, S.490-660

SCHMÖLDERS, Günther (1941), Wirtschaftslenkung als angewandte Wirtschaftswissenschaft, Köln

SCHMÖLDERS, Günther (1942), Wirtschaft und Wirtschaftsführung in einem Europa-Block nach dem Kriege, Denkschrift, in: ders. (1969) S.67-91

SCHMÖLDERS, Günther (Hrsg.) (1942a), Der Wettbewerb als Mittel volkswirtschaftlicher Leistungssteigerung und Leistungsauslese, Schriften der Akademie für Deutsches Recht, Gruppe Wirtschaftswissenschaft, Heft 6, Berlin

SCHMÖLDERS, Günther (1942b), Kartelle und Kartellpreise in der gelenkten Volkswirtschaft, Stuttgart und Berlin

SCHMÖLDERS, Günther (1949), In memoriam Jens Jessen (1895 - 1944), in: Schmollers Jahrbuch für Gesetzgebung, Verwaltung und Volkswirtschaft, 69(1949), 1.Hbd., S.3-14

SCHMÖLDERS, Günther (1969), Personalistischer Sozialismus. Die Wirtschaftsordnungskonzeption des Kreisauer Kreises der deutschen Widerstandsbewegung, Köln und Opladen

SCHMÖLDERS, Günther / YORCK Graf von Wartenburg, Peter (1941), § 22- Die Preisbildung nach der Kriegswirtschaftsverordnung, Stuttgart und Berlin

SCHNEIDER, Michael (1985), Zwischen Standesvertretung und Volksgemeinschaft - Zu den Gewerkschaftskonzeptionen der Widerstandsgruppen des 20. Juli 1944, in: Schmädecke/Steinbach (1985),
S.520-532

SCHÖLLGEN, Gregor (1984), Ulrich von Hassell, in: Lill/Oberreuther
(1984), S.135-146

SCHOLDER, Klaus (1982), Die Mittwochsgesellschaft. Protokolle aus
dem geistigen Deutschland 1932 - 1944, Berlin

SCHRAMM, Wilhelm Ritter von (Hrsg.) (1965), Beck und Goerdeler, Ge-
meinschaftsdokumente für den Frieden 1941-44, München

SCHULZ, Gerhard (1963), Über Entscheidungen und Formen des politischen Widerstands in Deutschland, in: Faktoren der politischen
Entscheidung. Festgabe für Ernst Fraenkel, hg. von Gerhard Ritter und Gilbert Ziebura, Berlin, S.73-114

SCHULZ, Gerhard (1984), Johannes Popitz, in: Lill/Oberreuther (1984)
S.237-251

SCHULZ, Gerhard (1984a), Nationalpatriotismus im Widerstand. Ein
Problem der europäischen Krise und des Zweiten Weltkrieges -
nach vier Jahrzehnten Widerstandsgeschichte, in: Vierteljahreshefte für Zeitgeschichte 32 (1984), S.331-372

SCHWARZ, Hans-Peter (1980), Vom Reich zur Bundesrepublik. Deutschland im Widerstreit der außenpolitischen Konzeptionen in den
Jahren der Besatzungsherrschaft 1945 - 1949, Stuttgart

SCHWARZ, Hans-Peter (1986), Adenauer. Der Aufstieg: 1876 - 1952,
Stuttgart

SCHWEITZER, Arthur (1970), Die Nazifizierung des Mittelstandes,
Stuttgart

SIMPSON, Amos E. (1969), Hjalmar Schacht in perspective, The Hague,
Paris

SÖRGEL, Werner (1969), Konsensus und Interessen. Eine Studie zur
Entstehung des Grundgesetzes für die Bundesrepublik Deutschland, Stuttgart

STAMMEN, Theo u.a. (1984), in Zusammenarbeit mit Hans-Georg Heppel,
Gerhard Hirscher, Rainer Kunz und Herbert Maier: Programme der

politischen Parteien in der Bundesrepublik, Bd I: CDU, CSU; Bd.
II: SPD, FDP, Die Grünen, München, 4.A.

STEGER, Bernd (1981), Konstruktionsfehler der bizonalen Verfassung.
Vorschläge Eduard Kaufmanns zur Überwindung struktureller Mängel des Vereinigten Wirtschaftsgebietes 1947/48, in: Vierteljahreshefte für Zeitgeschichte 29 (1981), S.286-304

STELTZER, Theodor (1949), Von deutscher Politik. Dokumente, Aufsätze
und Vorträge, hg. von Friedrich Minssen, Frankfurt/M.

STELTZER, Theodor (1966), Sechzig Jahre Zeitgenosse, München

STERN-RUBARTH, Edgar (1949), Dr. Schacht: The German Talleyrand, in:
The Contemporary Review, Jan. 1949, p.150-153

STOLPER, Gustav (1964), Deutsche Wirtschaft seit 1870. Fortgeführt
von Karl Häuser und Knut Borchardt, Tübingen

STUCKEN, Rudolf (1964), Deutsche Geld- und Kreditpolitik, 1914 -
1963, Tübingen

TEICHERT, Eckart (1984), Autarkie und Großraumwirtschaft in Deutschland 1930 - 1939. Außenwirtschaftspolitische Konzeptionen zwischen Wirtschaftskrise und Zweitem Weltkrieg, München

TENFELDE, Klaus (1985), Soziale Grundlagen von Resistenz und Widerstand, in: Schmädecke/Steinbach (1985), S.799-812

THIELICKE, Helmut (1979), In der Stunde Null. Die Denkschrift des
Freiburger 'Boenhoeffer-Kreises' : Politische Gemeinschaftsordnung. Ein Versuch zur Selbstbesinnung des christlichen Gewissens in den politischen Nöten unserer Zeit, Tübingen

TORNOW, Ingo (1979), Die deutschen Unternehmerverbände 1945 - 1950,
Kontinuität oder Diskontinuität, in: Josef Becker/Theo Stammen/
Peter Waldmann (Hrsg.), Vorgeschichte der Bundesrepublik
Deutschland. Zwischen Kapitulation und Grundgesetz, München,
S.235-260

Totalitarismus und Faschismus (1980), Eine wissenschaftliche und politische Begriffskontroverse, München

TREUE, Wilhelm (1955), Hitlers Denkschrift zum Vierjahresplan 1936,
in: Vierteljahreshefte für Zeitgeschichte 3(1955), S.184-210

TREUE, Wilhelm (1985), Widerstand von Unternehmern und Nationalökonomen, in: Schmädecke/Steinbach (1985), S.917-937

TREUE, Wolfgang (1961), Die deutschen Parteien, Wiesbaden

TREUE, Wolfgang (1961a), Deutsche Parteiprogramme 1861 - 1961, Göttingen

TRITTEL, Günther J. (1987), Hans-Schlange-Schöningen. Ein vergesse-
ner Politiker der "Ersten Stunde", in: Vierteljahreshefte für
Zeitgeschichte 35 (1987), S.25-63

TURNER, Henry Ashby Jr. (Hrsg.) (1978), Hitler aus nächster Nähe,
Aufzeichnungen eines Vertrauten 1929 - 1932, Frankfurt/M.

TURNER, Henry Ashby Jr. (1980), Faschismus und Kapitalismus in
Deutschland. Studien zum Verhältnis zwischen Nationalsozialismus und Wirtschaft, Göttingen, 2.A.

TURNER, Henry Ashby Jr. (1985), Die Großunternehmer und der Aufstieg
Hitlers, Berlin

UEBERSCHÄR, Gerd R. (1984), Gegner des Nationalsozialismus 1935-45,
in: Militärgeschichtliche Mitteilungen Nr.35 (1984), Heft 1,
S.141-196

UERTZ, Rudolf (1981), Christentum und Sozialismus in der frühen CDU.
Grundlagen und Wirkungen der christlich-sozialen Ideen in der
Union 1945 - 1949, Stuttgart

UFFELMANN, Uwe (1984), Der Frankfurter Wirtschaftsrat 1947 - 1949.
Weichenstellung für das politische Kräftefeld und die Wirtschaftsordnung der Bundesrepublik Deutschland, in: Aus Politik
und Zeitgeschichte, Beilage zur Wochenzeitung Das Parlament,
Nr. 37 vom 15.9.1984, S.36-46

VETTER, Heinz Oskar (Hrsg.) (1975), Vom Sozialistengesetz zur Mitbestimmung. Zum 100. Geburtstag von Hans Böckler, Köln

VOLKMANN, Hans-Erich (1975), Außenhandel und Aufrüstung in Deutsch-
land 1933 - 1939, in: ders. /Friedrich Forstmeier (Hrsg.),
Wirtschaft und Rüstung am Vorabend des Zweiten Weltkrieges,
Düsseldorf, S.81-131

WANDEL, Eckhard (1982), Die Entstehung der Bank deutscher Länder und die deutsche Währungsreform 1948. Die Rekonstruktion des westdeutschen Geld- und Währungssystems 1945 - 1948 unter besonderer Berücksichtigung der amerikanischen Besatzungspolitik, Wiesbaden

WASMUND, Klaus (1965), Staat und Politik in der Gedankenwelt des Kreisauer Kreises, in: Jahrbuch der Schlesischen Friedrich-Wilhelm-Universität zu Breslau, Bd. X, Göttingen, S.386-429

WASSERMANN, Rudolf (1985), Recht, Gewalt, Widerstand. Vorträge und Aufsätze, Berlin

WASSERMANN, Rudolf (1985a), Die Katastrophe als Chance zum Neubeginn. Der demokratische Rechtsstaat als Reaktion auf den nationalsozialistischen Unrechtsstaat, in: Aus Politik und Zeitgeschichte, Beilage zur Wochenzeitung Das Parlament, Nr. 16 vom 20.4.1985, S.3-17

WELTER, Erich (1967), Walter Eucken (1891-1950), in: Geschichte der Volkswirtschaftslehre, hg. von Antonio Montaner, Köln und Berlin, S.296-306

WENDT, Bernd Jürgen (1983), Konservative Honoratioren - eine Alternative zu Hitler? Englandkontakte des deutschen Widerstands im Jahr 1938, in: Dirk Stegmann/Bernd Jürgen Wendt/Peter Christian Witt (Hrsg.), Deutscher Konservativismus im 19. und 20. Jahrhundert, Bonn, S.347-367

WENGELER, Wilhelm (1948), Vorkämpfer der Völkerverständigung und Völkerrechtsgelehrte als Opfer des Nationalsozialismus. 9. H.J. Graf von Moltke (1906 - 1945), in: Die Friedenswarte, Blätter für internationale Verständigung und zwischenstaatliche Organisation, 6(1948), S.297-305

WENZEL, Rolf (1979), Wirtschafts- und Sozialordnung, in: Josef Bekker/Theo Stammen/Peter Waldmann (Hrsg.), Vorgeschichte der Bundesrepublik Deutschland, Zwischen Kapitulation und Grundgesetz, München, S.293-339

WHEELER-BENNETT, John W. (1954), Die Nemesis der Macht. Die deutsche Armee in der Politik 1918 - 1945, Düsseldorf

Wissenschaftlicher Beirat beim Bundesministerium für Wirtschaft (1973), Sammelband der Gutachten von 1948 bis 1972, hg. vom Bundesministerium für Wirtschaft, Göttingen

WOLF, Ernst (1966), Zum Verhältnis der politischen und moralischen Motive in der deutschen Widerstandsbewegung, in: Der deutsche Widerstand gegen Hitler, hg. von Walter Schmitthenner und Hans Buchheim, Köln und Berlin, S.215-255

YOUNG, Arthur P. (1974), The 'X'-Documents, London

ZENTNER, Kurt (1983), Illustrierte Geschichte des Widerstands in Deutschland und Europa 1933-45, München, 2.A.

ZORN, Rudolf (1949), Die regulierte Marktwirtschaft, in: Die Gegenwart, 1.2.1949, S.9f.

20. Juli 1944 (1953), hg. von der Bundeszentrale für politische Bildung, Bonn